행복의 역설

행복의 정치경제학

Luigino Bruni and Pier Luigi Porta 편저
강태훈 옮김

經文社

역자 서문

이 책은 경제학 분야에서 행복에 관한 연구를 주도하고 있는 학자들에 의해 쓰여진 것이다. 2003년 밀라니-비코카(Milani-Bicocca)에서 개최된 "경제학에서의 행복의 역설"이라는 국제 컨퍼런스에서 발표되었던 논문들을 편집한 것으로, 정치경제학 내의 한 분야로서의 행복의 경제학에 대한 최고의 학문적인 성과들을 수록하고 있다. 특히 경제사상을 중심으로 하여 철학, 심리학, 사회학, 경제인류학 등 여러 분야의 학제적인 연구 성과이다. 이 책의 전반적인 내용의 소개는 본문 제1장에 있으므로 여기서 반복할 필요는 없을 것이다.

행복의 정치경제학은 경제학에 대한 비판과 반성을 통해 인간과 경제에 대한 근본적인 발상의 전환을 촉구하려는 시도이다. 고전학파 경제학에서 신고전학파로 넘어오면서 경제학의 폭이 인간과 인간 간의 관계보다는 물질과 인간 간의 관계로 좁혀졌다. 행복-관계성-이라는 개념이 효용-물질적 만족-이라는 개념으로 축소되었다. 물질을 상대하는 인간의 효율성과 합리성이 핵심이 되었다. 그리고 이기적인 행동이 사회 전체를 번영으로 나아가게 한다는 믿음에 기초하여 이론이 전개되었다. 그러나 과연 인간은 합리적인가, 인간은 이기적이기만 한 존재인가 하는 것에 대한 반성이 이루어지고 있다. 나아가 경제학의 궁극의 목적은 무엇인가 하는 것을 생각해 볼 때, 신고전학파적인 접근으로는 한계가 있음이 더욱 분명해졌다. 물질과 인간 간의 관계에서의 효율성 추구는 물질적 풍요를 이룰 수는 있겠지만 어느 정도의 물질적인 풍요가 이루어진 후에는 소득이 증가할수록 인간이 더 행복해지는 것이 아님을 깨닫게 된 것이다. 이것이 행복의 역설의 요체이다.

이제 경제학은 인간과 인간 간의 관계를 연구하는 방향으로 전환할 필요가 있다. 경제학의 최종 목표는 개개인의 행복과 이를 바탕으로 한 인류 공동체의 번영이어야 한다. 자본에 의한 명령과 복종 및 이기적인 경쟁의 관계가 아니라 인간의 사회성과 관계성을 회복하고 이타성을 살려 인간적인 경제관계를 형성하도록 지원하는 논리를 제공할 수 있어야 할 것이다.

우리나라는 그동안 압축성장을 통해 물질적으로는 선진국에 진입하기 직전에 있다. 그럼에도 불구하고 우리 국민들은 OECD 국가들 중에서뿐 아니라 전 세계적으로 가장 행복하지 못한 나라가 되어버렸다. 입시경쟁에 찌든 초·중등생들은 행복도가 OECD 국가 중 최하위이다. 폐업 위기에 몰린 자영업자들, 최장 근로시간에 시달리는 월급쟁이들, 졸업과 동시에 절반은 실업자가 되는 젊은이들, 공무원 시험 경쟁률이 100대 1일이라는 비정상적인 현실, OECD 국가 중 1위를 차지하고 있는 노인 빈곤율, 88만원 세대, 온 가족과 함께 죽으려 하는 실패한 가장들… 그 반대편에는 금고에 수백조 원의 현금을 쌓아놓고 표정 관리하는 재벌 기업들이 있다. 그동안 외쳐왔던 국가경쟁력, 경제성장, 세계화는 과연 누구를 위한 것이었는가를 되짚어볼 때, 우리도 모르는 사이에 이것들이 이념화 되어버린 게 아닌가 하는 생각이 든다. 그동안의 국가정책이 국민에게 일자리와 행복과 안녕을 제공하지 못했다면 그것은 국가의 실패다. 지금 우리 국민들 대다수가 행복하기는커녕 정신적으로 힘들게 살아가고 있다. 절대 빈곤이나 굶주림만 해결한다고 행복해지는 것이 아니다.

이 책은 경제학에 대한 반성과 인간 본성에 대한 통찰을 통해 경제학이 진정으로 인간의 행복을 성취하는 데 기여할 수 있어야

함을 깨우쳐 주고 있다. 현대 주류경제학에 실망하고 방황하는 이들에게 방향을 제시해 줄 수 있는 책이라 생각되어 번역하게 되었다.

2015년 3월

강 태 훈

차례

01

경제학과 행복 ▌1

02

더 나은 웰빙이론 만들기 ▌47

08

09

12

경제학에서의 행복의 역설 | 438

행복의 역설 저자 리스트

- Luigino Bruni and Pier Luigi Porta
- Richard A. Easterlin
- Robert H. Frank
- Robert Sugden
- Bruno S. Frey and Alois Stutzer
- Richard Layard
- Martha C. Nussbaum
- Matt Matravers
- Runt Veenhoven
- Charlotte D. Phelps
- Stefano Zamagni
- Luigi Pasinetti

1

경제학과 행복

루이기노 브루니, 피에르 루이기 포르타

아담 스미스의 목적은 국부의 성격과 근원을 밝히는 데 있다.
그러나 때로 그것과 혼합되어 있는 또 하나의 목적은
국가의 행복에 영향을 주는 원인들에 대한 것이다.
맬더스 1798/1966: 303-4

1. 행복, 경제학에의 귀환

부와 소득, 혹은 소유의 증가가 전반적으로 더 큰 웰빙과 행복을 위한 전제조건이라는 신념이 경제학자라는 직업에 대해 여전히 도덕적 정당성을 부여하고 있다. 사실 소득과 부는 삶의 여러 가지 긍정적인 목표와 관련되어 있다. 부유한 사람은 일반적으로 더 많은 교육을 받고, 건강상태가 더 좋고, 수명도 길다는 것 등이 그것이다. 따라서 부유한 사람일수록 그렇지 않은 경우보다 훨씬 더 행복해야 할 것이다.

극빈상태에서는 양질의 행복한 인생을 살기가 매우 어렵다는 상식도 경제적 부와 복지를 연구하게 하는 또 하나의 이유이다. 이러한 이유로 삶의 질을 높일 수 있는 수단을 강구해 온 정치경제학은 “기계적으로 반복되는 고된 노역에서 벗어나서, 가난의 고통에서 자유로워지고 문화생활을 영위할 수 있는 공정한 기회가 주어지는 세상을 열고” “가난과 무지가 점차 사라진다는 희망” (Marshall 1945/1890: 3-4)을 키우는 “부의 과학”이라는 점에서 사회적으로 도덕적인 지지를 받아왔다.

그러한 목표의 달성과는 아직 거리가 멀지만, 정치경제학은 경제학자들로 하여금 개인과 국가의 부의 성격과 원인을 연구하도록 독려했고, 기본적인 물질적 필요를 충족할 수 있는 사람들이 계속해서 증가할 것이라는 희망을 심어주었다.

그러나 최근 인간의 행복에 관한 새로운 경제사상이 대두되고 있다. 그것은 “행복의 역설(paradoxes of hapiness)”이라는 큰 틀에서의 논의이다. 이를 통해 행복과 경제 간의 관계에 대한 새로운 측면들이 밝혀지고 있다. 이 책의 일부를 저술하고 있는 파시네티(Luigi Pasinetti)에 의하면, 이 장의 서두에 인용한 맬더스의 글에서 보다시피, 고전학파 경제학자들은 부에 대해 강조해왔고, 정치경제학에서의 행복의 중요성을 잘 인지해 왔다. 하지만 그동안 경제학 이론의 발전과정에서 고전학파의 접근방식은 묻히고 잊혀졌다. 경제학 영역에서 행복이라는 주제의 부활에 대한 신호를 볼 수 있게 된 것은 경제학이 좀 더 발전하고 난 최근의 일이다.

"행복의 역설"에 대한 논의가 명시적으로 이루어지기 시작한 것은 브릭먼과 캠벨(Brickman and Campbell, 1971)의 "쾌락적(hedonic) 상대주의와 좋은 사회계획"('쾌락적'이라는 말은 향락적이라는 뜻이 아니라 '불쾌하거나 괴롭지 않고 즐거움을 유지할 수 있는 상태'라는 의미로 사용함-역주)이라는 논문이 발표되면서 부터이다. 이 논문에서 이들 두 심리학자는 "적응적 수준(adaptive level)" 이론을 개인 및 집단의 행복에로 확장했는데, 그 결론은 (소득이나 부와 같은) 객관적인 삶의 조건 개선이 개인의 웰빙에는 아무런 효과가 없다는 것이다. 그러한 논문은 국부의 원천 및 성격 분석의 의미에 관한 심각한 방법론적 논란을 불러 일으킬만 했는데도 실제로는 그렇지 않았다. 이 연구는 오랫동안 주류 경제학계에 거의 알려지지 않았다.

그러나 일부 경제학자들이 이와 매우 비슷한 연구 프로젝트를 시작하면서 중요도는 약했지만 하나의 유서 깊은 경제사상 흐름을 창고에서 꺼냈다.

우리는 이 책에서 그 경제사상을 자세히 다룰 것이다. 부와 행복의 연계관계를 경제학 분석의 중심 위치에 자리 잡게 하려는 것이다. 이 이론은 고전학파 시대에는 이탈리아와 스코틀랜드 학자들에 의해 발전되었으며,[1)] 특히 아담 스미스의 『도덕감정론』(*Theory of Moral Sentiments*)에서 풍부한 근거를 찾을 수 있다. 그러한 사상의 조류를 따라가면 맬더스의 『인구론』(*Essay on Population*), 마샬의 사회경제학, 베블렌(Veblen)의 "과시적 소비", 갈브레이스(Galbraith)의 "풍요로운 사회"에 대한 비판, 듀젠베리(Deusenberry, 1949)의 개인간 비교에 근거한 소비의 사회이론으로 이어짐을 알 수 있다. 또한 공리주의에서도 행복이 중심적인 위치를 차지하고 있다. 벤담(Bentham)의 이론에서는 행복이 효용으로 압축되어 있다(혹은 효용이 행복이라는 말로 정의되었다.). 그리고 그것은 자마그니(Stefano Zamagni)가 본서의 한 챕터를 통해 관심을 끌어내고 있는 환원주의(reductionism)의 한 케이스이다. 다른 한편 서그덴(Robert Sugden)과 너스봄(Martha Nussbaum)도 아담 스미스와 밀(J. S. Mill)의 이론적인 요소들이 훗날 소위 "행복의 역설"에 관한 논의에 매우 유용한 통찰을 제공하고 있다는 것을 보여주었다.

판 프라그(Robert van Praag, 1968)가 박사학위 논문에서 보인 부와 웰빙에 관한 관심은 매우 특이하고 주류 경제학과는 거리가 멀었다. 그러나 레이든 학파(Leyden School)를 세운 판 프라그는 초기 효용론자들과 마찬가지로 효용이 기수적으로 측정가능하며 사람 간에 비교할 수 있다고 보았다. 1971년 이후 발표한 일련의 논문들에서, 그는 "선호표류(preference drift)"라는 경험적인 현상을 발견했다. 즉, 물질의 수준에 따라 만족이 달라지고 따라서 소득증가에 의한 복지는 사후적(소득증가가 발생한 후)이기보다는 사전적으로 평가된다는 것이다. 이러한 결론은 브릭먼과 캠벨(Brickman and Campbell)의 트레드밀 효과(treadmill effect)와 독립적이면서도 비슷하며, 경험적으로는 더 잘 들어맞는다.[2)]

거의 비슷한 시기에 다른 두 경제학자 이스터린(Richard Easterlin, 1974)과 스키토브스키(Tibor Scitovsky, 1976)가 심리학에서의 연구 동향을 살펴보기로 하였다. 결과적으로 이들이 행복에 관한 경제학적인 연구에 집중-레이든 학파는 행복이나 만족에 대해 직접적으로 다루지는 않았지만-하였고, 학계와 보다 광범위한 청중들에게 "행복의 역설"에 대해 소개하였다. 미국의 경제학자이자 인구학자인 이스터린은 1974년에 사람들의 행복에 관한 실증

연구를 활용해서 행복의 역설에 대한 논의의 장을 열었다. 그는 두 종류의 데이터를 사용했다. 첫 번째 데이터베이스는 설문 형식의 갤럽 응답자료인데, 현재에도 행복에 관한 분석에서 핵심을 차지하는 것으로 응답자에게 다음과 같이 직접적으로 묻고 있다. "당신은 전반적으로 얼마나 행복하다고 말할 수 있습니까? 매우 행복함, 꽤 행복함, 별로 행복하지 않음"(Easterlin, 1974, p.91). 다른 하나의 데이터는 행복에 관한한 당대의 가장 앞선 계량연구자인 인본주의 심리학자 캔트릴(Hadley Catril)이 1965년에 실시한 보다 정교한 연구에서 나온 것이다. 이는 14개국에서 사람들의 두려움, 희망, 만족에 관해 0부터 10까지의 척도로 선택하도록 조사한 것이다.[3] 오늘날의 월드 밸류 서베이(World Value Survey; WVS)에서, 행복에 대해서는 "질적"으로 질문("매우 불행"에서부터 "매우 행복"까지)하고 있는데 반해, 삶의 만족도는 캔트릴의 방법(0부터 10까지의 척도)으로 측정되고 있다.

그런데 이들 두 종류의 데이터는 행복에 대한 응답자의 주관적인 자기평가에 기초한 것이다. 한 시점에 한 나라에서 조사한 결과에 소득과 행복에 굳건한 상관관계가 있는 것으로 나온다. "모든 개별 조사에서는, 가장 높은 상태의 그룹이 가장 낮은 상태의 그룹에 비해 평균적으로 더 행복하다."(Easterlin, 1974. p.100). 한편, 각 국가 간의 차이를 보기 위한 횡단(cross-section) 분석에서는, 부와 행복 간에 양의 관계가 있기는 하나 일반적이거나 굳건한(robust) 양상을 보이지는 않으며, 가난한 나라라고 해서 부유한 나라보다 항상 덜 행복한 것으로 보이지는 않는다. 다시 말해서 "국가들 간에 소득과 행복 면에서 양의 관계가 있는가 여부는 명확하지 않으며, … 그 결과는 모호하다."(Easterlin, 1974, p.108)[4] 그런데 가장 흥미 있는 결과는 국가수준에서의 시계열분석에서 얻을 수 있었다. 지난 25년간(1946년부터 1970년까지)의 30개 설문조사에서 1인당 국민소득은 60퍼센트 이상 증가했지만, "매우 행복", "꽤 행복", "매우 불행"이라는 응답의 비율은 거의 변화가 없었다.[5]

오늘날 행복의 역설에 관한 이론적 논의의 핵심에 대해서는 논란이 있다. 다양한 배경을 가진 대부분의 학자들이 후자의 결과에 동의하는데, 그 이유는 "시간이 지나면서 OECD 국가들에 대해 살펴본 결과 총소득의 증가가 총행복의 증가와 관련되어 있지 않다는 증거가 있기 때문이다. … 기록이 시작된 1973년 이래 미국이나 일본 및 유럽에서 지난 50년간 총체적인 수준에서 행복이 증가했다는 보고는 없었다"(R. Layard, 본서).

이스터린의 획기적인 연구의 주요 내용은 2년 후에 발표된 스키토브스키의 『기쁨없는 경제』(*Joyless Economy*, 1976)에 의해 발전되었다. 허쉬(Hirsch, 1977), 응(Ng, 1978), 레이야드(Layard,

1980), 프랭크(Frank, 1985)는 모두 경제학에서 꾸준히 점진적으로 심화되고 있는 행복이라는 새로운 주제에 새로운 통찰을 제공했다. 1997년에 『이코노믹 저널』(*Economic Journal*)에서 논쟁 주제로 다루어지면서 학계의 관심이 크게 확대되었다. 오늘날 "행복의 역설"은 경제학자, 심리학자, 사회과학자는 물론이고 언론매체와 일반 대중에게도 많은 관심을 받고 있다. 행복의 역설은 현대 경제학의 기본적인 흐름에 의문을 제기하고 있는 시의적절한 주제이다.

한 시점의 한 국가 내에서의 소득-행복은 경제학자들 간에 논쟁대상이 아니다. 다만 소득에서 행복으로의 강한 인과적인 상관관계가 존재한다는 것에 대해서는 대다수가 의견일치를 보이고 있다. 즉, "다양한 연구들이 부유한 나라 사람들이 평균적으로 가난한 나라 사람들보다 행복하다는 증거를 제시하고 있다"(Frey and Stutzer, 2001, p.10).[6] 그러나 국가 간의 소득-행복 상관관계에 대해서는 논란이 있다.[7] 이스터린(Easterlin, 1974)은 앞에서 말했듯이, 여러 국가 간 비교에 있어서 행복과 소득 간에 명백한 상관관계가 없다는 것을 확인했다. 그러나 현재 대부분의 경제학자들은, WVS의 데이터를 이용해서 상관관계가 존재한다는데 동의한다. "부유한 나라에 사는 사람들은 평균적으로 가난한 나라에 사는 사람들보다 행복하다는 증거가 다양한 연구에서 제시되고 있다"(Frey and Stutzer, 2001, p.19). 그러나 국가들 간의 관계는 일반적이지 않다. 레이야드가 제시한 이견은 중요하다. "1인당 소득이 $15,000 이상인 나라들로 한정하면, 부유한 나라들이 가난한 나라보다 더 행복하다는 증거가 없다. … 1인당 소득 $15,000 이하인 경우에는 소득이 절대적인 생계수준에 가깝기 때문에 사정이 다르다. 이 소득수준의 국가들 간에는 부유한 나라가 가난한 나라보다 더 행복하다. 시계열자료가 있는 인도, 멕시코, 필리핀과 같은 나라에서는 소득수준이 올라가면서 행복도 증가했다"(본서, 6장).

본서에 제공되어 있는 현재까지의 이스터린 역설에 대한 주된 설명들을 살펴보기 전에, 행복 연구에 대한 배경과 이 주제에 대한 다른 사회과학 분야에서의 연구 동향을 간단하게 살펴보는 것도 흥미로울 것이다.

2. 행복 아니면 다른 무엇?

2.1 주관적인 행복과 양질의 삶

합리성 가설이라는 "철의 장막 효과"에 가려져 있던 주류경제학자들은 최근에서야 행복에 관심을 가지게 된 반면, 사회과학의 다른 분야에서는 이 주제에 대해 이미 수십 년 전부터 연구해 왔다. 1인당 GDP를 넘어 **생활수준**(standard of living)의 "실험적인" 지표를 처음으로 제시한 것은 사회학자들일 것이다. 1920년대에 오그번(William Ogburn)[8]은 삶의 질에 대한 사회지표에 중대한 변화를 가져온 삶의 질에 관한 사회연구 프로그램을 출범시켰으며, 그 지표는 몇 년 후 미국에서 유럽으로 확산되었다. 1954년에 UN에서는 생활수준의 개념과 지표를 구성하는 요소들을 정확하게 정의함으로써 생활수준에 관한 연구를 향상시키기 위한 위원회를 구성하게 하였다.

이렇게 시작한 움직임은 경제성장 과정의 순수한 경제학 개념을 극복하려 했던 1960년대의 우호적인 분위기 속에서 더욱 확산되었다. 주류 순수경제이론에 속하지 않은 많은 경제학자들(예를 들어 뮈르달(Myrdal), 갈브레이스(Galbraith), 허시먼(Hirschman))도 이를 위해 활동했다. 이들은 사회학자와 사회과학자들에게 영감을 주었고 사회지표의 정의(定義)와 관련된 연구 프로젝트의 산파 역할을 했다. "사회적 책임"을 일정 정도 달성하기 위해 "삶의 질" 개념을 효과적으로 계량화할 수 있는 현실적인 대안을 만들어 내는 것이 목적이었다.

이러한 "삶의 질 운동"(Offer, 2003)은 주로 양질의 삶을 구성하는 객관적인 요소들을 강조한 반면, 뒤에 나온 "행복 운동"은 자기평가(설문조항들)에 기초한 "주관적인" 접근이라는 특징을 가진다. 사실, 주로 센(Sen)(인도 출신의 경제학자이자 철학자. 1998년 노벨경제학상 수상. 불평등과 빈곤, 후생경제학의 대가–역주)의 기여로, 민주주의, 사회자본, 건강, 근로조건, 기본적인 능력과 같은 새로운 지표들도 포함하는 경향이 생겼다. 1980년대에 주로 센과 너스봄의 능력이론(thoery of capabilities)에 기초한 "인간에게 필요한 기초 항목"이 도출되었는데, 이것이 나중에 UN의 **인간개발지수**(Human Development Index; HDI)로 발전했다.9)

센은 단순한 물적 재화의 결여나 부족 상태 이상으로 그 범위와 정의를 넓힘으로써 웰빙에 대한 그의 비전을 확대해 나갔다. 그러나 그의 능력접근(capability approach)(이에 대해서는 나중에 다루겠지만)과 웰빙에 대한 전통적인 이론 사이의 간극을 어떻게 메울지에 대한 확실한 답변을 제시하지 못했다는 비판을 받아왔다.10) 그래서 지난 몇 년간 너스봄은 객관화된 "양질의 삶"에 도달하기 위해 센의 접근방법을 행복에 관한 아리스토텔레스와 스토아학파의 이론에 접목시키려 노력해 왔다.11) 센의 능력접근을 객관화하고 적용가능하도록 하기 위해 그녀는 법률과 정치에 적용하기 위한 분석에 집중하고 있다. 최근의 작업은 웰빙에 관한 규범적인 접근을 제안하고 있다. 그녀의 이론은 **인간의 중심 기능적 능력**(Central Human Functional Capabilities)이라 불리는 기본적인 능력 열 개 항목에 기초하고 있다. 그것은 인간으로서 웰

빙할 수 있기 위해 유효하게 갖추어야 할 능력들이다.[12)]

그리하여 삶의 질 접근, 혹은 능력 접근은 스스로 판단하는 행복 수준을 보다 객관화시켜야 할 웰빙(능력 혹은 기능)의 유일한 요소로 간주한다.

2.2 쾌락주의인가 행복주의인가?

심리학에서도 행복에 대한 주관적인 쾌락주의의 개념과 객관적인 행복주의의 개념 간에 유사한 긴장이 발견된다.

"쾌락주의적(hedonistic)"인 접근에서 행복은 고통을 피하고 즐거움을 추구한 결과이다. 물질적인 재화의 취득이 강조되는 관점이다. 이와 대조적으로 "행복주의적(eudaimonic)"인 접근에서의 행복은 사람들이 사회 내에서 자기의 역할을 수행하고 상호작용함으로써 생기는 것으로, 관계성이나 내재적인 동기와 같은 비물질적인 것에 대한 추구를 강조하는 접근이다(Deci and Ryan, 2001).

좀 더 정확히 말해서, "쾌락주의(hedonism)"(Kahneman, 1999; Kahneman et al., 2003)는 웰빙이 즐거움이나 행복으로 구성된다는 견해를 반영한다. "웰빙에 대한 견해의 하나로서의 쾌락주의란 육체적 즐거움과 같은 상대적으로 좁은 의미에 초점을 두거나 욕망과 자기이해관계에 대한 넓은 의미에 초점을 두는 것과 같이 다양한 형태로 표현되어 왔다."(Deci and Ryan 2001, p.144). 1999년에 카너먼 외(Kahneman et al.)는 심리학에 전에 없던 새로운 영역이 생겼다고 선언했다. 『웰빙: 쾌락심리학의 기초』라는 제목은 이러한 패러다임 안에서 웰빙이라는 말과 쾌락주의라는 말이 본질적으로 적절하다는 것을 말해주고 있다.[13)]

두 번째 견해는, 고대부터 지금까지 이어져 오는 것으로, 웰빙이 쾌락적 혹은 주관적인 행복 이상의 것들로 구성되어 있다는 주장이다. 쾌락주의의 입장이 일반적으로 통용됨에도 불구하고 "동서양의 많은 철학자, 종교지도자, 이상주의자들이 행복 자체를 웰빙을 측정하는 주된 척도의 하나로 격하시켜 왔다"(Deci and Ryan 2001, p.145). 행복은 인간의 잠재성을 실현하는 데 있다. 이러한 견해는 "행복은 인간의 본성을 실현하는데 있다"는 신념을 보여주는 행복주의(eudaimonism)라 불려왔다. 인간관과 사회관의 차이가 쾌락주의와 행복주의라는 두 개의 전통으로 발전해왔다. 따라서 이들은 "삶의 행로의 사회적이고 발전적인 과정에 대해 명시적으로나 암묵적으로 서로 다른 처방을 내리고" 웰빙에 그 사회적·발전적 과정을 어떻게 연관시킬지에 대해 서로 다른 입장에 있다(앞의 책, p.143). 리프와 싱어(Ryff and Singer 1998, 2000)는 아리스토텔레스적인 입장에서 웰빙이 즐거움을 얻는다는 의미가 아니라, "인간성의 실현이라고 하는 자기완성을 위한 노력"이라고 설명한다(Ryff, 1995, p.100). 리프는 나아가 심리적 웰빙(Psychological Well-Being; PWB)과 주관적 웰빙(Subjective Well-Being; SWB)으로 구분할 것을 제안했다. "주관적 웰빙(SWB)의 전통이 웰빙을 전반적인 만족과 행복이라 규정하지만, 심리적 웰빙(PWB)의 전통은 인간의 발전과 인간의 실존적인 도전에 중점을 둔다"(Keyes et al., 2002, p.1008).[14)]

주관적 웰빙(SWB) 접근에서는 만족스러운 삶과 행복이 웰빙의 구성요소이므로, 행복은 SWB보다 협의의 개념이고 삶의 만족과도 다른 것으로 간주한다. 여기서 삶의 만족은 사람들의 목표와 실제 간의 차이에 대한 인식을 반영한다(Campbell et al., 1976). 한편 행복은 긍정적인 정서와 부정적인 정서 간의 균형이다.[15)]

쾌락적 접근의 철학적 준거는 벤담(Bentham)이고, 행복주의 계열의 아버지는 아리스토텔레스이다. 너스봄이 쓴 본서의 7장은 벤담의 쾌락과 아리스토텔레스의 행복(에우다이모니아)을 종합적이면서도 매우 명쾌하게 분석하고 있다. 경제학의 '행복의 역설'에 관한 논의에 중요한 행복의 특성 두 가지만 짚고 넘어가려 한다.

아리스토텔레스의 『니코마코스 윤리학』(*Nichomachean Ethics*)의 주된 골격의 하나는 행복의 사회적 혹은 정치적인 성격이다: "최상의 행복을 누리는 사람을 고독한 존재로 설정하는 것 역시 이상한 일이다. 왜냐하면 사람은 정치적인 동물이고 다른 사람과 어울려 지내는 성격을 가지고 있어 아무리 온 세상을 다 가진다 해도 혼자 사는 세상을 선택할 리는 없기 때문이다. 따라서 선천적으로 선량한 사람은 다른 사람과 함께 살 때 행복해한다. 친구나 착한 사람과 지내는 것이 낯선 사람이나 착하지 않은 사람과 지내는 것보다 좋다는 것은 분명하다. 그러므로 행복해지기 위해서는 친구가 필요하다"(*Nic. Ethics*, IX, 9, 1169b).

아리스토텔레스에게 우정은 최고의 미덕의 하나여서 부보다도 중요하다. 우정은 행복의 한 부분으로서 그 자체가 목적이지만, 부는 그러한 목적을 위한 하나의 수단에 불과하기 때문이다. "다른 모든 것을 다 소유하더라도 우정이 없는 삶을 선택하지는 않을 것이다. … 친구에 대한 가장 중요하고 바람직한 우정의 표시인 베풂이 없다면 부자라 할지라도 무슨 소용이 있겠는가? 그리고 친구 없이 어떻게 번영을 유지·발전시킬 수 있겠는가? 부가 커질수록 더 큰 위험에 노출될 것이다. 또한 가난해지거나 불행해졌을 때에는 친구들이 유일한 피난처이다"(*Nic. Ethics*, VIII, 1, 1155a).

아리스토텔레스에게 시민생활 혹은 정치생활에는 내재적인 가치가 있다. 그것 없이는 인생이 풍요로울 수가 없기 때문이다. 인생이 자율적인 상태에서 풍요로워야 하겠지만, 액운으로 인해 위협받을 수 있으므로, 타인과 연결되고 상호관계를 맺어나가야 바람직한 인생이 될 수 있다. 시민생활에 참여하고, 친구를 사귀고, 사랑하고 사랑받는 것들이 행복한 삶의 필수 요소들이다. 이러한 의미에서-이것이 두 번째 특성이다-행복은 역설적이다. 행복은 도구적 수단만으로는 성취될 수 없다. 그것은 숨겨진 의도 없이 내재적인 가치를 위해 행하는 도덕적인 행위에 의한 간접적인 결과이다. 왜냐하면 그것은 행동과 **관계재**(relational goods)로 구성되어 있으며, 진지하고 대가를 바라지 않는 마음에 의해 이루어질 때에만 시민생활은 행복으로 나아갈 수 있다. 너스봄(1986/ 2001)은 아리스토텔레스에게 있어서 우정과 사랑과 정치적인 책임이 세 가지의 기본적인 관계재라고 말한다. 따라서 그것들은 본질적인 가치를 가지고 있고 대가를 바라지 않는 것으로서 행복의 요소가 되는 것이며, 결코 수단적일 수 없는 것들이다.

우정에 의해 형성되어 있는 관계재는 상호적일 때에만 가능한 것이며, 바로 이 때문에 변하기도 쉽고 깨지기도 쉬운 것이다.

3. 개인적인 트레드밀: 적응과 기대

경제학과 행복과의 관계로 돌아오면, "행복의 역설"을 연구하는 경제학자들은 벤담의 방법론을 따르고 있다(Kahneman et al., 1997). 약간의 예외가 있기는 하지만, 행복이 곧 아리스토텔레스적인 에우다이모니아인 것은 아니며, 개인적인 쾌락과 별개인 것도 아니다. 사회성과 관련해서 볼 때, 경제학적인 설명에서는, 사회성을 (a) 행복의 구성 요소로 간주하지 않거나, 혹은 (b) 사회적 지위라는 의미로 여기고 있다. 우리는 (a)를 "개인적인 트레드밀(individual treadmill)" 효과에 기초한 이론이라 부르고, (b)를 "사회적인 트레드밀(social treadmill)"에 기초한 설명이라 부를 것이다.

가장 먼저 "트레드밀 효과"를 통해 "이스터린 역설"을 설명하려고 시도한 경제학자는 1974년에 이에 관한 논문을 발표한 이스터린 자신이다. 그의 설명은 경제학계에서 아직도 주류적인 가설로 인정되고 있는 듀젠베리(Dusenberry, 1949)의 "상대소비(relative consumption)"가설에 기초하고 있다.

최근의 논문에서 이스터린은 "상대소비"가설에 쾌락적 적응(hedonic adaptation) 개념이나 **세트포인트**(set-point) 이론(삶의 행복은 유전자에 의해 미리 예정되어 있다는 이론. 일란성 쌍둥이의 삶의 만족도가 이란성 쌍둥이보다 더 비슷하게 움직인다는 연구결과에서 비롯된 것이다. 이 이론은 개인의 행복도는 주요한 사건에 따라 들쑥날쑥하지만 2년 안에 다시 유전자에 정해진 행복도의 자리로 돌아온다는 것이다–역주)에 기초해서 명백히 "심리학적"인 설명을 부가했다(Esterlin

2001, 2002). SWB의 세트포인트 이론에 의하면, 개인들에게 내재해 있는 기본적인 성격인 개성이나 기질 등의 변수가 개인의 행복 수준을 결정하는데 중대한 역할을 하기 때문에, 실제 행복 수준이 라이프사이클상 일정한 상태에 머무른다는 것이다. 그러므로 건강, 소득, 외모를 포함한 삶의 조건들은 SWB의 변동을 아주 조금밖에 설명하지 못한다. 즉, 사람들은 처음에는 외부 여건 변화에 반응을 하지만, 개인의 성격 요소들에 의해 결정되어 있는 기본적인 웰빙 수준으로 되돌아간다는 것이다(Argyle 2001; Lucas et al. 2002). 실증연구(Lykken and Tellegen 1996)에 의하면, SWB의 장기적인 안정 수준의 변화 중 80퍼센트 이상이 타고난 기질 때문이라고 한다. 이에 근거하여 연구자들은 사람들이 타고난 SWB "세트포인트"(예정된 값)를 가지고 있다고 주장했다.[16] 살아가는 과정에서 겪는 각종 충격은 우리의 행복에 단지 일시적으로만 영향을 줄 뿐이다. 어떤 사건이 우리의 만족 수준에 실제로 영향을 준 짧은 기간이 지난 뒤에는 다시금 세트포인트로 돌아가게 되어 있다. 카너먼은 "인생을 전환시킬 만한 사건들을 겪은 개인들은, 때로 이러한 특성화된 수준을 능가하거나 부족한 결과를 낳기는 하지만, 결국 자신의 성격에 따르는 웰빙 수준으로 회귀한다"고 썼다(Kahneman 1999, p.14).

브릭먼과 캠벨(Brickman and Campbell 1971)이 "세트포인트"

이론에서 힌트를 얻어 은유적으로 이름 붙인 **쾌락 트레드밀**(hedonic treadmill)은 트레드밀(러닝머신)의 벨트가 고정된 위치에서 반대방향으로 더 빨리 회전하기 때문에 사람이 러닝머신을 달려도 계속 제자리에 머물러 있게 된다는 것을 의미한다.

세트포인트 이론은 오늘날 경제학자들 사이에서도 인기가 많다. 이 이론에 따르면, 행복은 성격이나 성(姓)이나 난관을 감수하고 해결하는 타고난 능력과 같이 절대적인 주관적 요소들에 의해 주로 결정되는 선천적인 문제이다. 다시 말해서 여러 가지 경험에 의해 변동이 있기는 하지만 행복의 수준은 정해져 있다는 것이다. 이러한 접근은 『종형곡선』(*The Bell Curve*)라는 저서에서 타고난 지능을 교육으로 영원히 변화시킬 수는 없다는 것을 근거로 사회 프로그램 무용론을 편 험스타인과 머레이(Hermstein and Murray, 1994)의 주장과 크게 다르지 않다.

방법론적으로는 상당히 다르지만, 벤호벤(Ruut Veenhoven, 본서)[17]은 가난과 장애와 소득분포의 불평등이 사람들을 불행하게 하는 주된 요인이라는 일반의 고정관념을 거부함으로써 이스터린적인 의미의 행복의 "역설"은 없다는 결론에 도달했다. **세계 행복 데이터베이스**(World Database of Happiness)[18]에서 각국의 행복수준에 따라 분류한 결과 가나와 콜롬비아가 모든 나라들 중 가장 상위에 랭크되어 있다. 프랑스와 이탈리아는 과테말라에도 뒤졌다.

카너먼은 자신의 이론에서 트레드밀을 쾌락 트레드밀과 만족 트레드밀의 두 가지 형태로 구분하고 있다. 쾌락 트레드밀은 적응에 의존하고, 만족 트레드밀은 만족과 불만족의 경계를 나타내는 희망수준(aspiration)에 의존한다(Kanehman 1999, p.14). 프레이와 스투처(Frey and Stutzer, 본서)도 트레드밀 효과의 두 가지 형태를 이와 유사하게 구분하고 있다: "일정하거나 반복되는 자극의 쾌락효과를 줄이는 과정이나 메커니즘을 **적응**(adaptation)이라 부른다. … 희망수준 이론에 의하면, 개인의 웰빙은 기대와 성취 간의 차이에 의해 결정된다"(본서).

사람들은 소득이 증가함에 따라 만족 수준을 동일하게 유지하기 위해 소비를 통해 끊임없이 더욱 강한 쾌락을 추구하게 된다. 사람들의 객관적인 행복이 향상될 때조차 주관적인 행복은 그대로 유지되는 방식으로 만족 트레드밀이 작동한다.[19)]

희망 수준 트레드밀(aspiration treadmill) 가설을 검정하기 위해, 이스터린은 같은 그룹의 사람들에게 16년간 주기적으로 다음과 같은 질문을 하는 흥미로운 실험을 했다.

1. **사람들은 가끔 인생에서 원하는 게 뭔지 말하곤 합니다. 여기에 여러 가지 것들이 있습니다.** [응답자에게 24개 항목의 목록이 있는 카드를

건네준다.] **당신 자신의 개인적 관점에서 볼 때, 좋은 인생이라면 그 중 어떤 것들이 그 인생에 포함되어야 한다고 생각하십니까?**

2. **이제 그 목록 중에서 당신이 지금 가지고 있는 것들을 말해주십시오.(Easterlin, 본서)**[20]

첫 번째 질문은 희망 수준을 측정하려는 것이고, 두 번째 질문은 수단들(소득)을 측정한다. (첫 번째 목록에서 지목된) 물질적인 수단의 증가로 행복한 삶을 위해 필요한 것으로 간주되었던 것들(두 번째 목록)이 변한다는 결과가 나왔다. 따라서 라이프사이클의 첫 번째 단계에서는 바닷가의 여름 별장과 세컨드카가 좋은 인생을 위해 중요한 것에 포함되지 않았지만, 소득이 증가하면서 포함된다. 수단과 희망 수준이 대체로 비슷한 속도로 달라지는 트레드밀에서와 매우 유사하게, 소유 재화와 희망 재화 간의 비율이 실제적으로는 전 인생을 통해 일정하다. 레이야드는 이러한 현상을 "습관효과(effect of habit)"이라 부른다. "사람들은 생활수준이 높아지게 되면, 과거의 생활수준으로 돌아가는 것이 선택대상에서 제외되기 때문에 (더 높아진) 새로운 조건에서도 효용수준이 종전과 동일하다"(본서). 이러한 메커니즘은 선호가 준거에 의존한다(*reference-dependent*) (Tversky and Kahneman, 1991)고 하는 현대 행동경제학의 가장 중요한 아이디어 중 하나와 매우 유사하다.

이 아이디어는 경제학 전통에서 완전히 새로운 것이 아니다. 1세대 고전학파 경제학자들-파레토(Pareto)까지-은 심리법칙에 많은 관심을 가졌고, 새로운 경제과학을 굳건한 반석 위에 세우려는 목적으로 내적인 관찰을 경제학 데이터의 과학적 원천으로 간주했다. "그동안 경제학자들은 경제학이 '심리학화'하는 것을 거부하는 경향이 강해졌다. '행복'이라는 말은 '오페리머티(ophelimity)'('만족을 주는 힘' 또는 '가치를 높이는 능력'. Irving Fisher는 'value-making quality'로 해석함-역주)라는 용어로 대체되고 나중에는 '웰빙', '복지' 혹은 지금까지는 덜 감성적으로 들리는 '효용' 혹은 '만족'이라는 말이 사용되고 있다"(van Praag). 에지워스(Francis Ysidro Edgeworth)는 『수리정신학』(*Mathematical Physics*)에서 자극에 대한 체감적 반응의 법칙-당시에 매우 일반화된 이론-을 설명하면서 다음과 같이 말하고 있다. "그러나 기쁨이 수단의 증가와 비례해서 증가하는 것은 아닐 뿐 아니라 그러한 기능 자체가 가변적이다. 때문에 (기쁨의 조건이 반복되면) 동일한 수단이 제공하는 기쁨의 크기는 감소한다는 것에 의해 이 효과는 더욱 강조된다"(1881, p.62). 다시 말해서, 어떤 주어진 시기의 재화 소비량의 변화에 의해 만족도가 정해지는 함수-전통적으로 소비의 효용함수로 이해됨-는 그 소비자의 **직전기의 소비경험에 따라 변화한다.**

에지워스는 이것을 "조절의 법칙(Law of Accommodation)"이라 불렀다.[21)]

그러나 이러한 문제는 한계주의 경제학자들의 관심 대상이 아니어서, 오늘날에 와서야 경제분석에서 새로운 분야로서 개척되었고, 정책적인 함의에 대해서도 충분히 논의되고 있다.

예를 들어, 프랭크와 레이야드는 자기 기만으로 인한 왜곡을 상쇄시키기 위한 중요한 정책을 제안했다: "비과시적 소비는 과시적 소비보다 세금을 덜 높게 부과해야 한다." 그 결과 "비과시적 소비를 보호하기 위한 과세체계를 수립하는 것이 ··· 극히 중요하다"(Frank, 본서).

펠프스(Phelps)는 행복에 관한 세트포인트 모형에 의문을 제기한다. 그녀는 가계의 거시경제 모형에 통합되어 있는 성격 라이프 사이클 모형을 가지고, 5세와 31세와 41세 때에 관찰된 일군의 표본에 속한 개인들의 보육과 일에 대한 만족도를 설명했다. 캡시와 로버츠(Capsi and Roberts, 2001)와 마찬가지로, 그녀는 성격에 지속성과 변화가 있다고 생각한다. 그녀는 지속성이 애착과정의 결과라고 가정한다(Hazan and Shaver, 1990; 1994). 이에 대한 실증연구 결과는 사랑과 성취와 역량에 대한 기대수준이 태어나는 순간부터 발달하기 시작한다는 가설과 일치한다. 학습은 어른이 되어서도 계속된다. 대상자에 대한 어머니의 보살핌의 정도가 기질에 따른 결과와 사회화에 따르는 결과에 차이가 나게 만든다. 그녀는 미국의 주관적 웰빙 향상을 위해 어린이 보육서비스와 건강한 부모-자녀 상호관계 조성을 위한 정책을 촉구했다.

4. 사회적 트레드밀: 상대 소비와 지위 경쟁

상대소비가설에 근거한 설명은 기대수준이론에서 발전한 것이라 생각해도 틀리지 않을 것이다. 희망 수준에 근거한 쾌락 트레드밀은 본질적으로 개인적이자 사회적이고, (경작이나 고기잡이 등에서) 수준을 높일 수 있는 만족 트레드밀은 로빈슨 크루소의 무인도에서도 가능하므로 단독적으로 적용할 수 있기는 하지만, 사회적인 비교와 관련이 있다. 다시 말해서 쾌락 트레드밀은 사회가 작용해야만 하는 것은 아니며, 만족 트레드밀은 보통 사회적인 관계에서 발생하지만, 두 경우 모두 사회적인 관계가 꼭 필요한 것은 아니다. 그보다는 "지위"와 관련된 것이 순수한 사회적 트레드밀이다.

상대소비가설도 경제학 전통에서는 새로운 것이 아니다. 듀젠베리가 최초로 상대소비이론을 명시적으로 도입했다고 앞에서 말했다.[22] 듀젠베리는 사람들이 다른 사람들의 소비수준에 대해 상대적인 자기 소비수준으로부터 효용이나 만족을 얻는다고 주장했다(1949, p.32).

다시 말해서, 기본적으로 그는 우리가 끊임없이 다른 그룹의 사람들과 비교하고 그들이 무엇을 사는지가 우리가 무엇을 살 것인지에 영향을 준다고 말하고 있다. 소비가 우리의 절대적인 소득 수준 대신에 다른 사람과 자신과의 소득 수준 차이에 의해 결정된다는 가설 위에 소비함수가 성립된다는 것은 "이웃집 따라잡기" 시나리오에 끌려간다는 것을 의미한다. 그러므로 어떤 사람의 소비수준의 효용은 **절대적인** 수준뿐 아니라 **상대적인** 수준에도 의존한다.

소비의 사회적 차원을 중요시했던 고전적인 학자들(예를 들어 스미스(Smith, 1759)나 제노베시(Genovesi, 1765-7))까지 갈 것도 없이, 근래에 베블렌(Veblen, 1899)은 소비가 다른 사람들의 시선을 의식하여 이루어지는 것이 보통이기 때문에, 이처럼 과시적으로 이루어지는 소비를 사회적인 이슈로 취급했다. 재화 소비의 사회적 중요성에 관한 스미스나 제노베시와 같은 고전적인 학자들의 통찰을 언급했지만, 미국의 제도학파 경제학자들도 항상 경제학·심리학·사회학 간의 학제적인 연구를 수행해 왔다. 갈브레이스(J. K. Galbraith, 1959)는 그 중 가장 유명한 경제학자 중 한 사람이다. 후에 스키토브스키(Scitovsky, 1976, 6장)는 소비와 지위 간의 관계를 다루었고, 허쉬(Fred Hirsch, 1977)는 "지세 재화(positional goods)"라는 용어를 처음 사용했다. 현대의 지세 이론(positional theory)의 기본적인 요소는 외부성(externality)라는 개념인데, 과시적인 상품은 "비가치재(demerit goods)"의 특성(즉, 음의 외부성을 가진 사적인 재화)도 포함하고 있는데, 이는 (과소비로 인한) 파레토 비효율의 전형적인 결과이다.

> 사람들이 소비지출을 군비경쟁과 같은 특징을 가진 수단으로 생각할 때 더 많은 소비지출을 할수록 더욱 매력적이게 된다. 한 가계는 자신들의 돈을 얼마나 소비할지 선택할 수는 있지만, 다른 사람들의 소비를 선택할 수는 없다. 평균보다 작은 사이즈의 차를 사는 것은 교통사고 사망 위험이 더 높아진다는 것을 의미한다. 면접 의상에 돈을 덜 쓴다는 것은 최상의 직장을 구하지 못할 가능성이 커진다는 것을 의미한다. 그러나 모든 사람이 대형차를 구매하고 최고의 의상을 구입한다면 그 효과가 서로 상쇄되는 결과를 초래한다. 마치 모든 국가가 군비경쟁을 하는 경우와 같다. 폭탄이나 개인 소비에 지출을 줄이면 다른 용도의 지출을 더 늘릴 수 있겠지만, 그것은 모두가 그렇게 할 때에만 가능하다(Frank, 본서).[23)]

레이야드의 입장도 이와 같다. 그는–프랭크의 연구와 오스왈드의 연구를 통해서– "자기가 살고 있는 나라의 평균소득 증가는 자신의 소득 증가로 인해 증가한 행복의 3분의 1을 감소시킨다"는 것을 인정했다. 노동시장에서는, "자신의 임금이 상승하면 행복이 증가하지만, 비교 대상 직종의 임금이 상승하면 자기 직업에 대한 만족도는 내려간다"(Layard, 본서). 달리 말해서, 사람들은 자기 기만의 희생자가 되어 과시적인 재화를 과소비한 결과 "비과시적 소비"에 대한 시간 투자는 비효율적이게 된다:

> 사람들은 쾌락적 적응이나 사회적인 비교 때문에 금전적인 영역에서의 기대수준이 실제 환경과 같은 정도로 변화하리라는 것을 깨닫지 못한다. 그 결과 가정 생활이나 건강이나 주관적인 웰빙에 할애하는 시간이 적정 수준보다 적어지고 금전적인 목표를 달성하는데 지나치게 많은 시간을 할애한다. 가정 생활과 건강에 대한 시간을 재조정하면 주관적인 웰빙이 상승할 것이 분명하다(Easterlin, 본서).

따라서 상대소비이론은 트레드밀(런닝머신)의 이미지에 의해서도 설명될 수 있다. 다른 사람들의 소득도 런닝머신 위에서 우리의 소득이나 소비와 함께 달리고 있는 것이다.

행복의 역설에 대한 지세이론은 외부성이라는 경제학 용어를 사용함으로써, 사람들을 불행의 함정으로 빠지게 만드는 메커니즘의 비의도성에 대해 언급한다. 특히, 지세 이론에서, A의 외부성은 주어진 소비(혹은 소득) 수준이 주는 효용의 크기를 감소시킴으로써 B의 SWB에 영향을 준다.

이러한 지세적인 외부성과는 별개로, 어떤 학자들–본서의 이스터린, 프레이, 스투처–은 "관계적 외부성(relational externa- lity)"이라 할 수 있는 제2의 외부성을 언급하기도 한다. 이 경우 외부성 문제는 인생의 여러 영역 간의 상호작용과 관계가 있다. 즉, A라는 사람의 물질 영역에서의 노력은 A의 관계 영역에 영향을 주는데, 이미 보았듯이 그 영향은 행복면에서 가장 크게 나타난다.

외부성의 문제에 있어서, 자기기만의 문제는 결국 합리성과 관련이 있다. 이 두 개념에 대해서는 다음의 두 절을 할애했다.

이러한 논의는 행복이라는 주제가 경제적 합리성 개념에 대해 어떠한 함의를 가지는가를 생각하게 한다. 본서에 기고된 글들의 공통분모의 하나는 사실 트레드밀 효과의 비의도성이다. 이와 관련해 두 가지 방법론적인 문제가 있다. (a) 주류 경제학을 통해 알고 있는 **경제적 외부성** 개념을 다시 생각해 보는 것과 (b) 어떤 종류의 **기만**이 행복과 경제학 영역 간의 연결을 왜곡하는가에 대한 인식이다. 다음의 두 절에서 이 두 문제를 분석한다.

5. 경제적 합리성에 대한 도전으로서의 행복의 역설

『기쁨없는 경제』(1976)에서 스키토브스키는 트레드밀 메커니즘과 아주 유사한 무언가를 알아냈다. 풍요로운 사회에서 소비재가 증가해도 더 행복해지지 않는 이유를 설명하기 위한 분석을 개발했다. 심리학적·사회학적 연구를 통해 안락과 쾌락의 차이, 즉 자극(stimulation)과 (민감한 정신상태인) "각성(arousal)" 간의 관계에서 답을 도출해냈다. 쾌락적 각성은 습관이 되기 이전인 낮은 단계의 자극과 관련이 있다. 이러한 이유 때문에, 스키토브스키에게는, "창의성"이나 "혁신성"이 행복-쾌락의 커다란 원천이며, 자극적이거나 다채롭거나 색다른 것들은 최적 수준에 비해 적게 소비된다. 왜냐하면 "우리는 편리함을 지나치게 탐닉하기" 때문이고, 또한 "규모의 경제가 다중의 취향을 사회 전체에 부과하고, 다중이 편리함을 위해 혁신적인 자극을 포기할 때, 삶의 질을 높이기 위해 이들이 추구하는 새로운 방식과 혁신성의 발휘는 서로 방해가 되기 때문이다"(Scitovsky, 1976, p.282-3).[24] 이것은 다중이 "소비함정(consumption traps)"을 깨달았다 해도 그로부터 벗어나기 어렵게 만드는 한편, 편리하지만 슬픈 다중을 포만상태의 지루한 불행 상태에 머물게 한다. 자극이 되는 것 대신에 편리한 것을 소비함으로써 의존성과 중독성이 생기게 된다. 계속해서 라이프스타일을 업그레이드하는 것은 시간이 지나면서 약물중독과 비슷한 패턴의 악순환을 증가 또는 강화시킨다. 스키토브스키는 담배나 약물이나 알콜에만 중독되는 것이 아니라, 모든 소비재에도 여러 방식으로 중독될 수 있다고 주장한다.

『크리티컬 리뷰』(*Critical Review*)에서 주최한 『행복없는 경제』 발간 20주년 기념 심포지엄에서 행한 생애 마지막 연설 중의 하나에서, 스키토브스키는 소비중독 패턴이 생기는 것은 사람들이 편리성 추구가 자신을 더 이상 행복하게 해주지 못한다는 것을 깨닫지 못하거나 너무 늦게 깨닫기 때문이라고 주장했다(Scitovsky, 1996, p.599).[25] 다시 말해서, 사람들은 서수적인 경제선택에서 어떤 형태의 기만에 영향을 받는다는 것이다-이에 대해서는 다음 절에서 설명한다. 『크리티컬 리뷰』의 같은 호에서 센(Sen)은 스키토브스키의 연구가 경제적 합리성의 기본개념의 기반을 일부 흔들어놓았으며, 그것이 현대 경제이론의 주춧돌이 될 수 있다고 논평했다. 센은 사람들이 합리적으로 행동한다면 행복의 역설은 생기지 않을 것이라 말함으로써 경제적 합리성에 반대했다. 실제로, 과도한 편리성이 오히려 더 나쁘다면 그것을 왜 추구하는가? 왜 우리를 더 불행하게 만드는 소득창출을 위해 자원을 쏟아붓는가? 센은 스키토브스키의 분석을 두 개의 단계로 정리했다.

(a) 사람들은 표준적인 경제학 이론에서의 합리적인 방식대로 행동하는가?

(b) 표준적인 경제학 이론에서 "합리적인 행동"이라고 규정하는 것이 과연 합리성에 대해 올바르게 이해하도록 하는가?(Sen, 1996, p.485).

오늘날 대부분의 경제학자들은 그러한 선호의 **내용**에 대한 분석에는 관심을 가질 필요가 없다는 데에 동의할 것이다. 어떤 주체가 자신의 선호를 나타내거나 선택을 하면, 주어진 제약조건하에서 효용을 극대화기 위해 어떻게 행동할 것인지 이해하는데 필요한 모든 것을 보여준 셈이다.[26] 효용은 선호를 나타내는 것일 뿐이다.

즉, 경제적 합리성을 선호의 공식적인 일관성의 문제로 국한시킨다면, 스키토브스키나 센의 비판은 별로 영향을 주지 못할 것이다. 경제이론은 권태, 불안, 자살 등을 유발하는 재화에 대한 선호를 가지는 것에 대해서도 이상하게 생각하지 않을 것이다.[27] 지난 30년간 센이 (주체의 주관적인 선호와 관련된) 외적인 준거점이 없이 경제적 합리성의 순수 공식적인 개념을 논하는 것은 동어반복이거나, 아니면 "합리적인 바보"의 행동을 설명하는 것이라고 주장하면서 경제적 합리성의 공식적인 개념에 대해 도전해

온 것은 성공적이었던 것 같다. "행동을 선택할 때 어떤 외적인 (예컨대 목적이나 가치나 기준과 같은) 기준이 없어서 선택함수가 일관성이 있는지 여부를 확인할 방법이 없다"(Sen 2002, pp.121-2). 이러한 계통의 연구에서, 다른 학자들은 경제적 합리성에서 사람들의 행동 속에 있는 욕망이나 신념의 **실제성**이 분석될 필요가 있다고 믿고 있다(Elster, 1983, p.15). 합리성의 실제적인 이론은 개인들을 일련의 목적에 의해 확인하고 행동이 그러한 목적 달성에 적합할 경우에 합리적 행동이 이루어졌다고 간주한다(Hargreaves-Heap et al., 1994, p.3).

공식적인 경제적 합리성의 가설을 포기하고 합리성에 대한 좀 더 실제적인 접근법을 택한다면, 첫 번째 질문은 극대화해야 할 내용이 무엇인가 하는 것이다. 오늘날의 가장 보편적인 답은 개인의 웰빙이라는 것이다. 개인 웰빙의 극대화는 곧 개인의 선호에 대한 완전한 만족과 일치할 것이다.[28] 합리성에 대한 이러한 접근방식은 **선호-만족 접근**이라고도 알려져 있다. "정통 규범 경제학은 결과적으로 복지와 선호-만족을 구분한다"(Hausman and McPherson 1996, p.42). 그러므로 행복의 역설이, 특히 스키토브스키의 경우, 사람들의 웰빙을 극대화하는 것이 아닌 경제적 행동을 밝히고 있기 때문에, 실제로는 선호-만족 접근에만 머무른다.

그러나 선호-만족 접근방식의 지지자들은 스키토브스키가 제시한 일종의 "비합리적" 행위에 대해 그럴듯한 설명을 덧붙인다. 센이 제시한 두 가지 질문에 대한 대응으로, 대부분의 경제학자들은 경제학 이론의 추상성에 기댄다. 경제학 모형이 과학적이기 위해서는 실제 행동에 영향을 줄 수 있는 여러 환경과 요인들로부터 추상적이어야 한다는 것이다. 예를 들어 밀(J. S. Mill)과 파레토(Pareto) 두 사람은 **호모이코노미쿠스**가 실재하는 사람은 아니라고 말한다. 왜냐하면 실제 인간 행동은 심리적이거나 감정적이거나 여타 비합리적인 요인들로 인해 합리적인 궤도에서 벗어나는 행동을 하기 때문이다. 이러한 주장은 시장과 같이 경제 모형에 대한 묘사와 예측이 실제와 크게 다르지 않은 영역이 몇 개 있다고 가정할 수밖에 없게 만든다. 그렇지 않으면 실제 인간 행동을 예측하려는 시도가 전혀 부적절하다는 것을 경제학은 받아들여야 할 것이다. 심지어는 물건을 사고 파는 거래와 같은 전형적인 영역에서조차 경제과학은 그 정치적·물질적인 내용을 상실하게 될 것이다. 그렇다 해도 이러한 방어로는 스키토브스키의 비판을 감당하기 어렵다. 그가 지적한 역설들은 한계 경제의 영역에 대한 것이 아니라 현대 경제학의 핵심인 서수적인 소비자 선택 문제를 겨냥하는 것이기 때문이다.

경제적 합리성을 전통적인 경계를 넘어서 예술, 정치학, 종교, 인종차별과 같은 영역으로 확대 적용하게 되면 이러한 방어는 더욱 더 의미가 줄어든다. "결혼의 이론"이라는 논문의 첫 페이지에서 베커(Gary Becker)는 "사실 경제 이론은 아직도 희소자원 배분 문제를 비롯해서, 시장 경제와 비시장 경제, 화폐 경제와 비화폐 경제, 경쟁적인 경제와 소그룹 경제의 문제 등을 포함한 모든 행동들에 대한 통일된 분석틀을 수립하기 위한 과정에 있다"고 쓰고 있다(Becker, 1973, p.814).

6. 행복과 기만

스키토브스키의 『기쁨없는 경제』뿐 아니라 행복의 역설을 설명하기 위한 트레드밀 효과를 포함하는 모든 이론들은 우리를 준최적이거나 비효율적인 행동을 하게 만드는 일종의 기만에 의해 영향을 받고 있거나 받을 수 있다. 본서의 프랭크와 앞에서 인용한 레이야드의 모든 논의들이 이러한 가정에 강한 기반을 두고 있다. 근대 정치경제학의 전통에서 기만에 근거해 행복 이론을 가장 먼저 전개한 사람은 아담 스미스이다. 『도덕감정론』(*Thoery of Moral Sentiments,* 1759)에서 제시한 그의 이론은 다음과 같다. 부자들이 재산과 부의 크기를 경쟁하는 것은 사회의 역동성과 경제 발전을 위한 추진력이다. 그리하여 "가난한 집 아이는 … 배고픔과 정신적인 불편에 더 많이 시달려야 하고 … 경쟁자들을 능가하기 위해서는 밤낮으로 노동해야 한다"(앞의 책, p.181).

그러나 이러한 사회적인 동력은 부자가 자신보다 더 행복할 것이라거나 "행복을 위한 더 많은 조건을 갖추고 있다"(앞의 책, p.182)고 하는 기만-혹은 좀 더 좋게 말해서 자기 기만-의 과정에 기초하고 있지만, 현실은 그렇지 않다. 스미스는 이와 관련해 많은 증거들을 제시했다(부자 노인의 고독과 불만과 불안 등). 그는 "눈이 배보다 더 크다"라는 격언을 언급하고 있다. 즉 (먹을 수 있는 위의 크기와 수명이 제한되어 있으므로) 심리적으로 "부자는 가난한 사람보다 덜 소비한다"(앞의 책, p.184).

이 시점에서 "보이지 않는 손"이 작동하게 된다. 부자라고 해서 반드시 더 행복한 것도 아니며 자기가 생산한 것을 모두 쓸 수도 없기 때문에, "부자들은 타고난 이기심과 탐욕에도 불구하고, 자신의 성과물을 가난한 사람들과 나눈다. 하지만 이것은 자신의 형편에 따라 하는 것에 불과하고 단지 자신의 헛되고 만족할 줄 모르는 자기희열을 위해 자기가 고용하는 수천 명의 노동자들에게 베푸는 것일 뿐이다. 이러한 행동도 보이지 않는 손에 이끌린다는 점에서 일반 재화의 배분과 크게 다르지 않다. 이러한 이치로 인해 지구상의 모든 존재들은 알거나 의도하지 않아도 공정한 몫을 누릴 수 있게 되고 사회의 이익이 증대된다"(앞의 책, p.184-5).

스미스는 이러한 신비로운 사실 속에서 “지구가 소수의 영장류에 의해 분할 점유되더라도 그러한 경쟁에서 밀려난 존재들에 대해서도 잊거나 포기하지 않는” 섭리가 있음을 발견한다. 자연은 물질적 수단이 아닌 행복면에서 공평한 분배가 이루어지도록 내적으로 공정한 메커니즘으로 디자인되어 있다. “인간 생활의 실제적인 행복의 구성에 있어서, 가난한 사람이 부자들에 비해 결코 모자라지 않다. 모든 다른 계급의 사람들이라도 육체적인 편안함이나 마음의 평화에 있어서는 거의 비슷한 수준이다. 거지는 도로변에 누워서 편안히 햇살을 즐길 수 있지만 왕은 안전을 얻기 위해서 전쟁을 해야 한다(앞의 책, p.185).[29]

그리하여 철학자 스미스는 부와 사회적 인정과 재산이 행복을 가져다 준다는 생각이 기만이라는 것을 깨달았다(앞의 책, p.182 이후 참조). 그러나 사회 동학은 섭리적으로 이러한 기만에 기반을 두고 있다. 기만당하고 있는 개인의 “본성적인 이기심과 탐욕”에도 불구하고, 자신의 행복을 위해 물질적인 조건을 향상시키려는 개인들의 욕구는 공공의 행복을 향한 보이지 않는 손에 이끌린다고 스미스는 생각한다(앞의 책, p.185).

몇 년 뒤 『국부론』(*Wealth of Nations*, 1776)을 썼는데, 그 제목 자체는 새로운 분야로 등장한 정치경제학의 목적을 나타내는 것이었다. 그것은 “행복”에 관한 것이 아니라 “부(wealth)”에 관한 것이다. 물론 스미스가 "부자(riches)"이라는 단어 대신에 "부(wealth)"를 선택한 것은 일반적으로 부(복지 혹은 웰빙)가 단순히 많은 재산을 가지는 것 이상의 의미를 가지고 있는 것으로 생각되었기 때문이다.

『도덕감정론』에서의 인간주체성에 대한 이론 및 풍부한 인류학과 그의 기만이론(theory of deception) 하에서, 만약 정치경제학을 "부의 과학"으로 정의하는 대신에 어떻게 그리고 어떤 조건하에서 **부가 행복으로 전환될 수 있는지**를 연구하는 것으로 정의했더라면 스미스의 정치경제학(그리고 전체 고전학파 경제학 패러다임)은 완전히 다른 무엇이 되었을 수도 있다.

그럼에도 불구하고 이 기만이론 철학자는 국가의 부를 연구하는 경제학자가 되었다. 그러나 만약 부가 행복을 담보하지 않는다면, 만약 이 철학자가 지적한 대로 부와 행복 간의 연결이 기만이라면, 이 철학자는 왜 부를 증진시키는 방법을 연구한 것일까? 아마도 행복에 관한 질문에 대한 스미스의 대답은 (『도덕감정론』에 나오듯이), 행복은 게으름이나 사치나 지나친 부에서 나오는 것이 아니라 적극적인 생활과 적절한 부에서 나온다는 것이었을 것이다. 아주 작은 일부만이 유한계급이기 때문에, 일반적으로 "국부"는 국가의 행복과 엄밀히 관련되어 있다. (과도한) 부를 추구하는 것은 기만적이지만, 그것은 모든 사람이 생계를 유지할 수 있도록 하여 경제 시스템에 동기를 부여하는 힘이 있으며, 사람들이 이러한 기만에 넘어감으로써 보이지 않는 손의 메커니즘이 작동할 수 있게 된다. (철학자) 스미스 이후의 경제학의 전통은 복잡하고 난해한 부와 행복 간의 관계를 잊고 지냈다. 오늘날 행복의 역설의 "참신성"에 대한 열광이 말해주듯이.

7. 그렇다면 어떠한 행복인가?

이 마지막 절에서는, 행복에 관한 주관주의자와 객관주의자 간의 대립적인 주장들을 살펴본다. 맨 앞의 두 절에서 심리학과 경제학 및 사회과학 전반에 걸쳐 행복에 대한 두 가지 관념이 있다고 했다. 하나는 벤담식의 공리주의적·주관적·쾌락적·개인적인 것이고 다른 하나는 아리스토텔레스식의 객관적·행복주의적·관계적인 것이다.

당연한 일이지만, 첫 번째 관점이 경제학의 지지를 많이 받았다. 현재 경제학자들이 사용하는 "행복"이라는 표현에서 에우다이모니아(eudaimonia)(아리스토텔레스의 행복주의-역주)나 관계적 혹은 역설적인 성격의 의미를 찾아보기는 매우 어렵다. 사실, 오늘날의 경제학자들은 아리스토텔레스와는 거리가 먼 벤담식 공리주의의 입장에서 "행복"이라는 용어를 사용한다.

이 서문에서 분류한 방식에 따라 이 책의 저자들에 관해서 말하자면, 프라그(van Praag), 레이야드(Layard), 스타크(Stark), 벤호벤(Veenhoven)은 쾌락적·주관적 전통에 가까우며, 행복을 만족이나 SWB와 크게 다르지 않다고 본다. 이들은 사회성의 여지를 남겨두고 있지만, 이 때의 사회성은 행복의 요소가 아니라 "지세 경쟁(positional competition)"을 위한 것이다. 그리고 프랭크(Frank), 프레이(Frey), 스투처(Stutzer), 이스터린(Easterlin)은, 앞에서 말했듯이, 에우다이모니아의 전형적 요소의 하나인 가족생활의 중요성을 강조한다.

한편, 매트라버스(Mattravers), 너스봄(Nussbaum), 파지네티(Pasinetti), 서그덴(Sugden), 자마그니(Zamagni)는 개인화된 관계성을 위한 사회성은 행복한 삶을 위한 근본적인 요소라고 분석하는 이론 혹은 역사의 재구성을 제시한다. 이는 객관적으로 에우다이모니아 같은 행복주의와 동일한 입장이다. 이러한 접근은 여전히 경제학에서는 비주류이지만 아마티아 센(Amartya Sen)의 능력접근에도 가깝다. 센은 자신의 능력접근이 아리스토텔레스로부터 고무된 것임을 부정하지만, 이러한 철학적 태도는 아리스토텔레스에 매우 가깝다.

아리스토텔레스가[3천 마일 떨어져 있는 매이트래이(Maitreyee)와

야즈나발키아(Yajnavalkya) 간의 대화와 잘 공명되고 있는] 니코마코스 윤리학의 서두에서 밝혔듯이, "부는 우리가 추구해야 할 게 아니라는 것은 분명하다. 왜냐하면 그것은 단지 뭔가 다른 것을 위해 유용한 것일 뿐이기 때문이다." 우리가 더 많은 부를 원한다면, 그 이유가 정확히 무엇인지, 그 이유가 과연 타당한 것인지, 어떤 조건에서 그러한 이유가 생기는지, 그리고 더 많은 부로 우리가 무엇을 할 수 있는지에 대해 질문해 봐야 한다. 사실 우리는 일반적으로 더 많은 소득과 부를 필요로 하는 적절한 이유들을 얼마든지 댈 수 있다. 하지만 부는 우리가 가치 있다고 여기는 삶을 영위할 수 있도록 보다 많은 자유를 얻으려는 목적을 위한 수단은 아니다. 부의 유용성은 우리가 무언가를 할 수 있도록 해주는 대상물을 가질 수 있게 하는 것, 즉 무언가를 성취할 수 있게 도와주는 실질적인 자유에 있다. 그러나 이 관계는 (부 이외의 우리의 삶에 심각한 영향을 주기 때문에) 배타적이지 않을뿐더러 (부가 우리의 삶에 미치는 영향은 다른 조건들에 따라 달라지기 때문에) 일률적이지도 않다. 이러한 관계의 제한적이고 조건부적인 성격을 이해하는 것뿐 아니라 생활조건과 삶의 질에 대한 부의 결정적인 역할을 인식하는 것도 중요하다(Sen, 2000, p.14).

마지막으로, 본서에 실려 있는 논문들은 행복에 관한 연구 영역을 전체적으로 설명하기 위해 수집되었다. 특히 경제사상과의 관계를 특별히 강조하고 있다. 본서는 정치경제학 내의 한 부분으로서의 "행복경제학"에 대한 최고의 중심적인 학문연구 성과에 대하여 논의하고 있다. 그러나 본서의 주된 주제는 행복연구와 경제학과의 관계이다. 따라서 이 책은 학제적인 성격을 가진다. 게다가 본서는 현재의 연구 문헌에서의 인간의 행복에 관한 주관적인 접근과 객관적인 접근 상호간의 상대적인 역할과 영향을 특별히 강조하고 있다.

본서를 통해 행복의 비판적 이해를 위한 개념적 틀과 그것의 경제학과의 관계를 독자들에게 제공하고자 하는 것이 목표이다. 경제학적 관점이 중심이지만, 여기서는 행복경제학이 아니라 경제학과 행복 간의 관계에 집중한다.

본서에 수록된 논문들은 경제학 분야에서 행복에 관한 연구를 주도하고 있는 학자들에 의해 씌어졌다. 이 글들은 2003년 밀라노-비오카(Milani-Bicocca)에서 개최된 "경제학에서의 행복의 역설"이라는 국제 컨퍼런스를 위해 준비되었다.

1) Bruni and Porta(2003), Porta and Scazzieri(2002).

2) 레이든학파는 선호표류율 β의 숫자값을 계산했다. $\beta=1$이면 완전히 적응하는 것이다. 프라그의 첫 번째 논문(1971)에서는 그 값이 0.15인 것으로 계산되었다가 이후의 논문(van Praag and Kapteyn 1973 이후)에서는 0.5 수준에 머물렀다. 1980년대에 레이든 학파는, 자기 소득과는 별개의 사회 기준 그룹의 소득도 중요한 요소로 간주되었다. 이것이 약 0.3의 값을 가지는 것으로 추정되는 "기준표류(reference drift)"로 제시되었다. 그리하여 총 효과는 완전한 적응보다 작은 약 0.8의 값을 가진다. van Praag(2004)로 참조하라.

3) 이 연구(p.224)는 여러 나라의 사람들이 느끼는 "희망"에 대한 중요한 통찰을 제공한다. 예를 들어, 나이지리아인과 미국인은 희망과 관련하여 건강에 대해 같은 값을 보여주었다. 나이지라아인들에게 있어서 경제적인 요소는 더 중요했으며(90대 65), 약간 덜하지만, 미국인보다 가족에 더 많은 무게를 두고 있다(76대 47).

4) 캔트릴의 데이터는 예를 들어 쿠바와 이집트가 서독보다 만족도가 높다는 것을 보여주었다(1965, p.258). 그는 행복도와 소득의 로그값 산포도 그래프에 의해 관계성이 미약하다는 것을 보였다. 벤호벤은 이스터린의 논문에서의 국제간 비교에 대해 비판하였다(Veenhoven, 1991). 그는 캔트릴과 같은 데이터를 가지고 두 축의 척도를 동일하게 하여 산포도를 그려본 결과 체감적인 볼록한 패턴을 따른다는 것을 보였다. Oswald(1997, p.1817)도 비슷한 주장을 했다. 최근에 Hagerty and Veenhoven(2003)은 국내총생산(GDP)이 커질수록 행복도 증가한다고 주장함으로써 이 논문에 도전한다. Easterlin(2004)은 이 논문에 대응하면서 자신의 원래 논문을 방어했다.

5) 오늘날 대부분의 데이터는 미국인을 무작위 표본조사하는 전미일반사회조사(General Social Survey of the United States)에 (혹은 유럽에서는 유럽위원회(European Commission)의 유로바로미터(Eurobarometer)에) 나온다. 데이터는 1972년 이후부터 축적되어 있다.

6) 프랭크는 같은 논문에서, "한 시점에 한 나라 국민의 평균적인 행복과 평균 소득의 산포도를 그려보면, … 부유한 사람들은 가난한 사람들보다 훨씬 더 행복하다. 실로 놀라울 정도로 크게 차이난다. 단일 요인으로서 소득 척도 하위 5퍼센트에서 상위 5퍼센트로 이동하는 것만큼 삶의 행복 척도를 증가시킬 만한 다른 요인은 상상하기 어려울 것이다"(본서, 제2장). 또한 레이야드에 의하면, "물론 국내적으로는 부자가 가난한 사람보다 항상 더 행복하다"(본서, 제5장).

7) 논쟁은 심리학자들 간에 더욱 심하다. Diener 같은 학자는 WVS(World Values Survey)의 여러 자료에 근거해서 소득과 행복 간의 상관관계(다른 변수들은 고정되어 있다고 할 때)에 전반적으로(국가간, 한 국가내, 그리고 시계열적으로) 의문을 제기한다.

8) 그는 미국사회학회지 *American Journal of Sociology*에 기고한 약 41개 그래프로 구성된 짤막한 논문으로 시작했다. 이것은 대공황기에 미국에서의 삶의 질을 측정하기 위한 몇 가지 사회적인 변수들의 선택 과정을 보여주었다(Ogburn, 1935).

9) HDI는 개발정책에 결정적으로 중요하다는 것이 인정되었다. Sen(2000)에 따르면 사람들이 자기에게 주어진 재화를 가지고 할 수 있는 것에 의해 개인들의 웰빙을 측정하는 *능력접근*(capability approach)을 작동시킨 가장 중요한 사례가 HDI이다.

10) 예를 들어, Robert Sugden은 "센이 적절하다고 본 풍부한 기능들이 있다고 해도, 합리적인 사람들 사이에 양질의 삶의 성격에 대해 의견 불일치가 있고 가치평가에 대한 해결되지 않은 문제들이 있다고 할 때, 과연 센의 분석틀이 얼마나 잘 작동될 수 있겠는가"라고 쓰고 있다(Sugden, 1993, p.1962).

11) Fragility(2001)의 "제2판 서문"에서, 너스봄은 아리스토텔레스와 부분적으로 차이가 있고 스토아 철학(아리스토텔레스에게는 없는 보편적인 인간적인 존엄성이라는 의미에서)과 칸트(자유)와 롤스(Rawls)("정치적 자유주의")에 가깝다는 것을 인정한 바 있다.

12) 센은 양질의 삶이 주관적인 인식이 아니므로 사람들이 실제로 어떻게 사는지에 의해 측정되어야 한다는 것을 인정하지만, 너스봄이 취하는 방법론과 관련하여 다음과 같이 말하고 있다. "나는 분명 그러한 방식에 대해 크게 반대하지는 않는다. 그러나 그것이 유일한 방식이라고 생각하기 어

려운 이유는, 부분적으로는 그것이 인간의 본성(이와 함께 양질의 삶을 위한 고유의 기능들)에 대해 지나치게 특수화된 규정일 수 있다는 점에 있고, 또한 이러한 접근과 관련하여 객관성의 유형의 중요성과 그 성질에 대한 나의 주장 때문이기도 하다. 그러나 사실상 내가 동의하지 못하는 주된 이유는, 그런 면에 능력접근을 활용하는 데 있어서 그러한 방식이 반드시 요구되는 것은 아니기 때문이며, 능력접근을 일부러 비완결적이게 한 것은 어느 정도 그럴듯한 다른 방식도 허용되도록 하기 위한 것이다"(Sen, 1993, p.36).

13) 행복에 대한 카너먼(Kahneman)의 접근은 이중적이다. 어떤 연구(Kahneman et al., 1997, 2003)에서는 명백히 쾌락주의적 접근을 따르는가 하면, 다른 연구(Nickerson et al., 2003과의 공동연구)에서는 아리스토텔레스적인 접근과 궤를 같이 한다.

14) 리프(Ryff) 등 몇몇 사람들은 PWB의 척도에 대해 인간번영(human flourishing)을 여섯 가지로 구분할 수 있도록 다차원적인 접근을 제시했다. 그 여섯 가지에는 자율, 성장, 자기인정, 삶의 의지, 수월성, 우호적인 관계가 포함된다. PWB는 이들 여섯 가지 요소들로 정의된다(Ryff and Singer, 1998; Keyes et al., 2002).

15) SWB에 관해서는 Diener and Lucas(1999)와 Diener(1984)도 참조하라.

16) 이 이론을 비판적으로 검토한 루카스 외(Lucas et al., 2002.4)를 참조하라.

17) 벤호벤의 방법론적 입장은 세트포인트 이론과 크게 다르다는 것을 알아야 할 것이다. 1991년에 발표한 논문에서, 그는 행복이 사회적 비교나 문화적으로 다양한 욕구에 의해서가 아니라 인간의 내재적인 "필요"에 대한 만족을 반영한다고 하였다. 그리고 몇 년 후에는 세트포인트 이론을 거부했다(1994).

18) http://www.eur.nl/fsw/research/happiness/prologue.htm 참조.

19) 카너먼은 객관적 행복과 주관적 행복의 차이에 근거해서 행복의 객관적 조건을 향상시키는 것이 개인적으로나 사회적으로 중요하다는 입장을 견지하고 있다. 비록 그러한 변화가 주관적으로 느껴지지 않을지라도, 더 좋은 차를 몰고 더 좋은 음식을 먹는 것은, 비록 쾌락 트레드밀 때문에 주관적인 행복은 증가하지 않는다 할지라도, 삶의 질(카너먼이 말하는 "객관적 행복")이 더 높아진다는 것을 나타낸다.

20) 레이야드도 비슷한 실험에 대한 결과를 보고했다(Layard, 본서).

21) 어떤 사람의 준거점을 이전의 소비에 대한 가중평균이라고 하면, 에지워스의 가설은 주어진 시점의 효용은 그 기간에 소비한 재화의 절대적인 양뿐 아니라 그 양과 준거점에서의 상응하는 소비량 간의 차이에 의해서도 영향을 받는다. 에지워스가 사용한 '조절(accommodation)'이라는 심리학적인 개념은 현대 심리학자들이 '준거종속'을 설명하기 위해 사용한 '적응(adaptation)'이라는 개념과 본질적으로 같다(Bruni and Sugden 2005, p.18). 당시 최고의 경제학자인 판탈레오니는 욕구에 관한 분석에서, 주어진 시점의 "쾌락의 척도"(hedonic scale)는 과거의 소비에 의존한다고 보았다(Maffeo Pantaleoni 1898: 53). 이는 에지워스의 "조절"과 매우 유사한 개념이다. 그런데 판텔레오니는 오늘날의 논의에 있어서 더욱 주목해야 할 직관적인 통찰을 하나 제공한다. 즉, 소득 증가로 새로운 욕구가 생기는 경향이 소득 감소로 기본 욕구를 억누르는 경향보다 더 강하다는 것이다. "욕구의 양(+)의 확대가 음(−)의 확대와, 사실상 다르게 나타난다"(p.53). 따라서 소득/욕구-만족 관계에서의 비대칭성은 카너먼이 그의 객관적 행복에서 강조한 것과 비슷하다(1999).

22) 홀랜더(Holländer)는 듀젠베리의 효용함수를 명시적으로 인용하고 있다.

23) 행복의 역설이 고소득 사회에 더 잘 들어맞는 것이기는 하지만, 그러한 사회들이 지위가 독점되거나 소비자 경쟁에서 독점적 구조인 것은 아니다. 인류학자들은 지세적 소비가 모든 형태의 사회에 다 있다고 말한다. 심지어 주는 행위조차도 자신의 지위를 강화하기 위해 자신의 소비수준이 높다는 것을 과시하기 위한 또 다른 방법이다. 베블렌은 『유한계급론』(*Theory of Leisure Class*, 1899)에서 과시적 소비나 지세적 소비가 증가함으로써 현대 사회의 사회관계에서 전형적인 비인간화가 나타난다고 비판한다. 촌락이나 소규모 공동체에서는 사회적 지위를 알리는 방법이 여러 가지가 있지만, 오늘날의 익명사회에서는 소비주의가 자신의 지위를 드러내는 유일한 방법이다. 한 부족 내에서 아이들의 글읽기를 가르치는 사람들이나 힘센 전사들이 존중받듯이, 부족의 주술사 대대로 부족민들의 존중의 대상이 된다. 그러나 지금은 큰 차와 주택이 잘 모르고 지내는 주변 이웃들에게 자신이 누구인지를 말해준다. 재화가 지위를 말해주는 유일한 소통수단인 것이다.

24) 스키토브스키에 대한 코멘트에서 허시먼은 합리적인 행동(시민의 정치적 책임, 특히 "식사모임"처럼 친구들과 함께 즐거운 일을 하는 것)이 자극적

임과 동시에 편리한 것일 수 있다는 것을 강조했다. "스키토브스키에 대한 나의 반론은 기본적으로 그가 *공적인* 차원을 전적으로 무시했다는 데 있다. 그는 정치와 공적인 생활에의 참여, 공공 이익 추구(혹은 18세기적인 의미에서의 '공적인 행복')가 자극의 또 다른 대안일 수 있다는 것을 염두에 두지 않았다"(Hirshman 1996:536).

25) 이 연설에서 스키토브스키는 자기 책에서 간과한 점 하나를 지적하려 했다. 부자들은 지나친 편리함 때문에 지루하고 불행한가 하면, 너무 가난해서 불편 때문에 불행한 사람들도 있다는 것이다. 불행히도 행복의 역설에서는 이러한 측면을 잊고 있었기 때문에, 앞으로는 다루어져야 할 것이다.

26) 경제행위에 대해 이렇게 통찰한 파레토는 개인이 자신의 선호 지도(map of preferences)를 남긴 뒤에는 사라질 수 있다고 분명히 말했다(1906, 제III장, 57절).

27) 경제적 합리성이 선호의 내용에 대해 관심을 가져서는 안 된다는 생각은 오랜 역사를 가지고 있다. 19세기 말에 파레토는 효용과 구분하기 위해 오페리머티(ophelimity)라는 용어를 도입하여 비현실적인 근거 위에 있던 경제학에 기초를 세웠다. "현시선호이론"을 추종하는 경제학자들은 파레토 쪽으로 이동했다(Bruni, 2002 참조).

28) 개인의 웰빙이 자기중심주의를 의미하는 것은 아니다. 개인의 웰빙에는 타자의 웰빙 혹은 타자를 배려하는 즐거움도 포함될 수 있다. 합리성의 이러한 특성을 "심리학적 이기주의"와 구분하여 "철학적 이기주의"라 부르기도 한다(Hollis, 1998 참조).

29) 우리는 나폴리 철학자이자 Genovesi의 스승인 G. B. Vico에게서도 같은 주제(섭리=보이지 않는 손)를 발견할 수 있다.

2

더 나은 웰빙이론 만들기

리차드 A. 이스터린

1. 서 론

필자는 "웰빙", "효용", "행복", "삶의 만족", "복지"를 호환하여 사용하고, 전미사회일반조사(United States General Society Survey; GSS)에서 제시한 다음과 같은 질문으로 그 수준을 측정한다: "모든 것을 고려해볼 때, 당신은 요즘 어떻다고 생각하십니까? 매우 행복함, 꽤 행복함, 별로 행복하지 않음."[1] 연구방법론의 발전으로 이러한 질문에 대한 답변의 신뢰성과 타당성, 비교가능성이 높아졌다(Frey and Stutzer, 2002a, 2002b; Veenhoven, 1993). 이 연구를 위해서 나는 그룹이나 개인 간에도 합리적으로 비교 가능한 의미 있는 응답들을 이용해서 측정된 행복의 결정 요인들을 중점적으로 살펴보았다.

“더 나은 웰빙이론 만들기”라는 이 장의 제목에 대해 “무엇에 비해 더 낫다는 말인가?”하고 궁금해할 것이다. 나의 답은 현재의 심리학 및 경제학에서의 웰빙이론보다 낫다는 것이다. 그렇다고 둘 중 어느 분야에서든 통일된 견해가 있다는 말은 아니다. 아래에 설명될 이론들은 각 분야의 연구에서 대세로 여겨질 수도 있는 것들이다. 나는 두 분야와 더불어 사회조사자료를 활용할 수 있다는 이점을 살려서 웰빙이라는 개념이 주는 느낌에 대해 사람들이 생각하는 것과 일치하는 이론의 윤곽을 제시하고자 한다.

심리학에서는 “세트포인트 이론”이 대세이다.[2] 개개인이 유전자나 성격에 의해 주어진 행복의 세트포인트(setpoint)를 가지고 있다고 생각하고 있다. 결혼, 실직, 심각한 상해와 같은 인생의 중대한 사건들이 이러한 세트포인트를 들쑥날쑥하게 하겠지만, 사람들은 시간이 지나면서 쾌락적 적응을 통해 초기 세트포인트를 회복한다는 것이다. 한 세트포인트 이론가는 객관적인 행복이론에서, 인생에 있어서 환경의 역할은 무시해도 된다고 말하고 있다(Kammann, 1983, p.18).

이 이론은 주관적인 웰빙(SWB; subjective wellbeing)을 높이는 것이 목표인 경제 및 사회적인 공공정책을 공허하게 만든다. 세트포인트이론은 경제나 사회적인 환경을 개선하기 위한 어떠한 수단도 웰빙에 대해 일시적인 효과만 가질 뿐임을 의미한다. 왜냐하면 사람들은 시간이 지나면 원래의 세트포인트로 복귀하기 때문이다. 카너먼 등이 펴낸 쾌락적 웰빙에 관한 최근의 백과사전식 해설서에서 이러한 세트포인트이론의 함의가 심리학자들에 의해 명백히 인정되었다(Kahneman et al., 1999). 예를 들어 디너와 루카스는 "SWB를 증가시키려는 정책은 유전자나 성격의 영향 때문에 그 효과가 제한적이다. 환경의 변화는, 단기적인 웰빙에는 중요하지만, 시간이 지나면서 적응과정을 통해 그 효과가 줄어들어 장기적인 SWB에 미치는 영향은 크지 않게 된다"(Diener and Lucas 1999, p.227). 게다가 만일 세트포인트이론이 옳다면, 공공정책이 효과 없는 것이 되어버릴 뿐 아니라 사람들은 심리학자와의 상담 외에는 웰빙을 높이기 위해 할 수 있는 일이 거의 없다.

이와는 대조적으로, 경제학에서는 삶의 환경, 특히 소득과 고용은 웰빙에 지속적인 효과를 가진다고 믿는다. 지배적인 이론은 "많을수록 좋다"라는 것이다. 일반적으로 경제학자들은 주관적인 마음 상태를 이론화하는 것을 좋아하지 않으며, 단지 관찰된 행위만을 다룬다. 경제학의 현시선호(revealed preference)이론은 어떤 사람이 주어진 소득과 가격하에서 x_1, y_1 재화의 조합을 취할 수 있음에도 x_2, y_2 재화의 조합을 택한다면, (일련의 정리에 의해) 그는 x_2, y_2 조합을 x_1, y_1 조합보다 선호하며, 더 큰 만족을 얻는 것으로 간주한다. 이 이론의 주된 함의는 사람들은 소득을 증대시킴으로써 웰빙을 높일 수 있다는 것과 공공정책 수단들은 더 큰 웰빙을 위해 사회 전체의 소득을 높이는 것을 목적으로 한다는 것이다. 웰빙이 물질적 조건 외에도 많은 여건에 의해 영향받는다는 것을 알고 있지만, 소득이 충분히 증가한다면 전반적인 웰빙도 같은 방향으로 움직인다고 가정한다. 일찌기 피구는 "경제적 복지[실질임금의 수준]의 변화와 사회복지가 똑같은 정도는 아니더라도, 같은 방향으로 변화한다는 것은 분명하다"고 했다 (Pigou, 1932, p.3).

다음으로, 지배적인 심리학 및 경제학 이론이 그동안 축적된 웰빙에 관한 조사자료 증거와 일치하지 않는다는 것을 보여줄 것이며, 이러한 분석을 근거로 더 나은 이론의 윤곽을 그려보고자 한다. 나의 실증연구는 대부분 코호트 분석(cohort analysis)(특정 요인에 노출된 집단을 시간을 두고 추적조사하는 통계조사방식-역주)을 GSS와 같은 조사자료에 적용하여 인구학 기법을 사용하는 라이프사이클 접근이다. 라이프사이클 경험에 관한 일반화는 GSS에서 1972년과 2000년의 28년간 행한 몇 개의 코호트 자료로부터 얻었다. 어떤 코호트는 1972년에 성인의 라이프사이클 단계에 막 진입하는 단계이고, 다른 코호트는 중년이나 그 이후의 단계에 있으므로, 젊은 코호트와 나이 든 코호트의 서로 다른 단계의 라이프사이클 경험을 종합함으로써 성인 전체에 대한 패턴을 추론할 수 있다. 연례 조사의 표본 크기는 전형적으로 1,500명이며, 2배나 되었던 1994년은 예외이다. 그 다음에는 조사대상자를 나이, 성별, 건강, 결혼이나 직업 여부 등에 따라 세분화함에 따라 표본 크기가 작아지는 문제를 최소화하기 위해 3년 혹은 5년 평균을 사용한다. 행복의 정도에 관한 설문에 대해서는 매우 행복 = 3, 약간 행복 =v2, 행복하지 않음 = 1의 규모척도로 측정해 다양한 인구집단의 행복의 평균값을 계산했다.

2. 행복에 세트포인트는 있는가?

심리학 이론에서부터 시작하자. 중요한 문제는 삶의 사건들에 대해 적응하는가 여부가 아니라, 완전히 적응하는가, 다시 말해 행복의 초기 수준으로 되돌아가는가 여부이다.[3] 사실 성형수술 같은 경험에 대한 쾌락적 적응은 전형적으로 완전하지 못하며, 이러한 경험들은 웰빙에 대해 오랫동안 영향을 준다는 것을 분명히 밝힌 심리학 연구가 있다(Frederick and Loewenstein 1999).

게다가 여기에서 제시되는 조사결과는 사람들이 건강이나 결혼과 관련된 상황변화에 충분히 적응하지 못한다는 증거를 보여준다. 건강 악화는 행복에 대해 영구적으로 부정적인 효과를 주며, 건강이 나빠질수록 그 부정적 효과도 더 커진다. 결혼에 의한 결합은 행복에 긍정적이고 지속적인 영향을 주는 반면, 파경을 맞으면 영구적으로 부정적인 영향을 준다. 물론 내가 말하는 것은 평균적으로 그렇다는 것이며, 평균과 상당히 다른 경우도 있다.

2.1 건강과 행복

건강악화에 대한 적응을 보여주는 브릭먼 등의 연구는 계속해서 인용되는 획기적인 논문이다. 이 논문은 심각한 사고를 당한 사람들(하반신이 마비되었거나 사지가 마비된 사람들)이, 통제그룹과 비교해봤을 때, "예상했던 만큼 불행해 보이지는 않았다"고 보고하고 있다(Brickman et al., 1978, p.921). 이 분석의 표본크기는 매우 작은데(29명의 사고희생자와 22명의 통제그룹), 소표본의 문제는 전화번호부에서 추출한 통제그룹의 모호한 비교성으로 인해 문제가 심각해진다. 통제그룹이 "[이 분석에서 상당히 다른 제3의 그룹인] 복권 당첨자들과 한 지역에 살고" 있기 때문이다(p.919). 어떤 사건에서도, 그 연구는 사고 희생자들이 통제

그룹만큼 행복하다는 것을 보여주지는 **못한다**. 그와 반대로, 사고 희생자들은 통제그룹과 비교했을 때, "자신들을 훨씬 **덜** 행복한 것으로 평가한다" (p.924 이탤릭으로 표시한 것은 강조를 위한 것임). 세트포인트 (혹은 "적응수준")이론은 이 연구에서 사고 희생자와 "사고가 날 뻔했던" 사람들 간의 상당히 다른 비교를 도입해야만 타당성을 가진다. "사고가 날 뻔했다"는 것에 대해서는 설명이나 측정할 만한 것이 없어서 독자들의 직관에 의해 빈칸이 채워져야 할 것이다.

그 후 많은 연구들이 진행되었는데, 그 중에는 완전한 적응의 개념과 일치하는 것도 있고 그와 반대되는 것들도 있다. 이들 대부분은 유사한 표본 크기 문제 및 여타 한계를 안고 있다. 내가 아는 한 가장 종합적이고 세밀한 연구는 장애가 있는 사람들의 **전국적인** 표본(n=675)을 (5점 척도로) 삶의 만족도를 조사하여 장애가 없는 사람들의 **전국적인** 표본(n=1064)과 비교한 것이다(Mehnert et al., 1990).

이 연구가 밝혀낸 것은 무엇일까? 첫째, 장애가 있는 사람들의 삶의 만족도는 평균적으로 장애가 없다고 보고된 사람들에 비해 크게 낮다(표 2.1). 둘째, 장애자 그룹 내에서도 그 정도가 심할수록 행복도가 덜하다. 즉, 장애가 심할수록 삶의 만족도가 더 낮다(표 2.2의 1 항). 하나 이상의 장애를 가진 사람이 삶의 만족도가 더 낮다(2항). 정신적, 심리적인 장애나 "기타 건강 장애"를 가진 사람들은 감각 장애를 가진 사람보다 삶의 만족도가 더 낮다(3항). 일상생활이 제약될수록 만족도가 낮다(4항). 마지막으로, 응답자의 지인들이 자신의 장애에 대해 알고 있을 가능성이 높을수록 만족도가 낮다(5항).

때로는 건강이 삶의 만족도에 영향을 주는 것인지, 삶의 만족도가 건강에 영향을 주는 것인지 하는 인과의 방향에 대해 의문이 제기되기도 한다. 만약 건강을 일차원적으로만 생각한다면, 삶의 만족이 건강에 영향을 미치고 그 반대의 경우도 마찬가지라는 그럴듯한 선험적인 주장이 가능하다. 그러나 〈표 2.2〉에서와 같이 여러 형태의 신체적인 장애가 있는 경우, 삶의 만족도 차이가

표 2.1 자신의 장애상태에 따른 개인별 삶의 만족에 대한 백분분포

장애상태	(1)	(2)	(3)	(4)	(5)	(6)
	삶의 만족도					n
	만족			불만족		
	매우 만족	다소 만족	중간	다소 불만족	매우 불만족	
비장애	50	40	4	5	1	1064
장애	37	31	5	18	9	675

자료: Mehnert et al. (1990, p.13) 질문은, "당신은 전반적으로 얼마나 만족하십니까?–매우 만족, 다소 만족, 중간(만족하지도 불만족하지 않음), 다소 불만족, 매우 불만족". 명확한 답변을 하기 어려운 응답자나 거절한 응답자는 "중간"으로 처리함.

표 2.2 장애조건의 특성에 따른 개인별 삶의 만족에 대한 백분분포

	(1)	(2)	(3)	(4)
	삶의 만족도			n
	매우 혹은 다소 만족	중간	다소 혹은 매우 불만족	
장애자 전체	68	5	27	675
1. 장애 정도				
가벼움	86	2	12	108
어느 정도 심함	80	6	14	216
상당히 심함	61	5	34	196
매우 심함	49	6	45	155
2. 여러 장애				
아니요	74	2	24	493
예	57	5	38	182
3. 장애의 유형				
감각	86	1	13	88
정신[a]	72	5	23	61
심리	68	3	29	303
기타 심각한 건강	65	5	30	196
4. 활동의 제약				
없음	91	0	9	61
부분제약, 부분노동[b]	75	6	19	317
노동불가, 집안거주	56	6	38	297
5. 장애에 대한 지인들[c]의 인지여부				
아니오	78	[d]	22[d]	371
예	58	[d]	42[d]	304

a 정신지체, 발달 장애, 정신질환.
b "여타 제한적인 활동"도 포함.
c 응답자를 상당히 잘 알고 있는 사람들.
d "다소 혹은 매우 불만족"에 "중간"도 포함

자료: Mehnert et al. (1990, p.10, 12).

건강 상태를 달라지게 할 것이라고는 생각하기 어렵다. 건강에 문제가 클수록 덜 행복하게 된다는 쪽이 더 설득력 있는 추론이다.

따라서 〈표 2.1〉과 〈표 2.2〉는 평균적으로 건강이 나빠질수록 삶의 만족이 줄어들고, 건강악화가 심해질수록 삶의 만족 감소폭도 커진다는 것을 말해준다. 장애에 대한 적응이 이루어지지 않는다는 것을 의미하는 것은 아니다. 사고나 심각한 질병이 처음에 행복에 미치는 초기의 충격이 장기적인 충격보다는 클 것이라고 가정하는 것이 적당할 것이다. 보청기나 휠체어 같은 건강보조기구나 친구 및 친척들의 도우미 서비스 같은 네트워크가 장애 상태에 대한 적응을 촉진할 수 있다. 또한 그 충격은 개개인에 따라 다르고 적응의 정도는 무엇보다도 개개인의 성격 특성에 따라 다를 수 있다. 그러나 건강악화가 행복에 지속적으로 부정적인 영향을 준다는 증거가 있다.

이 연구는 대표적인 전국 표본에 근거하였고, 삶의 만족이 건강 문제에 체계적으로 연결되어 있다는 결과는 인상적이다. 그러나 그것은 한 시점에서의 조사일 뿐 라이프사이클 분석은 아니라는 것도 사실이다. 따라서 성인의 라이프사이클을 통해 여러 시점에서의 코호트 과정을 가지고 동일 인물의 주어진 출생 코호트 인물 표본에 근거한 라이프사이클 증거를 살펴보고자 한다.

성인들의 경우 실제 건강 문제가 라이프사이클을 통해 더욱 중요시된다는 것은 분명하다. 그러나 사람들은 자신의 건강에 대해 어떻게 생각하는가? 부정적인 변화에 대한 적응이 완전히 이루어진다면, 스스로 평가하는 라이프사이클상의 건강점수 추세는 평평할 것이다.4) 과연 그럴까?

사실 자신이 평가하는 건강점수는 라이프사이클에 따라 낮아진다. 1972년 이후, GSS는 다음과 같이 질문해왔다. "전체적으로 당신의 건강에 대해 다음 중 어떻게 말할 수 있겠습니까? 매우 좋음, 좋음, 나쁘지 않음, 나쁨"(National Opinion Research Center 1999, p.172). 10살씩 차이가 나는 코호트들을 28년의 기간 동안 추적해본 결과, 건강에 대한 자기평가 점수의 평균이 낮아진다는 것이 분명히(그리고 통계적으로 유의하게) 나타난다(그림 2.1). (평균적인 건강점수는 4점 척도, 즉 매우 좋음=4에서부터 나쁨=1까지로 측정했다.) 남성과 여성 각각의 추세는, 여기에서 보듯이, 합쳐서 계산한 것과 비슷하게 나왔다. 가장 나이 많은 두 코호트 집단을 볼 때, 60세 이상에서 자기 평가 건강점수 추세가 평평해지는 것은, 건강이 나쁜 사람일수록 사실상 더 빨리 사망하고, 이러한 사망자가 집계대상에서 빠지기 때문이다. 자기평가 건강점수 데이터의 결론은 장애에 대한 앞의 데이터가 시사하는 바와 같다. 건강악화에 대한 완전한 쾌락적 적응은 없다는 것이다.5)

그림 2.1 1911-20년생부터 1951-60년생까지의 코호트들의 자기평가 건강점수의 평균 (각 나이대의 5년 평균)

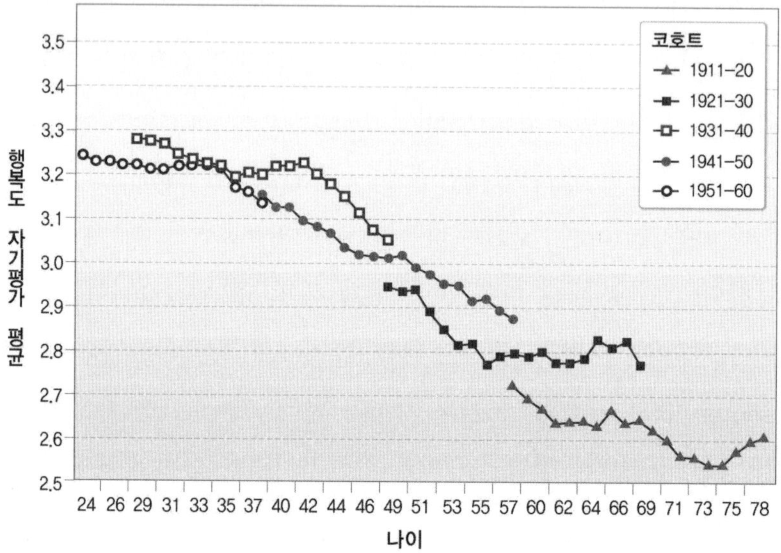

표 2.3 1911-20년생부터 1951-60년생까지의 코호트 그룹의 자기평가 건강 상태에 의한 행복 평균값

(1)	(2)	(3)	(4)	(5)	(6)
		행복 평균치			
		매우 좋음	좋음	나쁘지 않음	나쁨
1951-60	23세에서 45세	2.36	2.12	1.85	1.63
1941-50	27세에서 55세	2.37	2.17	1.92	1.74
1931-40	37세에서 65세	2.43	2.23	1.98	1.74
1921-30	47세에서 75세	2.48	2.24	2.06	1.83
1911-20	57세에서 85세	2.52	2.27	2.12	1.96

자료: 특별한 언급이 없으면, 표와 그림은 United States General Social Survey, 1972-2000 에서 인용한 것임. (National Opinion Research Center, 1999 참조.)

라이프사이클 전체를 통해, 자신이 더 건강하다고 평가하는 것은 곧 자신이 더 행복하다고 말하는 것이기도 하다. 젊은 코호트든 노년의 코호트든 자기 평가 건강 점수가 좋을수록 더 행복하다. 이러한 사실은 앞에서 본 장애 조건과 삶의 만족에 관한 결과와 일치하며(표 2.1과 표 2.2), 다양한 사회경제 환경 변수가 통제될 때, 행복과 자기평가 건강점수 간에 유의적인 음의 관계가 있음을 보여주는 많은 연구들과도 일치한다(Argyle, 1999; Blanchflower and Oswald, 2004; Frey and Stutzer, 2002a, 2002b; Minchalos et al., 2000). 소득을 통제변수로 한 연구에서, 건강 악화가 행복에 미치는 영향은, 건강악화로 인한 소득 감소뿐 아니라 비금전적인 측면도 있다는 것을 분명히 보여준다. 이러한 모든 결과들로부터 얻을 수 있는 일관된 결론은 건강 악화가 주관적인 웰빙에 지속적으로 부정적인 영향을 준다는 것과 건강 악화에 대한 적응은 완전하지 않다는 것이다.

2.2 결혼 상태와 행복

세트포인트이론이 삶의 조건이 실질적으로 웰빙에 지속적인 영향을 주지 못한다는 것을 지지함에도 불구하고, 이상하게도 결혼이나 가정 해체가 이러한 견해를 뒷받침한다는 증거는 없다. 세트포인트 모형을 열렬히 옹호하는 마이어스가 결혼에 대한 예외적인 특수한 경우를 제시했는데, 그것이 어떻게 해서 세트포인트이론과 합치하는지에 대한 설명은 없다(Myers, 1992의 3장과 9장 참조). 아마도 가장 많이 연구된 것이 사별의 영향일 텐데, 사별이 삶의 만족에 미치는 부정적인 효과는 평균적으로 최소한 십년 이상이라는 것을 말해준다(Frederick and Lowenstein, 1999, p.312).

독일의 장기 데이터를 이용해서 결혼상태의 변화가 웰빙에 미친 효과를 보면, 세트포인트이론에 반하여 "행복은 성격에 기인하는 것이 아니다"라고 결론 내린다(Lucas et al., 2003, p.538). 그러나 결혼이나 사별에 근거한 실증분석에서는 특이한 비대칭성을 발견된다. 즉, 결혼에 대해서는 완전히 적응하지만, 사별에 대해서는 (별로) 그렇지 않다는 것이다. 분명히, 사별로 인해 상실한 행복은 재혼해 다시 가정을 꾸려도 회복되지 않는다. 이혼이나 재혼에 관한 분석은 없다. 세트포인트이론에 대한 반대 연구가 있지만, "평균적으로 사람들은 결혼에 대해 빠르고 완전히 적응하되, 사별에 대해서는 천천히 적응한다(이 경우에도 8년 후에는 완전에 가깝게 적응한다)"라는 약한 결론을 도출할 뿐이다(앞의 논문).

코호트의 라이프사이클 경험에 관한 연구는 세트포인트이론에

그림 2.2 1953-72년 기간의 18-19세부터 28-29세까지 코호트의 결혼상태에 따른 여성의 평균 행복도

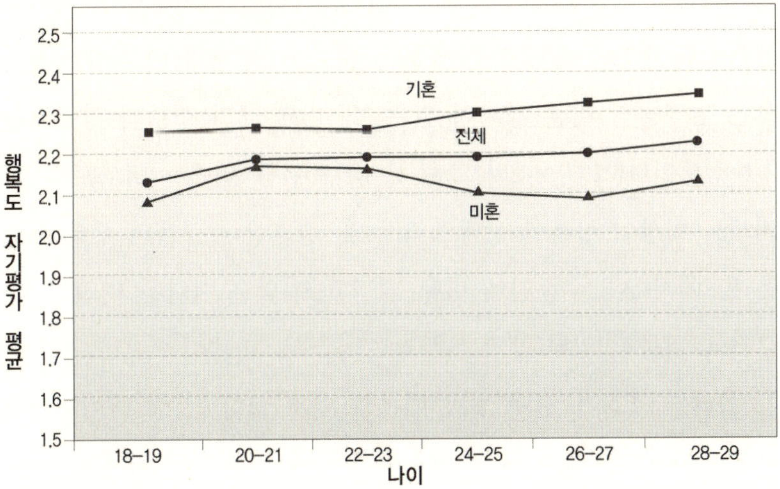

그림 2.3 1953-72년 기간의 18-19세부터 28-29세까지 코호트의 결혼상태에 따른 남성의 평균 행복도

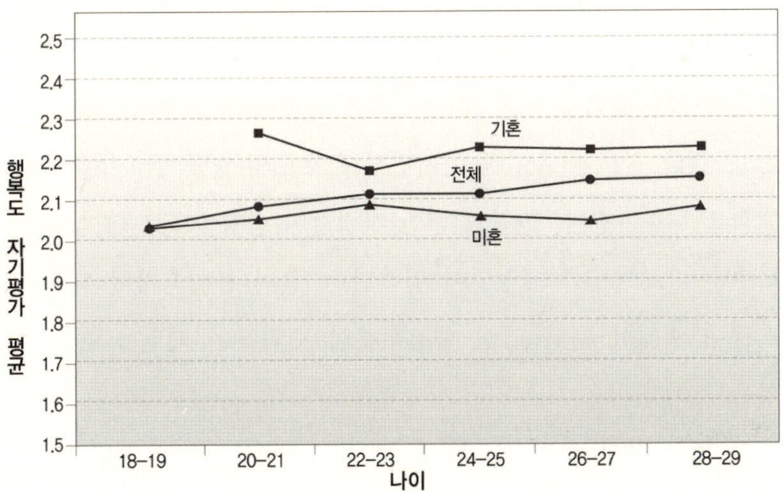

대한 보다 강력한 반론을 제시한다. 결혼(과 재혼)은 행복에 대해 지속적으로 긍정적인 영향을 주지만, 사별이든 이혼이든 가정해체는 영구적으로 부정적인 영향을 준다. 대부분의 여성과 사실상 모든 남성들의 결혼 경험이 없는 18-19세 때의 행복의 평균치는 2.1 정도이다(그림 2.2와 그림 2.3). 10년쯤 뒤에는 코호트의 30퍼센트 이상이 결혼한 상태가 되는데, 결혼한 사람들의 행복 수준은 2.2에서 2.3 수준임에 비해, 결혼하지 않은 사람은 여전히 2.1 부근에 머물러 있다(앞의 논문).

이러한 결과가 선택 효과 때문일 수는 없다. 성인 라이프사이클에 들어선 후 10년 내에 결혼한 사람들의 경우 결혼 전에는 다른 사람들보다 더 행복하게 지낼 수 없었다. 이것이 사실이라면, 이들이 결혼한 뒤에는 미혼자들의 평균적인 행복수준이 하락했을 것이다. 그런데 실제로는 점점 더 많은 사람들이 결혼함에도 이들 미혼자들의 행복수준은 그대로 유지되고 있다(그림 2.2와 그림 2.3). 결국 결혼 비율이 높아지면서 코호트의 평균 행복수준은 전체적으로 높아진다. 만약 결혼한 사람들이 전형적으로 더 높은 행복수준을 보이도록 예정되어 있다면, 기혼자나 미혼자나 혹은 코호트 전체에서 이와 같이 행복수준이 변화하는 패턴을 볼 수는 없을 것이다.[6)]

30세 이상이 되면 이혼이나 별거나 사별로 인한 가정 해체의 효과가 결혼이나 재혼을 통한 가정 형성의 효과보다 우세해짐에 따라 결혼 상태에 있는 코호트의 비율이 수평을 유지하다가 감소하는 경향이 있다. 그러나 성인 라이프사이클 전체를 통해 결혼 상태인 사람과 그렇지 않은 사람 간에 남녀 모두 평균 행복 수준에는 지속적으로 현저한 차이가 나타난다(그림 2.4와 그림 2.5).

기혼자의 경우에는 그 결혼이 초혼인지 재혼인지가 행복 수준에 큰 영향을 주지 않는다(표 2.4). 전반적인 행복도가 아닌 결혼의 행복도에 관해서는, 재혼자들도 평균적으로 첫 결혼자들 못지않게 만족하고 있다(표 2.5). 전반적인 행복수준(2.3)에 비해 결혼에 대한 행복수준(약 2.5–2.6)의 평균이 상당히 높은 것은 응답자의 매우 많은 비율(약 3분의 2)이 결혼에 대해 “매우 행복”을, 나머지는 “꽤 행복”을 선택했기 때문이다.[7)]

첫 결혼을 유지하는 사람들의 평균적인 결혼기간은 젊은 코호트(1951–60년생)의 10년에서 고령 코호트(1921–30년생)의 35년에 이른다(재혼자의 결혼기간은 GSS 데이터에 없다). 이들 두 코호트를 비교해 보면 결혼기간의 큰 차이에도 불구하고 전반적인 행복도와 결혼 행복도는 사실상 같게 나온다. 게다가 각 그룹에서 결혼자의 전반적인 행복도는 해당 그룹의 결혼 상태에 있지 않은 사람들에 비해 훨씬 높으며, 이들은 결혼자가 매우 적었던 성인 초기단계에서도 전반적인 행복도가 훨씬 높았다(그림 2.4와 그림

그림 2.4 특정 코호트의 기혼여성과 미혼여성의 평균 행복도(각 나이에 5년 평균치로 측정)

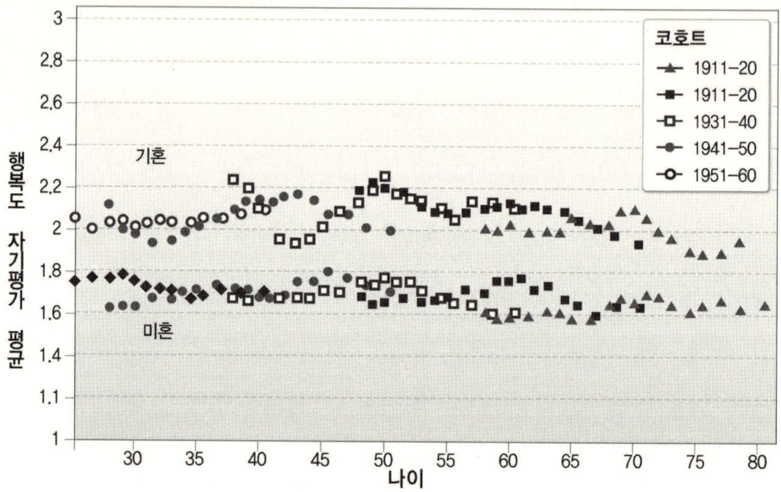

그림 2.5 특정 코호트의 기혼남성과 미혼남성의 평균 행복도(각 나이에 5년 평균치로 측정)

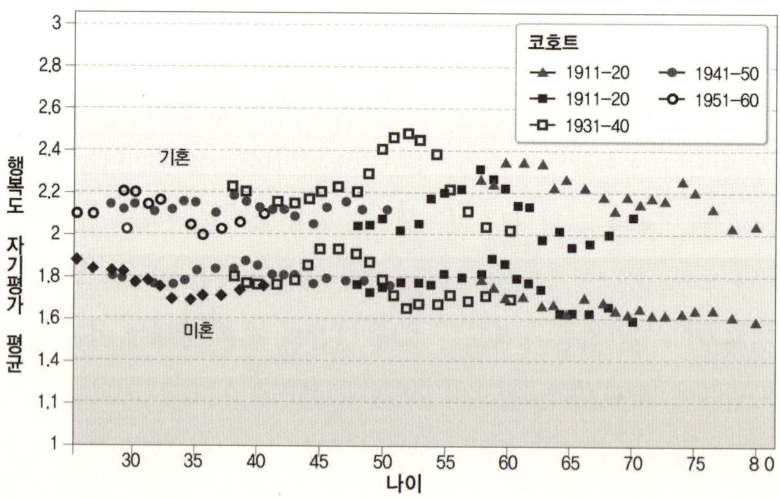

표 2.4 1921-30년과 1951-60년생으로 현재 결혼한 코호트 여성의 결혼 횟수에 따른 행복도 평균(1972-2000년)

(1) 생년 코호트	(2) 라이프사이클 단계	(3) 행복도 평균 결혼 1회	(4) 결혼 2회 이상
1951-60	23세에서 45세	2.31	2.27
1941-50	27세에서 55세	2.35	2.32
1931-40	37세에서 65세	2.36	2.32
1921-30	47세에서 75세	2.36	2.28

표 2.5 1921-30년, 1951-60년으로 현재 결혼한 코호트 여성의 결혼 횟수에 따른 결혼 행복도[a] 평균

(1) 생년 코호트	(2) 결혼 행복도 평균 결혼 1회	(3) 결혼 2회 이상
1951-60	2.58	2.54
1941-50	2.57	2.58
1931-40	2.58	2.51
1921-30	2.60	2.50

주: a) 질문과 지문 및 그 값은 다음과 같다:"전반적으로 볼 때, 당신의 결혼에 대해 다음 중 어떻다고 말할 수 있습니까? 매우 행복함(=3), 꽤 행복함(=2), 별로 행복하지 않음(=1)".

2.5). 결혼에 대한 완전한 쾌락적응이 이루어진다면, 기혼자들의 행복도가 지속적으로 더 높은지, 그리고 첫 번째 결혼을 유지하는 사람들이 결혼기간이 길어짐에도 행복도가 높은 상태를 유지하는지를 이해하기 어렵다.

결혼이 행복도에 긍정적인 영향을 주는 만큼 가정의 해체는 부정적인 영향을 준다. 현재 결혼 상태에 있지 않은(미혼, 이혼, 사별) 사람들은 결혼한 사람들에 비해 행복도가 매우 낮지만, 결혼생활에 실패를 겪은 사람은 결혼해본 적 없는 사람에 비해 행복도가 훨씬 낮았다. 라이프사이클상 고령단계까지도 결혼 경험이 없는 사람은 2.1 정도의 행복도를 보여주지만, 사별·이혼·별거 상태인 사람들은 2.0 이하이다(표 2.6). 성격의 영향을 분리하기 위해 이혼 및 별거와 사별을 구분할 수 있겠지만, 그렇게 하더라도 행복도에는 큰 차이가 없다. 사별한 경우는 성격과는 무관한 것이고 이혼 및 별거가 사별의 경우와 평균 행복도가 비슷하다는 사실은 여기에서 관찰하는 것이 가정 해체의 행복에 대한 영향에 관한 것이지 성격차이의 영향을 보려는 것이 아님을 말해준다.

표 2.6 코호트별 독신 여성의 결혼상태별 평균 행복도

(1) 출생 코호트	(2) 라이프사이클 단계	(3) 평균 행복도		
		사별	이혼/별거	미혼
1951-60	23-45세	1.98	1.96	2.07
1941-50	27-55세	1.95	2.01	2.05
1931-40	37-65세	2.00	1.97	2.11
1921-30	47-75세	1.97	2.00	2.15

결혼 상태와 행복 간의 관련에 관한 라이프사이클 분석의 결과는 다양한 사회경제적 여건하의 통제 대상들에 대한 데이터를 횡단면 회귀분석한 결과(Argyle 1999; Blanchflower and Oswald 2004, Frey and Stutzer, 2002a, 2000b)나 이혼 및 사별과 같은 특수한 결혼 여건을 집중 분석한 것과도 일치한다(Johnson and Wu, 2002; Wortman et al., 1993). 5년의 기간 동안 응답자를 추적한 이혼에 대한 새로운 패널분석과도 일치한다. 이 결과가 결혼에 의한 결합이나 가정 해체 후에 적응이 일어나지 않는다는 것을 의미하는 것은 아니다. 그러나 적응이 일어난다 하더라도 완전한 것은 아니며, 결합은 행복에 지속적인 긍정적 효과가 있는 반면, 가정해체는 영구적인 부정적 효과가 있음을 분명히 말해주고 있다.[8)] 행복에 관한 세트포인트 이론을 지지하는 결혼 및 건강에 관한 조사자료의 증거는 확인하기가 어렵다.[9)]

3. 많을수록 좋은가?

경제학 이론으로 돌아와서, 현시선호이론의 기본적인 문제는 웰빙이 당사자가 아니라 그 사람의 소비선택을 관찰하는 제3자에 의해 판단된다는 것이다(Holländer, 2001). 웰빙에 대한 느낌을 정당하게 관찰할 수 있는 사람이 당사자 자신뿐이라는 입장이라면, 웰빙에 대한 자기보고를 참고하게 된다.

소득과 웰빙이 같은 방향으로 움직인다는 주장에 대한 증거는 있는가? 이에 대한 답은 횡단 자료인가 아니면 시계열 자료인가에 따라 달라진다. 양의 관계가 있다는 가설은 한 시점에서의 회귀분석에 의해 지지되는데, 이에 따르면 소득과 웰빙 간에 유의적인 양의 관계가 있다는 것이 다른 변수에 대한 통제여부와 관계없이 확고하게 나타난다(Argyle, 1999; Blanchflower and Oswald, 2004; Frey and Stutzer, 2002a, 2000b; Graham and Pettinato, 2002). 그러나 라이프사이클에서 소득이 증가하다가 감소하는데도 행복도는 그대로이다. 이는 소득과 웰빙이 같은 방향으로 움직인다는 추론과 맞지 않다(그림 2.6).

교육을 소득의 대용변수로 사용하면, 라이프사이클 데이터도 웰빙과 소득 간에 횡단면 분석에서는 양의 관계가 있음을 보여준다. 교육을 더 많이 받은 사람일수록 적게 받은 사람보다 일관되게 더 행복하다(그림 2.7). 그러나 이보다 더 중요한 것은, 교육수준에 따른 행복 라이프사이클의 변화이다. 행복도가 소득수준을 따라 움직인다면, 이들 두 그룹의 행복도가 소득증가에 따라 높아지고 교육수준에 따라 두 그룹의 행복도의 갭이 더 벌어져야 할 것이다. 실제로는, 교육수준에 따른 두 그룹의 행복도는 라이프사이클상 모두 평평하며 차이도 그대로이다(그림 2.7).

그림 2.6 라이프사이클 상의 소득과 행복

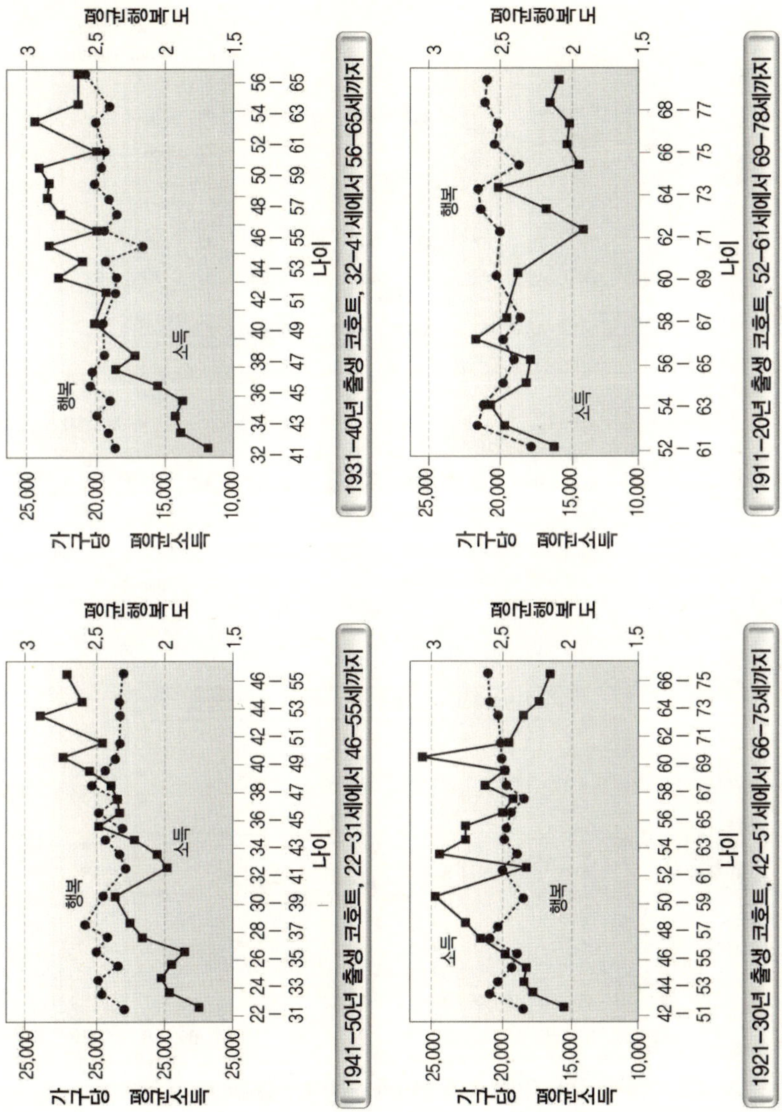

그림 2.7 교육수준별 행복 라이프사이클

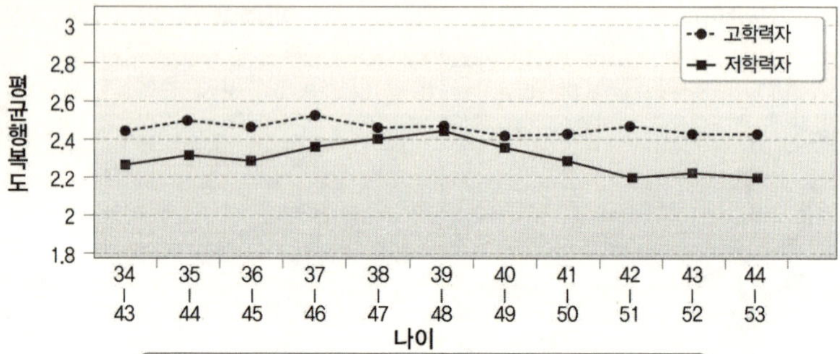

34-43세에서 44-53세의 1941-50년 출생코호트

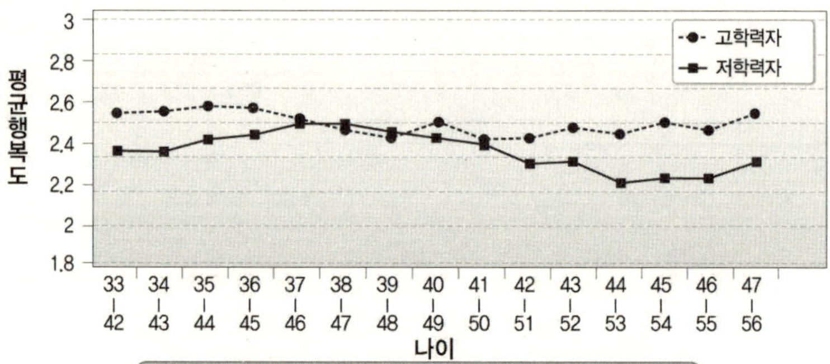

33-42세에서 47-56세의 1931-40년 출생코호트

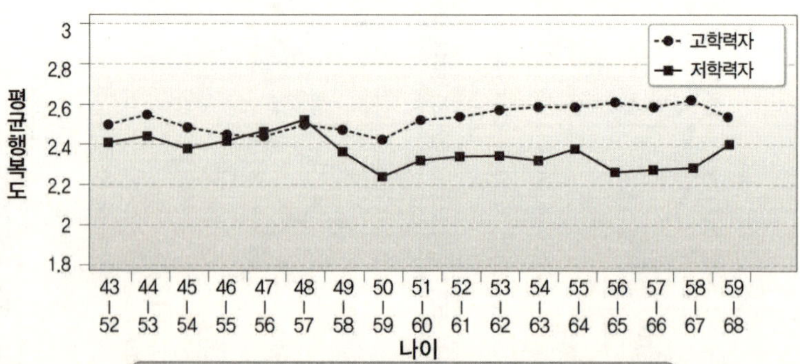

43-52세에서 59-68세의 1921-30년 출생코호트

부유한 사람은 가난한 사람에 비해 더 높은 소득수준과 행복 라이프사이클을 유지하겠지만, 어느 그룹에서도 소득증가에 따라 행복이 증가한다는 증거는 없다.

이러한 라이프사이클 패턴은 소득에 따라 웰빙이 증가한다는 경제학 이론과 명백히 모순된다. 그러나 지금까지 의문시되어 온 세트포인트 모형과는 일치하는 것 아닌가? 맞다. 실제로 이러한 연구결과는 완전한 쾌락적응을 주장하는 심리학자들에 의해 종종 인용되어왔다. 그러나 소득에 관한 완전한 쾌락적응이 있기는 하나 그렇다고 해서 모든 행복 원천에 관한 완전한 적응이 이루어진다는 것을 의미하는 것은 아니다. 앞에서 보았듯이, 건강이나 가정상태 면에서는 적응이 완전하지 못하며, 이러한 여건들의 변화는 웰빙에 지속적인 영향을 주고 있다.

4. 희망 수준과 적응

그렇다면 적응의 수준이 왜 여건에 따라, 혹은 심리학자들이 말하는 연구 "영역"별로 다르게 나타나는가? 내가 보기에 그 답은 각 영역에서의 사람들의 **희망 수준**(aspiration)이 여건의 변화에 다르게 반응하기 때문이라는 것이다. 완전한 적응이라는 것은 희망 수준이 실제 여건의 변화와 똑같은 정도로 변화한다는 것을 의미한다. 이러한 현상은 소득이 변할 때 나타난다. 결국 사람들이 물질적으로 성취하는 것은 기대했던 것에서 크게 벗어나지 않으며, 웰빙에도 변함이 없게 된다. 적응이 완전하지 않다는 것은 희망 수준이 실제 여건 변화만큼 똑같이 변하지 않는다는 것을 말한다. 여건이 좋아지면 그만큼 욕구가 많이 충족되어 웰빙이 높아지고, 여건이 나빠지면 욕구충족이 줄어 웰빙이 낮아진다. 결혼과 건강에서 이러한 현상이 나타나는 것으로 보인다.

실제 여건에 대한 희망 수준의 반응이 영역별로 다르다는 증거가 있는가? 적절한 데이터를 구해 확인할 수 있는 경제와 가족 측면에서는 그렇다. 아래에서는 주로 1978년과 1994년에 실시된 "양질의 삶"에 관한 대표적인 전국규모의 조사결과를 살펴본다. 이들 조사의 설문내용은 다음과 같다(전체 질문에 대해서는 부록 1.1을 보라).

1. **우리는 흔히 사람들이 자신의 인생을 통해 원하는 바에 대해 말하는 것을 듣습니다. 여기에 여러 가지가 있습니다.**[응답자에게는 24개 항목이 적혀 있는 카드가 주어진다.] **양질의 삶에 대해 생각할 때, 응답자 자신의 입장에서 카드에 있는 어떠한 항목들을 보유해야 한다고 생각하십니까?**
2. **지금 그 중에서 응답자가 보유하고 있는 것은 무엇입니까?**

이들 두 문항은 희망 수준과 희망 수준의 성취에 대해 얻기 힘든 귀중한 정보를 제공한다. 질문 1에 대한 응답은 재화나 가족과 결혼에 대한 요망사항을 말하고 있고, 질문 2는 이러한 요망사항이 얼마나 충족되고 있는지 말해준다. 이 조사는 1978년과 1994년의 16년간 코호트의 희망 수준과 희망 수준 성취를 추적할 수 있도록 하고, 코호트의 실제 여건 변화에 따라 희망 수준이 얼마나 변하는가를 말해준다.

먼저 "양질의 삶" 항목에 들어 있는 10개의 고가 소비재에 대한 응답부터 시작한다. 여기에는 주택, 자동차, 텔레비전, 해외여행, 수영장, 별장 등이 포함되어 있다. 라이프사이클의 각 단계(초년, 중년, 노년)의 초기보다 후기에 이들 고가 항목을 일반적으로 더 많이 보유하고 있다(표 2.7의 A-1, B-1, C-1). 그러나 이러한 재화들에 대한 희망 수준-양질의 삶을 위해 필요하다고 생각되는 것들 역시 증가한다(A-2, B-2, C-2). 게다가 양질의 삶을 위해 요구되는 항목 수 평균의 증가분이 보유하고 있는 항목 수의 증가분과 대체로 일치한다(패널 D의 세 번째 행).

이를 통해 알 수 있는 것은, 시작단계에서 희망 수준이 높았던 재화들(주택, 차, TV)을 취득한 뒤에는, 처음에 양질의 삶을 위한 필요성이 낮게 보였던 것들에 대해서도 희망 수준이 높아진다는 것이다. 그리하여 라이프사이클의 각 단계에서 해외여행이나 수

표 2.7 **16년씩 세 개의 단계로 나눈 성인 라이프사이클에서 10대 고가 소비재에 대해 희망하는 것과 실제 취득한 것[a)]**

	(1)	(2)	(3)
	라이프사이클 내의 시기		라이프사이클
	초기	후기	내의 변화분
A. 초기			
1. 평균 보유 갯수	1.7	3.1	+0.4
2. 평균 희망 갯수	4.4	5.6	+12
B. 중기			
1. 평균 보유 갯수	2.5	3.2	+0.7
2. 평균 희망 갯수	4.3	5.4	+1.1
C. 후기			
1. 평균 보유 갯수	3.0	3.2	+0.2
2. 평균 희망 갯수	4.4	5.0	+0.6
D. 전체 평균			
1. 평균 보유 갯수의 변화분	–	–	+0.8
2. 평균 희망 갯수의 변화분	–	–	+1.0

주: a) 라이프사이클의 초기는 1978년 당시 18–29세에서 1994년의 30–44세, 중기는 1978년의 30–44세에서 1994년의 45–59세, 후기는 1978년의 45–59세에서 1994년의 60세 이상이다.
자료: Roper–Starch Organization(1979, 1995).

영장이나 별장을 양질의 삶을 위한 항목으로 지목한 응답자가 증가하여 40퍼센트 이상에 달했다(표 2.8의 첫 번째 행과 두 번째 행). 그러나 이것들을 실제로 보유한 사람의 비율은 대체로 10퍼센트 미만이다(세 번째 행). 이 데이터는 종전의 목표가 달성됨에

표 2.8 16년씩 세 개의 단계로 나눈 성인 라이프사이클에서 10대 고가 소비재 중 특정 항목에 대해 희망하는 것과 실제 취득한 것[a)]

	(1) 희망하는 응답자 비율	(2)	(3) 취득한
	초기	후기	응답자의 비율
A. 초기			
1. 해외여행	39	46	7
2. 수영장	28	41	5
3. 별장	26	47	3
B. 중기			
1. 해외여행	33	45	12
2. 수영장	22	38	6
3. 별장	28	45	6
C. 후기			
1. 해외여행	33	37	8
2. 수영장	14	23	2
3. 별장	26	33	3

주: a) 라이프사이클의 단계구분은 〈표 2.7〉과 같음.
자료: Roper-Starch Organization(1979, 1995).

따라 물질적인 희망 수준이 높아지며, 재화의 수로 판단컨대, 이미 획득한 재화의 수만큼 새롭게 원하는 재화의 수도 증가한다는 것을 분명히 보여준다.

경제학 영역에서의 완전한 적응에 관한 추론은 코호트를 교육 수준별로 나누고 라이프사이클에서 소득이 증가하는 두 단계를 살펴볼 때 더욱 분명해진다. 소득증가의 차이로부터 예상할 수 있듯이, 라이프사이클 각 단계에서 고학력자가 취득한 재화의 수가 더 많다(표 2.9 패널 A). 희망 재화의 수도 고학력자가 더 많다(패널 B). 또한 각 교육수준 그룹에서 희망 재화 수의 증가폭도 보유 재화의 수와 마찬가지로 고학력자가 더 많다(3행의 A-1열과 B-1열, A-2열과 B-2열 비교). 따라서 물질에 대한 희망 수준은 물질 보유수준에 비례해서 증가하며, 많이 보유할수록 희망 수준도 더 커진다. 각 교육수준별 그룹에서 라이프사이클에 걸쳐 행복도가 일정한 것은 바로 희망 수준이 소득수준의 변화에 상응해서 변화한다는 것으로 설명된다(Easterlin, 2001a).[10)]

표 2.9 특정 라이프사이클 단계에서의 교육수준별로 소유한 10대 소비재의 수와 희망하는 수의 변화[a)]

	(1) 라이프사이클 초기	(2) 라이프사이클 중기	(3) (1)과 (2)의 평균
A. 소유하는 재화 평균 개수의 변화			
1. 12년 이상 교육	1.6	1.0	1.3
2. 12년 미만 교육	1.1	0.4	0.8
B. 희망하는 재화 평균 개수의 변화			
1. 12년 이상 교육	1.4	1.3	1.4
2. 12년 미만 교육	1.0	0.9	1.0

주: a) 라이프사이클에 대해서는 〈표 2.7〉 참조.
자료: Roper-Starch Organization(1979, 1995).

표 2.10 16년씩으로 나눈 세 개의 성인 라이프사이클 단계의 처음과 끝에 "많은 돈"을 가진 코호트의 백분율[a)]

	(1)	(2)
	라이프사이클에서의 시기	
	초기	후기
1. 초기 라이프사이클	2	4
2. 중기 라이프사이클	1	7
3. 후기 라이프사이클	4	3

주: a) 라이프사이클 단계에 대해서는 〈표 2.7〉 참조.

자료: Roper-Starch Organization(1979, 1995).

표 2.11 16년씩으로 나눈 세 개의 성인 라이프사이클 단계에서의 행복한 결혼에 대한 희망과 실현[a)]

	(1)	(2)
	라이프사이클에서의 시기	
	초기	후기
A. 초기 라이프사이클		
1. 행복한 결혼을 원하는 비율	88	79
2. 행복한 결혼을 하고 있는 비율	44	51
B. 중기 라이프사이클		
1. 행복한 결혼을 원하는 비율	84	76
2. 행복한 결혼을 하고 있는 비율	62	51
C. 후기 라이프사이클		
1. 행복한 결혼을 원하는 비율	85	75
2. 행복한 결혼을 하고 있는 비율	66	46

주: a) 라이프사이클 단계에 대해서는 〈표 2.7〉 참조.

자료: Roper-Starch Organization(1979, 1995).

지금까지 언급한 응답내용은 특별한 재화에 관한 것이다. 소득에 대한 희망 수준이 소득에 비례해서 커진다는 증거는 있는가? 그렇다. 4인 가족이 생활하기 위해 필요한 소득이 얼마인지 물어본 다른 조사를 보자. 36년의 기간 동안 생활소득의 크기는 평균적으로 실제 소득과 똑같은 정도로 상승했다. 이 결과는 사회학자 레인워터에 의해 제공되었는데, 그는 생활소득의 실제소득에 대한 탄성치가 1이라고 결론지었다(Rainwater, 1994).[11]

양질의 삶을 위한 또 하나의 항목–많은 돈이 양질의 삶을 위해 필요한가–에 대한 응답 역시 소득에 대한 희망 수준이 소득에 비례해서 상승하거나, 적어도 대체로 그렇다는 것을 보여준다. 양질의 삶에 대한 데이터를 수집한 16년간 코호트들의 1인당 실질소득이 초기 성인 단계에는 27퍼센트 증가했고 중간 단계에서는 22퍼센트 증가했다. 이러한 소득 증가 때문에 "많은 돈"을 가지고 있다고 말하는 코호트의 비율이 다소 증가할 것으로 기대할지도 모른다. 실제로는 단지 몇 퍼센트 포인트 정도만 증가했을 뿐이다(표 2.10). 이 응답에서 놀랄 만한 것은 라이프사이클 전체에 걸쳐 자신이 많은 돈을 가졌다고 하는 사람(100명 중 7명뿐)은 거의 없었다.

경제 영역에서 가족 영역으로 넘어가 보자. 모두가 공통적으로 행복한 결혼을 희망한다. 행복한 결혼이 양질의 삶의 요소라고 하는 사람이 모든 라이프사이클 단계에서 4분의 3 이상이다(표 2.11의 A-1, B-1, C-1열). 실제로 행복한 결혼을 한 비율은 라이프사이클 시작단계에서 증가하다가 그 후에는 이혼, 별거, 사별 등으로 인해 감소한다(A-2, B-2, C-2열). 전체 라이프사이클에 있어서 인구의 5분의 1 이상의 경우 실제 환경은 행복한 결혼에 대한 기대에 못 미친다.

적응이 완전하다면, 행복한 결혼을 이루지 못한 기혼자는 그에 대한 희망을 접을 것이다. 마찬가지로, 이혼이나 별거나 사별을 한 사람들은 변화한 결혼 상태에 맞춰 결혼에 대한 희망 수준을 수정하고 행복한 결혼에 대한 희망도 포기했어야 할 것이다.

그런데 실제로 행복한 결혼을 하지 못한 사람들 중 절반 이상이 여전히 행복한 결혼에 대한 희망을 버리지 않고 있다(표 2.12 1행). 재혼 가능성이 낮은 - 이혼, 별거, 혹은 사별한 45세 이상 - 사람들 가운데도 결혼에 대한 기대를 가진 사람이 50퍼센트 이상이었다(3행). 45세 이상으로 한 번도 결혼해 보지 않은 사람의 열명 중 네 명 이상이 자신에 관한한 행복한 결혼을 양질의 삶의 요소라고 생각한다(앞의 책). 이 그룹에 속한 사람들의 행복한 결혼에 대한 희망 수준이 전체 인구 평균에 비해 낮은 것은 사실이다. 하지만 30년 이상을 혼자 살았던 사람이 실제 결혼 상태에 따라 결혼에 대한 희망 수준을 조정했다고 할 때, 열 명 중 네 명 이상

표 2.12 결혼 상태와 나이별, 행복한 결혼을 하지 못한 사람 중 행복한 결혼을 원하는 비율, 1994

	(1)	(2)	(3)
	행복한 결혼을 원하는 비율		
	전체 연령	18-44세	45세 이상
결혼했으나 행복한 결혼이 아님	56	58	55
이혼이나 별거	63	73	55
사별	62	a)	62
결혼한 적 없음	65	68	43

주: a) 표본크기가 20보다 작음.
자료: Roper-Starch Organization(1979, 1995).

이 자신에 관한한 행복한 결혼을 양질의 삶의 요소라고 언급했다는 것은 예상 밖이다. 마찬가지로, 희망 수준이 궁극적으로 실제 여건에 따라 조정된다고 할 때, 45세 이상의 이혼하거나 별거하는 사람 중 절반 이상이 여전히 행복한 결혼을 양질의 삶의 요소라고 생각한다는 것 역시 예상하기 어려운 것이었다. 따라서 경제 영역에서와는 대조적으로, 결혼과 관련해서는 쾌락적 적응이 제한적으로만 이루어지는 것으로 보인다. 이혼이나 별거나 사별한 사람, 혹은 결혼해 본 적 없는 사람들의 행복한 결혼에 대한 희망 수준이 수그러들지 않는 것은, 행복한 결혼에 대한 희망 수준이 보다 잘 충족된 사람들에 비해 왜 이들이 평균적으로 덜 행복한가를 설명해 주는 것이라 생각된다.

자녀에 대한 희망 수준은 어떤가? 경제학자들은 자녀에 대한 수요와 내구재에 대한 수요 간의 유사성을 도출하기를 좋아한다. 고가 소비재 소유가 증가할수록 그만큼 더 많이 소유하고 싶어 한다는 것을 보았다. 자녀에 대해서도 마찬가지일까–자녀수가 늘어나는 만큼 가족규모에 대한 욕심도 더 커지는가? 그렇지 않다. 모든 라이프사이클 단계에서 원하는 자녀수는, 자녀를 원하는 성

표 2.13 16년씩으로 나눈 세 개의 성인 라이프사이클 단계의 원하는 자녀수와 실제 자녀수[a)]

	(1)	(2)	(3)
	라이프사이클에서의 시기		변화분
	초기	후기	
A. 초기 라이프사이클			
1. 원하는 수: (a) 1명 이상을 원하는 비율	7.1	6.9	–
(b) 원하는 자녀수 평균	2.3	2.4	0.1
2. 실제 자녀수 평균			
B. 중기 라이프사이클			
1. 원하는 수: (a) 1명 이상을 원하는 비율	7.2	6.6	–
(b) 원하는 자녀수 평균	2.6	2.7	0.1
2. 실제 자녀수 평균	2.0	2.2	0.2
C. 후기 라이프사이클			
1. 원하는 수: (a) 1명 이상을 원하는 비율	7.1	6.5	–
(b) 원하는 자녀수 평균	3.0	2.8	–0.2
2. 실제 자녀수 평균	2.6	2.4	–0.2

주: a) 라이프사이클 단계에 대해서는 〈표 2.7〉 참조. 원하는 자녀수 평균과 실제 자녀수 평균

자료: Roper-Starch Organization(1979, 1995).

인의 비율로 보든 평균 숫자로 보든 사실상 일정하다(표 2.13 패널 A, B, C의 각 1열). 실제 가족규모는 변하고 있지만-특히 라이프사이클 초기 단계(2열), 가족규모에 대한 희망 수준은 거의 변하지 않고 있다.

자녀의 수가 아니라, 자녀에 대한 "질"적인 희망 수준은 라이프사이클 동안 증가할 수 있을까? 어쩌면 그럴지도 모르지만, 자녀 교육의 질을 높이기 위해 고비용을 지출하겠다는 희망 수준이 높아졌다는 신호는 강하지 않다. 그러한 교육이 양질의 삶을 위한 요소라고 생각하는 비율은 초기 라이프사이클 단계의 56으로부터 65로 약간 증가하여 변화폭은 아주 작다(표 2.14의 1행과 2행). 라이프사이클상의 소득증가로 고가 소비재에 대한 희망 수준이 지속적으로 커지지만, 소득증가가 자녀의 수나 질에 대한 희망 수준과 관계있는 것 같지는 않다.

건강에 대한 희망 수준과 관련된 자료는 없다. 만약 그러한 자료가 있다면, 나이와 상관없이 "건강"이 양질의 삶을 위한 요소로 선택될 것으로 추측된다.[12] 나이가 들면서 스스로 보고하는 건강 상태가 낮아지고 있는데, 이는 라이프사이클 전체적으로 실제 건강 여건에 대한 적응이 완전하지 않다는 것을 시사한다. 그 외에 친구관계, 실직, 은퇴와 같은 경우에 관해서도 적응이 완전하지 않다는 증거가 있다(Clark and Oswald, 1994; Easterlin, 2003;

Gallie and Russell, 1998; Myers, 1999; Oswald, 1997; Winkelman and Winkelman, 1998).

표 2.14 **16년씩으로 나눈 세 개의 성인 라이프사이클 단계에서 "자녀의 대학 교육"을 원하는 비율과 실제 비율[a)]**

	(1) 라이프사이클에서의 시기에 원하는 비율	(2)	(3) 실제 교육시킨 비율
	초기	후기	
A. 초기 라이프사이클			
자녀의 대학교육 원하는 비율	56	65	7
B. 중기 라이프사이클			
자녀의 대학교육 원하는 비율	65	65	24
C. 후기 라이프사이클			
자녀의 대학교육 원하는 비율	56	59	30

주: a) 라이프사이클 단계에 대해서는 〈표 2.7〉 참조.
자료: Roper-Starch Organization(1979, 1995).

5. 더 나은 웰빙이론

이제 더 나은 행복이론의 윤곽을 살펴볼 수 있게 되었다. 전형적인 개인이 효용(혹은 행복)함수를 가지고 있다는 경제학 개념부터 시작해보자. 경제학에서의 웰빙은 다양한 금전적·비금전적인 조건이나 영역에 의해 결정된다. 자발적인 자기 보고에 의하면, 전형적으로 가장 중요한 영역은 물질적인 생활수준이며, 그 다음이 가족문제와 건강이고, 그 다음에는 감정의 안정과 자기수양과 같은 개성에 따른 관심사이다(그림 2.8). 생활수준과 가족문제의 중요성은 라이프사이클 단계에 따라 변하지 않지만, 나이가 들면서 건강에 대한 관심은 높아지고 일에 대한 관심은 낮아진다(앞의 책; Crimmins and Easterlin, 2000).

그림 2.8 **나이별로 행복을 위해 중요하다고 지목한 항목의 비율 (1960년경, 12개국 평균)**

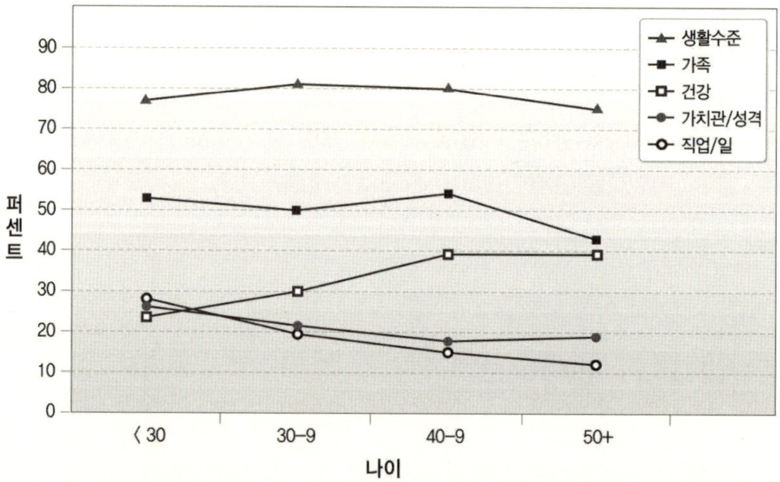

주: 조사대상국에는 브라질, 쿠바, 도미니카 공화국, 이집트, 인도, 이스라엘, 나이지리아, 파나마, 필리핀, 미국, 서독, 유고슬라비아가 들어 있음. 각 항목의 순위는 사실상 모든 나라에서 동일함.

자료: Cantril(1965, appendix E)

사람은 전형적으로 각 영역별로 일정한 목표나 희망 수준(자가 주택, 자동차, 행복한 결혼생활, 두 자녀, 건강)이 있고 현재 각 영역별로 일정한 수준(월세 아파트, 배우자와 한 자녀 등)을 가지고 있는 것으로 간주된다. 개인의 전반적인 행복은 각 영역에서의 희망 수준과 실제 수준 간의 차이와 개별 효용함수에서의 각 영역의 상대적 중요성에 의해 결정된다.

경제 분석은 각 영역의 취득수준에 의해서만 웰빙이 결정된다고 가정하지만, 여기에는 희망 수준이 웰빙에 미치는 영향을 인식하는데에 따른 두 계파의 이론—습관형성(habit formation)과 상호의존 선호(interdependent preferences)—이 있다. 습관형성은 주어진 재화 꾸러미로부터 얻는 효용이 자신의 과거 경험의 영향을 받는다는 것을 강조한다. 상호의존 선호는 한 사람에게 주어진 양의 재화가 주는 효용의 크기는 다른 사람이 그 재화를 얼마나 가지고 있는가에 의해 부분적으로 영향을 받는다는 것이다. 경제학의 습관형성 개념은 심리학의 쾌락적응에 상응하고, 의존적 선호는 사회적 비교에 상응한다. 이하에서는 행복에 관한 문헌에서 더 일반화되어 있는 심리학 용어를 사용한다.

현재의 행복이론의 핵심은 쾌락적응이나 사회적 비교 어느 것도 모든 영역이나 영역 내의 구성요소를 똑같이 아우르지 못한다는 것이다. 이미 본 바와 같이, 쾌락적응은 물질적 재화보다는 가족여건이나 건강과 관련해서 덜 완전하다. 또한 사회적 적응에서도 가족이나 건강이 물질적 재화에 비해 덜 완전하다. 왜냐하면 가족이나 건강은 물질적 소유에 비해 사회적으로 정밀한 조사가 어렵기 때문이다. (표 2.2에서 자신의 장애를 지인이 알고 있을 경우 삶의 만족이 더 낮다는 것을 기억하라.)

또한 쾌락적응과 사회적 비교의 주어진 영역 내 구성 요소에 대한 작용이 똑같지 않다. 재화 영역과 관련해서 스키토브스키(1970)는 음악, 문학, 예술 같은 문화적인 재화(cultural goods)는 집이나 차와 같은 "편리성" 재화(comfort goods)에 비해 쾌락적응이 덜하다고 주장했다. 이와 유사하게, 프랭크(Frank, 1985), 허쉬(Hirsch, 1976), 응(Ng, 1978)과 그 외의 연구에서 도출된 지세적 재화(positional goods)와 비지세적 재화(nonpositional goods) 간의 차이는 그 효용이 사회적 비교에 의해 영향을 받는지 여부에 따라 분류한 예이다.

개개인들이 각 영역과 그 요소들에 배분할 수 있는 시간은 제한되어 있다. 쾌락적응이나 사회적 비교가 덜 중요한 영역과 그 요소들에 더 많은 시간을 할애하면 개인의 행복은 분명히 증가할 것이다. 위의 증거들에 의하면, 경제적인 취득보다는 가정생활과 건강에, 경제적인 영역 내에서도 비지세적인 재화와 문화적인 재화에 더 관심을 가질수록 행복이 증가할 것임을 시사한다. 거시경제정책과 관련해서, 실업과 인플레이션을 줄이는 것이 행복을 증진시키지만, 급속한 경제성장을 정책 목적으로 삼는 것은 의문시된다.

개인들은 각 영역에 대해 시간을 최적 배분하고 있는가? 나의 답은 그렇지 않다는 것이다. 사람들은 비금전적인 것에 비해 금전적인 목적을 추구하는 데에 시간을 불균형적으로 배분하는 경향이 있다. "편리성" 재화나 지세적 재화, 그리고 웰빙에 더 오랫동안 영향을 주는 부당한 목적을 추구하는 데에도 마찬가지로 불균형적이다(Frank, 1997 참조). 시간 배분을 결정할 때, 희망 수준을 현재의 수준에 고정된 것으로 간주하는 개인들이 쾌락적응이나 사회적 비교로 인해 그것들이 변한다는 것을 깨닫지 못하기 때문에 이러한 잘못된 배분이 이루어진다. 특히, 사람들은 소득이 증가하고 더 편리해지고 지세적 재화가 늘어나면 더 행복해질 것이라는 가정하에 의사결정을 내리지만, 쾌락적응과 사회적 비교가 작용해서 경제적 이득이 증가하는 것만큼 희망 수준도 높아지기 때문에 이전보다 더 행복하다고 느낄 수 없다는 것을 깨닫지 못한다. 결국 대부분의 사람들은 현실 여건이 변화해도 비교적 일정한 희망 수준으로 유지되는 가족생활과 건강을 위한 시간을 희생할 정도로 일하는 시간이 불균형적으로 많다. 이런 식의 목표 달성은 행복에 오랫동안 영향을 준다.

금전적인 목적과 비금전적인 목적 간의 상관관계는 어떠한가. 예를 들어, 돈이 많을수록 가족과 건강의 목표를 달성하기 더 쉬워지는 것 아닌가? 그렇지 않다. 왜냐하면 금전적인 성공이 비금전적인 목표에 미치는 인과적 영향은 긍정적이기도 하고 부정적이기도 하기 때문이다. 소득이 증가하면 가정생활이 더 안락해지고, 운동기구를 구입해서 건강관리에 신경 쓰고 휴가비도 늘릴 수 있다. 그러나 수입을 늘리기 위해 일을 더 많이 하는 만큼 가정생활이나 운동이나 휴가를 위한 시간이 줄어든다. 게다가 순효과는 마이너스가 되기 쉽다. 왜냐하면 영역별로 희망 수준이 변화하는 것을 예측할 수 없기 때문이다. 희망 수준이 변하는 것을 제대로 예측하지 못함으로써 금전적 영역에의 시간배분이 과도하게 되고 더 큰 보상이 주어질 가정이나 건강의 영역에는 충분한 관심을 두지 못하게 된다. 그 결과 가정에서 보내는 시간은 배우자나 자녀에 대한 물질공세로 대체된다.[13)]

누군가 이렇게 물을지도 모른다. 사회적 학습에 의해, 경제적 성취가 물질적인 희망 수준을 높이기 때문에 금전적인 추구는 자멸적인 것임을 결국은 깨닫지 않겠는가? 아마 그럴지도 모르겠지만, 앞에서 살펴본 물질적 희망 수준에 관한 증거는 그러한 사회적 학습의 가능성을 뒷받침하지 않는다. 게다가 물질적 희망 수준의 변화 자체는 사회적 학습을 방해한다. 사람들은 5년 전에 행복했었느냐고 물으면, 평균적으로 그 때의 웰빙에 대해 일관되게 저평가한다. 그 당시의 웰빙을, 당시의 낮았던 물질적 희망 수준이 아니라 현재의 더 높아진 희망 수준을 근거로 해서 평가하기 때문이다(Easterlin, 2001a, 2002). 결국은 순개선효과가 없음에도 불구하고, 과거보다 더 좋아졌다고 생각하는 경향이 있다.

6. 요약

사회조사에서 보고되어 있는 웰빙 의식을 설명하는 이론을 개발하는 것이 나의 관심사이다. 개방형 질문에 대한 응답으로 보건대, 금전적 비금전적 여건(영역)이 모두 웰빙에 영향을 준다. 가장 중요한 요소는 금전적인 것, 즉 자신의 물질적인 생활수준이다. 그 다음, 거의 비슷하게 중요한 것으로, 가정생활과 건강이라는 비금전적인 두 가지 요소가 있다. 그 다음으로는 직업 여건(직업 효용)과 성격에 관한 것들이 있다. 개인들 각자는 각 영역에서 나름대로의 목표(혹은 희망 수준)를 가지고 있다. 한 사람의 전반적인 웰빙은 여러 목표가 얼마나 충족되었는가와 각각의 효용함수에서의 각 영역의 상대적 중요도에 의해 결정된다.

주류 경제학 이론은 목표나 희망 수준을 무시한다. 주로 금전적인 조건에 집중하여 소비할 수 있는 물질적 재화의 증가가 웰빙을 높인다고 가정한다. 주어진 소비재 묶음에 의한 효용이 과거 경험이나 현재의 보유 수준에 의해 영향을 받지 않는다는 것을 암묵적으로 가정하고 있다. 즉, 습관형성과 상호의존선호가 웰빙 –주어진 소비재 묶음에 의한 효용–인식에 아무 역할도 하지 않는다는 것이다.

더 나은 웰빙이론–증거와 더 일치하는 이론–은 이러한 가정을 무시한다. 즉, 주어진 여건에 대한 느낌은 부분적으로는 자신의 과거 경험과 부분적으로는 다른 사람들의 상황과의 비교에 의해 결정된다. 이것이 물질적인 생활수준과 관련해서 특히 중요하다는 증거가 있다. 사후적으로 볼 때 일정한 소비량 증가에 대해 사전에 기대했던 만족도가 예상보다 작은 것으로 드러난다. 왜냐하면 새로운 생활수준에 대해 적응하였고, 다른 사람의 생활수준도 그에 상응해서 향상되어 있기 때문이다. 실제 여건에 비례해서 물질적인 희망 수준도 변화하기 때문에, 물질적 여건의 향상이 라이프사이클상의 웰빙 변화에 미치는 영향은 미미하다는 것이 확인되었다.

그러나 가정생활 같은 비금전적인 영역에서는 희망 수준이 실제 여건의 변화에 비례해서 변하지 않는다는 증거가 있다. 가정생활에서는 목표가 달성되더라도 목표가 더 상향조정되는 것이 아니므로, 결과적으로 주관적인 웰빙은 영구적으로 증가하게 된다.

그러한 목표를 달성하는데 실패하면 부정적인 효과가 오랫동안 남아 있게 된다. 건강에 있어서도 희망 수준은 실제 여건의 변화에 비례하지 않는 것으로 보인다. 즉, 건강이 나빠지면, 단지 건강이 좋다는 말의 수준만 낮출 뿐이다. 건강에 대한 관념과 바램이 꽤 일정하게 유지되기 때문에, 실제 건강이 바라는 수준에 비해 나빠짐에 따라 웰빙 수준이 낮아진다. 이러한 차이를 줄이기 위해 운동량을 늘리고 라이프스타일을 바꿈으로써 웰빙의 저하를 완화할 수 있을 것이다.

사람들은 쾌락적응과 사회적 비교 때문에 금전적인 영역에서의 희망 수준이 실제 여건 변화에 따라 같은 정도로 변한다는 것을 인식하지 못한다. 그 결과 금전적인 추구에 지나치게 많은 시간을 소비하고 가정생활과 건강에 대한 시간이 줄어들기 때문에, 주관적인 웰빙이 정상적인 것보다 낮아지게 된다. 가정생활과 건강에 대한 시간을 늘리는 방향으로 시간을 재배분하면 분명 주관적인 웰빙이 높아질 것이다.

주류 경제학 이론에서는 개인의 선호를 주어진 것이라고 절대시하기 때문에, 경제정책의 계획은 전형적으로 사회경제적인 맥락에서의 조정에 국한되어 있다. 현재의 분석 관점에서 볼 때, 건강 증진과 완전 고용 유지와 같은 일부 정책 수단들은 웰빙을 제고한다. 그러나 선호가 형성되는 데 있어서의 쾌락적응과 사회적 비교의 역할을 알게 되면, 선호가 정책의 범위를 넘어서는 것이라는 주류 경제학에서의 가정은 의문시된다. 자신의 행동이 어떠한 힘들에 의해 영향을 받는지 알지 못하는 사람이 주관적 웰빙을 효과적으로 극대화하게끔 시간을 배분할 수 있으리라고 기대하기는 어려울 것이다. 자세한 정보에 근거한 선호가 형성되도록 하는 수단으로서의 교육에 정책적으로 보다 많은 관심을 두어야 할 때임을 진지하게 생각해야 할 것이다(Scitovsky, 1976; Layard, 1980 참조).

글을 마무리하면서, 이미 본 장의 논의에서 분명해졌지만, 경제학과 사회학의 이론을 넘어서 보다 나은 웰빙이론을 연구하기 위해 필요한 몇 가지를 언급해두고자 한다. 앞에서 보았듯이, 최근에 심리학 문헌에서는 웰빙을 결정하는데 있어서 유전적인 요소와 성격적인 요소의 역할을 강조해왔다. 이러한 견해는, 세트포인트 이론에서 한 극단을 이루는 데, 웰빙을 높이는 데 있어서 개인적 혹은 집단적으로 노력할 수 있는 여지를 거의 남겨두지 않았다. 내가 인용한 사회조사는 세트포인트이론과 상반되는 증거를 보여준다. 그렇다고 유전적 성격적인 요소가 웰빙에 영향을 주지 않는다고 말하는 것은 아니다. 영향을 주는 것은 분명하며, 기대되는 연구그룹에서는 웰빙을 형성하는 데 있어서의 성격과 삶의 경험 간의 상호작용을 탐구하고 있다(McCarae and Costa,

1990, 9장 참조).

더 나은 웰빙이론에서는 내적인 생물학적 메커니즘을 통합하는 것도 필요하다. 이 분석에서 웰빙에 대한 가정생활의 중요성은 친구관계, 공동체, 종교조직 등에 대한 사회적 지원을 위한 광범위한 네트워크의 중요성을 대변해준다. 사회적 지원이 신체 건강을 증진시키며, 사회적 고립은 해롭다는 생물학적인 증거들이 풍부하다(Berkman and Glass, 2000). 비슷하게, 스트레스 증상과 지위 간의 역의 관계가 인간과 동물 모두에게서 나타난다(Seeman and Crimmins, 2001). 사회적 조건과 생물학적 메커니즘과 신체적 건강 간의 관계에 대한 연구의 상당 부분이 근저의 생물학적 메커니즘을 포함한 주관적 웰빙에 대한 보다 종합적인 이론을 발전시키는데 유용하게 적용될 수 있을 것이라고 조심스럽게 내다보기도 한다.

마지막으로, 실제 여건에 대한 희망 수준의 조정이 왜 영역마다 다른가 하는 문제가 있다. 이 문제는 진화심리학의 연구가 필요하다는 것을 말해준다. 영역 간의 차이는 진화적인 영향 때문일 수도 있다(Frederick and Loewenstein, 1999, p.314 참조). 결합이 깨어진 사람들이 계속해서 행복한 결혼에 대한 희망 수준을 가지고 있다는 것은 종족보존을 위해 짝짓기와 재생산이 중요하다는 것을 반영한다. 이와 상응하여, 경제 영역에서의 적응이 지나치게 중요시되는 것은 물질적 희망 수준이 지나치게 높아서 스스로 만족하지 못하는 사람들이 생존할 가능성이 높고, 그 결과 우리도 그러한 유전인자를 물려받았기 때문일 수 있다(Bus, 1996; Kasser, 2002). 만일 그렇다면, 이전의 우리 선조들의 생존에 대해 오늘날 행복 감소라는 대가를 치루고 있는 것이다.

부록 2.1 양질의 삶에 대한 로퍼(Roper)의 설문지

조사지 79-1, 95-1

77. 우리는 인생에서 바라는 바가 무엇인지 말하곤 합니다. 여기 몇 가지가 있습니다. (설문지를 건네줌) 양질의 삶-당신이 누리고 싶었던 삶을 생각할 때, 당신의 개인적인 입장에서 목록에 있는 항목들 중 어느 것들이 양질의 삶을 위해 필요한 요소라고 생각하십니까?

78. 그 항목들 중에서 당신이 지금 소유하고 있는 것들을 모두 불러주십시오(아래에 적음).

	77. 양질의 삶을 위한 항목	78. 지금 소유하고 있는 항목
a. 자기소유 주택		
b. 정원과 잔디		
c. 사동차		
d. 세컨드카		
e. 휴가용 별장		
f. 수영장		
g. 행복한 결혼		
h. 자녀 없음		
i. 한 자녀		
j. 두 자녀		
k. 세 자녀		
l. 넷 이상의 자녀		
m. 평균 이상의 급여를 받는 직업		
n. 재미 있는 직업		
o. 사회복지에 기여하는 직업		
p. 자신의 대학교육		
q. 자녀의 대학교육		
r. 해외여행		
s. 컬러 TV		
t. 두 번째 컬러 TV		
u. 주5일 근무		
v. 주4일 근무		
w. 매우 근사한 옷		
x. 많은 돈		

1) 0부터 10까지의 정수값을 표시한 사다리를 제시하여 현재 응답자가 서 있는 곳이 어디인지를 물어 선택폭을 넓혀서 질문할 수도 있다.

2) Costa et al.(1987), Lykken and Tellegen(1996), Myers(1992)를 참조하라. 심리학자의 색다른 견해를 보려면 Argyle(1999)을 보라. 세트포인트 모형에 대한 비판적 요약을 보려면 Lucas et al.(2003)이 좋다.

3) 심리학 연구문헌에서 적응에 걸리는 시간 문제는 간과되었다. 세트포인트로 돌아가는 완전한 적응에 걸리는 기간을 하루로 볼 것인가, 아니면 한 달, 1년, 10년 혹은 그 이상으로 볼 것인가? 나는 10년이나 그 이상 걸려 초기의 수준으로 돌아가는 적응은, 성인 기간의 6분의 1에 해당되는 10년 동안이나 세트포인트로부터 벗어나 있다는 것이기 때문에 완전한 적응이 아니라고 본다. 상당히 오랜 기간 동안 좋았던 상태였거나 나빴던 상태로 지냈을 것이다.

4) 사람들이 자신의 건강상태를 암묵적으로 비슷한 또래의 다른 사람의 건강과 비교하여 평가한다면, 비슷비슷할 것이다. 예를 들어, 실제 건강은 나이에 따라 약화되지만, 노인들이 단순히 같은 또래의 다른 노인과 비교하게 되면, 평균적으로 자신의 건강을 덜 비관하게 된다.

5) 건강에 대한 자기평가는 믿을만 한가? 나는 그렇다고 생각한다. 라이프사이클 변화와 달리 건강에 대한 자기평가의 패턴은 건강에 관한 객관적인 자료와도 일치한다. 같은 나이대를 비교해 보면 젊은 코호트는 나이가 더 많은 코호트보다 더 건강하다(예를 들어, [그림 2.1]에서 50세를 기준으로 세 코호트를 비교해 보라.) 또한 각 코호트 중 남성이 여성보다 더 건강하다. (남성은 건강문제가 더 치명적이기 때문에 여성보다 사망률이 더 높다. 그러나 여성들은 관절염처럼 덜 치명적인 병의 발생률이 남성보다 상당히 더 높다.) 사실 건강에 대한 자기평가는 의미가 있을 뿐 아니라 응답자의 건강상태에 대해 객관적인 데이터 이상의 정보를 제공한다. 사망 예측에 건강에 대한 자기평가가 건강에 대한 객관적인 척도(심장병이나 당뇨병 등의 발병경력)와 함께 포함된다면, 건강에 대한 자기평가는 통계적으로 유의미하다(Idler and Benyamini 1997; Smith et al. 2001).

6) 이러한 결론은 18-19세로부터 28-29세까지 기간을 조사한 1953-72년 출생 코호트로부터 얻은 것이다. 출생 코호트의 표본이 크고, 18-19세의 두 나이대에 해당되는 사람들 중 기혼자 수가 충분히 많아서 평균적인 행복 수준에 대한 의미 있는 추론이 가능하다(단 18-19세의 남성은 표본 크기가

너무 작아서 분석에서 뺌). 코호트 표본을 10년씩 두 개의 하위 코호트 그룹으로 나누면, 각 그룹의 패턴은 전체 코호트와 동일한 패턴을 보이지만 변동은 더 커진다.

7) Blanchflower and Oswald(2004)는 재혼자가 첫 결혼자보다 상당히 덜 행복하다고 했다. 본 연구 결과와 차이 나는 이유는 그들이 코호트를 통제하지 않았다는 사실 때문일 것이다. 젊은 코호트는 나이 든 코호트에 비해 아주 크지는 않더라도 일반적으로 덜 행복해한다. 재혼한 사람 중 젊은 코호트가 더 많기 때문에, 코호트 효과를 통제하지 못하면, 재혼자들은 첫 결혼자들에 비해 덜 행복하다는 결론이 도출될 수 있다.

8) 나는 Lucas et al.(2003)이 본문에서 논의한 종적분석(longitudinal analysis)의 결혼에 대해 이견을 제시할 수는 없지만, 두 가지 점은 지적할 수 있다. 첫째, 독일에서는 상당수의 커플이 일정 기간 동안 혼전동거를 하고 있다는 가능성을 고려하지 않았기 때문에 커플의 결합이 행복에 미치는 효과를 실제적으로 관찰하기 어렵다. 둘째, 종적분석으로 제시되긴 했지만 시간이 지나면서 동일인들을 조사한 것이 아니다. 결혼하던 해(t)와 결혼 직전년도 및 다음 해(t–1, t+1)의 조사대상자의 수가 결혼 2년 이상 전이나 2년 이상 후(t–2, t+2, t–3, t+3 등)의 대상자 수보다 상당히 크다.

9) 민족과 성에 따른 행복도 조사에서도 세트포인트이론을 지지할 만한 증거를 찾기 어렵다. 흑인들은 백인들보다 일관되게 덜 행복한데, 이것이 유전 및 성격 차이에 기인하는 세트포인트 차이 때문일까? 또한 60세 이상에서 라이프사이클상 여성이 남성보다 행복도가 높은 것은 인생 경험에서의 성별 차이 때문이라는 것 외에는 설명하기 어렵다.

10) 한 시점의 행복도 차이는 희망 수준에 의해서도 설명된다(Easterlin 2001a). 성인 단계를 시작할 때에는 두 교육수준 그룹의 물질적 희망 수준에 차이가 별로 없다. 따라서 희망 수준 충족이 더 쉬운 고학력자가 더 행복하다. 그리하여 고학력자의 희망 수준이 더 많이 증가하지만, 두 그룹간의 희망 수준의 차이가 계속해서 소득 격차보다는 작다. 따라서 두 그룹의 행복도는 계속해서 격차를 유지한다.

11) 이보다 훨씬 전에 수행된 1957년부터 1971년까지의 14년간에 걸친 "생활" 소득 분석에서는 소득탄성치가 0.6이었다(Klipatrick 1973). Bernard van Praag가 창설한 레이든 학파가 정상 소득의 실제 소득에 대한 변화와 관련된 이론적이고 실증적인 연구를 선구적으로 수행했다(van Praag, 1968; van Praag and Frijters, 1999). Rainwater의 결과를 지지하는 추가적인

연구가 이 학파 소속 학자들에게서 나왔다(van de Stadt, 1985; Kapteyn, 2002). 횡단 자료와 습관 형성과 의존적 선호를 설명하는 모형을 사용한 연구에서 정상 소득의 실제 소득에 대한 탄성치가 1인 것으로 판명되었다.

12) "좋은 건강상태"를 양질의 삶을 위한 요소 목록에 넣어서 학부 학생과 교수 세미나(n=50)에서 체크하도록 조사해 보았더니, 한 사람도 빠짐없이 이 항목에도 체크하였다.

13) 이러한 대체는 육아에 대한 자세의 변화로도 나타난다(Crimmins et al., 1991, p.125-6).

3

절대소득은 중요한가

로버트 H. 프랭크

웰빙에 관한 문헌을 통해 확인된 중요한 내용 중 하나는, 어느 한 시점에 한 국가 내에서 측정된 웰빙은 상대소득과 강한 양의 관계를 가진다는 것이다. 두 번째로 중요한 점은, 상당히 낮은 어떤 수준의 소득 임계치를 넘어서면, 국민의 소득이 증가함에도 불구하고 측정된 웰빙은 시간이 지나도 변화가 거의 없다는 것이다. 이 장에서는 두 번째 현상이 확인됨에도 불구하고 절대소득이 인간의 웰빙과 관계가 없다는 결론을 내리기를 주저하는 이유를 설명하고 그와 관련된 연구문헌들을 간단히 살펴보고자 한다.

1. 주관적 웰빙의 측정

심리학자들이 웰빙을 측정하는데 사용하는 주된 방법은 사람들에게 (a) 매우 행복하다, (b) 꽤 행복하다, (c) 행복하지 않다 중에서 선택하도록 하는 설문조사였다.[1] 대부분의 조사대상자들은 기꺼이 설문에 응했지만, 모든 응답자들이 "매우 행복하다"고 답변한 것은 아니다. 매우 행복하다고 하기에 좋은 여건에 있다고 생각되는 미국에서조차 그렇다. 많은 사람들이 꽤 행복하다고 응답했고, 나머지는 행복하지 않다고 고백했다. 조사결과는 후속조사에서도 일관되게 유지되는 경향이 있다.

행복 조사는 또 다른 질문을 하고 있다. 예를 들면, 다음과 같은 지문에 대해 동의하는 정도를 0에서 5까지의 5점 척도로 표시하도록 질문한다.

> "내게 좋은 일이 생기면, 그 영향을 강하게 받는다."
> "내가 원하는 것을 가지게 되면, 열광하며 활기를 띠게 된다."
> "내가 잘하는 일은 계속하기를 좋아한다."[2]

많은 사람들이 이러한 5점 척도 지문에 5점을 주어 강한 동감을 나타낸다. 그러나 일부는 이러한 느낌을 일으킨 에피소드를 기억하는 것조차 어려워 보인다. 이러한 지문에 강하게 동의하는 사람들은 설문조사에서 매우 행복하다고 응답하는 사람과 거의 일치한다. 행복하지 않다고 말하는 사람들은 이 지문들에 대해 강하게 부정적이다.

다른 심리학자들은 감정적인 웰빙을 측정하기 위해 뇌의 여러 영역에서 뇌파의 진폭과 진동수를 잰다. 좌측 전두엽의 뇌파가 활발한 사람이 지문에 긍정적이고 설문에서도 매우 행복하다고 대답하는 확률이 높다. 그러나 우측 전두엽이 활발한 사람은 지문에 부정적으로 답하는 경우가 많다.[3)]

자신이 행복하다고 말하거나 여러 측정에서 행복한 것으로 나오는 사람들은 친구들에게도 행복하게 보일 가능성이 높다. 행복에 관한 모든 척도들은 우리가 웰빙과 연관시키는 관측가능한 행동에 대해 상관관계가 매우 높다.[4)] 예를 들어, 행복한 사람은 친구들과 사교를 주도하는 경우가 많다. 다른 사람의 도움 요청에 응할 가능성이 높다. 소화불량, 여타 스트레스성 질환, 두통, 혈관성 질환 같은 심신장애를 일으킬 가능성이 낮다. 직장에 결근하거나 업무상 다투는 일도 적다. 불행의 극단적인 지표인 자살을 시도할 확률도 낮다. 이러한 행복척도들은 일관되고 타당하며 믿을만하다.[5)] 요컨대, 행복은 측정가능한 실제 현상인 것으로 보인다.

이러한 사실은 행복에 영향을 주는 요인들에 대한 연구를 가능케 한다. 개인별 행복의 차이는 대부분 유전적이다. 부모가 행복한 사람은 그렇지 않을 경우에 비해 행복할 가능성이 높다.

선천적 요인들이 중요하긴 하지만, 환경 요인도 행복의 차이에 영향을 준다. 예컨대, 친한 친구가 많은 사람은 훨씬 행복하고 더 오래 사는 경향이 있다.

2. 소득과 행복

행복은 소득에 따라 어떻게 달라질까? 앞서 말했지만, 연구에 따르면, 모든 사람의 소득이 오르면 웰빙수준은 크게 달라지지 않는다. 일본의 경우 1960년대에는 아주 가난한 나라였는데, 그 이후 1인당 소득이 몇 배 늘어 선진국 중에서 가장 높은 나라가 되었다(그림 3.1을 보라). 그러나 평균적인 행복 수준은 1960년대에 비해 높지 않다. 이전보다 훨씬 많은 세탁기, 자동차, 카메라 등을 사용하지만 행복수준은 높아지지 않았다.

[그림 3.1]에 나타나는 패턴은 다른 나라에서도 일관되게 나타나며, 경제학자들에게는 수수께끼이다. 소득이 늘어도 더 행복해지지 않는다면, 사람들은 왜 소득을 더 높이려고 그토록 애를 쓰는가? 예를 들어, 변호사들은 왜 로펌의 파트너가 되려고 주당 100시간씩 일하는 것도 마다하지 않는가? 담배회사 CEO는 왜 의

그림 3.1 일본의 연도별 소득 대비 평균적인 행복

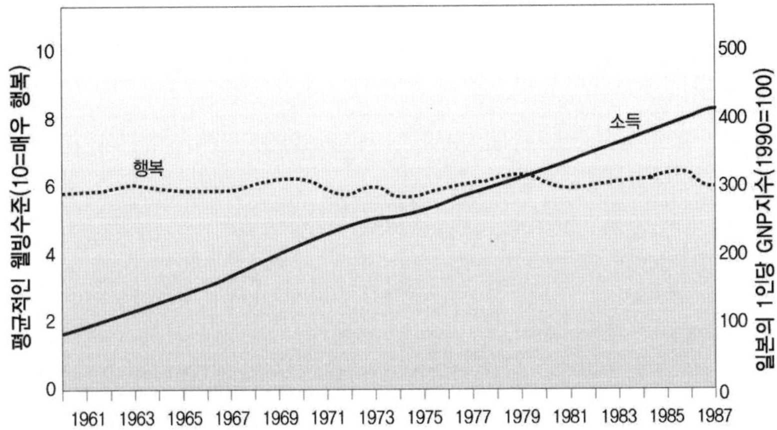

자료: Veenhoven (1993).

회 청문회에서 흡연이 심각한 질병을 유발하는 증거가 없다고 증언해야 하는 공개적인 모멸을 감수하는가?

소득과 행복 간의 관계를 다른 방법으로 측정하면 경제학자들이 그동안 궁금해왔던 것이 무엇인지를 알 수 있다. [그림 3.2]를 보라. 이것은 1980년대의 짧은 기간 동안 미국에서의 소득과 행복간의 관계를 보여준다. 한 시점에 한 나라의 평균적인 소득수준별 평균 행복도를 점으로 찍어보면 그림에서 보듯이 부자들이 가난한 사람들에 비해 행복도가 훨씬 높다. 실로 놀랄 정도의 큰 차이를 보여준다. 어떠한 단일 요인도 소득만큼 행복 수준을 하위 5

그림 3.2 일본의 연도별 소득 대비 평균적인 행복

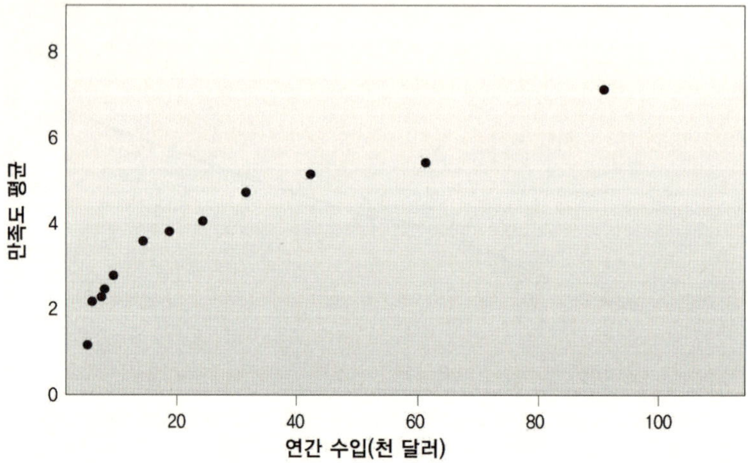

자료: Diener et al., (1993: 195-223)

퍼센트로부터 상위 5퍼센트로 많이 이동시키기도 어려울 것이다.

[그림 3.1]과 [그림 3.2]의 패턴은 상대소득이 절대소득보다 행복도에 더 잘 일치한다는 것뿐 아니라 절대소득은 전혀 문제가 안 된다고 말해주는 것 같다. 이러한 결과를 숙고한 일부 사회과학자들은, 적어도 세계에서 가장 부유한 국가에서는 추가적인 부의 축적이 행복증진에 소용이 없다고 결론내렸다.[6)]

이것은 표면적으로 놀라운 결론이다. 왜냐하면 부가 늘어날수록 더 많은 유용한 일들을 할 수 있을 것이기 때문이다. 환경이 더 깨끗해지거나 휴가기간을 더 늘리거나 일상생활에서의 성가심을 조금이라도 줄일 수 있다면 좀 더 행복해지는 것 아닐까? 적어도 원칙적으로는 잘사는 나라 사람들이 이러한 선택권을 가지고 있다. 그런데 전반적인 웰빙 수준에 이렇다 할 효과가 없다는 데에는 놀랄 따름이다.

늘어난 부가 지출되는 방식에 따라 좋은 일이 될 수 있다는 독립적인 증거가 있다. 이 증거에 의하면, 사람들이 대부분의 경우 물질적인 재화에 대해 보유 수준을 넘어서 신속하게 적응하는 것으로 보인다 할지라도, 제한적으로밖에 적응할 수 없는 특수한 범주가 있다는 것을 알 수 있다. 추가적인 소비로 웰빙 수준을 가장 크게 늘릴 수 있는 것이 바로 이 범주이다.

3. 적응

변화된 환경에 대한 적응 능력은 인간이 가진 가장 뛰어난 특성의 하나이다. 그것은 세포수준에서의 분자의 변화에 이르기까지 생물적 기능에서도 마찬가지다. 실제 물체의 발광도가 백만 개 이상의 요인에 의해 실물의 밝기가 달라지는 환경에서도, 우리는 자동적인 동공확대, 광화학적 망막 변화, 뇌의 시각피질 신경의 변화에 의해 사물을 다소 정상적으로 볼 수 있다.[7)]

전체 기관 수준에서의 적응력은 이보다는 덜 인상적이다. 대부분의 사람들은 교통사고로 사지가 마비된 채로 살아남기보다는 차라리 죽는 편이 낫다고 은밀히 말한다. 심각한 장애 사고를 겪은 사람이 의식이 돌아왔을 때 한동안 지독한 우울증과 판단력 상실을 겪는 것도 놀랄 일은 아니다. 그러나 이들 중 많은 사람들이 자기가 처한 새로운 여건에 적응하는 속도와 정도는 기대 이상이다. 사지마비 환자들 중 다수가 일 년 이내에 정상인과 대체로 같은 기분과 감정을 되찾는다고 보고되고 있다.[8] 맹인이나 장애자나 기형인 사람들도 우리가 상상했던 것 이상으로 자신들의 신체 조건으로 인한 한계에 훨씬 잘 적응한다는 증거도 있다.[9]

사람은 손실에서뿐 아니라 이득에 대해서도 신속하게 적응한다. 뉴욕주 복권사업 당국의 광고는 복권에 당첨되면 인생이 얼마나 달라질지에 대한 환상에 잠기게 한다("우리 회사를 통째로 사들여서 상사를 한 방에 해고시켜야지."). 실제로 복권에 당첨된 사람들은 전형적으로 행운을 잡은 몇 주 동안 누구나 예상되듯이 유포리아(이상행복감: 異常幸福感)에 젖는다. 그러나 몇 년 후에는 오히려 이전보다 더 행복하지 않다—실로 덜 행복하다—는 후속 연구결과가 있다.[10]

요컨대, 인간의 탁월한 적응력은 사람이 심각한 가난과 물질적인 결핍을 일단 벗어나기만 하면 생활의 절대 수준은 크게 중요하지 않다는 것을 설명하는데 도움이 된다. 이러한 해석은 해외에서 살았거나 해외여행을 많이 다녀본 사람들이 받은 인상과 일치한다. 즉, 더 잘살기 위한 노력이 주는 심리적인 효과는 고소득국에서나 중소득국에서나 아주 똑같다는 것이다.[11]

이러한 관찰은 최근 미국의 낭비적인 사치성 소비 풍조를 못마땅하게 여기는 사회 비판자들에게 비판거리를 제공하고 있다. 그러나 비판자들의 다수가 전형적으로 간과하고 있는 것은 적응력이 양날의 칼이라는 점이다. 더 큰 집이나 더 빠른 차를 소유한다고 해서 행복이 더 커지지 않는 이유는 적응력 때문이라고 설명될 수도 있다. 그러나 더 많이 벌기 위해 해결해야 할 불편한 것들에 대해 충분히 적응한다면 문제될 게 무엇인가? 아마도 사회 비판자들이 잘못 짚은 것이리라.

그러나 나는 생활의 절대 수준이 중요하지 않다고 결론내리는 것은 증거를 심각하게 오도하는 것이라고 믿는다. 데이터는 국민소득이 증가해도 사람들이 만족도를 장기적으로 상당히 향상시킬 수 있도록 추가적인 돈을 더 쓰지 않는다는 것을 말해주는 것으로 보인다. 그러나 아직도 남아 있는 두 가지 점 때문에 소득의 절대 수준이 문제가 된다. 하나는 사람들은 자신이 더 행복해지도록 돈을 쓸 수도 있었겠지만, 여러 가지 이유로 그러지 않았거나 그럴 수가 없었다. 잠시 후 이러한 가능성을 뒷받침할 강력한 증거를 몇 가지 제시하겠다.

두 번째 가능성은 우리가 계속해서 염두에 두고 있는 우리의 경험을 주관적 웰빙 척도가 합리적으로 잘 추적할지는 모르지만, 그것이 우리에게 중요한 전부는 아니다. 예를 들어, 두 개의 평행적인 사회를 생각해 보자. 하나는 현재의 우리와 같은 수준의 소득을 가진 사회이고, 다른 하나는 모두의 소득이 그 두 배인 사회이다. 앞의 사회에서는 중간소득이 $100,000이고, 뒤의 사회에서는 중간소득이 $200,000이라고 가정해 보자. 또한 당신이 어느 사회에 있든 행복도는 똑같다고 가정해 보자(지금까지 논의해 온 것과 일치하는 가정이다). 그리고 마지막으로 후자의 더 부유한 사회에서는 환경오염을 막기 위해 두 배의 돈을 쓴 결과 모두가 더 건강하고 오래 살 수 있다는 것을 안다고 해보자. 후자의 사회에서 사는 것이 더 좋을 거라는데 토를 달 사람이 있을까?

요점은 주관적 웰빙에 관한 신흥과학이 사람의 만족도에 기여하는 요인들에 대해 훨씬 더 많은 것을 말해주고 있음에도 불구하고, 그 열렬한 지지자들조차 그게 전부라고 생각하지는 않는다는 것이다. 실제로 모든 사람의 소득이 일률적으로 증가하면 더 잘살 수 있도록 변화가 촉진될지 몰라도, 그렇다고 해서 현재의 주관적 웰빙 측정치에 크게 영향을 줄 가능성은 낮을 것이라고 그리 어렵지 않게 상상할 수 있다. 물론 소득의 일률적인 증가가 그러한 변화를 자동적으로 가져다 줄 것이라고 단순하게 가정해서는 안 된다. 그러나 그 가능성에 대해 눈을 감아버려서도 안 된다. 일반적으로 국민소득의 증가가 좋은 것인지 혹은 좋을 수 있는 것인지 여부를 확인하기 위해서는 증거가 필요하다.

사실 이 문제에 관해서는 증거가 풍부하다. 증거가 말해주는 하나의 분명한 메시지는, 일정 수준 이상이 되면 여러 형태의 물질적 재화에 대한 일률적인 지출 증가가 주관적 웰빙을 지속적으로 높여주지는 않는다는 것이다. 평행한 두 개의 사회 비유에서, 두 사회의 사람들이 한 가지를 제외하고는 모든 면에서 동일하다고 상정해 보자. A 사회에서는 모든 사람들이 4,000평방피트(약 112평)의 집에서 살고, B 사회에서는 각기 3,000평방피트(약 84평)에서 산다. 두 사회가 서로 완전히 분리되어 있다면, 심리학자나 신경과학자들은 두 사회의 주관적 웰빙의 평균수준에 어떤 차이도 식별할 근거가 없을 것이다. 각 사회에는 적당한 주택에 관한 고유의 기준이 형성됨으로써 구성원들이 주택과 여타 생활 측면들에 대해 만족할 것으로 기대할 수 있다.

또한 B 사회에 비해 A 사회의 구성원이 되기를 바랄만큼 어떤 중요한 측면이 있을 것이라고 가정할 이유가 없다. 따라서 A 사회의 주택규모가 더 크다는 것은 B 사회에 비해 수명을 더 늘리고 질병을 줄이는 데 기여하거나 혹은 실제로 그 외의 어떠한 중요한 이점도 되지 못할 것이다. 주택규모가 일단 일정 규모 이상이 되면, 주택규모가 그 이상으로 일률적으로 커지는 것에 대한 적응이 사실상 완전한 것으로 보인다.

물론 4,000평방피트 주택은 3,000평방피트 주택에 비해 더 많은 자원이 든다. 달리 말해서, 모든 구성원에게 4,000평방피트 주택을 제공하는 사회가 3,000평방피트 주택을 제공하고 남는 자원을 그 외의 다른 것을 생산하는데 사용할 수도 있을 것이다. 따라서 중요한 문제는 그 자원을 이용해서 복지를 영구적으로 증진시킬 수 있는 대안이 있을까 하는 것이다.

다른 모든 변화에 대한 적응력이 주택규모 확대에 대한 적응력과 똑같다면, 이 질문에 대해서는 긍정적으로 답할 수 없다. 그렇지만 우리의 적응력은 영역에 따라 상당히 다르다는 것이 알려져 있다. 환경 소음 같은 자극에 대해, 우리의 의식은 상대적으로 빠르게 적응하지만, 몸은 여러 해 동안 자극에 노출되더라도 그에 대해 계속해서 반응을 나타낸다는 것이 계측된다. 사실상 시간이 지나도 적응하지 못할 뿐 아니라, 실제로 더 민감해지는 자극도 있다. 예를 들어 여러 알레르기 항원들이 그렇다. 보다 거시적인 세계에서도 예를 찾을 수 있다. 매너 없는 직장 동료의 행동에 대해 처음 보름 동안은 잘 참았지만, 나중에는 볼 때마다 불쾌해지곤 한다.

사람이 어떤 자극에 대해 다른 것들에 비해 보다 충분히 적응한다는 사실은 자원을 한 영역에서 다른 영역으로 이동시킴으로써 웰빙을 영구적으로 변화시킬 수 있다는 가능성의 문을 열어준다. 이제 이러한 가능성을 보여주는 증거들을 요약해 둔다.

4. 중요한 영역에 지출하기

이 증거를 검토하는 편리한 방법은 두 개의 가상적인 사회 중에서 선택하는 일련의 사고 실험을 해보는 것이다. 두 사회는 동일한 부를 가지고 있지만, 소비 패턴이 다르다. A 사회 거주자는 4,000평방피트의 집에서 살고 B 사회 거주자는 3,000평방피트의 집에서 산다고 다시금 가정한다. A 사회로 이주하는 것을 고려할 때 현재보다 더 작은 집으로 이사한다는 생각이 들지 않도록 하기 위해서, 현재의 미국 평균 주택 규모보다 상당히 큰 규모를 가정한다(미국과 유럽의 평균적인 주택규모의 차이는 이보다 훨씬 더 크다). 당신이 현재 살고 있는 집이 3,000평방피트보다 더 크다면, 그것을 3,000평방피트로 대체하고 A 사회의 집은 이보다 1,000평방피트가 더 크다고 가정하는 것이다(예를 들어, B 사회의 집이 6,000평방피트라면, A 사회의 집은 7,000평방피트가 되는 것이다).

각 경우에 있어서, B 사회 거주자는 작은 집에 살면서 절감한 자원을 생활 여건의 개선에 사용할 수 있다. 그리고 각 경우에 그러한 변화가 삶의 질을 어떻게 변화시켰는가에 대한 증거를 살펴볼 것이다.

다음 중 선택하시오: A 사회는 4,000평방피트의 집과 교통이 복잡하고 차로 1시간의 통근거리인 직장이고, B 사회는 3,000평방피트의 집과 교통이 원활한 15분 통근 거리인 직장.

이들 두 사회는 자원을 집과 교통에 서로 다르게 배분했다는 점만 다르다. B 사회 거주자는 더 큰 집에 살기 위해 사용할 자원을 통근 조건을 개선하는 것으로 전용했다. 주택 규모 축소로 절약한 비용에 의해, 대중교통의 속도를 높이기 위한 건설을 하기에 충분할 뿐 아니라 필요에 맞는 자동차를 구입할 수 있는 여유도 가질 수 있다고 가정하자. 그러므로 B 사회 거주자는 자동차를 포기할 필요가 없다. 즉, 추가적인 기동성이 필요하면 자가 운전을 할 수도 있고, 택시를 타고 이동할 수도 있다. B 사회에서 당신이나 다른 사람이 더 빠르고 스트레스 덜 받는 교통 환경을 얻기 위해 희생할 것은 집의 추가적인 공간을 포기하는 것뿐이다.

합리적인 사람이라면 이러한 선택을 해야 할 때 각 대안의 비용과 편익에 대한 증거들을 살펴보고자 할 것이다. 더 작은 집에 사는 것의 심리적인 비용을 보면, 3,000평방피트의 집에 사는 사람들이, 4,000평방피트에 살 경우에 비해 주관적 웰빙이 더 작을 것이라는 증거는 없다. 물론 B 사회에서 A 사회로 이주하면, 처음에는 생활공간이 더 넓어져서 즐겁거나 심지어 열광할 수도 있을 것이다. 그러나 시간이 지나면 그것에 적응하게 되어 더 커진 집을 표준으로 삼게 될 것이다.

B 사회에서 A 사회로 이주한 사람은 또한 처음에는 길어진 통근거리와 교통체증을 경험하면서 스트레스를 받을 것이다. 시간이 지나면서 이 스트레스에 대한 의식은 사라질 것이다. 그러나 중요한 차이가 있다. 결국 완전하게 이루어지는 더 큰 집에 대한 적응과 달리, 새로운 통근 패턴에 대한 적응은 부분적으로만 이루어진다. 적응기간이 오래 지나더라도 대부분의 사람은 교통체증이 심한 출퇴근을 부담스러워한다는 것을 분명히 보여주는 증거가 있다.[12)]

이러한 점에서 교통체증의 효과는 소음이나 여타 성가신 것들에 노출되는 것의 효과와 비슷하다. 따라서 꾸준히 일정한 수준의 커다란 소음은 시간이 지나면 어느 정도 적응이 될지 몰라도, 그럼에도 불구하고 계속해서 노출되면 혈압 상승이 지속된다.[13)] 간헐적인 큰 소음은, 시간이 지나면서 적응이 된다 하더라도 그로 인해 높아진 스트레스가 남아서 중추신경계의 압박이 더욱 심해진다.[14)] 예를 들어, 새로 개통된 고속도로 주변에 사는 사람들에 관한 연구에서 이러한 패턴이 나타난다. 고속도로 개통 4개월 후에 인터뷰했을 때에는 21퍼센트의 주민이 소음에 방해되지 않는다고 답했으나, 1년 뒤에는 똑같은 사람들을 인터뷰했을 때 그 비율이 16퍼센트로 내려간다.[15)]

여러 형태의 소음 중에서도 크고 간헐적일 뿐 아니라 불규칙하게 나는 소음은 최악이다. 실험실에서 크고 불규칙한 소음에 노출된 대상은 생리적인 스트레스 증후군뿐 아니라 행동에서도 이상 증상이 나타난다. 이들은 잘 안 되는 작업에 대해 끈기가 없어지거나 주의와 집중이 필요한 작업을 하는데 상당한 장애를 겪는다.[16)]

이처럼 예측 불가능한 소음은 그 대상으로 하여금 통제력을 잃게 하기 때문에 스트레스를 특히 더 받게 한다고 가정하는 것이 타당하다. 글래스(David Glass)와 공동 연구자들은 실험 참가자를 두 그룹으로 나누어 녹음된 크고 불규칙한 소음에 노출시키는 정교한 실험을 통해 이 가설을 확인했다. 한 그룹은 녹음 소리를 통제할 수 없도록 했다. 다른 한 그룹은 스위치를 눌러 녹음 테입을 중지시킬 수 있도록 했지만, 참가자들에게는 녹음 테입을 중단시키지 않는 것이 실험에 좋다고 말했고 대부분의 참가자들은 이를 존중했다. 소음 통제 스위치가 주어진 참가자들은 교정 작업에서 실수가 60퍼센트 적었고, 어려운 퍼즐을 풀기 위해 네

배 이상 시도하였다.[17]

심한 교통체증 가운데 통근하는 것은 일정한 배경 소음보다는 불규칙한 소음에 노출되는 것과 여러 면에서 더 비슷하다. 정체는 예측이 안 되고 통제도 안 되고, 자기 시간이 타인보다 더 가치 있다고 생각하는 누군가의 새치기에도 절대로 적응이 안 된다. 심한 교통체증 속에서 거북이 운전을 하는 것이 엄청 큰 스트레스를 준다는 증거가 과학 문헌에 널려 있다.

이 중 일련의 연구는, 도시의 심한 교통체증으로 인해 스트레스를 받고 있지만 스트레스에 대해 더 많은 적응 기회를 가지고 있는 버스 운전기사들의 경험에 초점을 두고 있다. 이들은 다른 직업에 비해 위장병이나 두통, 불안증세 등으로 인한 결근 비율이 높다.[18] 버스기사들의 혈압이 다양한 통제 그룹-특히 본인들의 입사 신체검사도 포함-에 비해 높다는 연구가 많다.[19] 추가 연구에서는 도시 버스기사들에게 아드레날린이나 노르아드레날린 및 코티졸 같은 스트레스 호르몬 수치가 높은 것으로 밝혀졌다.[20] 한 연구는 아드레날린과 노르아드레날린이 높아지는 것이 도시 버스기사들이 감당해야 하는 심각한 교통체증의 정도와 강한 양의 관계가 있음을 확인했다.[21] 도시 버스기사의 절반 이상이 신병문제로 조기 은퇴하고 있다.[22]

교통체증이 있는 한 시간 거리를 출퇴근하는 것은 하루 종일 운전해야 하는 도시 버스기사보다는 스트레스가 덜할 것이다. 그러나 그것은 정도의 차이일 뿐이다. 심한 교통체증을 겪는 출퇴근으로 집과 직장에서의 기분과 행동이 나빠지는 경우가 종종 있다.[23] 교통체증이 없는 사람에 비해 교통체증이 있는 통근자들이 불쾌감을 드러낼 가능성이 더 높다.[24] 그리고 통근 거리, 시간, 속도와 통근해온 기간이 혈압의 수축기 및 확장기 수치 상승과 상관관계가 높다.[25]

출퇴근 관련 스트레스에 장기적으로 노출되면 면역기능이 약해지고 수명이 짧아지는 것으로 알려져 있다.[26] 15분밖에 안 되는 교통수단 이용도 혈당 및 콜레스테롤 상승 그리고 혈액 응고 시간 단축과 관련이 있는데, 이러한 요인들은 모두 심혈관질환과 관련이 있다. 자동차 출퇴근은 여러 가지 암, 특히 배기가스에 심하게 노출됨으로써 생길 수 있는 폐암도 유발할 수 있다.[27] 직장인에게 이러한 질병이나 여타 질병이 발생하는 비율은 통근 시간이 길수록 높아지고,[28] 버스나 기차를 이용하는 사람일수록 낮으며,[29] 출퇴근을 안 하는 사람은 이보다 더 낮다.[30] 마지막으로, 사고로 죽거나 다칠 위험이 통근시간과 양의 상관관계에 있으며, 대중교통을 이용하는 사람보다는 승용차로 통근하는 사람이 더 높다.

요컨대, 심한 교통체증 속에서 오랜 시간 출퇴근하는 것이 지속적이고 상당한 비용을 유발하는 것으로 보인다. 우리는 신경생리학자들이 A 사회에 사는 사람의 코르티졸, 노르에프리네프린, 아드레날린, 노르아드레날린이나 여타 스트레스 호르몬 수치가 높다는 것을 확인할 수 있을 것이라고 자신한다. A 사회에 사는 사람이 B 사회에 사는 사람보다 삶의 만족도 수준이 낮다고 보고한 실험이 수행된 적은 없다. 하지만 운전자들이 흔히 출퇴근의 고충과 스트레스를 호소하고 있다는 것을 알고 있기 때문에, 전통적인 방식으로 측정한 A 사회 거주자의 주관적 웰빙이 더 낮을 것이라고 추측하는 것이 타당하다. 출퇴근 스트레스로 인한 부정적인 효과가 의식되지 않는다 하더라도, 그것을 피하려는 이유는 여전히 강력하다.

따라서 합리적인 사람이라면 B 사회를 선택할 강력한 이유가 있으며, 그것을 피해야 할 아무런 이유가 없다. 그러나 이러한 증거에도 불구하고 미국 사회는 A 사회의 방향으로 꾸준히 이동하고 있다. 주택규모가 점점 커짐에 따라 통근 거리는 계속해서 멀어지고 있다. 예를 들어, 1982년과 2000년 사이에, 교통 체증 피크 시간대 운전자의 지체 시간이 연간 16시간에서 62시간으로 늘었고, 운전자들이 혼잡을 겪는 시간은 4.5시간에서 7시간으로 늘었으며, 도로의 교통체증 비율도 34퍼센트에서 58퍼센트로 증가했다.[31] 연방고속도로국(Federal Highway Administration)은 체증으로 허비되는 운전시간이 1985년의 27억 시간에서 2005년에는 119억 시간으로 증가할 것으로 내다봤다.[32)]

다음의 몇 가지 사고 실험에서는 당신이 물질적 재화와 다른 일을 할 수 있는 자유 시간 사이에 선택하도록 묻는다. 각각의 경우에 자유 시간을 특정한 용도로 사용한다고 가정하는데, 그것이 자신에게 유익하다고 생각하는지 묻는다(만약 유익하지 않다면, 다른 용도로 자유롭게 바꿀 수 있다.)

4,000평방피트의 집에 살지만 운동할 시간이 없는 A 사회와 3,000평방피트의 집에 살면서 매일 45분씩 운동할 시간이 있는 B 사회 중 어느 것을 선택하겠습니까?

동일한 여건에서 다른 묶음으로 되어 있는 두 사회가 있다고 하자. B 사회 거주자가 더 큰 집에 살 수도 있었지만 일하는 시간을 줄임으로써 운동 시간을 늘렸다. 두 사회는 그 외에는 달라진 것 없이 앞에서와 같다고 하자. 그리고 당신은 일하는 것보다 운동을 더 좋아하지도 덜 좋아하지도 않는 사람이라고 생각하자.

B 사회에서 모든 사람이 더 작은 집에 산다는 사실만으로는 웰빙 감소가 없는 것으로 하자. 그렇다면 문제는 운동 시간 추가가 웰빙을 상당히 증가시키겠는가 하는 것이다. 그런데 이 질문에

대해서는 증거가 확실하다고 보기 어렵다.

많은 연구들이 정기적인 에어로빅 운동이 생리적 심리적으로 많은 긍정적인 효과가 있다고 보고하고 있다.[33] 운동하는 사람들은 보다 자주 긍정적인 느낌을 강하게 느끼게 되고 면역력도 높아진다고 보고하고 있다.[34] 또한 심장병, 뇌졸중, 당뇨, 고혈압이나 여타 질병이 발생할 가능성이 낮아지고, 수명도 길어질 것으로 기대하고 있다.[35]

이러한 인과적 관계에 대한 증거는 무작위로 선정되어 운동 프로그램에 참여한 대상자들의 신체적 심리적 웰빙이 개선되었다는 사실에서 찾을 수 있다.[36] 예를 들어, 중간 정도의 우울증으로 진단받은 사람들을 일부는 심리치료를 받게 하고 일부는 유산소 운동 프로그램에 참여하도록 했는데, 두 그룹 모두 다른 통제그룹보다 많이 좋아졌으며, 그 중에서도 운동 프로그램 참여 그룹이 심리치료 그룹보다 회복율이 높았다.[37]

여러 연구에서 확인한 심리적 개선효과가 실제로는 운동 그 자체 때문이라기보다는 대상자들이 평상시의 틀에 박힌 생활에서 벗어날 수 있기 때문이라는 비판도 있다. 32명의 자원자 그룹에게는 유산소 운동 프로그램을 참여시키고, 다른 32명의 그룹에게는 취미 교실에 참여시킨 연구도 이러한 가능성을 뒷받침한다.[38] 양 그룹 모두 기분들이 적당히 좋아지는 경험을 했다. 그러나 운동 그룹의 기분 개선효과가 상당히 더 큰 것으로 보아 일상생활에서 벗어났기 때문에 좋아진 것이라는 설명만으로는 충분치 않다. 운동그룹은 기분에 대한 여섯 개의 지표가 좋아졌는데, 두 개 말고는 모두에서 크고 통계적으로 유의적인 값을 보여주었다. 취미 교실 참여 그룹은 여섯 개의 지표 중 다섯 개에서 개선되었지만 그 수치는 작고 그 중 두 개만이 통계적으로 유의적이었다.

걷기처럼 상대적으로 가벼운 운동 프로그램조차 신체적 심리적으로 상당한 효과가 있다. 예를 들어, 폐경 여성들을 무작위로 선정하여 걷기 프로그램에 참여시킨 실험은 이들의 심박수와 혈압이 상당히 낮아졌고 비참여자에 비해 자긍심이 상당히 높아졌다는 것을 보여주었다.[39]

정기적인 운동의 유익한 심리적 신체적 효과에 대한 설득력 있는 증거가 있음에도 불구하고, 그리고 모든 사람이 더 큰 집을 가지게 되더라도 삶의 만족은 크게 증가하지 않는다는 증거가 있음에도 불구하고, 모든 합리적인 사람들이 당연히 A 사회보다 B 사회를 선택할 것이라고 주장하기는 어렵다. 육체적인 운동을 너무 싫어하는 나머지, 물질적 재화를 포기하면서까지 운동을 피하려 하는 사람들도 실제로 많이 있다.

이러한 사람들 중 다수는 잠시 동안이라도 운동을 습관적으로 하게 되면 마음이 바뀔 것이다. 처음에는, 특히 너무 빨리 많은 운동을 하게 되면, 운동이 힘든 경험이라고 말하던 사람일지라도 대부분 빠르게 적응하여 나중에는 할 만하다고 생각하게 된다. 그러나 결국은 이러한 것을 알더라도 B 사회를 좋아하게끔 만들기 힘든 사람들이 있다. 당신이 이러한 사람 중 하나라면, B 사회는 당신이 좋아할 만한 몇 가지 일상적인 행동들을 할 시간을 좀 더 제공해준다고 생각하면 된다.

어떤 경우이든, 운동을 더 많이 할 수 있으면 좋겠다고 하는 사람들이 가장 흔히 하는 말이 시간이 부족하다는 것이다. 미시간주 랜싱에 있는 미시간 예방의학센터의 공동 책임자인 존 로비슨은, 사람들이 운동을 위해 한 시간을 하루 일과 속에 끼워 넣으려 해도 너무 바빠서 결국 시간을 비우지 못하기 때문에 대부분의 운동 요법은 시작단계부터 어렵다고 한다.[40] 하지만 재화를 얻기 위해 일하는 시간을 줄이면 운동 시간은 얼마든지 확보할 수 있다. 우리 모두가 그러한 선택을 한다면, 우리 인생은 보다 건강하고, 오래 살고, 보다 만족스러워질 것임을 보여주는 강력한 증거가 있다. 그러나 평균적인 미국인은 사실상 과거보다 운동을 덜 하고 일은 더 많이 하고 있다.

4,000평방피트 주택에서 살면서 한 달에 한 번 친구들과 모이는 A 사회, 혹은 3,000평방피트 주택에 살면서 한 달에 네 번 친구들과 모이는 B 사회 중 어느 것을 선택하겠습니까?

다시 시간을 어떻게 사용하는가가 주관적 웰빙에 더 큰 영향을 주는가에 관한 질문이다. A 사회 거주자는 일하는 시간이 더 길기 때문에, 더 큰 집을 가질 수 있지만 친구들과의 교제 시간은 줄어든다. 여기서 다시, 큰 집에 사는 이점은 크지도 오래가지도 않지만, 보다 깊은 사회적 관계가 주는 이점은 깊고 오래간다는 강한 증거가 있다. 적극적이고 풍부한 사회관계 네트워크를 가진 사람은 대부분 스스로를 행복하다고 생각하며, 친구들도 그러한 사람들은 대부분 행복할 것이라고 생각한다.[41] 예를 들어, 전국여론조사센터(National Opinion Research Center)의 설문은 자신의 사적인 문제를 의논할 친구가 다섯 명 이상 있다고 하는 사람들은 그런 친구가 아무도 없는 사람에 비해 "매우 행복"하다고 느낄 가능성이 60퍼센트 이상이라는 것을 확인했다.[42] 800명의 대학 졸업자에 대한 또 다른 설문조사는 고소득과 소위 잘나가는 직장을 중요하다고 하는 사람이 스스로를 "상당히 불행" 혹은 "매우 불행"이라 생각한다는 것을 보여주었다.[43]

사회적인 통합과 주관적 웰빙 간의 인과관계의 방향에 대해 궁금해지는 것은 자연스러운 일일 것이다. 긴밀한 관계를 가지는 것이 사람들을 행복하게 하는가, 아니면 보다 행복한 사람들이 긴밀한 관계를 즐기는 것인가? 후자의 가능성을 무시하지 않으면서도, 사회적인 통합이 중요한 인과적 원인이 된다는 증거가 적어도 몇 가지 있다는 것을 말해둔다. 한 연구는 소규모의 안정되고 결속력이 강한 부대의 군인들이 대규모이고 소속원 이동이 잦은 부대의 군인들보다 몇 가지 중요한 주관적 웰빙 수치가 높다는 것을 밝히고 있다.[44)]

긴밀한 사적인 네트워크와 신체 건강 간의 관계는 더욱 놀랍다. 그러한 네트워크가 부족한 사람들은 신체가 덜 건강한 경향이 있고, 각 연령대에서 사망 위험이 더 높다. 골수이식을 앞둔 백혈병 환자에 관한 연구에서, 가족 및 친구들과 정서적으로 강한 유대를 갖고 있는 사람들의 2년 생존률은 54퍼센트인데 비해, 그렇지 못한 사람들은 20퍼센트에 불과하다.[45)]

결혼, 친구관계, 교회나 여타 조직에서의 활동 같은 다양한 사회적 관계 여부에 따라 캘리포니아의 알라메다 카운티(Alameda County)에 사는 2,229명의 남성과 2,496명의 여성을 표본으로 하여 이들의 사망률에 관해 보다 광범위하게 조사한 것이 있다. 조사 당시에 그러한 사회적인 관계가 약했던 사람들 중 그 후 9년 내에 사망한 경우가 남녀 모두 전체 연령대에서 30에서 300퍼

센트 더 많았다.[46]

여기서도 사망률과 사회적 유대관계 간의 인과성에 대해 궁금해질 것이다. 사회적인 유대가 약한 사람의 사망률이 높은 것은 애당초 조사 당시에 건강이 안 좋았던 사람들이 사회적인 유대가 약했다는 사실을 반영한 것은 아닐까? 나중에 발표된 연구는 이러한 우려를 불식시킨다. 미시간 주 티컴서(Tecumseh)에 거주하는 남자 1,322명과 여자 1,432명을 표본으로 한 조사는, 연구 초기에 건강검진 결과에 의해 조정한 후에도 수명과 사회적인 유대 간에 동일한 관계를 확인했다.[47]

요컨대, 이것은 보다 긴밀한 사회적 유대가 육체적 건강과 주관적 웰빙을 증진시킨다는 분명한 증거이다. 그러나 긴밀한 사회적 유대는 요술지팡이를 흔든다고 얻어지는 것이 아니다. 관계 형성에는 시간이 걸리며, 경제학자들이 제대로 지적했듯이 시간이 돈이다. 이러한 돈은 제대로 쓰인 것일까? 만약에 그것이 모두 더 큰 집을 짓는 대신에 쓰인 것이라면 거의 확실하게 그렇다고 할 수 있다. 이것이 합리적인 사람이라면 모두가 작은 집에 살면서 친구들과 더 많은 시간을 보내는 B 사회를 선택할 분명한 이유가 될 것이다. 그러나 미국인들은 전체적으로 반대 방향으로 살아왔다.

4,000평방피트 주택에서 살면서 휴가가 일 년에 일주일인 A 사회, 혹은 3,000평방피트 주택에 살면서 휴가가 일 년에 4주인 B 사회 중 어느 것을 선택하겠습니까?

모두가 더 작은 집에 살거나 덜 비싼 자가용을 굴린다면, 우리는 모두 매년 더 많은 휴가를 다녀올 수 있을 것이다. 정기적인 휴식이 신체적으로나 심리적으로 유익하다는 것은 오래 전부터 알려져 있다.[48] 따라서 휴가에 관한 연구는 사람들이 다른 때에 비해 휴가 기간 동안에는 덜 지치고, 덜 성급하고 덜 불안해한다는 것을 밝히고 있다.[49] 휴가 중인 사람들은 소화불량, 변비, 두통, 불면증 같은 스트레스성 질환이 줄어드는 것을 경험한다.[50]

휴가는 새로운 곳을 보고, 멀리 있는 친척과 친구를 만나고, 새로운 스포츠를 맛보고, 해변에 눕거나 야외에서 자전거를 타거나 무엇이든 하고 싶은 일을 할 수 있는 기회를 제공한다. 휴가기간이 충분히 길다면 일상으로 돌아온 뒤에도 오래 지속되는 회복효과도 있는 것으로 알려져 있다. 독일에서는 이러한 효과가 법에 언급되어 있다. 긴급한 여건이나 고용주에 의해 나누어 실시될 필요가 있다고 판단된 경우가 아니라면, 한꺼번에 단일 기간 동안에 휴가가 실시되도록 권고하고 있다.[51] 계속해서 독일법은 법정 최저 휴가일수 24일을 쪼개서 실시해야 한다면 “그 중 하나는 …

적어도 연속 12영업일이 되어야 한다."고 정하고 있다.[52]

휴가가 길수록 중층적 효과가 있음에도 불구하고, 미국에는 초급수준의 직업에서 연간 10일 이상의 유급휴가를 주는 곳은 별로 없으며, 대부분 그보다 짧다. 저연봉 장기휴가 패키지가 전체적으로 약간 더 작은 집으로 이사하는 것으로 인해 감소하는 웰빙을 상쇄하고도 남는다는 것은 의심의 여지가 거의 없어 보인다. 그러나 미국인들은 최근년에 비해 유급휴가 하루를 받기 위해 더 오랫동안 일해야 한다.

4,000평방피트 주택에 살면서 직장에서의 자율권이 낮은 A 사회와 3,000평방피트 주택에 살면서 상대적으로 높은 자율권을 가진 B 사회 중 어느 것을 선택하겠습니까?

대부분의 사람은 하루 일과 중 주로 혹은 적어도 상당 시간을 직장에서 보내기 때문에, 전반적인 삶의 만족도는 직장에서의 만족도에 의해 크게 좌우된다. 직업 만족도가 자율권의 정도, 작업 및 작업방법의 선택권에 따라 높아진다는 일치된 산업심리학 연구결과들이 나와 있다.[53] 실험에 의하면 실험 대상들은 스스로 선택하도록 허용된 행동을 하는데 보내는 시간이 임의적으로 주어진 행동을 하는데 보내는 시간보다 상당히 더 길다.[54]

물론 자율권이 직업 만족도를 결정하는 유일한 요인은 아니다. 예를 들어, 근로자들은 자신의 기술을 활용할 기회가 더 클수록 더 높은 만족도를 보이는 경향이 있다.[55] 그리고 근로자들이 수행할 작업이 다양할수록 만족도가 증가한다는 것이 많은 연구에서 밝혀졌다.[56] 나열하자면 끝이 없다. 그러므로 급여가 같다면 위험한 것보다는 안전한 직업을, 소음에 시달리는 직업보다는 조용한 직업을, 편리한 주차시설이 있는 직장을, 불안정한 것보다는 안정적인 직장 등을 선택할 것이다.

근로자에게 더 많은 자율권을 주는 것이 때로는 생산성을 높이지만 그렇지 않을 때도 있다. 만일 생산성이 높아진다면 고용주는 이윤을 높이기 위해서라도 자율권을 더 주는 것이 당연하다. 그러나 일정 한도 이상이 되면 지나친 자율권은 이윤을 감소시킨다. 일단 이 한계점에 도달하면, 근로자들은 급여를 낮춰야만 자율권 확대를 누릴 수 있다. 다른 선호 직업에서도 마찬가지이다. 전문화될수록 생산성이 더 높아지게 되는 만큼, 근로자들이 작업의 다양성을 즐기고 자신이 보유한 다양한 기술들을 충분히 활용할 기회를 가지려면 급여감소가 필요할 것이다. 마찬가지로, 안전설비, 고용안정, 주차공간, 사적인 사무실 공간, 기타 안락한 환경이 추가된다는 것은 월급봉투가 얇아진다는 것을 의미한다.

사고 실험을 위해 이러한 바람직한 작업환경을 얻기 위해서,

본질적으로는 주관적 웰빙의 감소가 없는 것으로서, 단지 모든 사람의 주택규모가 4,000평방피트에서 3,000평방피트로 일률적으로 작아지는 것만 감수하면 된다고 가정하자. 모든 사람이 직업에서 더 많은 자율권을 가지게—혹은 작업이 더 다양해지고 안정적이게—된다면 웰빙의 지속적인 상승이 생긴다. 이것은 B 사회를 선택하게 하는 또 하나의 강한 증거이다. 그러나 현실은 우리가 B 사회에서 얻을 수 있는 이러한 대안들로부터 더 멀어져가는 느낌이다.

5. 비과시적 소비

지금까지 검토한 각각의 사고 실험은 (대형 주택과 같은) 과시적 소비와 원활한 교통, 가족 및 친구와 보내는 시간, 더 긴 휴가, 여러 가지 좋은 직업조건과 같은—좀 더 적당하게 표현하자면—"비과시적 소비" 간의 선택에 관한 것이었다. 각각의 경우는 주관적 웰빙이 비과시적 소비가 더 많은 사회 쪽에 더 높을 것이라는 증거를 보여준다.

비과시적 소비 항목은 상당히 확대될 수 있을 것이다. 따라서 모두가 좀 더 작은 집에서 사는 것에 의해, 대기 정화, 도시 녹지 공간 확대, 더 깨끗한 식수, 강력범죄의 감소, 혹은 조기사망을 줄일 수 있는 의료연구 등이 가능하도록 할 수 있지 않을까 라는 생각을 해볼 수 있을 것이다. 그리고 각 경우에 있어서 대답은 지금까지 살펴본 경우들과 같을 것이다.

여러 형태의 비과시적 소비-예컨대, 교통체증을 없애고 원활한 교통 시스템의 도입-에는 공공 영역에서의 지출이 발생하지만, 다른 경우에는 그렇지 않다. 예를 들어 가족이나 친구와 보내는 시간을 늘리는 것은 사적인 형태의 비과시적 소비이다.

자동차 같은 사적인 재화에는 많은 경우 과시적 소비와 비과시적 소비의 요소가 모두 있다. 그러한 재화에 대한 지출 총액을 고정시켜 놓으면, 두 종류의 소비가 서로 상충된다. 증거에 의하면, 우리 모두가 더 빠르고 더 고급스러운 차를 살 경우(과시적 소비), 주관적 웰빙의 상승이 오래 지속되지 못한다. 그러나 우리 모두가 더 안전하고 튼튼한 차를 산다면(비과시적 소비), 결과는 달라질 것이다. 안전성 면에서는 웰빙 상승의 분포가 고르지 않을 것이다. 즉, 우리 중 아주 일부만이 치명상을 입거나 사랑하는 사람을 잃는 고통과 괴로움에서 벗어날 것이다. 신뢰성 면에서는, 우리 중 대부분이 반복되는 고장의 스트레스로부터 벗어날 수 있다.

사고 실험은 비과시적 소비가 과시적 소비보다 언제나 선호된다는 것을 말하려는 것이 아니다. 실제로 사고 실험 각각의 경우에, 합리적인 사람 중 일부는 B 사회보다 A 사회를 선택할 수 있다. 어떤 사람은 단지 자율성을 싫어하거나 운동을 싫어하거나, 혹은 가족 및 친구와 함께하는 것을 싫어할 수도 있다.

하지만 모든 사람이 약간 작은 집으로 이사할 때 주관적 웰빙이 별로 감소하지 않는다는 사실을 액면 그대로 받아들인다면, 진짜 질문은 합리적인 사람이 그렇게 해서 절약한 것을 보다 생산적인 용도로 사용할 수 있지 않겠는가 하는 것이다. 사고 실험에서 주택의 절대적인 크기가 주어져 있다면, 이 질문에 대한 대답은 "Yes"일 것으로 생각된다.

그리고 이것은 이 글의 제목이 제기한 질문("절대소득이 중요한가")에 대한 답과도 관련이 있다. 우리 모두가 더 큰 집과 더 비싼 차를 사기 위해 일을 더 많이 한다면 우리는 결국 더 행복해지는 결과를 얻지 못할 것이라는 상당히 많은 증거들이 있다. 그러나 절대소득의 증가로 행복을 살 수 있는가에 대해서는, 상당히 다른 그림이 그려질 수 있다는 증거가 있다. 과시적 소비를 줄일수록, 교통 혼잡을 줄이고 가족 및 친구와의 시간, 운동, 수면, 여행 등 활력을 주는 활동을 더 많이 할 수 있게 되고, 더 깨끗하고 안전한 환경을 유지할 수 있다. 최상의 증거에 의하면, 우리의 시간과 돈을 이러한 방식으로 재배치하면 우리의 삶은 더 건강하고 만족스러워질 것이며 수명도 길어질 것이다.

6. 그렇다면 왜 주관적 웰빙은 오르지 않는가?

적어도 제2차 세계대전 이후 대부분의 나라가 그랬듯이 1인당 소득이 급격히 오를 때, 대다수 사람들은 과시적 소비지출과 비과시적 소비지출을 모두 늘렸다. 실제로 많은 경우에 그러했던 것이 사실이다. 따라서 요즘 우리가 구매하는 차는 더 빠르고 럭셔리할 뿐 아니라 더 안전하고 튼튼하다. 그러나 두 형태의 소비가 모두 증가하고, 비과시적 소비가 주관적 웰빙을 증가시킨다면, 지난 수십년간 주관적 웰빙이 증가하지 않는 이유는 무엇인가(일본은 1인당 소득이 다섯 배 이상 늘었음에도 주관적 웰빙의 평균치가 기본적으로 변하지 않고 있다는 것을 기억하라.)?

이 기간 동안 비과시적 소비 중 일부는 증가했지만 다른 일부는, 때로는 급격히, 감소했기 때문이라는 것이 이에 대한 적절한 대답일 것이다. 앞에서 논의했듯이, 지난 20여 년간 미국에서는 연간 근무시간이 계속 증가했다. 교통체증은 상당히 더 심각해지고, 저축률은 가파르게 떨어지고 개인파산은 사상 최고에 달했으며, 적어도 직업 안정성이 크게 나빠졌다는 인식이 크게 확산되었다. 이러 저러한 형태의 비과시적 소비의 감소가 증가한 경우를 상쇄시켰을 것이다.

더욱 더 힘든 문제는 우리는 왜 자원을 보다 현명하게 사용하지 못하는가 하는 것이다. 우리가 단지 소비 패턴을 바꾸기만 해도 인생을 보다 건강하고 만족스럽게 더 오래 살 수 있다면 왜 그렇게 하지 않았는가? 가장 열렬한 자유시장주의 경제학자조차도 이미 오래 전부터 알고 있었듯이, 개개인의 웰빙이 다른 사람들의 행동에 의해 영향을 받는 경우에 있어서 보이지 않는 손이 모두에게 최상의 재화를 제공하기를 기대할 수 없다.

이러한 조건이 한 때는 제한된 영역—가장 중요한 것으로 환경오염에 대한 규제—에서이지만 집단적인 행동을 정당화할 수 있다고 생각되었었다. 그러나 지금 우리들은 이전보다 훨씬 더 상호의존적인 존재라는 것을 알고 있다. 그 중 무엇보다도 중요한 것은 일부 개인들의 소비가 다른 사람들의 중요한 선택의 준거틀에 영향을 주는 방식들이다.

살면서 생기는 많은 중요한 보상들—좋은 학교, 가장 바람직한 배우자, 심지어 기근 시기에 주어지는 식량—은 다른 사람들의 선택과 비교하면서 취하는 자신의 선택에 의해 결정적인 영향을 받는다. 대부분의 경우, 다른 사람보다 매일 두 시간씩 일을 더 해서 좋은 학군에 사는 사람은, 다른 사람들이 그렇게 하기 힘들도록 만들려는 의식적인 의도는 가지고 있지 않다. 그럼에도 그의 행동은 그러한 결과를 피할 수 없다. 그러한 지위를 유지하려면 다른 사람들도 마찬가지로 일을 더 많이 해야 할 것이다. 하지만 부모가 아무리 열심히 일한다 하더라도, 의자 뺏기 놀이와 마찬가지로, 단순 계산으로도 어쩔 수 없이 상위 10퍼센트의 학교 정원은 모든 어린아이의 10퍼센트에게만 허용될 수 있다.

다른 사람이 물건을 구매하면 그것이 더 매력적으로 보이는 경우가 많은데, 이는 소비지출이 군비경쟁과 닮았다는 것을 의미한다. 가계는 스스로의 지출 규모는 정할 수 있으되, 다른 가계의 지출규모를 정하지는 못한다. 평균보다 작은 차를 사는 것은 사고로 사망할 위험이 크다는 것을 의미한다. 인터뷰 복장에 돈을 덜 쓰는 것은 최상의 직장을 구하지 못할 위험을 더 크게 한다. 그러나 모두가 더 큰 차를 사거나 모두가 고급 정장을 구입한다면, 서로에게 상쇄효과가 있다. 모든 국가가 국방비를 증액할 때처럼. 지출을 줄이는 것–포탄이든 소비재든–은 다른 긴요한 용도에 쓸 여유가 생기게 하지만, 모두가 그렇게 할 때에만 가능하다.

각국이 지나치게 군비지출을 하게 하는 정확한 유인은 무엇인가? 각국의 무기 지출의 이득은 경쟁 국가의 지출과 비교한 상대적인 규모에 달려 있다는 것만으로는 충분하지 않다. 예를 들어, 각 나라의 비국방재에 대한 지출의 이득도, 국방재와 똑같은 정도로, 다른 나라의 비국방재 지출규모에 달려 있다고 해보자. 국방비 지출이 다른 영역의 자원을 빨아들이는 성향은 반대방향에서의 동일한 성향에 의해 상쇄될 것이다. 다시 말해서, 각국의 국방재와 비국방재에 배분할 국민소득이 고정되어 있다면, 그리고 각 영역에서의 이득의 배분비율에 대한 민감도가 똑같다면, 영역간의 불균형은 없을 것으로 기대된다.

군비 쪽으로 불균형이 생길 수 있으려면, 군비지출 증가의 보상 민감도가 비국방재 지출의 보상 민감도보다 커야 한다. 실제로 그러하기 때문에, 불균형이 발생하고 있다고 일반적으로 가정된다. 군비경쟁에서 밀리면 결국 정치적 자율권이 훼손되는 일이 흔한데, 이는 슬롯(빵 넣는 홈)의 수가 적은 토스터기의 불편함을 훨씬 뛰어넘는 비용이다.

간단히 말해서, 행위 선택에 있어서 어떤 행위에 대한 보상이 다른 것보다 더 민감하다면, 선택이 불균형적으로 이루어질 것으로 예상한다. 앞에서 설명한 증거는 과시적 소비재가 제공하는 만족이 덜 과시적인 소비재보다 보상 민감도가 더 크다는 것을 말해준다. 그렇다면 이것은 지난 수십년간 절대소득과 소비가 증가했는데도 웰빙의 증가로 이어지지 못한 이유를 설명하는데 도움이 될 것이다.

1) Easterlin (1974) 참조.

2) Goleman (1996 C3).

3) Davidson (1992).

4) 이를 증명하는 설문으로는 Frank(1985, 제2장)와 Clark and Oswald (1996)가 있다.

5) Diener and Lucas (1998).

6) 예를 들어, Townsend (1979)를 보라.

7) Lowenstein and Frederick (1999).

8) Bulman and Wortman (1977).

9) Cameron (1972); Cameron et al. (1976).

10) Brickman et al. (1978).

11) Myers (1993: 36).

12) 이에 대한 설문조사로 Koslowsky et al. (1995)가 있다.

13) Glass et al. (1977).

14) 앞의 책.

15) Weinstein (1982).

16) Glass et al. (1977).

17) 앞의 책, [그림 5]와 [그림 6].

18) Long and Perry (1985).

19) Ragland et al. (1987); Pikus and Tarranikova (1975); Evans et al. (1987).

20) 앞의 논문

21) Evans and Carrere (1991).

22) Evans (1994).

23) Glass and Singer (1972); Sherrod (1974).

24) Stokols et al. (1978).

25) 앞의 논문, 〈표 3〉.

26) DeLongis et al. (1988); Stokols *et al.* (1978).

27) Koslowsky et al. (1995), 제4장.

28) Koslowsky et al. (1995).

29) Taylor and Pocock (1972); Koslowsky and Krausz. (1993)

30) European Foundation for the Improvement of Living and Working Conditions (1984).

31) Schrank and Lomax (2002).

32) Clark (1994:387).

33) 설문조사로는 Plante and Rodin (1990)를 보라.

34) Fontane (1996).

35) Blair (1989).

36) Palmer (1995).

37) Greist et al. (1979).

38) Lichtman and Poser (1983).

39) Palmer (1995).

40) Sharp (1996:4M).

41) Argyle (1999).

42) Burt (1986).

43) Perkins (1991).

44) Manning and Fullerton (1988).

45) Colon et al. (1991).

46) Berkman and Syme (1979).

47) Hous et al. (1982).

48) Argyle (1996).

49) Rubenstein (1980).

50) 앞의 논문.

51) Weiss (1991: 141).

52) 앞의 책.

53) 설문조사로는 Warr(1999)가 있으며, 또한 Agho et al. (1993); Fried(1991); Kelloway and Barling (1991); Spector and O'Connell (1994); Spector et al. (1998); Wall et al. (1996); Xie and Johns (1995)도 보라.

54) Deci (1971).

55) Campion and McClelland (1993); Warr(1990).

56) Agho et al. (1993); Fried (1991); Kelloway and Barling (1991); Warr (1990); Xie and Johns (1995).

4

교감 : 사회적 상호작용의 즐거움

로버트 서그덴

인간에게는 타인과의 상호작용이 행복의 주된 원천이라는 것을 누구나 알고 있다. 물론 모든 상호작용이 다 즐거운 것은 아니다—예컨대 괴롭히거나 놀리는 것은 깊은 스트레스를 준다. 우호적이고 호의적인 분위기에서 이루어지는 사회적인 상호작용은 대부분 유쾌한 일이라는 것을 누구나 확실하게 경험하고 있다. 이 논문은 올바른 사회적 상호작용은 즐거움을 주고 잘못된 사회적 상호작용은 고통을 준다는 메커니즘을 설명하려는 것이다.

사회적 상호작용의 감정적 특질을 이해하려고 시도하다 보면,

현대 경제학의 이론적 전략들이 도움이 안 될 뿐 아니라 실제로 잘못된 질문을 하도록 만든다는 것을 알게 될 것이다. 나는 사회적 상호작용이 어떻게 해서 행복에 영향을 주는지에 대한 대안적 사고방식을 제안하려 한다. 이 제안은 아담 스미스의 『도덕감정론』에서 도출된 것이다. 거의 250년이나 된 옛 생각을 심리적 이론화의 출발점으로 삼으려는 것이 이상해 보일 수도 있지만, 스미스의 가설은 현대 심리학이나 신경학 지식과도 폭넓게 일치하고 있다는 점을 독자들에게 설득시키려 한다. 전통적으로 사회적 상호작용의 기회를 제공하던 과정들의 일부가 무너지고 있다는 것을 제시하면서 마무리할 것이다. 이러한 발전은 경제학자와 사회이론가들이 사회적 상호작용과 행복 간의 관계를 이해하는 것을 특히 중요하게 만든다.

1. 약간의 증거

행복에 관한 실증연구는 대부분 사람들의 전반적인 기분 상태를 조사하고 당시의 모든 조사결과들을 평균해서 보고한다. 예를 들면, 전형적인 자기 평가 질문지는 다음과 같은 질문에 대한 5점 척도로 답하게 되어 있다. “좋거나 나쁜 것을 모두 고려해서 다른 사람들에 비해 본인은 지금 평균적으로 얼마나 행복하거나 만족스럽습니까?"[1] 그러나 최근에 카너먼은 응답자가 하루 중에 겪은 짧은 에피소드(예컨대, "점심식사"라든가 "출근길")들에 대해 따로 따로 기분을 말하는 모멘트-베이스 방식을 주장했다(Kahneman, 2000). 사람들의 실제적인 쾌락 경험을 조사하는 것이 목적이라면 이 방법에는 여러 가지 장점이 있다.

모멘트-베이스 방식은 기억의 한계와 인지적 불협화(cognitive dissonance)(모순되는 신념·태도에 따른 심리적 갈등-역주)에 의한 편차효과를 줄인다(인생이 전반적으로, 혹은 심지어 결혼이 전반적으로, 혹은 직업이 전반적으로, 혹은 휴가가 전반적으로 불행하다고 말하는 것은 실패자라는 느낌이 들게 한다. 이보다는 자신의 파트너와의 식사시간이 지루하다거나 화난 고객을 다루는 일이 괴롭다거나, 박물관을 둘러보는 시간이 따분했다고 말하는 것이 훨씬 쉬운 방법이다.). 이 논문과 관련해서 모멘트-베이스 방법은 인과의 방향에 관한 문제점을 줄여준다는 점에서 특히 중요하다. 다른 사람들과의 친밀한 관계가 인생의 전반적인 행복과 양의 상관관계에 있다고 가정하자(실제로 그렇다). 이것은 친밀한 관계를 유지하는 것이 행복의 원천이라는 증거인가, 아니면 행복한 사람일수록 성공적으로 친밀관계를 유지하기가 쉽다는 증거인가? 주관적 웰빙이 유전적일 가능성과 우울증이 대인기피증을 초래하는 경향이 있다는 것을 볼 때, 두 번째 설명은 전적으로 믿을 만한 것이다(Lykken and Tellegen, 1996). 이에 비해 모멘트-베이스 방식은 동일한 사람의 인생에서의 다른 에피소드들이 주는 쾌락의 특질을 비교할 수 있도록 해준다. 응답자가 혼자 있는 경우에 비해 사회적 상호작용을 가질 때 더 즐겁다는 체계적인 경향이 있다는 것을 확인한다면, 그것은 인과의 방향이 사회적 상호작용으로부터 행복에로 향한다는 증거이다.

텍사스의 두 도시에 사는 여성 909명의 무작위 표본에 대해 그들의 인생에서의 하루를 모멘트-베이스 방법으로 재구성한 것이 있다(Kahneman et al., 2003). 각 응답자에게 전날의 일을 떠올리게 하고 그것을 몇 개의 에피소드로 나눈 후에, 각각의 에피소드에서 누군가와 함께 있었다면 그와 함께한 동안의 기분상태를 0부터 6까지의 척도의 느낌으로 나타내도록 하였다. 그 중 세 개는 긍정적인 기분("행복", "부드러움/우호적임", "즐김")이고 여섯 개는 부정적인 기분("당혹스러움/성가심", "의기소침/우울함", "괴롭힘/다그침", "화냄/적대적임", "불안/초조", "비판적임/헐뜯음")이다.

분석 결과는 타인과의 상호작용과 긍정적인 기분이 매우 분명한 관련이 있다는 것을 보여준다. 모든 에피소드에 대해 평균하면, 긍정적인 기분(세 개의 긍정적인 느낌에 대한 평균으로 정의)은 친구와 함께 있을 때가 가장 높았고(4.36), 그 다음은 친지

(4.17), 파트너(4.11), 자녀(4.07), 고객(3.79), 동료(3.76), 상사(3.52)의 순이다. 응답자 혼자 있을 때가 가장 낮다(3.41). 부정적인 기분에 대한 평가는 일반적으로 훨씬 낮다(즉, 응답자들은 불행감을 크게 드러내지 않고 있다). 부정적인 기분(여섯 개의 부정적인 느낌들의 평균으로 정의)도 타인과의 상호작용과 관련이 있다. 그것은 직장 상사와의 상호작용에서 가장 높고(1.09), 그 다음이 고객(0.95), 동료(0.92), 친지(0.80), 파트너(0.79), 자녀(0.75) 순이다. 혼자 있을 경우(0.69)는, 친구와 함께할 때(0.67)를 제외하고는 어떤 형태의 상호작용보다도 부정적인 기분이 덜했다. 타인과의 상호작용은 혼자 있는 것에 비해 강한 긍정적 느낌과 강한 부정적 느낌을 주지만, 긍정적인 느낌이 압도적이다. 이것은 다른 사람과의 상호작용이 대부분의 사람에게 거의 항상 쾌락의 원천이라는 직관을 지지하는 증거이다.

쾌락이, 우호적이고 선의에 기초한 보다 인과적인 상호작용에 대비되는 것으로서, 정상적으로는 "가깝거나" "깊은" 관계로 이해되는 것에 의존하는지는 덜 명확하다. 이 설문에 응답한 여성들에게는, 고객과 함께 있는 것조차 혼자 있는 것보다 긍정적이었다. 친구와의 관계가 파트너나 자녀보다 즐거운 것으로 되어 있다. 응답자들에게 파트너나 자녀보다 친구가 더 가까운 사이라는 것이 설명 가능한 이유 중 하나일 것이다. 그러나 가장 깊이 있는 관계라고 해서 반드시 가장 즐거운 느낌을 주는 것은 아니라는 설명도 가능하다.[2] 자녀와의 관계가 인생에서 가장 근본적이라고 생각하면서도, 편한 친구와 수다 떠는 것이 자녀와 놀아주거나 십대 자녀와 대화하는 것보다 더 즐겁게 느껴질 수도 있다.

2. 경제학은 사회성을 어떻게 모형화하는가

사람들 간의 교제가 행복에 기여하는 메커니즘을 이해하는데 경제학 이론이 도움을 줄 수 있을까? 경제학의 방법론적 위치를 액면 그대로 고려하면, 대답은 분명 "No"일 것이다. 기분 상태의 사회적 원인에 관한 이론이 필요한데, 경제학 이론이 구축한 개념틀에는 그러한 기분 상태라는 것이 들어 있지 않다.

파레토가 이끈 20세기 초의 이론 혁명은 경제학 이론에서 기분 상태를 빼버렸다(Pareto, 1909). 이러한 혁명 이전에는, 신고전학파 경제학자들이 쾌락과 고통의 성질에 대한 일반적인 가정 위에 이론의 기반을 세웠다. 그 당시까지의 정신물리학의 성과는 그러한 가정들과 대체로 양립하며 명시적으로 정당화하였다. 당시 경제학에 있어서의 주관적인 문제로 주어진 기분 상태와 가장 관련 있는 것은 소비에 관한 것이었다. 따라서 경제학자들은 감각적인 자극에 대한 체감적인 민감도와 쾌락적응(hedonic adaptation)에 대한 가설-수요함수의 주된 특성을 설명하는 것으로 생각되는 가설-에 특히 관심을 가진다. 그러나 적어도 신고전학파 경제학자의 한 사람인 프란시스 에지워스는 사람들이 타인의 행복으로부터 자신의 행복을 이끌어낸다는 가설을 제안하고 거래행위에 대한 함의를 도출해 내고 있다(Edgeworth, 1881/ 1967). 파레토의 혁명적 제안은 경제학에서 심리학적인 가정을 제거하고, 그 대신에 합리적 선택에 관한 가정을 통해 경제학 이론의 기반을 세우려는 것이었다.[3]

파레토의 입장은 경제학의 공식적인 방법론이 되었다. 그 결과, "효용" 개념의 의미가 변화했다. 19세기 경제학에서 상품의 효용은 소비자에게 쾌락을 제공하는 능력이었다. 간단히 말해서, 느낌 자체가 "효용"이라 불리게 되었다. 파레토의 방식이 도입된 이후 쾌락경험(hedonic experience)보다는 **선호**(preference)가 선택이론의 기본 개념이 되었다.[4] 그 후 "효용"은 모든 가능한 선택대상에 대해 숫자 값을 정해줌으로써 선호의 순위를 매기는 함수의 이름으로 사용되게 되었다. 그리하여 어떤 소비자에게 한 묶음의 재화가 다른 것보다 효용이 높다는 것은 그 소비자가 후자보다 전자를 더 선호한다는 것과 같은 의미를 가진다. 카너먼과 공동연구자들의 용어로는, 이 19세기 개념은 **소비 효용**(experienced utility)이고, 그 현대적 개념은 **의사결정 효용**(decision utility)이다(Kahneman and Varey, 1991; Kahneman et al. 1997)이다. 엄밀하게 말하자면, 이들 두 개념은 서로 독립된 개념들이다. 즉, 의사결정 효용은 소비 이전의 선호를 말하고 소비의 효용은 소비 이후의 기분상태를 말하는 것으로 상관의 필연성은 없다. 두 개념 간의 연관성 여부는 실증분석의 몫이다. 여기서 이슈가 되는 실증적인 문제–사전적인 선호가 사후적인 쾌락 경험을 얼마나 정확하게 예측하는가 하는 것–는 파레토에 의해 경제학 영역에서 배제되었다.

그러나 경제학 언어에서 "효용"의 19세기적인 의미가 완전히 배제된 것은 아니었다. 실제로 경제학자들은 흔히 고통과 쾌락에 대해 이야기한다. 많은 경우에 있어서 재화에 대한 선호는 그 재화가 실제로 제공할 쾌락 경험에 대한 선호일 수도 있다(만약 내가 아침마다 계속해서 커피보다는 차를 선호한다는 것을 당신이 안다면, 당신은 내가 차 마시는 것에서 더 큰 쾌락을 얻는다는 것을 알고 있다고 추론할 것이다.). 반대로, 당신이 이론가로서 특정 모형에서 선호에 관해 어떠한 가정을 세울지를 결정하려 하거나, 당신이 세운 가정을 정당화시키려 한다면, 그것은 쾌락과 고통에 대한 공통적인 경험에 호소하려고 시도하는 것이 된다(어떤 재화에 대한 소비가 사회적 지위를 보여준다는 모형을 수립하려 한다고 해보자. 경제학자라면, 사람들이 지위에 대해 선호를 가지고 있다고 가정할 것이 분명하다. 이 가정의 신뢰성 여부는, 사람들이 지위로부터 쾌락을 얻는 경험이 공통적인가 하는 문제라고 자연스럽게 상정한다.). 따라서 효용을 선호와 쾌락 경험 양자 모두를 의미하는 것으로 생각하지 않을 수 없다.

이러한 효용의 양면성은 사회화에 대한 경제학자들의 몰이해라는 불행한 결과를 낳았다. 문제는 이렇다. 경제학의 공식적인 방법론에 따르면, 경제학자들은 선택에 의해 드러나는 한에서만 사람들의 사회화 경향에 관심을 두게 된다. 따라서 경제학자들은 모형에서 의사결정 효용으로 나타날 수 있는 사회화 요소들에 초점을 두었다. 그러나 이들 모형을 해석하는데 있어서 의사결정 효용으로부터 소비 효용으로의 개념적인 혼동이 생겼다. 사회적 상호작용의 감정적 경험을 사회 여건에서의 개인의 행동을 설명하는데 사용하는 효용함수에 의해 표현한다고 암묵적으로 가정해 왔다.

좀 더 구체적으로 말하면, 사회화 경향이 있는 행동에 대한 경제학 모형들은 전형적으로 어떤 형태의 **이타주의**를 가정하고 있다. 즉, 이타적인 개인의 효용은 자기 자신의 소비뿐 아니라 타인의 소비 및 효용에 의해서도 (비례적으로) 영향을 받는 특성이 있다고 가정한다. 가능한 한 전통적인 경제학 이론을 유지하면서 비이기적인 행동을 설명하는 것이 목적이라면, 이타주의를 가정하는 것은 적어도 자연스러운 첫 걸음이다. 사실 비이기적인 행동을 이타주의의 관점에서 설명하려는 모형은 공공재에 대한 자발적인 기여나 자선행위에 대해 크게 잘못된 함의로 이어진다.[5] 이러한 문제들에 대응해서 이타주의를 더 복잡한 형태로 다루는 새로운 이론이 제기되었다. 예를 들어, 페르와 슈미트는 자원 배분의 평등을 선호한다고 제안한다(Fehr and Schmidt, 1999). 페르와 슈미트 모형에서는, 개인들이 "유리한 불평등"(자기보다 타인들에게 자원이 더 적게 배분됨)과 "불리한 불평등"(자기보다 타인들에게 자원이 더 많이 배분됨) 모두로부터 부정적인 효용을 얻게 된다. 래빈은 이타심이 (그리고 그 반대인 악의는) 상호적이라고 제안한다 (Rabin, 1993). 따라서 개인들은 자신에게 이타적으로 행동하는 사람들에게 이득을 주는 것과 자신에게 악의적으로 행동하는 사람들에게 손실을 주는 것 **둘 다**로부터 긍정적인 효용을 얻는다는 것이다.

이와 같이 이타주의에 근거한 모든 이론들의 공통점은, 사회성 있는 태도가 타인의 소비나 재산이나 효용과 관련된 선호와 관계가 있다는 것이다. 그러한 이론에 있어서 타인을 긍정적으로 보는 성향이 있다는 것은 비용이 들더라도 타인에게 이득이 돌아가게 할 용의가 있다는 것이다. 이 논문은 이러한 이론들이 해당 영역에서 사람의 행동을 얼마나 잘 설명할 것인지에 관한 문제를 다루려는 것이 아니다.[6] 그것들이 이런 의미에서 성공적이라 할지라도, 의사결정 효용에 관한 가정들이 사회적 상호작용의 감정적인 경험을 적절히 설명한다고 보는 것은 잘못일 것이다. 다시 말해서, 타인의 행복으로부터 자동적으로 자신의 행복이 파생됨으로써 긍정적인 감정이 생긴다고 가정해서는 안 된다.

이러한 잘못된 가정으로 인해 초래될 수 있는 결과의 한 예로서, 잘 알려진 논문(Bernheim and Stark, 1988)을 하나 제시한다. 이 논문은 "좋은 사람일수록 실속이 없다"는 경향을 설명하고 있다. 사람들이 스스로를 기혼자나 커플로 분류하는 사회생활 게임에서 "좋은 사람"은 불리하다. 여기서는 "좋은 사람"은 이타적이라는 가정이 매우 중요하다. 번하임과 스타크는 행복이나 소비효용과 관련된 것으로 "흡족(felocity)"이라는 개념을 사용한다. 개개인은 경제 재화를 소비함으로써 흡족해한다고 가정한다. 이타적인 사람은 자신의 파트너가 행복해하는 것을 보며 자신도 흡족해한다. 이타적이고 자신을 위한 소비에 덜 행복(혹은 덜 "흡족") 해하는 사람들은, 자기에게 덜 이타적인 파트너를 선호한다고 가정하는 것이 어렵지 않다. 따라서 이 논문은 좋은 사람들은 너무 이타적이기 때문에 잠재적인 파트너로 선택되지 않을 것이라고 주장한다. "아주 간단히 설명할 수 있다. 이타적인 유형의 A[남자]는 파트너가 흡족해하지 않는 것에 실망할 것이다. 파트너를 배려하는 유형 B[여자] 역시 자기가 그를 행복하지 않게 만든 것으로 인해 상심한다.” 다시 말해서, 당신이 행복하지 않는 것에 대해 타인이 공감하는 것이 당신을 행복하지 않게 만드는 추가적인 요인이다.

나는 이러한 행복이 경험적 사실과 반대된다고 본다. 우리는 불행해졌을 때 타인의 공감을 원하며, 타인의 공감은 우리를 더 불행하게 하는 것이 아니라 덜 불행하게 해준다. 우리는 자신의 쾌락과 고통에 공감해줄 파트너를 원한다. 이타주의로서의 공감에 관한 번하임과 스타크의 모형에는 분명 크게 잘못된 것이 있다. 이것이 아담 스미스의 공감이론을 소개하게 만든 계기이다.

3. 아담 스미스의 상호 공감론7)

많은 경제학자들 중에서 아담 스미스의 『도덕감정론』은 그 첫 문장으로도 가장 잘 알려져 있다. “인간이 아무리 이기적인 존재라고 하더라도 그 본성에는, 자신에게 득될 게 없을지라도 타인의 부에 관심을 가지게 하고 타인의 행복이 자기에게도 필요한 것이게 하는 몇 가지 분명한 원칙들이 있다”(1759/1976, p.9). 이러한 스미스의 제안은 사람들이 타인의 행복으로부터 자신의 행복을 얻는다고 하는 번하임과 스타크의 가설과 비슷해 보일 수도 있다. 실제로 이 가설은 스미스의 이론의 한 부분이다. 그러나 스미스의 이론에는 이 이상으로 훨씬 많은 것들이 있다.

스미스는 스스로 **동류의식**(同類意識: fellow feeling)이라고 불렀고 지금은 **감정의 전염**(emotional contagion)이라고 불리는 매우 일반적인 심리적 경향을 제시하고 있다. 동류의식은 B라는 사람이 다른 사람인 A가 경험한 감정 상태를 생생하게 의식하여 B가 A의 상태를 직접 의식한 것처럼 A와 질적으로 비슷한 감정 상태에 놓이는 것을 말한다. 스미스는 누군가가 공격받고 있는 것에 대한 정상인의 반응을 예로 들고 있다.

> 어떤 사람이 누군가를 겨냥해 팔이나 다리를 찌르려 할 때, 우리는 자기도 모르게 움찔하며 팔과 다리를 움츠리게 되고, 그 찔린 사람과 마찬가지로 어느 정도 고통을 느끼게 된다(pp. 9-10).

스미스의 가설은 쾌락이든 고통이든 모든 감정 상태에 관해 사람들 간에 일반적으로 동류의식의 경향이 있다는 것이다. 동류의식의 느낌이 강할수록 서로 더 가깝게 연결되어 직접 경험한 사람의 감정이 관찰자에게 더욱 생생하게 드러난다. 대부분의 경우 직접 경험한 사람에 비해 관찰자는 느낌이 훨씬 약하다. 스미스도 다른 것에 비해 동류의식이 더 잘 전달되는 감정 상태가 있다고 본다. 특히 감정적 고통은 육체적 고통보다 동류의식이 더 잘 전염된다.

생물학, 심리학, 신경과학에서의 후속 연구들이 동류의식에 대한 스미스의 여러 가지 직관들을 확인했다.8) 통제되는 의식보다 깊은 수준에서 감정 전염이 작용하는 과정에 대한 강한 증거가 있으며, 이는 인간에게만 있는 것이 아니라 군집 포유류에서도 나타난다. 공포와 우울에 대한 감정 전염이 특히 강하다. “객체”(감정 상태가 직접적으로 발생한 사람)와 “주체”(감정 전염에 의해 그에 상응하는 감정 상태에 놓인 사람)가 친밀도가 높을수록, 비슷할수록, 객체가 경험한 감정 상태를 주체가 더 많이 경험했을수록, 주체가 객체에 대해 관심을 가질 만한 계기가 현저할수록 그 효과가 일반적으로 더 강하다.

(스미스는 몰랐지만) 우리가 알고 있는 뇌의 조직 방식에 비추어볼 때, 감정 전염 현상은 놀랄 일이 아니다. 밀도 있는 상호 연결망으로 구성된 시스템에 있어서, 상당히 공통된 인식은 중첩적인 방식으로 전개되고, 따라서 감정 상태가 비슷해지는 경향이 있을 것으로 예상된다. 예를 들어, 원숭이나 사람이 어떤 대상을 꽉 움켜쥐고 있는 다른 원숭이나 사람을 볼 때, 그 주체의 뇌에는 그러한 행동이 외부로부터 보여지는 시각적인 상(像)으로 활성화되는 것이 아니다. 그러한 행위는, 마치 주체 자신이 행하는 것처럼

느껴지는, 근육적인 상(像)으로 활성화되기도 한다. 달리 말하자면, 무언가 움켜쥐는 타인의 행동에 대한 주체의 의식은 **실제로 움켜쥐는 것**에 대한 많은 신경적인 내용들을 담고 있다. 감정 상태에는 유사한 거울효과가 있다는 강력한 증거가 있다. 예를 들어, 슬픈 이야기를 사람에게 읽어주면, 감정 작용과 관련 있는 것으로 알려진 신경구조가 활성화된다.

지금까지는 이타주의에 대한 현대 경제이론과 거의 동일한 구조를 가진 것으로 보이는, 공감에 대한 스미스의 이론을 살펴보았는데, 주된 차이점은 스미스가 선호보다는 감정적 경험에 초점을 두고 있다는 것이다. 이제 결정적인 차이를 보자. 스미스는 추가적인 심리적 메커니즘을 제안한다. 그는 이것을 "상호 공감의 쾌락"이라고 불렀다. 이것은 인간이 모든 형태의 동류의식으로부터 쾌락을 얻는다는 가설이다.

스미스는 동류의식만이 유일한 메커니즘이고 감정은 단순히 사람에서 사람으로 "반영"되는 모형의 의미를 설명함으로써 이 가설을 소개한다. A라는 사람이 고통을 겪고 있는 경우를 생각해보자. 다른 사람 B는 A의 고통에 대해 동류의식을 경험한다. 동류의식의 성격상, 이것은 B에게 고통스러운 일이다. 그렇다면 B가 자기에 대해 동류의식을 느낀다는 것을 A가 의식하게 되면 어떻게 될까? 같은 방식으로 그러한 의식은 A에게 고통스러울 것이다. A도 고통스러운 B의 감정 상태를 의식하기 때문이다. 이것은 공통 경험을 공격한 번하임과 스타크의 이론이 의미하는 바와 같다는 것을 기억하라. 스미스는 공통 경험의 입장을 취한다.

> 나의 기쁨에 대해 친구가 공감을 표하면 기쁨이 더욱 생생하게 되어 실로 나의 쾌락이 더욱 증진될 것이다. 그러나 나의 슬픔에 대해 표하는 공감이 슬픔을 더욱 생생하게 함으로써 단지 슬픔을 더욱 심화시키기만 한다면 내게 전혀 도움이 안 될 것이다. 그러나 공감은 기쁨은 늘리고 슬픔은 줄여준다. 공감은 만족의 또 다른 원천이 되어 기쁨을 늘려주고, 슬픔을 겪고 있는 상황에서는 유일하게 받아들일 수 있는 위로의 감정을 마음속에 심어줌으로써 슬픔을 완화시킨다(p.14).

A의 고통에 대한 B의 동류의식이 A에게는 **쾌락적**이라는 것이 스미스의 가설이다. 일치감을 느끼려는 욕구는 고통스러운 감정 상태와 관련해서 특히 강하다. 스미스는 분노의 감정에 있어서 특히 그러하다고 말한다.

> … 친구가 우리의 우정을 수용하기를 바라는 마음은 그가 우리의 분노에 동감해 주기를 바라는 마음에 비하면 아무 것도 아니다. 우리에게 일어난 기분 좋은 일에 대한 그들의 무관심한 듯

한 태도는 용서가 되지만, 우리가 겪었을 피해에 대해서 무관심한 듯한 태도는 정말 참을 수가 없다 ··· (p.14).

스미스에게 있어서 동류의식의 쾌락적인 측면은 "만족의 또 다른 원천"이라는 것에 주목하라. 그것은 동류의식에 부가되어 있는 메커니즘의 산물이다. 두 사람 사이의 감정의 일치가 만족의 원천이다. "나와 다른 사람의 감정의 일치가 쾌락을 낳는 원인이고, 그것의 결여는 고통의 원인인데, 이는 [감정반사 이론(theory of reflected feelings)으로는] 설명될 수 없다."(p.14) 스미스는 다음과 같은 일반적인 메커니즘을 제시하는 것으로 보인다. 어떤 일에 대해 A가 가지는 감정적인 반응이 그 일에 대한 B의 반응과 일치한다고 의식할 때마다 그러한 일치 자체가 A에게는 긍정적인 감정을 일으킨다. 반대로 B의 반응이 자신의 반응과 일치하지 않는다는 인식은 A에게 부정적인 감정을 낳는다. 타인의 고통스러운 감정에 기꺼이 공감하려 하고, 그렇지 못하는 것에 대해 상처받을 정도로 감정 일치에는 강한 쾌락(그리고 불일치로 인한 고통)이 있다고 스미스는 생각한다(pp.15-16).[9)]

감성적으로 잘 맞는 사람들은 어떤 행동을 함께하더라도 교감의 쾌락을 누릴 수 있다. 스미스는 다른 사람에게 큰 소리로 책을 읽어주는 사람들에 관한 예를 든다. 이는 많은 부모들의 공감을 얻고 있다.

> 우리가 책이나 시를 너무 자주 읽어 혼자서 읽는 일이 더 이상 즐겁지 않을지라도, 타인을 위해 읽어주는 것은 여전히 즐거운 일일 수 있다. 비록 우리에게는 진부한 것일지라도, 그에 대한 이러한 참신한 배려로 그가 당연스럽게 신나하며 느끼는 놀라움과 경탄에 대해 우리도 함께할 수 있게 된다. 모든 내용을 우리의 관점이 아니라 그의 관점에서 바라보면서 그의 즐거움에 공감하면서 우리의 느낌도 더욱 생생해져서 우리도 즐거워지게 된다. 반면에, 그가 전혀 즐거워하지 않는 듯하면 우리도 맥이 빠지게 되어 그를 위해 책 읽어주는 것이 전혀 즐겁지 않게 된다(p.14).

스미스에게 있어서 동류의식은 호감과 비호감에 밀접한 연관이 있다. 이러한 연관에 대한 그의 첫 번째 공식은 타인에 대해 그와 “잘 어울릴 수 있는” 정도만큼만 공감한다는 것이다.

> 어떤 주요 관찰 대상자의 본원적인 열정에 대해 관찰자가 정서적으로 완전히 공감할 때, 그 대상자의 열정이 분명 정당하고 적절한 것이라 생각할 수 있을 것이다. … 따라서 타인의 어떤 대상에 대한 열정이 적절하다고 인정하는 것은 곧 우리가 그 열

정에 전적으로 공감한다는 것과 똑같다(p.16).

스미스는 특별한 사정 때문에 그렇게 하지 않는 "조건부 공감"의 경우가 있을지라도, 우리가 타인의 감정에 따를 수 있는지 여부를 통해 상대방의 감정에 공감하거나 하지 않을 수도 있다고 함으로써 이를 공식화하고 있다(pp.17-18). 공감한다는 것은 양자 간의 감정상태가 일치함을 의미하고, 공감하지 않는다는 것은 감정상태가 불일치함을 의미한다는 것이 여전히 기본적인 아이디어이다. 이것이 스미스의 도덕감정론의 핵심 가설이다. 이 이론은 도덕의 형성이 서로 다른 개개인의 감정들이 조율되도록 하는 사회과정임을 말해준다. 감정일치를 원하는 사람들의 바램이 이러한 조율이 이루어지도록 하는 힘이다.

감정상태의 일치가 주는 쾌락이 규범적인 면이 있기 때문에, 이 글의 목적상 감정 일치에 대한 분석이 중요하다. 타인과 감정이 공유되고 있음을 알게 되면, 우리는 그러한 일치를 통해 우리 자신의 감정을 인정-확인-하게 된다. 분노에 대한 스미스의 예가 이러한 메커니즘을 설명한다. A가 B의 어떤 행동에 대해 화가 났다고 하자. A가 화나는 것에 대해 C가 공감하면 A는 B에 대해 자신이 화내는 것을 정당화하기가 더 쉬워진다. 이러한 메커니즘을 통해 자존심이 지켜진다. 자존심의 중요한 요소는 자신이 가치 있는 삶을 살고 있다–가치 있는 일을 하고 있다–는 생각이다. 스미스의 이론이 맞다면, 비슷한 것을 추구하는 사람들 간의 사회적 상호작용을 통해 자신이 추구하는 것이 뜻 있는 일이라는 느낌을 더 강하게 받을 것이다.

스미스가 제기한 감정일치 메커니즘은 동정심과 공감에 관한 현대 심리학 이론의 중심 주제는 아닌 것 같다. 그럼에도 불구하고 나는 현대 심리학 문헌들이 그러한 메커니즘이 있다는 증거를 보여주고 있다고 생각한다.

특히 성인뿐 아니라 영아나 일부 사회적인 포유동물(유인원, 원숭이, 쥐 등)에게는 같은 종의 다른 개체가 고통을 받고 있을 때 그로 인해 자신도 고통을 받을 뿐 아니라, 때로는 자신의 희생을 무릅쓰고, 상대방의 고통을 줄이는데 도움이 되는 행동을 하려 한다는 강력한 증거가 있다. 어떤 이론가들은 이것을 "진정한" 공감의 증거(행위자가 고통받는 타인의 관점에서 세상을 바라봄)라고 설명하고, 어떤 이론가들은 이를 감정 전염을 회피하려는 반응(행위자가 고통의 느낌이 전염되는 것을 "단절"시키려는 시도)이라고 보는가 하면, 다른 이론가들은 이러한 구분의 타당성을 부정한다. 이 논문의 목적상 가장 큰 관심은 위로하는 행위가 "도움"을 주는 경우의 패러다임으로 다루어진다는 것에 있다. 예를 들어, 어린아이가 어떤 대상(어린아이, 어른, 애완동물, 혹은 생물로 간주되는 장난감)을 위로하는 경우가 있는데 이것이 어린아이가 도움을 주는 행위의 주된 증거이다. 그러한 위로는 보통 동정심을 나타내는 간단한 몸짓(포옹을 하거나 상처부위를 어루만져 주는 것)으로 표현된다. 또 다른 형태로는 소유물을 타인에게 제공하는 것이 있다. 이 소유물들은 자신을 위로해 주는 물건(좋아하는 인형, 심리적 안정감을 주는 담요)이나 동정심을 느낄 수 있는 생물과 같은 것이다(Zahn-Waxler et al., 1992).

위로 행위는 인간에게만 국한된 것이 아니다. 침팬지 사회에서는 위로가 상호작용의 가장 일반적인 형태이며, 이는 인간들의 위로와 매우 유사하다. 예를 들어, 한 침팬지가 싸우다가 다치면, 다른 침팬지들이 안아주고 어루만져 주고 털을 쓰다듬어 준다. 이들 두 종(種)간의 유사성은 또 있다. 고통을 받고 있는 침팬지는 다른 침팬지들에게 위로-뿌루퉁하거나 낑낑거리거나 투정을 부리면서-를 구한다(de Waal, 1996, pp.53-62). 비슷한 행동 패턴이 어린 아이들에게도 있다는 것은 잘 알려진 사실이며, 자의식이 강한 성인은, 비록 우리가 그것에 대한 노골적인 표현을 자제하지만, 나이가 들어도 여전히 자신의 고통에 대해 위로받으려고 한다는 것을 알게 될 것이다.

인간에게 있어서, 그리고 적어도 일부 다른 사회적 동물들에게도, 고통을 위로받고자 하는 뿌리 깊은 욕구가 있으며, 또한 다른 개별 주체가 고통 받는 것에 대해 위로 행위를 하려고 하는 뿌리 깊은 동기를 가지고 있다는 것을 이 증거는 제시하고 있다. 이것은 다시 위로 행위를 주고받는 양 측면이 긍정적인 성질을 가지고 있다는 것을 말해준다.

그런데 위로 행위란 무엇인가? 그 특징적인 형태의 많은 것들 가운데 대상에 대한 혜택은 전적으로 정서적인 것으로 보이며, "객관적"인 도움은 없다. 개인들이 고통 중에 있는 타인을 위로하는 이유에 대한 설명에 문제가 있다면, 그만큼 고통 중에 있는 사람이 타인의 위로를 원하는 이유에 대한 설명에도 문제가 있다. 나는 위로 행위에는 전형적으로 두 가지 정서적인 요소가 있다고 본다. 가장 분명한 것으로, 그것은 위로자가 어떤 식으로든 대상의 고통을 반영하는 자신의 감정 상태를 표현하는 수단, 즉 동류의식을 나타내는 매개수단이다. 그러나 동시에, 이러한 표현은 대상자의 보다 직접적이고 격렬한 감정을 진정시킨다. 물론 이들 두 요소의 연결이 직접적이지는 않다. 예를 들어, 대상자가 겁에 질렸을 때, 위로를 받아 진정이 되는 것은 대상자의 두려움이 줄어들어서라기보다는 위로자가 안심시키는 말에 의한 것이다. 그러나 (겁에 질린 사람을 안심시키는 경우에서와 같이) 위로자의 감정 상태가 대상자가 경험한 것과 정확히 일치하지 않을 경우라 할지라도 동류의식은 여전히 진정효과 속에 함축되어 있는 것으로 보이며, 이것이 위로자가 대상자에게 동류의식을 나타내는 위로행위의 핵심 부분이다. 따라서 나는 위로행위의 핵심 요소는 위로자와 대상자 간의 감정 일치라고 본다. 사람과 침팬지가 자동적으로 위로 행위에 관여하고 또한 원한다는 사실은 감정의 일치가 기본적인 욕구라는 것을 강력하게 시사한다.[10)]

4. 행복의 한 요소로서의 감정 일치

스미스의 감정일치의 메커니즘은 사회적 상호작용의 감정적인 특질을 설명하는데 도움이 될 수 있다. 스미스의 가정이 옳다면, 사회적 상호작용이 당사자들로 하여금 감정 상태의 공유를 느끼게 하는 환경을 만들어주거나 혹은 (좀 더 긴 시간에 걸쳐) 그러한 상태에 도달할 수 있는 매체를 제공할 때, 당사자들을 행복하게 해주는 경향이 있다.

이것은 **감정상태** 간의 인과관계에 관한 가설이라는 점에 주목하라. 이것은 어떤 감정상태에 놓여 있는 한 집단의 향후의 감정상태가 어떻게 생겨나는지 말해준다. 일반적으로 이해되고 있듯이, 그것은 이처럼 경제학의 영역에서 한참 벗어나 있다. 파레토의 신고전학파 계승자들조차 쾌락과 고통을 소비의 결정인자로 이해하고 감정상태를 행동에 연결시키는 인과관계에 초점을 두었다. 이와는 대조적으로 스미스의 이론은 행동에 전혀 직접적으로 관여하고 있지 않다. 그 많은 현대 경제학자들이 『도덕감정론』의 감정일치 메커니즘의 역할을 간과한 이유는 바로 이 때문이라고 생각한다. 현대 경제학의 이론틀이 이러한 메커니즘을 쉽게 포함시키지 못하는 것도 같은 이유 때문이다. 그러나 행복의 결정인자를 탐구하고자 한다면, 감정상태 간의 상호 작용을 고려할 필요가 있다.

스미스적인 접근의 진가를 보여주는 첫 번째로서, 사람들이 자신들을 어떠한 커플로 분류하는지에 관한 번하임과 스타크의 이타주의 이론의 오류를 살펴보자. 그 이론에 따르면 어떤 커플이 행복한 커플이 되게끔 하는 핵심적인 요인은 상대방의 행복 안에서 쾌락을 얻는 각각의 행복한 개인들이다. 그러면 각자의 행복은 상대방의 행복에 대한 공감에 의해 확대된다. 역으로, 각기 행복하지 않으며 서로 공감하는 불행한 커플은 상대방의 불행에 대한 공감에 의해 불행감이 각기 더욱 커진다. 한 사람은 행복하고 다른 사람은 행복하지 않은 커플의 경우, 상호 공감은 불행한 쪽이 행복한 쪽의 행복을 흡수해 버리는 메커니즘이 된다. 인생을 함께하는 것, 즉 쾌락뿐 아니라 고통도 함께한다는 것이 커플의 행복의 일부라고 하는 것은 의미가 없다.

커플의 행복에 관한 대안 모형의 출발점으로서 게임이론가들에게 익숙한 성대결게임(Battle of the sexes game) 이야기를 생각해보자. 동건과 소영은 어느 한가한 저녁시간에 함께 영화를 보러 가거나 축구경기를 보러 가거나, 혹은 각자 자기 좋아하는 것을 따로따로 볼 수 있다. 소영은 축구보다 영화를 더 선호하고, 동건은 영화보다 축구를 더 원한다. 그러나 두 사람은 좋아하는 것을 각기 보는 것보다는 덜 좋아하더라도 같이 보는 것을 더 선호한다. 이러한 선택에 관한 문제는 일상생활에서 흔한 일이고 선호에 관한 가정들이 상식적인 경험과도 일치하기 때문에 이 이야기는 논의의 목적에 잘 들어맞는다. 그러나 만약 이들 두 사람의 상대방에 대한 감정이 번하임-스타크 이론에서 상정하는 커플의 경우와 같다면 문제가 생길까? 두 사람 모두 상대방에 대해 이타심을 느낀다면, 최적의 결론은 소영이 영화를 보고, 동건이 축구를 보는 것이 될 것이다. 소영은 영화를 보면서 행복할 것이며, 동건이 축구를 보면서 행복해할 것임을 알기 때문에 더 행복해질 것이다. 자신이 영화를 봄으로써 행복해지는 것이 동건을 더 행복하게 할 것이므로 이 또한 소영을 더 행복하게 할 것이다. 이런 식으로 계속 진행된다. 또한 동건도 마찬가지다. 둘 중 한 사람이 자신의 선호를 따르지 않는 것에 의해, 둘 중 한 사람이 전반적으로 더 행복해질 수 있을 것인가? 이에 대한 상식적인 답은 어디를 가든 동건과 소영이 함께하는 것이 더 행복하며, 이러한 행복의 원천은 서로에 대한 긍정적인 감정과 관련되어 있다는 것이다. 그러나 상대에 대한 긍정적인 감정이 이타적인 형태를 취하는 모형에는 이러한 아이디어를 포함시킬 수가 없다.

타인을 위해 책 읽어주는 것에 대한 스미스의 설명이 우리가 필요로 하는 모형을 제공한다. 이 예의 핵심은 두 사람이 공통의 자극(책 속의 글)에 대해 감정적 반응(감탄, 놀람, 재미)을 공유함으로써 쾌락을 얻을 수 있다는 것이다. 이들의 감정이 더 가깝게 일치할수록, 그리고 이러한 일치에 대한 상호 인식이 더 생생할수록 더 많은 쾌락을 얻는 경향이 있다. 내가 어린 딸에게 『겨울 왕국』을 읽어준다면, 그녀가 느끼는 긴장감과 전율을 공유할 수 있고 우리는 공감대를 형성하게 된다. 누군가가 딸에게 그것을 읽어주는 동안 내가 전혀 다른 것을 읽는다면, 나는 딸이 그 책을 즐기는 것에 대해 거의 즐거워할 수가 없다. 마찬가지로, 소영과 동건이 축구를 함께 본다면, 응원하는 팀의 공격수에게 슈팅 찬스가 왔을 때 흥분감을 서로 공유할 수 있다. 소영이 영화를 보고 동건이 축구를 본다면, 상대방이 즐기는 것에 대해 일반적인 방식으로는 느낄 수 있겠지만, 감정 공유의 생생함과 특수성은 잃게 된다.

스미스가 옳다면, 소영과 동건이 공유하는 감정 자체가 즐거운 것이라는 점은 중요하지 않다. 중요한 것은 그들이 **공유한다**는 점에 있다. 두 사람이 축구를 함께 보러 가기로 했다고 하자. 경기장에 가는 길에 비가 와서 옷이 젖었고 경기는 지루한데다 응원하는 팀이 졌다. 일차적인 감정의 정서적 특질은 (옷이 젖은데다 춥고 지루하고 게임에 져서 실망하여) 부정적이지만, 두 사람 감정의 일치는 모두에게 즐거운 일–혹은 각자 따로 시간을 보낸 것보다는 적어도 덜 고통스러운 일–이다.

따라서 스미스의 감정일치 이론은 사람 간의 관계에서의 행복에 관해서 번하임–스타크와는 매우 다른 처방을 제시한다. 커플의 행복을 위해서는 둘이 함께 겪을 자극에 대한 감정적 반응의 유사성이 일차적으로 요구된다. 이러한 요구사항은 부분적으로 선호와 성향의 초기적인 유사성에 의해 충족된다. 그러나 주어진 선호와 성향이 주어진 상태에서, 같이 살면서 무슨 일을 할 것인가를 정함에 있어서, 그들은 함께 겪을 자극을 통해 감정 일치를 이끌어낼 가능성을 높일 수 있는 것들을 선택할 수 있을 것이다. 또한 어느 정도까지는 선호와 성향과 감정적인 신호의 일치가 이루어질 것이며, 공통의 목적을 가지고 공통적인 경험과 활동을 해나갈 것이다.

물론 서로에 대하여 어떠한 일반적인 감정을 가지고 있는가도 문제가 된다. 두 사람이 감정적으로 가까운 관계일수록 상대방의 감정 상태에 대해 각자가 가지고 있는 동류의식이 더 강하고, 감정 일치에서 얻는 즐거움도 더 커질 수 있다. 감정 일치는 동일한 경험보다는 (책 읽기나 축구시합의 예에서와 같이) 공감에 의한 경우에 특히 중요하다. 예를 들어 소영이 어떤 원인(예컨대 질병)에 의해 동건에게는 직접적으로 영향을 주지 않는 고통을 겪고 있다고 하자. 그러면 동건이 소영의 고통을 느낄 수 있기 위해서는 공감적인 동류의식을 통해야만 하며, 동건이 이러한 경험을 했을 때에만 감정의 일치가 이루어진다.

그러나 동류의식을 통해 공감할 수 있는 정도가 친밀한 친구나 친지 사이에서조차 제한적이라는 것을 스미스는 반복해서 주장하고 있다.[11] 그는 고통스러운 자극에 직접 영향을 받는 사람의 강한 느낌과 제3자의 약한 공감에는 잠재적으로 불일치가 있음을 강조한다. 그는 “일반적으로 장례식장에서의 슬픔은 무거운 분위기에 미치지 못한다”(p.47)는 것을 예로 들고 있다. 혹은

> 우리가 슬퍼하는 친구들을 위문할 때, 그들의 슬픔에 비해 우리의 느낌은 얼마나 약한가? 우리는 그들 곁에 앉아서 그들을 바라본다. 그들은 우리에게 자신의 불행에 대해 설명하고 우리는 그들의 말을 무거운 마음으로 경청한다. 하지만 그들이 말하는 순간마다 그들을 숨 막히게 하는 격정이 자연스럽게 터져 나와 말이 끊기고 하여도, 무덤덤한 우리의 마음은 그들의 격정을 따

라가기 힘들다. 동시에 우리는 그들의 걱정이 자연스러운 것이며, 만약에 우리도 똑같은 상황에 놓였다면 우리의 느낌도 그들 못지 않으리라는 것을 알고 있다. 우리는 마음속으로 감수성의 부족을 자책하게 될 것이고, 어쩌면 그 때문에 억지로라도 동감하려고 애쓸지도 모른다. 그러나 억지 동감이 일어날지라도 그것은 언제나 우리가 상상할 수 있는 가장 가볍고 일시적인 것에 지나지 않으며, 그 방을 나오자마자 그런 감정은 소멸되어 영원히 사라져버린다(p.47).

이러한 형태의 감정 불일치는 스미스의 도덕 이론에서 매우 중요하다. 감정을 일치시키려 행동하는 성향은 스미스에게 있어서 인간의 주된 덕목 중 하나이다. 우리는 이러한 성향을 제한적으로만 타고 났지만, 이를 더욱 배양하도록 노력해야 한다(는 것이 스미스의 생각이다). 부분적으로 이러한 덕목은 제3자로서 타인의 쾌락과 고통에 공감하려는 성향에 달려 있다. 그러나-그리고 스미스가 이에 대해 특별히 강조하고 있듯이-그것은 우리가 그러한 자극에 직접적으로 영향을 받는 사람으로서, "우리의 감정을 우리가 속한 그룹에게 기대되는 수준에 맞추려는"(p.23) 성향에 달려 있기도 하다. 그것은 감정불일치가 고통스럽기는 하지만, "자제력"-즉, 감정 통제-이 스미스의 도덕감정론에서 아주 중요한 덕목이기 때문이다.

스미스가 인간 심리에 대해 현실적인 설명을 제공하고 있다(어떤 신랄한 비판자는 이것이 그의 감각적인 한계를 드러내는 것이라고 주장하기도 하지만)는 몇 가지 증거를 쾌락적응에 관한 현대 연구에서 찾아볼 수 있다.[12] 이들 연구에 의해 사람이 인생에서 큰 불행-예컨대 이혼, 배우자와의 사별, 팔이나 다리의 절단-을 겪었을 때, **비슷한 경험을 한 다른 사람들과의 상호작용**을 통해 쾌락적응이 수월해진다는 것이 일반적으로 확인되었다. 역으로, 비슷한 경험을 해보지 못한 친구나 친지들이 관심을 가지는 것은 그들에게 도움이 되지 못하거나 견디기 힘든 일이다. 예를 들어, 사별이나 이혼을 겪은 사람이 주변사람들의 예상보다 일찍 재혼을 생각한다면, 감정적으로 친한 사람일지라도 동정심만으로는 감정일치가 이루어지기 어려워 보인다. 이 경우 친하지는 않더라도 일차적으로 비슷한 경험을 한 사람끼리는 감정일치가 더 수월하다. 다시 말해서, 사람과 사람 사이에 주고받는 동정심은 같은 경험을 한 사람 간의 공통적인 감정적 반응만큼 중요하지는 않다는 것이다.[13]

제1차 세계대전에 참전했던 많은 사람들의 기억에 대해 비슷한 현상이 보고되어 있다. 서부전선 참호전 생존자들이 머리에 박혀 있는 공포 경험을 말한다. 그러나 당시 전우들에 대해서는 전우애라는 매우 긍정적인 감정도 가지고 있다. 휴가 갔을 때, 서로

가 공감하려고 진정으로 노력을 했음에도 불구하고, 자신과 경험을 공유하지 않은 연인이나 친구나 친지들과 관계를 재개하는 것이 어려웠다는 것이 이들의 기억 속에 남아 있는 공통의 이야깃거리다. 병사들은 전쟁의 트라우마를 이겨내기 위해 고통스러운 감정을 일치시킬 수 있는 긍정적인 정서적 특성에 의지하였다.

이러한 예들은 타인을 걱정해 주는 것과 타인과 어울리는 즐거움 간에 분명한 차이가 있음을 보여준다. 타인을 걱정해주는 것은 그 사람이 행복하고 성공적인 인생을 살기를 바라고 이를 위해 비용이 들더라도 그를 도와주려고 하는 것이다. 이는 이타주의 이론이 보여준 타인에 대한 태도이다. 이와 대조적으로, 스미스의 감정일치 메커니즘은 기본적으로 상호 간의 어울림 속에서 기쁨을 발견하는 것과 관련되어 있다. 스미스의 분석이 함축하고 있는 바와 같이, 동일한 일차적 경험을 통해 형성된 감정일치가 가장 믿을만한 것이라면, 우리가 가장 많이 염려하고 있는 사람과의 상호작용을 가장 즐거운 것이라고 할 수는 없을 것이다. 예를 들어, 부모는 자식에 대해 염려와 이타적인 감정을 특히 강하게 나타낸다. 이 가설은 진화생물학과 인류학으로부터, 그리고 현대 사회에서의 사람 간의 자원 이전이 보여주는 증거에 의해 이론적 경험적으로 지지된다. 또한 모든 문화권의 문헌과 일상생활 속의 경험에서도 확인되었다. 그러나 부모-자식 간의 관계는 세대차와 인생 경험의 차이 때문에, 공통의 경험에 대해 감정적 반응이 일치하는 정도는 친구 간의 관계에서보다 못할 것이다. 이것은 카너먼의 연구(Kahneman et al. 2003)에서 엄마들이 자녀들과의 상호작용을 친구들과의 상호작용에 비해 덜 즐거운 것으로 인식하는 이유를 설명하는 데 도움이 될 것이다.

그러한 결론을 도출하는 데 있어서 모멘트-베이스로 행복을 측정하는 접근의 한계를 인식하는 것이 중요하다. 이 접근은 어떤 사람의 생활 속의 개별 에피소드의 정서적 특질을 탐구하기 위해 고안된 것이다. 이와 대조적으로, 행복에 관한 많은 중요 요소들은 우리의 생활이 지속적인 일들로 구성되어 있다는 인식과 관련되어 있다. 전반적으로 우리의 인생이 잘 풀려가고 있고 가치 있는 일들을 성취하고 있다는 느낌으로부터 우리는 주관적 웰빙을 이끌어낸다. 그러한 웰빙에 대한 느낌이 우리의 인생을 개별적인 쾌락적 경험들로 쉽게 분해될 수 없는 정서적인 상태로 유지할 수 있게 한다. 따라서 인생에서 좋은 커리어를 통해 얻는 만족은 일하는 과정에서의 즐거운 에피소드들과 별개일 수 없으며, 부모가 자녀를 훌륭한 성인으로 길러냄으로써 얻는 만족은 자녀를 키우는 즐거운 에피소드들과 별개일 수 없다.

행복에 있어서의 깊은 인간적 관계와 장기적인 정서적 결합의 중요성을 깎아내리려는 것은 아니다. 나의 목적은 그보다는 에피소드적인 행복의 한 요소, 즉 감정일치에서 나오는 즐거운 느낌을 이해하고 분명히 하려는 것이다. 이러한 특정한 행복의 요소는 책임감을 가지고 지속적으로 이루어져야 하는 일과 생각만큼 관련이 많지는 않다는 것을 말하려는 것이다. 실제로 3절에서 설명했던 이유로 인해, 인과관계가 때로는 다른 방향으로 전개되기도 한다. 에피소드적인 감정일치는 우리가 책임감을 가지고 지속적으로 하고 있는 일이 가치 있다는 느낌을 유지할 수 있게 해줌으로써 좀 더 장기적인 행복의 원천이 된다. 예를 들어, 어린 아이들에 대한 부모의 자긍심과 웰빙을 유지함에 있어서 사회계약의 중요성을 생각해 보라. 미리 많은 예상을 해왔을지라도, 아이를 가지는 일이 인생을 전환시킬 만한 의미를 가진다는 것은 이혼하거나 사별하거나 사지를 잃거나 하는 것과 전적으로 다르지 않다. 어린아이의 부모가 다른 어린아이의 (현재 키우고 있거나 이미 다 키운) 부모를 바라보는 것은 사별한 사람이 다른 사별한 사람을 동정심으로 바라보는 것과 마찬가지로 공통된 경험의 발로임이 분명하다. 부모들 간의 상호작용은 부모로서의 희생이 가치 있다는 느낌을 지속적으로 공유할 수 있도록 돕는다. 우리의 가장 기본적인 정서적 책무조차 사회적 상호작용의 반복되는 에피소드에서 생기는 감정 일치에 의해 보강될 수 있는 것 같다.

5. 사회적 상호작용의 당위성

나는 일상적인 사회적 상호작용의 에피소드가 행복의 중요한 원천이라고 주장한 바 있다. 이러한 결론이 중요한 이유는 장기적인 사회적 경제적 트렌드가 그러한 에피소드들이 전통적으로 발생하는 많은 상황들을 체계적으로 잠식하고 있다는 증거를 반박하기 위해서이다.[14)]

역사적으로, 사회적 상호작용의 많은 형태들이 경제적인 목적들을 가진 활동의 부산물이었다. 사회적 상호작용은 노동자들 사이에서 팀 중심의 생산 활동의 부산물로 발생했다. 집단 내의 개인들이 분할 소비할 수 없는 재화(예컨대, 집에서 가족이 함께 시청하는 텔레비전 프로그램)를 함께 소비할 때 소비자 간에 발생한다. 서비스가 일대일로 제공될 때(예컨대, 간호사와 환자, 혹은 가게 점원과 손님) 생산자와 소비자 간에 발생한다. 개인들이 모여서 공공재를 생산하는 임의단체(예컨대, 협동조합 지부 모임이나 환경 프로젝트를 위한 자원봉사자들 모임)에서 발생한다. 게다가 임의 단체에서의 상호작용은 참여자들에게 사회성이 주는 즐거움을 뛰어넘는 부수적인 이득을 주는 경우도 흔히 있다. 예를 들어, 시민 사회활동에 참여하면 신뢰할 수 있는 거래처에 관한 정보를 얻고 서로 도움이 될 만한 사람들의 네트워크를 구축할 수 있게 되는 경우가 많다(같은 거래 목적을 가진 사람들의 사회적 상호작용이 가격을 올리는 수단으로 활용되는 경우가 얼마나 많은가에 대한 아담 스미스의 유명한 경고를 생각해 보라).

그러나 현대의 트렌드들은 사회적 상호작용을 부산물로 제공하는 활동을 방해하는 경우가 많은 것 같다. 집단적 소비행위가 개별적인 소비로 대체되고 있는 것이다(개인들의 자동차 소유가 여행 관련 사회적 상호작용의 양에 미치는 영향과 개인 소유의 오디오 시스템 소유 증가가 음악행사 관련 사회적 상호작용의 양에 미치는 영향을 생각해 보라.). 서비스의 배달이 발달하여 일대일 접촉을 대체하고 있다(주택가 야채가게가 줄고 대형 슈퍼마켓이 이를 대신하는 것, 번화가의 은행이 텔레폰 뱅킹이나 인터넷 뱅킹으로 대체되는 것, 혹은 최근 영국 국립 의료 서비스(British National Health Service)가 콜센터를 통해 의료 상담을 제공하는 것을 생각해 보라.). 자선단체와 압력단체와 정당의 조직구조가 지역 활동가들의 네트워크로부터 우편물을 통해 모금하는 중앙조직의 전문 스태프 구조로 바뀌는 경우가 늘고 있다. 시장통합이 확대되고 기업규모가 커지면서 지역 정보 전달과 상호 지원을 위한 시민단체들의 가치가 약해졌다(요즘에는 신용평가가 어떻게 이루어지는지 생각해 보라. 지역 은행 매니저의 판단보다는 대용량 데이터베이스를 통해 이루어지고 있다. 혹은 전국적인 배분망의 발달로 지역 소매관리자들이 개인적으로 알고 있는 사람들과의 계약에 의한 자의적인 배분이 감소하고 있는 것을 생각해 보라.).

앞 절에서 말한 것들이 임의적으로 나열된 것처럼 보이겠지만, 그 바탕에는 체계적인 경향성이 있다. 그것들은 가처분소득의 증가와 시장 통합의 확대, 그리고 정보기술 발전의 결과이며, 아마도 개인정보보호 경향이 강해진 것 때문일 것이다. 종전에는 결합생산물이던 것들이 이제 우리들의 눈앞에서 점진적으로 해체되어 가고 있다. 결합생산물들이 사회적 상호작용의 기회를 제공하는 운 좋은 일들이 계속될 것이라고 생각하는 것은 자기만족일 것이다.

공론화된 현재의 논의에서 이들 트렌드와 관련해서 두 가지 유사성을 고려하는 것이 흥미로울 것이다.[15] 첫째는 농업과 환경보존 간의 관계가 변화하고 있다는 것이다. 최근까지 영국에서는 주된 환경보존 정책에 의해 농촌지역의 산업이나 주택건설이 제한되어왔다. 심지어 영국 국립공원 내의 사유지조차 토지사용이 특히 엄격하게 통제되고 있다. 자연경관과 야생생물 보호는 농업의 부산물이고, 따라서 토지가 농업용도로 이용될 때 보호될 수 있다는 것이 이러한 정책의 배경에 깔려 있는 암묵적인 가정이었다.[16] 하지만 집약농업과 환경보존 간의 충돌에 대해 공공정책이 진지하게 관심을 가지게 된 것은 불과 몇 년이 안 된다. 환경보존을 위한 현재의 정책은 특정 보존 프로그램에 참여하는 농민들에 대해 직접적인 보상을 도입하고 있다. 이와 동시에, 환경단체들이 주도하는 자연보존도 성장해 왔다. 이러한 발전들이 농업생산과 환경보존을 분리시키고 자연을 그대로 내버려두기보다는 신중하게 계획적으로 보존되어야 할 대상으로 보는 일반적인 트렌드의 한 부분이다.

두 번째 유사성은 최근에 공공의 이슈로 떠오르고 있는 비만 증가 트렌드이다. 이 트렌드의 원인 중에는 소득 증가, 기술 발전, 그리고 어쩌면 선호 변화의 결과로서 직업과 여행과 오락에서의 육체 활동 역할의 감소가 있다. 달리 말하면, 전에는 육체 건강이 다른 목적의 일을 하기 위한 활동의 부산물이었다. 이러한 결합 생산물이 점점 분리되고 있다. 건강 유지는 이제 일부러 신경써야만 얻을 수 있는 것이 되고 있다. 어떤 사람들은 과체중이 되고 건강이 위험해지는 한편, 다른 사람들은 운동을 시장에서 구입할 수 있는 재화로 보고 기꺼이 그것에 돈을 쓰려고 한다—피트니스 센터가 늘어나는 것을 보라.

이러한 예들은 가치 있는 재화를 부산물로 공급하는 사회적 관행의 잠재적 불안정성을 보여준다. 전에는 부산물로 생각되던—혹은 전혀 의식 못하면서 즐기던—것이 가격을 지불하고 구입해야 하는 별개의 생산물로 보여질 수 있게 된다. 세상이나 우리 인생의 자연적인 특질로 취급되어 익숙해 있던 것들에 대해 수단으로 생각하는 태도가 요구되기 때문에, 이러한 관념의 전환이 쉬운 일은 아닐 것이다. 따라서 일부 농민들은 경관 보존을 위해 작물이나 가축을 키우지 않는 것에 대해 돈을 받는 것을 탐탁치 않게 여긴다. (나를 포함하여) 구식 사고방식을 가진 사람들은 건강을 열심히 챙기는 것에 대해서 남의 이목을 신경쓰기 때문에, 자신이 운동한다는 것을 다른 활동 속에 묻혀서 드러나지 않게 한다. 아직도 인식은 변할 수 있고, 또 변화하고 있다.

나는 사회적 상호작용의 긍정적인 감정적 특질을, 이러한 전환이 이루어져야 할 단계에 도달한 전통적인 부산물이라고 본다. 전환의 첫 번째 단계는, 환경보존과 신체 건강의 예에서와 같이, 종전에는 당연시되던 무언가가 분명 하나의 재화로서 우리에게 특정한 가치를 제공하며, 그것이 반드시 시장에 공급되리라는 것은 아니지만 그것을 지배하는 어떤 특수한 메커니즘을 이해해야 한다는 것이다. 아담 스미스의 감정 일치에 대한 분석은 어떤 형태의 사회적 상호작용이 왜 가치가 있고 이러한 가치가 어떻게 해서 생겨나는지를 이해하기 위한 출발점을 제공한다.

이 논문의 아이디어를 발전시키면서 나는 Luigino Bruni, Jean Decety, Benedetro Gui, Shaun Hargreaves Heap, Daniel Kahneman, Stephen Preston, Giacomo Rizzolatti, Jung-Sic Yang과의 토론을 통해 도움을 받았다.

1) 이 질문은 쌍둥이 간의 행복도 상관관계를 연구하기 위해 사용된 것이다(Lykken and Tellegen 1996).

2) 이것은 통계의 맹점이라는 것이 세 번째 가능한 설명이다. 응답자가 친구들과는 좋아하는 것들을 하고, 배우자나 자녀와는 일상적인 일들을 하는 경향이 있기 때문일 수도 있다. 가장 선호하는 것들인 "친교", "교제", "휴식"이 "장보기", "식사 준비", "자녀 돌보기", "집안일"보다 훨씬 점수가 높다.

3) Bruni and Sugden(2004)은 경제학에서 기분 상태를 배제하려는 파레토의 제안에 대한 동조 및 반대 주장들을 검토하고, 행동경제학에 관한 현재의 논쟁과 비교하고 있다.

4) 선택이론의 변형인 "현시선호"에서는 기본 개념이 선택이며, 선호는 선택에서 드러나는 관계로 설명된다. 내가 현대경제학을 이해하는 바로는, 선택이론에 관한 현시선호의 설명 방식은 발전가능성이 있으나 주류는 아니다.

5) 이타주의에 대한 단순한 이론(그리고 공공재에 대한 자발적인 기여에 대한 공식적으로 동등한 표준이론)의 문제점이 Sugden(1982, 1985)에 설명되어 있다.

6) 사회성 있는 행동들은, 서로에게 득이 되는 상황에서 다른 사람 역시 제 역할을 수행하리라는 기대하에서 자신의 해야 할 바를 행한다는 이론에 의해 더욱 잘 설명된다는 것이 나의 개인적인 견해이다. Sugden(1984, 1993)을 보라. 경제학자들이 비이기적 행동을 협동보다는 이타주의로 설명하려고 하는 것은 경제학에서의 공리주의 전통을 반영하는 것이다.

7) 이 절은 내가 스미스의 이론을 논의한 Sugden(2002, 2004)에서 발췌한 것이다.

8) Preston and de Waal's(2002)는 동정심에 대한 연구를 종합적으로 조사했고, Rizzolatti et al.(2001)과 Chaminade and Decety(2003)는 거울 시스

템(mirror systems)에 대한 논의를 다루고 있다.

9) 이것은 공감을 나타내는 행동들이 전반적으로 쾌락적이라고 말하는 것과 완전히 같은 것은 아니다. 다른 사람과 공감하고 있다는 것을 아는 것을 쾌락적이라고 하는 것이다. 좋은 뜻에서 공감울 표하는 많은 행동들이 감정 상태의 불일치하에서 이루어진다. 예를 들어, 불치의 병에 걸린 A라는 친구를 찾아간 B는 A의 강한 절망감과 자신의 약한 감정 반응 사이의 차이를 고통스럽게 의식한다. B의 행동은 적절한 우정의 표현일지라도, 이러한 차이로 인해 고통스러운 것이다.

10) De Waal(1996)은 감정일치 메커니즘을 보여주는 침팬지의 행동을 설명하고, 이 메커니즘의 생물학적 기능에 관해 몇 가지를 제시하고 있다. 그도 알고 있듯이, 그가 제시한 아이디어의 몇 가지는 스미스의 『도덕감정론』에 있다.

11) 스미스는 "부모의 자애(parental tenderness)"를 이러한 일반적인 규칙에서의 예외로 허용하고 있다. 그는 자연이 부모의 자식에 대한 동정심을 특히 강하게 만들어놨으며, 그것에 의해 "종의 존속과 번식"이 이루어진다고 보았다(p.142).

12) 이 문단에서 요약된 증거는 Frederick and Loewenstein(1999)에서 검토되어 있다.

13) 스미스는 이러한 류의 상호간의 감정적 지지가 내포하고 있는 심리적 메커니즘을 이해했겠지만, 그것을 고통을 극복하기 위한 전략으로 인정하지는 않았을 것이다. 그는 감정적 충격으로부터 "평정"과 "평안"을 회복하는 데 있어서 사람들-친한 친구보다는 인과적으로 알게 된 사람-간의 상호작용이 일반적으로 중요하다고 강조한다(pp.23, 146-7). 스미스는 자제력과 평정심을 18세기적인 감각으로 강조하고 있다.

14) Putnam(2000)은 1960년대부터 시작된 미국에서의 사회적 상호작용의 장기적인 감소에 대한 많은 증거들을 정리하고 있다. Putnam의 주장에 대한 비판적 검토를 위해서는 Durlauf(2002)를 보라. 나는 Putnam의 분석에 드러난 허점들에 대한 Durlauf의 많은 비판들에 수긍하지만, 또한 자원봉사 조직에의 참여가 진실로 감소추세임을 Putnam이 밝혀냈다는 것과 Putnam의 주된 주제에 관해 "무엇인가 옳다는 '느낌' "을 받았다는 그의 결론에도 동의한다. Gui and Sugden(2004)이 이 주제의 경제학적 의미에 대해 논의하고 있다.

15) 나는 부산물 중 분명히 공공재(환경보존) 하나와 표면상 사적인 재화(신체

건강) 하나를 신중하게 선택했다. Gui(2000)는 (사람 간의 상호작용의 감정적 요소를 포함하는 류의) "관계재(relational goods)"를 공공재로 생각하는 이유를 제시하고 있다. Hargreaves Heap(2002)는 "소통적 자원(conversational resources)"을 공공재로 제안한다. 개인들이 책, 영화, 텔레비전 프로그램, 혹은 스포츠 이벤트와 같은 공통적인 자극에 개별적으로 노출되었을 때 사회적 상호작용이 촉진된다면 이러한 것들은 대중들의 소통적 자원이다. 내가 사용하고 있는 이론적인 틀로 전환시키자면, 소통적 자원은 감정반응에 상응하는 공통의 실마리이다. 사회적 상호작용을 얼마만큼이나 공공재라 할 수 있을까 하는 이슈는 이 논문의 주제에서 벗어나는 것이다.

16) 영국농촌의 자연 경관은 대부분 인간들의 노력에 의한 작품이다. 고대 숲의 원래 초목들은 수 세기 전에 거의 완전히 소실되었다. 따라서 대부분의 뛰어난 자연 경관과 야생생물이 야생지역에 남아 있는 다른 나라들(오스트레일리아, 미국, 캐나다)에서보다는 농업과 환경보존이 공존한다는 아이디어가 영국에서는 더 믿음이 간다.

5

행복 이론의 검정

브루토 S. 프레이, 알로이스 스투처

1. 서론

경제학에서의 행복 연구는 효용을 직접 측정할 수가 없어 주관적 웰빙에 대한 조사결과를 대신 사용한다. 이것은 "오래된 가설들"을 새로운 방식으로 검정할 수 있도록 해준다. 현재의 연구는, 예컨대, 소득, 실업, 인플레이션, 불평등, 민주주의 제도와 행복 간의 관계를 다룬다. 이 연구들은 흥미 있는 많은 결과들을 내놓았다. 그러나 주관적 웰빙에 관한 의미 있는 연구를 위해서는 더욱 발전해야 한다. 우리는 유익한 연구를 위해 두 가지 주된 방향을 고찰한다.

첫째, 행복 연구는 경제학적인 접근의 기본 가정들에 대한 새로운 검정 방법과 경제학에서의 효용을 새롭게 이해하는 방법을 제공한다. 측정된 주관적 웰빙 데이터에 기초하여 기본적인 질문들에 대해 논의할 수 있다. 예를 들어, "사람들은 의식적으로 효용을 극대화하는가?" 혹은 "사람들은 미래의 효용/선호를 제대로 예측할 수 있는가?" 이러한 질문들은 행동경제학자들의 연구 프로그램과 밀접하게 관련되어 있다.

둘째, 행복 연구는 행동에서 동일한 패턴을 예측하지만 경험된 효용에서는 다르게 예측하는 모형들을 구분하는 새로운 방법을 제시한다. 따라서 이러한 상호보완적인 증거는 특정한 모형과 그에 따른 정책들을 거부할 수 있도록 하는데 도움이 된다. 거시경제학의 미시경제학적 기초의 문제(예컨대, 자발적 실업 vs. 비자발적 실업)나 중독문제(예컨대 합리적 중독 vs. 제한적인 자기통제)처럼 전혀 다른 영역의 모형들이다.

우리는 연구를 양쪽 방향으로 적용한다. 초기 연구에서는 상대적 효용의 개념에서 희망 소득(income aspiration)의 역할을 분석한다. 우리는 독일의 장기적인 데이터를 이용해서 희망 소득이 삶의 만족도에 미치는 영향에 대한 새로운 증거를 제시한다. 두 번째 적용에서는 사회학에서의 결혼 이론과 비교하여 결혼한 가족의 생산과 노동 분업에 관한 베커(Becker) 모형을 검정하기 위해 주관적 웰빙 자료를 사용한다.

이 장은 다음과 같이 구성된다. 다음 절에서는 간단히 경제학에서의 행복 연구의 현재 상태를 설명하고 3절에서는 향후의 연구에 대한 두 가지 방향을 제시한다. 각각의 연구 방향에 대해 4절에서 예를 들어 설명하고 확대 적용한다. 5절에서 몇 가지 결론을 제시한다.

2. 경제학의 행복 연구

행복에 관한 연구는 최근 경제학에서 가장 활발하고 새로운 발전을 보이는 분야 중 하나로, 모든 연령대의 경제학자들의 관심을 끌고 있으며, 연구 결과 중 일부는 이미 일반 대중은 물론 정부 관료까지 광범위한 독자층을 확보하고 있다. 행복 연구는 새로운 방식으로 "오래된 가설들"을 검정할 수 있는 수단과 척도를 제공한다. 검정결과 상당량의 새롭고 예리한 보완적 결론들이 얻어졌다. 여기서 그 성과를 요약하지는 않겠다(Easterlin, 2002; Frey and Stutzer, 2002a, 2002b; Oswald, 1997에서 그 개요를 볼 수 있다). 하지만 향후의 성공적인 연구가 될 것으로 기대되는 것들과 대비시키기 위해 간략하게 설명해 둔다.

간단히 말하자면, 현재의 연구는 어떻게 행복에 영향을 주는가? 라는 질문에 의해 주도되고 있다. X는 행복에 영향을 준다고 생각되는 어떤 요인도 될 수 있다. 예를 들어 소득, 인플레이션, 혹은 실업 등이다. 추세 그래프를 그리고 단순 상관을 측정하고 미시계량경제학적인 행복함수를 추정한다. 우리는 때로 이론에 기초한 연구에 비해 데이터와 측정에 중점을 두고 작업하였다. 우리의 연구결과 중 일부는 이들 결과에 대한 심층 분석과 사후적인 합리화로부터 도출된다.[1)]

이러한 방향이 그동안의 매우 뛰어난 연구나 실증연구 결과들을 깎아내리려는 것은 아니다. 그러나 우리는 행복에 관한 연구가 현대 경제학에 훨씬 커다란 영향을 줄 수 있다고 생각한다.

3. 주관적 웰빙에 관한 향후의 연구

경제학에서의 행복에 관한 실증연구는 역사가 짧아, 주관적 웰빙 연구의 한계 이득은 지금까지 문제가 제기되어왔던 거의 모든 분야에서 여전히 매우 높다.

주관적 웰빙에 관한 설문조사 자료에 대해 더 분석해 볼 가치가 있다. 예를 들어, (a) 노동시장에서의 여성에 대한 차별과 그들의 삶의 만족도 간의 관계를 연구하는 것(예컨대, Clark, 1997), (b) 가족 수준에서의 웰빙의 상호의존성에 대해 이해하는 것(Winkelmann, 2002), (c) 범죄, 환경의 질, 혹은 출퇴근 같은 삶의 질에 대한 다양한 지표들이 개인들의 웰빙과 어떻게 관계되어 있는지를 검정하는 것(예컨대 Michalos and Zumbo, 2000), 혹은 (d) 사회적 자본이 사람들의 웰빙에 긍정적인 외부 효과를 가지는지 여부에 대해 분석하는 것(예컨대, Helliwell, 2003). 특히 인과관계를 설정하기 위해 노력할 것이다.

행복이 개인들의 행동에 어떻게 영향을 주는가 하는 것이 향후에 유망한 연구가 될 수 있을 것이다(이에 대한 이론적인 연구로 Hermalin and Isen, 1999를 보라). 사람들의 주관적 웰빙의 수준은 소비활동, 작업 행위, 투자위험에 대한 태도, 혹은 정치참여와 투표 행위 같은 많은 중요한 경제적 결정에 영향을 줄 것이다.

행복 연구와 경제학에 적용될 수 있는 방법론이 앞으로도 발전할 것이다. 그러나 이러한 발전이 때로는 문제 연구와 혁신을 방해하는 경향이 있다.

한편, 행복 척도의 질과 이에 대한 이해도를 높일 수 있는 여지가 많이 있다. 이 분야에서는 카너먼을 중심으로 과학자들이 현재 가치 있는 새로운 통찰을 보여주고 있다(예컨대, Kahneman et al., 2004를 보라). 한 가지 의문은 행복의 순간적인 수준이 웰빙에 대한 자기평가 수준으로 측정될 수 있는 것인지, 혹은 사람들의 쾌락 경험이 주관적 웰빙 측정치에서의 경험에 대한 명시적인 회고 평가(reflective appraisal)와 차이가 있는가 하는 것이다(예컨대, Schooler et al., 2003을 보라). 사람들은 때로 도전적인 행동에 완전히 몰두함으로써(Csikszentmihalyi(1977)적인 의미에서) 큰 즐거움을 얻기도 한다. 바로 이러한 상황의 특성상, 사람들은 그러한 상태의 웰빙을 평가하거나 보고하지 않을 것이므로 순간적인 효용의 측정에는 한계가 있다. 주관적 웰빙 조사치와 웰빙에 대한 심리적 척도 간의 상관관계에 대해 좀 더 알게 되면 새로운 통찰이 생길 것이다. 시간에 따른 상관관계와 사람들 간의 상관관계가 흥미의 대상이 될 것이며, 이것에 의해 서로 다른 준거의 틀을 가진 사람들이 연구될 것이다. 시간이 지남에 따라 스스로 평가하는 행복도의 준거기준이 바뀌었는지를 평가하기 위해서는 생리적 척도에 대한 시계열이 특히 관심거리이다. 오늘날의 행복 척도가 가지는 잠재적인 단점을 염두에 두어야 하며, 이와 동시에 어떤 용도로 사용하는가에 따라 행복에 관한 데이터의 질이 달라진다는 점도 명심해야 한다. 또한 행복 데이터의 질은 사람들의 웰빙 수준을 측정하는 대안적인 개념들과 비교되어져야 한다.

행복과 경제학에 관한 연구는 여러 방면으로 더욱 발전하겠지만, 이러한 노력들의 성공 여부는 그 연구 결과가 기존의 경제학에 통합되는 정도에 달려 있을 것이다. 우리는 행복과 경제학에 관한 연구가 향후 경제학의 핵심에 얼마나 기여할 것인가와 관련해서 두 가지 주된 기회가 있을 것으로 본다. 이에 대해 다음 두 항에서 설명한다.

3.1 생리학적으로 더 적절한 경제학의 효용 개념

계량경제학과 실험적인 연구방법은, 웰빙의 대용 척도와 함께 보다 풍부한 생리학적 정보를 지니고 있고, 드러난 행동보다는 사람들의 웰빙에 더 가까운 효용 개념을 경제학에 제공할 수 있다. 물론 이러한 연구 노선을 따라 상당한 기여가 이루어져왔다. 특히, 카너먼과 공동연구자들(1991, 1997, 2000), 프라그를 중심으로 한 레이든 그룹(1971, 1993, van Praag and Frijters, 1999), 이스터린(Easterlin, 본서) 등을 들 수 있다(Frey and Stutzer (1999)에 검토되어 있다). 개개인의 웰빙에 대해 보다 적절한 생리학적 개념으로 나아가는 연구가 효용이론에 통합되어 있는 경제학적 접근의 기본 가정들에 도전한다.

앞으로는 다음과 같은 몇 가지 질문들이 연구에서 다루어질 수 있을 것이다.

- 사람들은 의식적으로 효용을 극대화할까? 서구 사회에서는 행복 추구가 인간의 동기의 주된 원천이라는 것이 당연한 혹은 도덕적인 책무로까지 간주되기 때문에, 보통 이러한 실증적인 질문은 제기되지 않는다. 특히 경제학은 의식적인 합리적 선택에 기초한다. 그러나 그러한 접근은 비과학적인 것이라 비판받아왔다. 현대 경제학이 잘 나가고 있을 때, 제임스(James, 1980) 같은 심리학자는 과학자라면 모든 가능한 동기들을 이론 속에 고려해야 한다고 주장했다. 행동이 항상 효용 극대화를 목표로 하는 것은 아니며, 목표지향적이 아닐 수 있고, 때로는 충동적이거나 의무적일 수도 있다(이러한 논의는 Lewin(1996)에 개괄적으로 논의되어 있다). 따라서 사람들이 명백하게 행복 극대화의 목표에 따라 행동하는지 여부는 실증 연구의 몫이다 (예컨대, Kitayama and Markus, 2000을 보라).

- 왜 사람들은 효용을 극대화해야만 할까? 자신의 효용수준에 대한 평가 시도가 역효과를 낼 수 있기 때문에 이러한 질문이 제기된다. 스쿨러 외(Schooler et al., 2003)는 쾌락에 대한 자기성찰은 연구자들이 측정하려 하는 효용을 약화시킬 수 있다고 주장한

다. 왜냐하면 자기성찰은 자신의 쾌락 경험에 대한 민감도를 둔화시킬 수 있기 때문이다(p.8). 이러한 주장과 일치하는 것으로, 몇몇 연구에서는 행복한 사람들은 행복해지려고 깊이 생각하는 스타일이 아니라고 밝히고 있다(예컨대, Lyubomirsky and Lepper, 1999). 노골적으로 최고의 행복을 추구하는 행위가 실제로는 오히려 그 능력을 약화시키기 때문에 위의 질문은 유효하다. 1999년 새해 전야에 "즐거운 시간을 보내기 위한 비용"에 관한 연구가 세련된 사례를 보여주고 있다(Schooler et al. 2003). 빅 이벤트 직전에 보낸 이메일 설문지에서 475명에게, 얼마나 큰 축하 이벤트를 계획하고 있는지, 그 이벤트가 얼마나 신날 것으로 기대하고 있는지, 그 파티를 위해 얼마의 돈과 시간을 쓸 것으로 기대하는지 질문하였다. 파티가 끝난 후에 실제 경험에 대해 같은 질문을 하였다. 대단한 파티를 기대했던 사람들은 작은 축하 파티만을 기대했거나 전혀 기대하지 않았던 사람들에 비해 실망스러워하는 경우가 많았다. 기대했던 것과 실제 즐거움의 차이는 준비에 들어간 시간이나 기대감과 음의 상관관계였다. 사람들이 행복에 관한 잘못된 이론을 가지고 있기 때문에, 적극적으로 행복을 추구하는 행위는 오히려 행복에 방해가 된다. 재무적인 성공을 통해 양질의 삶에 대한 더 큰 기회를 찾으려는 사람들은 자긍심, 활력, 삶에 대한 만족도가 일관되게 낮았다(예컨대, Kasser and Ryan, 1993;

Diener and Oishi, 2000을 보라).

- 사람들은 자신의 미래 효용을 제대로 예측할 수 있을까? 경제학은 이것이 분명히 가능하다고 가정하고 있다. 그 방법을 아는 사람들에게는 적어도 체계적인 오류가 없다는 것이다. 스키토브스키(Scitovsky, 1976)는 이러한 견해를 "비현실적"이라고 비판하였다. 왜냐하면 "그것은 사람들이 선택하여 취하는 것과 그를 가장 만족시키는 것 사이의 어떠한 모순도-논리적으로 불가능하다고-배제하는 것처럼 보이기" 때문이다(p.4). 또한 심리학자들이 여러 가지 면밀한 실험과 조사를 통해 곧 경험하게 될 효용 예측의 성공 여부에 대해 연구하였다(Loewen- stein and Schkade, 1999를 보라). 그들은 감정적인 경험이 기본적으로 호불호의 감정을 이끌어내는지 여부를 사람들이 정확하게 예측한다는 것은 확인했지만, 사람들은 흔히 행복의 결정인자에 관해서는 부정확한 직관적 이론을 가지고 있다. 예를 들어, 새로운 경험에 대한 적응의 속도를 낮게 평가하고 있다. 우리는 이러한 잘못된 예측 때문에 개인들의 의사결정에 체계적인 실수가 있다고 생각한다. (소비보다는) 의사결정을 내릴 때, 선택 옵션의 부수적인 속성이 본질적인 속성보다 더 두드러져 보인다. 사람들은 본질적인 속성을 과소평가함으로써 가족이나 친구와 취미에 너무 적은 시간을 할애한다. 또한 부수적

인 속성을 과대평가함으로써 더 많은 소득이나 더 높은 지위를 얻기 위해 너무 많은 노력을 하고 있는데, 이것이 그들을 전체적으로 힘들게 하고 있다(Frey and Stutzer, 2003).

- 사람들은 결과 이상으로 과정을 선호할까? 제도를 평가할 때에는 과정 자체가 효용의 원천인지 여부를 이해하는 것이 중요하다. 사람들이 자율, 참여, 자기결정권을 결과 이상으로 높게 평가하면 제도에 대한 정책제안이 상당히 달라질 것이다. 주관적 웰빙 데이터를 이용하면 사람들의 웰빙의 원천으로서의 이러한 측면들을 직접 경험적으로 연구할 수 있다(과정적 효용에 대한 소개로는 Frey et al.(2004)를 보라).

5.1항에서 심리학적으로 더 타당한 경제학적 효용 개념으로 나아가는 길을 논의한다. 그리고 주관적 웰빙 데이터를 이용해서 상대적 효용 개념이 얼마나 더 잘 연구될지를 논의하고 실증적으로 보여준다.

3.2 경제학 이론과 예측의 검정

효용에 대한 편리한 대용 척도를 이용해, 사람들의 행동에 대한 예측에서는 유사하지만 제시하는 효용 수준이 다르게 나오는 경쟁적인 이론들 간의 차이를 구분할 수 있다. 이러한 검정은 많은 실제 행동들과 잘 들어맞지 않는 이론들을 논파하는 강력한 수단이 될 것이다. 어떤 예들은 이와 관련한 행복 연구의 잠재성을 보여줄 수도 있다.

- 경기순환에 따른 노동의 공급과 경기적 실업을 설명하는 서로 다른 이론 체계가 있다. 완전한 노동시장을 가정하는 신고전학파 거시경제학에서는 노동의 공급이 시간이 지남에 따라 주로 임금과 이자율의 변화에 맞춰 조절되므로 만약 실업자가 있다면 그것은 자발적인 실업이다. 이러한 입장에서 보면, 실업으로 인한 소득 상실은 선택에 의한 것이므로, 실업자들의 효용수준은 하락하지 않는다. 이와 대조적으로, 신케인스 거시경제학은 가격과 임금의 경직성으로 인해 실업은 비자발적이라 진단한다. 실업자들은 현재의 임금 수준에서 직업을 택하려 해도 직업을 구할 수 없다. 때문에 일자리를 잃게 되면 효용 감소를 겪는다.

  실업자들의 행동에 기초해서, 이 두 가지 노동 시장 모형의 상대적 중요성을 평가하는 것은 매우 어렵다. 그러나 개개인의 주관적 웰빙 평가에는 실업자들의 효용 수준에 관한 정보가 담겨 있다. 실업자들은 실직 이전 수준의 임금을 받게 되는데, 비슷한 수준의 임금을 받되 여가 시간이 적은 사람들에 비해 더 좋아진 것인지 나빠진 것인지에 대한 연구가 가능하다. 경제학에서의 행복 연구는 자발적인 실업 상태에 있는 것에 비해 실업자들은 매우 큰 비금전적인 비용을 지불하고 있다는 결론을 내리고 있다(예컨대, Clark and Oswald, 1994; Winkelmann and Winkelmann, 1998).

- 이와 관련하여 사회 규범이 실업자들의 행동에 미치는 영향에 관한 연구는, 일에 대한 사회 규범이 강한 공동체에서는 구직자들의 실업기간이 짧다는 것을 보여주었다(Stutzer and Lalive, 2004). 이러한 연구의 결과가 일에 대한 강한 사회적 규범이 사회적 제재의 결과로서 효과적인지, 혹은 사회적 규범이 강한 공동체에서 실업자들이 사회적 지원과 정보를 받아 보다 빨리 취업하는지를 평가할 수 있도록 해주는 것은 아니다. 그러나 이 두 가지 시나리오는 실업자의 웰빙에 관해 서로 다르게 예측한다. 사회적인 지원을 받으면 실업자들은 좀 더 유리하겠지만, 일에 대한 강한 사회적 규범이 사회적 제재를 의미한다면 그들에게는

부담이 된다. 스위스 실업자들의 삶의 만족도 조사 결과는 후자의 견해와 일치한다.

- 경제학 모형들은 소비세가 소비를 감소시킬 것으로 예측한다는 점에서는 같지만, 사람들의 효용에 미치는 영향에 관한 예측은 체계적으로 다를 수 있다. 정상재화에 대한 세금은 사람들에게 손해지만, 그로 인해 나쁜 습관을 이겨내는데 도움이 된다면 효용은 증가한다. 담배, 알콜, 초콜렛 같은 특정 형태의 소비에 대해 어떤 특징을 가정하는가에 따라 사람들은 죄악세(sin tax)에 찬성할 수도 있다.

행복 연구는 담배세 등이 사람들의 주관적 웰빙에 미치는 효과에 대한 연구나 논의에 직접적으로 기여할 수 있다. 미국과 캐나다의 두 가지 장기적인 연구가 사회일반조사(General Social Survey) 데이터를 이용해 그러한 검정을 수행하여, 흡연 가능성이 있는 사람들의 행복에 대한 주정부의 담배세 효과를 분석하였다(Gruber and Mullainathan, 2002). 그 결과 실제로 50센트[2)]의 담배세가 예비 흡연자들이 불행해질 가능성을 크게 낮춘다는 놀라운 사실을 보여주었다. 사실, 흡연 예상자들은 비흡연 예상자들과 마찬가지로 50센트의 세금으로 행복도가 낮아질 것으로 생각할 가능성이 높다(즉, 행복도가 가장 낮은 그룹 중에서 흡연자의 비율이 7.5% 감소하였다). 이 결과는 자기 통제에 문제가 있는 사람들의 일관성 없는 흡연 행위에 대한 모형을 지지한다.

- 지역경제학, 도시경제학, 공공경제학의 여러 이론은, 다른 조건이 일정할 때, 시장과 공간에 대한 재정거래(시장이나 지역간에 가격차가 있을 때 싼 곳에서 사서 비싼 곳에 팔아 이익을 남기는 거래-역주)가 사람들의 효용 수준을 평준화할 것이라 가정한다. 예를 들어, 사람들은 더 높은 급여로 보상받거나 낮은 주택가격의 혜택을 받을 때에만 보다 먼 거리의 출퇴근을 받아들인다. 즉, 공간의 경제학과 전국적인 경쟁의 모형에 균형이라는 강력한 개념이 있다. 평준화된 효용 수준에 대한 예측을 주관적 웰빙 데이터로 직접 검정할 수 있다. 독일 사회 경제 패널(German Socio-Economic Panel)의 7개 코호트(cohort)(특정 요인에 노출된 집단을 시간을 두고 추적조사하는 통계조사방식-역주)에 기초해서 출퇴근 시간이 생활 만족도에 미치는 효과를 추정한 것이 있다(Stutzer and Frey, 2003). 균형 예측과는 대조적으로, 통근시간과 생활 만족도 간에 음의 부분상관이 있는 것으로 밝혀졌는데, 이는 여러 대안적인 설명에 대해서도 그러하다. 이것은 경제학자들에게 통근의 역설(commuting paradox)(직장에서 멀리 떨

어져 사는 것은 주택의 질이나 보수 등의 보상이 있기 때문이지만, 통근시간이 오래 걸릴수록 삶의 만족도가 떨어진다는 것을 말함-역주)로 통한다.

경제학 이론을 검정할 새로운 전략이 4.2항에 자세히 예시되어 있다. 우리의 연구는 주관적 웰빙 데이터를 가지고 결혼 시장 모형의 기초가 되는 중요한 가정을 연구하여 균형상태에서 전혀 다른 결혼 패턴이 있음을 보여준다.

4. 두 가지 적용

4.1 상대적 효용: 희망소득의 역할

경제학에서의 효용 개념은 매우 단순한 심리학 개념에 기초한 것이다. 경제학은 사람들이 항상 자신에게 최선이 무엇인지 알고 있으며 그에 따라 선택한다고 가정한다. 그리고 사람들의 만족은 절대적인 차원에서 결정된다고 가정한다. 소득과 소비수준이 높을수록 효용이 높다는 것을 자명한 것으로 받아들인다.[3)]

그러나 심리학적으로 효용에 관해 보다 건실한 개념은 인간이 절대적인 판단을 할 수도 없고 하려고 하지도 않는다는 것을 고려해야 한다. 그보다는 끊임없이 자신의 환경이나 과거 경험이나 미래의 기대감과 비교하고 있다. 그래서 사람들은 **희망 수준**과의 차이에 주목하고 그에 반응한다.[4)]

대부분의 경제학자들은 효용이 원래 상대적이라는 것을 부정하지 않는다. 새뮤얼슨 같은 전통적인 경제학자조차도 효용함수가 일정한 것은 아니라고 강조했다. "인간은 사회적 동물이기 때문에 다른 사람들의 소비를 보면서 어떤 것이 자신의 '생활에 필요한 편의 수단'인지를 정한다"(Samuelson 1973, p.218; Holländer, 2001에서 인용). 그럼에도 불구하고 인간 행동에 관한 대부분의 경제학 모형들은 고정적인 효용함수를 가정하고 있다. 아마도 기본 모형에 대한 검정의 어려움 때문에 기호의 변화가 광범위하게 무시되고 있는 것 같다.[5)]

우리는 사람들의 웰빙을 보다 잘 이해하기 위해 효용함수에 그들의 희망소득이 도입되어야 한다고 주장한다. 개인의 희망소득을 통해 과거 소득 수준에 대한 적응은 물론 상대적인 소득에 대한 관심도 파악할 수 있다. 희망소득이 높아지면 주어진 소득이나 소비 수준에서 얻는 효용이 감소한다. 희망소득이 효용에 미치는 효과가 새롭고 직접적인 방식으로 검정되었다. 우리는 효용의 대용 척도로 개개인의 만족도 조사 데이터를, 그리고 사람들의 희망 수준에 대한 대용 변수로 소득 평가 척도를 사용하는 독일의

패널 데이터를 연구한다.[6)]

(A) 무엇이 효용을 상대적이게 하는가?

사람들의 희망을 형성하고 효용에 대한 평가를 상대적이게 하는 두 가지 주된 과정이 있다.

첫째, 사람들은 **사회적 비교**를 통해 소득의 지위에 관심을 가지게 된다. 가장 문제가 되는 것은 소득의 절대적인 수준이 아니라, 다른 개인에 대한 상대적인 위치이다. 이러한 **상대 소득**의 개념은 보다 일반적인 희망 수준 이론의 한 부분이다. 지위에 대한 관심이 인간 본성의 새로운 측면은 아니지만, 오늘날에는 아마도 보다 확대된 차원의 사회적 비교 가능성 때문에 강조되고 있다. 과거에 많은 경제학자들은 사람들이 소득, 소비, 지위, 효용 면에서 상당한 수준에 있는 다른 사람과 비교한다고 보았다. 마르크스는 효용의 사회적 측면을 가장 명시적으로 표현하고 있다. "우리의 필요와 쾌락의 원천은 사회 속에 있다. 따라서 우리는 사회와의 관계 속에서 그것을 측정하는 것이지, 만족을 얻기 위한 대상과의 관계에서 측정하는 것이 아니다. 그것들은 사회성을 지니기 때문에, 상대성을 띤다."(Marx, 1849). 베블렌은 남의 이목을 끌기 위한 소비를 의미하는 것으로 "과시적 소비"라는 용어를 만들었다 (Veblen 1899). 듀젠베리는 "상대소득가설"을 내세워 계량경제학적으로 검정하였는데, 여기서 그는 외부성의 비대칭 구조를 가정하고 있다(Duesenberry, 1949). 사람들은 비교를 할 때 자기보다 나은 사람을 바라본다. 그래서 희망 수준은 이미 이루어놓은 수준보다 높기 마련이다. 그 결과 전통적인 저축함수에서와 마찬가지로, 저축률은 소득 수준에 의해서뿐 아니라 소득분포상의 백분위에 따라 달라진다.

둘째, 사람들은 자신의 새로운 소득 혹은 소비 수준에 적응한다. 추가적인 재화와 서비스가 처음에는 만족을 더해주지만, 대부분 일시적인 것에 불과하다. 물질적 재화에 의해 높아진 효용은 점차 감소한다. 만족은 변화하기 마련이며 소비가 지속되면서 사라진다. 일정하거나 반복적인 자극으로 쾌락효과가 감소하는 이러한 과정, 혹은 메커니즘을 적응(adaptation)이라 부른다.

쾌락 적응 과정은 사회적으로 상대적인, 혹은 심지어 경쟁적인 소비과정을 보완함과 더불어 사람들로 하여금 더 높은 희망수준을 향해 나아가게 만든다.[7)] 그러나 희망수준은 개인 후생과 거리가 먼 개념이 아니다. 희망수준이론에 의하면, 개인의 웰빙은 희망수준과 성취 간의 차이에 의해 결정된다(Adrews and Withey, 1976; Campbell et al., 1976; Michalos, 1985).

(B) 희망 소득이 개인 효용에 미치는 효과는 어떻게 검정하는가?

우리는 여기서 새로운 접근방법을 적용하여 개인 웰빙에 대한 희망 소득의 역할을 연구한다. 주관적 웰빙 조사치를 효용에 대한 대용 척도로 사용하고 이를 사람들의 희망 수준에 대한 잘 짜여진 개념, 즉 개인후생함수(예컨대, van Praag, 1971; 최근의 조사연구로는 van Praag and Frijters, 1999)와 이론적 실증적으로 결합한다. 개인후생함수 연구에서는 질적으로 특성화한 소득수준 값에 소득의 범위를 합산하도록 함으로써 소득과 기대후생 간의 기수적인 관계를 설정하고 있다.[8] 이러한 "소득평가문제"에 답하기 위해서는, 가족 및 직업과 관련된 자신의 상황을 고려해야 한다. 이 답을 통해서 사람들의 희망 수준에 맞는 충분한 수입, 즉 평균적인 기대효용에 도달하는데 필요한 소득에 관한 정보를 알 수 있다.

희망 소득과 효용 수준을 위한 대용변수들에 기초해서 우리는 다음과 같은 명제들을 검정할 수 있다. 웰빙에 대한 개인들의 판단은 그들의 소득 Y의 효과를 넘어서는 희망 수준 Y^*와 다른 개별적인 특성 X에 의해 영향을 받는다. 이는 희망 소득 Y^*가 개인 i 의 "효용함수"의 하나의 특성이 됨을 의미한다.[9] 희망수준이론에 의하면, 다른 조건이 일정할 때, 희망 소득이 클수록 주관적 웰빙은 낮아진다.

$$U_{i,t} = f(Y_{i,t}, Y^*_{i,t}) \quad \text{and} \quad \delta U_i / \delta Y^*_t < 0$$

(C) 희망 소득의 역할에 대한 실증 검정

독일 사회 경제 패널 연구(GSOEP; German Socio-Economic Panel Study)의 독일 서베이 데이터를 이용해서 이 명제가 실증적으로 연구되었다.[10] GSOEP는 시간이 지남에 따른 개인 웰빙의 변화를 연구하는데 필요한 가장 귀중한 자료 중의 하나이다. 그것은 독일연방공화국 가계와 개인에 대한 서베이로서 1984년에 시작되었으며, 1990년에는 구독일민주공화국 거주자까지 확대되었다. 이 서베이에서 우리는 개인들의 희망 수준에 관한 정보를 담고 있는 1992년과 1997년의 두 가지 코호트를 이용한다. 두 가지 코호트 자료는 연구용 파일(샘플 A에서 F까지)에 있는 모든 샘플에서 얻었다. 이 서베이는 사람들에게 그들의 사회경제적인 상태와 그들의 인구통계학적인 특성에 관해 광범위하게 질문한 것이다. 또한 사람들은 자신의 주관적 웰빙과 희망 소득에 대해서도 답하고 있다. 주관적 웰빙은 "모든 것을 고려할 때, 당신은 얼마나 만족스럽습니까?"라는 질문에 의해 조사하고, "완전 불만"의 0에서 "완전 만족"의 10까지의 10점 척도로 답하게 하였다. 희망 소득은 다음의 질문을 통해 파악하였다. "소득수준에 대한 만족여부는 개인적인 생활환경과 기대에 달려 있습니다. 당신의 경우 ____DM(도이치 마르크)가 충분한 소득입니까?"[11] 희망 소득 수준에 대한 대용 척도의 평균은 월 3,800DM(1999년의 물가 및 구매력 평가지수 기준으로 1,950유로)인 것으로 조사되었다. 조사대상 샘플의 가구 평균 소득은 4,800DM(1999년의 물가 및 구매력 평가지수 기준으로 2,450유로)이다.

실증분석은 미시계량분석적인 행복함수로 시작된다. 결과를 좀 더 쉽게 설명하기 위해 최소자승법에 의한 추정결과를 제시한다.[12] 개개인의 만족도를 소득과 몇 가지 인구통계학적인 변수 및 사회경제적 특성과 가구 규모에 대해 회귀분석하였다. 가구 소득은, 다른 조건이 일정하다면, 삶의 만족도와 양의 상관이 있다. 추정치에 따르면 가구 소득이 두 배가 될 때 삶의 만족도가 10점 척도 기준으로 0.334포인트 증가한다.[13] 가구 규모에 대한 결과는 가구 소득이 가족 구성원들에게 공유되고 있다는 사실을 내포하고 있지만, 가구 규모는 또한 의지할 수 있는 가까운 사람들과 함께 살고 있다는 사실도 반영한다. 〈표 5.1〉의 패널 A의 결과는 삶의 만족도에 대한 가구 규모의 두 가지 효과의 순효과는 음(-)임을 보여준다. 여성의 삶의 만족도가 남성보다 약간 더 높다. 유배우자가 무배우자보다 만족 점수가 평균적으로 더 높다. 나이와 삶의 만족도 간의 부분상관을 보면 50세까지 감소하여 최저를 기록한 후 증가하는 U자형이다. 교육 기간이 긴 사람들은 짧은 사람들에 비해 만족도가 높다. 자영업자, 무직자, 실업자, 동독 거주자, 비EU 외국인은 (취업자, 서독 거주민, 내국인에 비해) 만족도가 낮다.

패널 B와 C에서는, 행복함수를 개인의 희망 수준에 대한 대용척도를 포함하도록 확장하였다. 그리하여 웰빙에 대한 개인의 판단이 희망 소득에 따라 달라지는가에 대한 우리의 가설을 검정한다. 패널 B는 개인의 희망 소득 측정치가 주관적 웰빙에 대해 음의 효과를 가진다는 것을 보여준다. 이것은 사람들이 주어진 소득에 비해 높은 희망 소득을 가질 때 웰빙 감소를 경험한다는 것을 의미한다. "알맞은" 수준이라 평가된 소득으로 측정한 희망 소득이 두 배 증가하면 삶의 만족도가 평균 0.191포인트 줄어든다. 이 결과는, 소득이나 여타 개인적 특성의 효과를 무시할 때, 주관적 웰빙이 희망 소득 수준에 부정적인 영향을 받는다는 기본적인 가설을 지지한다.

인구통계학적인 통제 변수에 대해, 패널 A와 비슷한 크기의 계수들이 추정되었다. 가구 소득의 삶의 만족에 대한 영향이 패널 A에서보다 더 크다(0.534). 이는 주어진 희망 수준에서, 소득이 높을수록 웰빙에 대한 효과가 크다는 것을 말해준다. 가구 소득에 대한 추정 계수값이 달라진다는 것은 사람들이 자신의 소득 수준에 따라 희망 수준을 조정한다는 간접적인 증거이다(다음 항의 내용도 참조).

패널 B의 추정 결과에 대한 다른 방식의 해석에서는, 관측되지는 않지만 희망 소득에 영향을 주는 개인적 특성이 주관적 웰빙 질문에 대한 대응과 추론의 명확성을 떨어뜨린다고 본다. 예를 들어, 생애 목표가 높은 경쟁적인 사람은 개선의 여지를 남겨두기 원하기 때문에 희망 수준이 높아 삶의 만족도가 낮다고 답할 것이다. 결국 관측된 상관관계에는 편차가 있을 수 있다. 그러나 시간이 흐른 뒤에 동일한 사람을 다시 조사하면 세월의 영향을 받지 않는 개개인의 고유 효과를 살펴볼 수 있다. 우리의 경우 장기적인 데이터를 이용함으로써, 각 개인마다의 기본적인 웰빙을 고려할 수 있다. 1992년과 1997년 사이의 희망 수준 변화에 의해 동일한 사람에 대한 희망 소득과 조사된 주관적 웰빙 간의 통계적인 관계가 확인된다.

〈표 5.1〉의 패널 C는 세월이 흘러도 변치 않는 특성으로 인한 허구적 상관관계를 배제하고 고정적인 효과를 추정한 결과이다. 희망 소득과 삶의 만족 간의 부분상관이 역시 상당한 음의 효과를 보이고 있다. 희망 소득이 두 배가 되면 삶의 만족이 평균 0.237포인트 감소한다. 따라서 두 코호트를 합쳐서 추정한 결과는 타당성이 인정된다.

표 5.1 1992년과 1997년 독일에서의 희망 소득이 삶의 만족에 미치는 효과 (종속변수: 삶의 만족도)

	A 통합 추정		B 통합추정		C 개별적인 고정효과 추정	
	계수	t-값	계수	t-값	계수	t-값
가구소득	0.454	15.39	0.534	16.54	0.327	5.81
소득 포부			−0.259	−6.06	−0.323	−4.99
가족수, 제곱근	−0.363	−5.83	−0.303	−4.81	−0.321	−2.50
남자			준거그룹			
여자	0.055	2.08	0.059	2.23		
나이	−0.049	−7.57	−0.046	−7.06		
나이 제곱	$0.48e^{-3}$	6.93	$0.45e^{-3}$	6.45	$0.09e^{-3}$	0.53
교육기간(년)	0.155	2.22	0.213	3.03	−1.963	−2.26
자녀 없음			준거그룹			
자녀	0.072	1.73	0.062	1.49	0.047	0.70
독신, 파트너 없음			준거그룹			
독신, 파트너 있음	0.137	1.82	0.165	2.18	0.499	3.07
결혼생활	0.196	3.06	0.227	3.53	0.753	4.25
별거, 파트너 있음	−0.296	−1.25	−0.279	−1.18	0.458	1.17
별거, 파트너 없음	−0.640	−5.08	−0.620	−4.93	0.041	0.18
이혼, 파트너 있음	0.107	1.05	0.145	1.41	0.604	2.74
이혼, 파트터 없음	−0.337	−4.05	−0.331	−3.99	0.340	1.66
사별, 파트너 있음	0.068	0.43	0.100	0.64	1.505	3.72
사별, 파트너 없음	−0.065	−0.80	−0.051	−0.63	0.511	2.37
배우자가 해외거주	−0.227	−1.12	−0.243	−0.99	0.616	1.27
피고용			준거그룹			
자영업	−0.230	−3.44	−0.242	−3.62	−0.164	−1.36
가끔 일함	−0.019	−0.23	−0.039	−0.49	−0.210	−1.83
무직	−0.135	−3.30	−0.151	−3.68	−0.188	−2.67
실업	−0.857	−16.89	−0.871	−17.16	−0.734	−10.23
출산휴가	0.165	1.79	0.152	1.65	0.023	0.17
군복무	0.684	1.34	0.658	1.29	−0.196	−0.24
학업중	0.086	0.68	0.056	0.44	−0.309	−1.63
은퇴	−0.052	−0.72	−0.069	−0.95	−0.139	−1.24
서독			준거그룹			
동독	−0.837	−29.29	−0.819	−28.51	−1.009	−4.53
내국인			준거그룹			
외국인, EU	0.056	1.02	0.059	1.07		
외국인, 비EU	−0.238	−5.02	−0.237	−5.01		
연도 더미, 1997	−0.134	−5.46	−0.141	−5.74	−0.299	−3.55
상수값	7.101	103.98	8.071	46.40	7.857	25.02
관측치 수	19130		19130		19130	
조정된 R^2	0.102		0.103			
R^2					0.040	

자료: GSOEP

(D) 해석

제시된 증거들은 희망 소득이 고려될 때 웰빙을 더 잘 이해할 수 있다는 것을 말해준다. 따라서 희망 소득은 잘 구성된 심리학적 효용 개념의 한 측면이 된다. 이러한 확장을 통해 실증적으로 관찰되는 다양한 측면들에 대한 설명이 가능해진다. 예를 들어, 사회의 평균 희망 소득이 1인당 소득과 같은 비율로 증가한다면, 산업화된 사회에 사는 사람들이 왜 지난 수십년간 경제적 부가 상당히 증가했음에도 불구하고 더 행복해지지 않았는지를 더 잘 이해할 수 있다. 이것은 시민들의 투표 행위를 보아서도 알 수 있다. 시민들은 경제 상황이 좋을 때에는 여당을 지지하는 것으로 알려져 있다. 하지만 사람들은 소득 상승률보다는 실업률과 물가상승률에 관심을 둔다(예컨대, Nannestad and Paldam, 1994). 소득과 주관적 웰빙 간의 상관관계가 낮은 이유도 더 잘 이해될 수 있다. 사람들이 희망 소득에 대한 절대 비교가 아닌 상대 비교로 자신의 경제적 웰빙을 평가하게 되면, 객관적으로 경제적 곤경에 처한 사람 중 일부는 높은 만족도를 보일 수 있고, 다른 일부는 객관적으로 경제 상태가 좋음에도 불구하고 만족도가 매우 낮을 수 있다.

희망 소득의 대용변수로 효용 개념을 확장하는 것은 즉시 다음과 같이 질문하게 한다. 사람들의 희망 소득을 결정하는 요인은 무엇인가? 개인들의 희망 소득 형성에 대한 이론적인 설명으로서 제시된 두 개의 과정에 대한 실증적인 증거는 있는가?

첫째, 쾌락 적응에 관한 연구는 감각 및 인식 자극이 반복될 때 그 효과가 감소하는 과정을 연구한다(예컨대, Frederick and Loewenstein, 1999). 소득에 관한한, 우리는 증가하는 소득에 "익숙해져"간다는 말이 있다. 일정 기간 동안 소득이 증가하게 되면, 높아진 소득의 쾌락효과에 적응되고 이것을 기본 수준으로 하여, 관심과 가치와 목표에 대한 인식변화가 생긴다. 이 과정에서 사람들은 자신의 희망 수준을 높인다. 개인 소득과 희망 소득 간의 관계에 대해 레이든 그룹(Leyden Group)이 개인 웰빙 함수 개념에 기초해서 분석한 바 있다(예컨대, van Herwaarden et al., 1977, van Praag and van der Sar, 1988을 보라). 희망 소득은 사람들의 소득 수준에 따라 증가한다는 결과가 확인되었다. 또한 그 결과는 소득 증가가 온전히 희망 소득 증가로 이전되는 것은 아니라는 것도 보여준다. 프라그(van Praag)와 공동 연구자들은 개인 소득 증가로 인한 선호의 변화가 소득 증가의 기대 복지 효과를 60퍼센트 감소시킨다는 것을 알아냈다.

둘째, 관련 있는 타인들에 대한 사회적 비교가 있다. 가장 문제가 되는 것은 소득의 절대 수준이 아니라, 다른 개인에 비교한 상대적 지위이다. 소비에 있어서 사회적으로 비교하거나 경쟁하는 과정들이 쾌락 적응 과정을 보완한다. 그러나 누구를 비교 대상의 준거 그룹에 포함시킬지 정해야 하기 때문에, 사회적 비교에 대한 실증 분석은 쉽지 않다. 베블렌에게는 밴더빌트와 같은 부자 집안이 준거 기준이 되고 있다(Veblen, 1899). 듀젠베리에게는 이웃집 가족이 희망 소비 수준의 준거이다. 그러나 준거 그룹은 부분적으로만 외생적으로 주어지며, 어느 정도는 적극적으로 선택되기도 한다(Falk and Knell, 2000). 심지어 TV 인기 드라마 속의 가족이 비교 대상이 되기도 한다(Schor, 1998).[14] 여기에서 응용된 것과 같은 방법으로 희망 소득의 대용 척도를 사용하여 스위스 공동체들에 대한 사회비교 효과가 연구되었다(Stutzer, 2004). 개인들의 희망 소득은 그들이 살고 있는 공동체의 평균 소득에 의해 체계적으로 영향을 받는다는 것이 밝혀졌다. 주변 주민들의 소득이 높을수록 희망 소득 수준도 높아진다. 생활수준 상승만으로는 이러한 효과를 설명할 수 없다. 희망 소득 수준은 상호 작용하지 않는 구성원들에 비해 공동체 내에서 상호작용하고 있는 구성원들의 평균 소득의 변화에 훨씬 더 많은 영향을 받는다.

4.2 결혼에 관한 이론: 어떤 커플에게 유리한가?

두 번째 적용은 주관적 웰빙 데이터를 이용해 경제 이론 및 예측을 새롭게 검정할 수 있는가 하는 것과 관계가 있다. 이 데이터는 (a) 동일한 행동 패턴을 설명하는 이론 모형들 간의 차이를 구분하고, (b) 예측된 행동과 경제 모형들의 균형에 중요한 역할을 하는 보조적인 가정들을 평가하는 대안적인 방법들을 제공한다.

보조적인 가정이 달라지면 예측도 완전히 달라지는 분야의 하나가 가족경제학이다(Pollak, 2002). 결혼경제학에 관한 베커의 획기적인 업적(Becker, 1973, 1974a)은 결혼한 커플이 가족 내에서 생산과 분업을 통해 얻는 이득에 주목하고 있다.[15] 다른 이론들은 가족 공공재에 대한 배우자의 공동 소비, 혹은 동류 관계(homogamous relationship)[16]에서의 호혜성과 사회적 평등성에 관한 것에 집중되어 있다. 후자의 경우 "결혼 가능성"이 높을수록 기본 가치관이나 신념에서 배우자와 잘 맞는 경향이 있다. 베커 모형에서 보면, 남녀의 결합은 암묵임금(shadow wage)(예컨대, 노동의 한계생산물가치-역주)과 음의 관계인 것으로 예측되는 반면, 동류 관계에서의 결혼이 교육과 양의 관계인 것으로 예측되고 있다. 이들 두 종류의 모형의 타당성을 연구하기 위해서는 결혼이 누구에게 더 큰 이익인지에 관한 체계적인 증거를 제공하기 위한 주관적 웰빙 데이터가 연구될 수 있다.

우리의 연구에 대해 다른 논문(Stutzer and Frey, 2003a)에 좀 더 자세히 설명되어 있지만, 이 절에서 간단히 살펴본다. 우리의 실증분석은 노동 분업의 잠재성이 서로 다르거나 다소 교육수준이 다른 커플에게 있어서 결혼의 이득이 일관되게 차이나는지 여부를 연구한다.

(A) 결혼이 웰빙에 미치는 효과

사람들은 결혼하게 되면 장기적으로 강한 상호 책임관계에 놓이게 된다. 배우자는 안전과 물질적 보상은 물론이고 사랑의 표현과 감사와 존중을 기대한다. 이 점은 혼인서약에 요약되어 있다. 경제학자들은 보호 효과 중에서도 특히 결혼의 재무적 이득에 관해 연구해왔다. 결혼은 불행한 사건들에 대한 기초적인 보험이며, 규모의 경제와 가정내 특화와 같은 이점을 준다(Becker 1981). 결혼을 하면 둘 중 한 사람은 노동시장에서 요구되는 일에 대한 인적자원 축적에 유리한 조건을 가지게 된다. 다른 조건이 같을 때, 기혼자가 미혼자에 비해 수입이 더 높다는 사실이 이를 반영한다(예컨대, Chun and Lee, 2001).

수입 증가 외에도 결혼에는 그 이상의 많은 이점이 있으며, 이에 대해 심리학, 사회학, 병리학적으로 연구되어왔다. 이 분야의 연구자들은 독신에 비해 기혼자들이 정신적, 육체적으로 더 건강하며 (예컨대 약물남용이나 우울증이 덜하다) 더 오래 산다는 것을 보여주었다. 건강효과에 대한 연구들은 버만과 마골린(Burman and Margolin, 1992)과 로스 외(Ross et al., 1990)에 정리되어 있고, 웨이트와 갤러거(Waite and Gallagher, 2000)에 소득, 수명, 자녀의 성취, 성적 만족에 대한 증거가 추가되어 있고, 장기적인 증거에 기초한 조사가 윌슨과 오스왈드(Wilson and Oswald, 2002)에 의해 행해졌다.

최근 결혼이 행복에 미치는 효과에 대한 관심이 커져왔다. 결혼과 행복이 함께 간다는 것이 여러 나라와 여러 시기에 걸친 많은 연구에서 밝혀졌다(예컨대, Diener et al., 2000; Stack and Eshleman, 1998; 설문조사로는 Coombs, 1991와 Myers, 1999가 있다). 결혼생활을 하고 있는 사람들은 미혼이나 이혼이나 사별한 사람에 비해 주관적 웰빙이 높다고 말하고 있다.[17)]

결혼에서 가장 큰 혜택을 보는 커플들의 특징은 무엇인가? 이 질문은 결혼이 어떻게 해서 이득이 되는지를 밝히는 데 도움이 될 것이다. 결혼시장 모형에서의 부수적인 가정들에 대해 관련 증거를 가지고 평가할 수 있다. 사회학자와 심리학자들은 감정적 지지와 관계의 즐거움을 강조하는 반면, 경제학자들은 가족 간의 생산 특화의 이점에 집중해 왔다. 전자는 예를 들어 배우자의 교육수준에 따른 사회적 지위면에서 동류적인 커플과 관련되어 있는 것이 보통이다.

(B) 결혼한 사람들의 행복의 차이에 대한 실증 분석

삶의 만족도 조사 데이터를 이용해서 결혼에 의한 주관적 웰빙의 증가에 관한 두 가지 주장을 직접적으로 검정한다. 첫 번째 적용으로서 GSOEP의 패널 데이터를 이용한다. 표본 기간인 17년 동안 결혼생활을 해온 사람들의 결혼 전후의 웰빙을 살펴보는 것으로 분석을 한정한다. [그림 5.1]은 1984년에서 2000년 사이의 독일인 1,991쌍에 대한 21,809개 관측치에 근거하여 결혼 전후 몇 년간의 삶의 만족도 평균을 보여준다. 평균값은 응답자의 성별, 연령, 교육수준, 자녀관계, 가구소득, 가족 규모, 가장과의 관계, 노동시장에서의 지위, 거주지, 시민권 여부 등을 고려하여 계산되었다.

[그림 5.1]은 주목할 만한 패턴을 보여주는데, 결혼 연도에 가까울수록 사람들의 삶의 만족도 평균치가 올라가다가 결혼 이후에는 이와 대조적으로 내려간다.

이러한 패턴은 몇 가지 개념으로 설명 가능하다. 일부 심리학자들은 결혼상태의 전환이 주관적 웰빙을 변화시키는 사건이라 설명한다(예컨대, Johnson and Wu, 2002). 다른 일부는 그것을 적응의 증거라고 본다(Lucas et al., 2003). 결혼생활에 대한 적응은 파트너와의 친밀한 생활에 의한 유쾌한(혹은 불쾌한) 자극에 적응하고, 일정 기간 후에는 다소 기본적인 수준의 주관적 웰빙을

그림 5.1 결혼 전후의 삶의 만족도

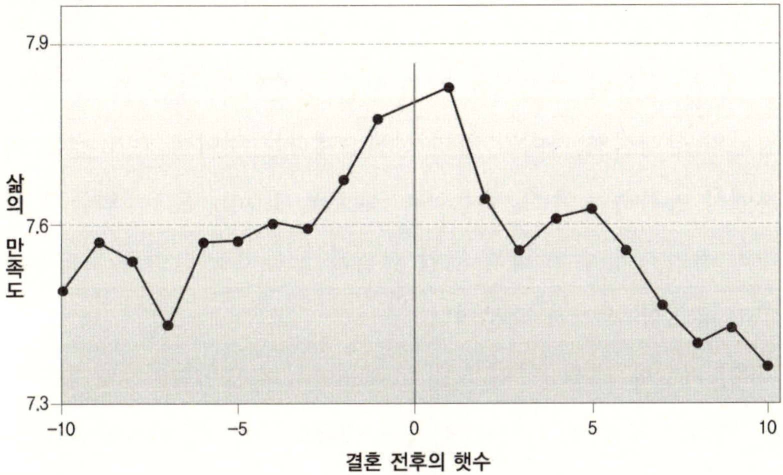

주: 그래프는 응답자의 성별, 연령, 교육수준, 자녀관계, 가구소득, 가족 규모, 가장과의 관계, 노동시장에서의 지위, 거주지, 시민권 여부 등을 고려한 웰빙의 패턴을 나타낸다.
자료: GSEOP.

경험한다는 것을 의미한다. 이것이 진정한 쾌락 적응인지, 혹은 결혼한 사람들이 만족한 삶에 대해 다른 스케일 척도를 사용(만족 트레드밀)하기 시작하는 것인지는 판단하기 어렵다.[18)]

본 연구에서는 만족도 차이가 크게 나는 신혼부부들의 패턴에는 별 관심이 없다. 결혼 첫 해에는 삶의 만족도의 평균이 7.64에 표준편차가 1.60이고, 두 번째 해에는 평균이 7.43에 표준편차가 1.59 ("완전 불만"의 0에서 "완전 만족"의 10까지의 10점 척도)이다. 이러한 수치는 신혼인 배우자의 만족도에 커다란 차이가 있음을 말해준다. 본 연구에서는 결혼시장 이론에서 정의한 일부 하위 그룹에 체계적인 차이가 있는지를 검토한다.

첫째, 특화의 가능성을 살펴본다. 결혼의 이득은 배우자와의 임금의 상대적인 차이와 양의 상관관계라는 것이 베커가 결혼 이론에서 예측하는 주요 내용이다(Becker, 1974b, S11). 임금의 상대적 차이가 클수록 각기 집안 살림과 노동시장 참여로 특화하는 것이 유리할 것이기 때문이다.

이 가설에 대해 [그림 5.2] 그래프에서 설명한다. 상대적인 임금 차이가 중위값 이상인 커플의 그룹과 중위값 이하인 커플의 그룹으로 샘플을 나누었다.[19] 다른 조건은 불변인 것으로 하여 평균값을 추정하였다. 그러나 [그림 5.1]에서 말한 모든 통제변수가 포함된 것은 아니다. 특화가 가구 생산 증가의 이득을 줄 것으로 기대되므로, 가구소득(또한 그 밀접한 대용변수인 교육수준)은 통제되지 않는다.

[그림 5.2]는 결혼 후에는 두 그룹의 주관적 웰빙에 체계적인 차이가 없다는 것을 보여준다. 그러나 결혼 전에는 임금의 상대적 차이가 큰 사람들이 크지 않은 사람들에 비해 덜 행복했다.[20] 이는 상대적인 임금 차이가 큰 커플이 결혼의 이점이 더 크다는 것을 말해주는 것으로, 특화가 이득이라는 점에 기초한 베커 모형의 주된 예측을 지지하고 있다.[21]

그림 5.2 배우자들 간의 (암묵적) 임금의 차이와 결혼 전후의 삶의 만족도에 대한 효과

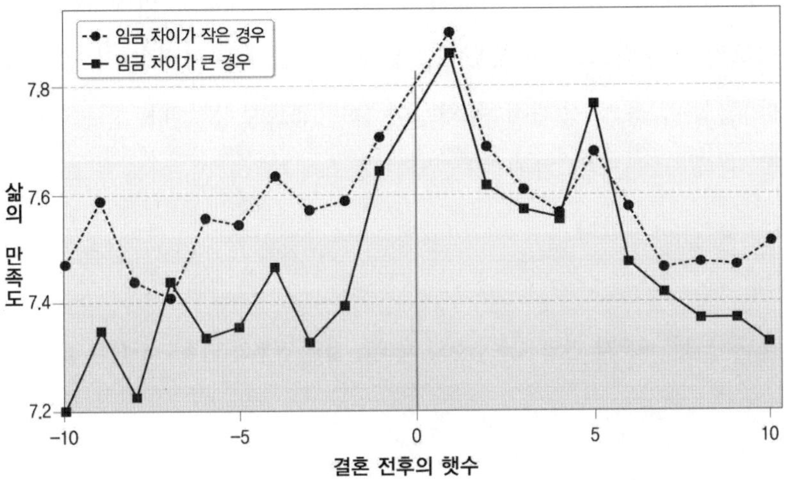

주: 그래프는 응답자의 성별, 연령, 교육수준, 자녀관계, 가구소득, 가족 규모, 가장과의 관계, 노동시장에서의 지위, 거주지, 시민권 여부 등을 고려한 웰빙의 패턴을 나타낸다.

자료: GSEOP.

둘째, 임금 수준이 동일한 커플이 결혼했을 때의 이득 가능성이 분석되어 있다. 여기서 우리는 교육년수로 측정한 커플 간의 교육수준의 차이를 살펴본다. 교육수준 차이가 작은 커플이 큰 커플보다 결혼의 이득이 더 크다고 가정한다.

[그림 5.3]은 앞서 특화에서 사용한 동일한 검정 방식을 적용한 그래프 분석 결과를 보여주며, [그림 5.1]에서와 같이 모든 통제변수들이 포함되어 있다. 결혼 전에는 교육수준에 차이가 있는

두 그룹의 웰빙에 체계적인 차이가 없으나 결혼 후에는 교육수준 차가 중위값보다 작은 커플들이 그보다 큰 커플에 비해 삶의 만족도가 평균적으로 더 높았다. 결혼 후 7년간의 이러한 차이에 대한 결합 검정의 통계적 유의성이 99퍼센트보다 높다. 이는 비슷한 교육적 배경을 가진 커플들이 결혼에서 더 큰 이득을 얻는다는 것을 지지한다.

그림 5.3 배우자 간의 교육수준의 차이와 결혼 전후의 만족도에 대한 효과

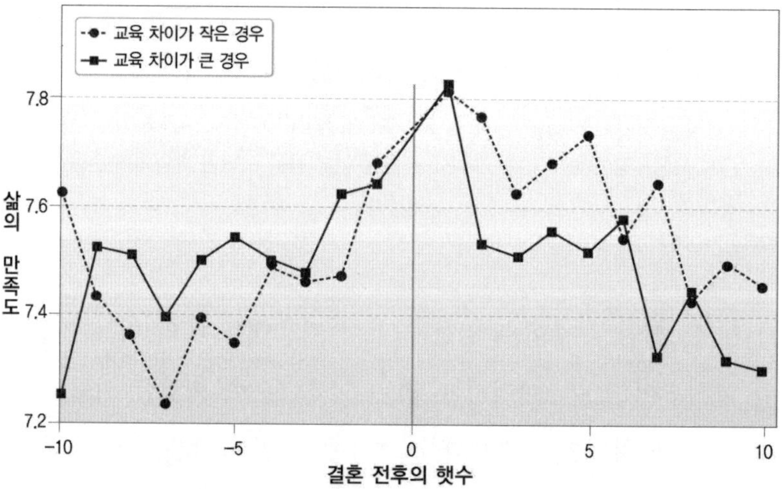

주: 그래프는 응답자의 성별, 연령, 교육수준, 자녀관계, 가구소득, 가족 규모, 가장과의 관계, 노동시장에서의 지위, 거주지, 시민권 여부 등을 고려한 웰빙의 패턴을 나타낸다.
자료: GSEOP.

(C) 해석

결혼의 이득이나 보호에 대한 기본적인 가정들은 주관적 웰빙 데이터를 이용해서 직접적으로 연구될 수 있다. 우리는 경제학에서 강조된 특화 가설이 지지되고 있음을 확인했다. 결혼 전의 삶의 만족도에 비해, 임금차가 큰, 따라서 특화의 잠재적인 이득이 큰 커플들은 임금차가 작은 커플에 비해 결혼을 통해 더 많은 이득을 얻는다. 그러나 결혼 7년 후에는 이들 두 그룹 간에 체계적인 차이가 없는 것으로 확인되었다. 또한 우리의 결과는 파트너 간의 유사성을 강조하는 이론도 지지한다. 비슷하거나 같은 파트너들은 관계를 돈독하게 해줄 가치와 신념을 공유하는 것으로 예상된다. 교육수준차가 작은 배우자들은 차이가 큰 사람들에 비해 결혼을 통해 평균적으로 더 많은 만족을 얻는다. 두 개의 부수적인 가정들에 대한 이러한 검정은 특화나 소비의 보완성에 초점을 둔 기존의 결혼시장 모형들이 각기 중요한 측면들을 간과하고 있음을 말해준다.

5. 결론

많은 사람들이 행복을 원하며 행복이야말로 인생에서 성취하고자 하는 전부라고 말한다. 경제학은 개인의 행복에 관한 것이며, 당연히 그러해야 한다. 그러나 경제학에서는 근래에 들어서야 이러한 주장을 다루고 사람들의 주관적 웰빙에 대해 연구하기 시작했다. 그동안 행복 연구와 경제학은 인간의 웰빙과 그 결정요인들에 관한 흥미 있는 발견과 통찰을 많이 도출해 내었다.

우리는 경제학에 행복 관련 연구에 대한 엄청난 잠재력이 있다고 주장하고 있지만, 더욱 엄밀한 이론적 접근이 필요하다고 본다. 우리는 행복 이론을 검정하는 두 가지 방법을 제시한다.

첫째, 주관적 웰빙은 효용 자체를 보다 잘 이해하기 위한 타당성 있는 대용 척도이다. 효용에 대한 직접적인 대용 척도가 있다면, 심리학적인 내용을 지닌 효용 개념도 가능할 것이다. 행복 연구는 효용 판단의 상대성이나 경험 효용의 예측, 혹은 과정적 효용 개념과 같은 측면들도 다룰 수 있다. 본 연구는 욕구 충족 이상의 것을 반영하는 경제학적 효용 개념으로 이동하고 있다.

둘째, 행복 관련 데이터는 행동에 관한 여러 모형 간의 차이를 구분하는 새로운 방법을 제공한다. 특정 스타일의 행동들을 설명할 수 있는 이론 모형들이 많이 있어 실증 연구와는 분명한 대조를 이루고 있다. 관측되는 행동에 근거한 일부 모형들 가운데 적어도 일부라도 기각할 수 있는 통계적 검정이 부족한 형편이다. 이러한 모형들이 사람들의 효용에 관해 서로 다른 예측들을 하고 있는 만큼, 이러한 모형들을 검정하고 기각시킬 수 있을 것이다.

본 연구를 통해 행복 이론을 검정할 수 있는 두 가지 방법을 설명하였다. 우리의 첫 번째 적용은 효용을 사람들의 희망 소득을 포함하는 개념으로 확대하는 것이다. 웰빙에 대한 소득의 기여도는 자신들의 희망 수준에 따라 상대적이라는 것을 알아냈다. 희망 소득이 삶의 만족에 대해 상당한 크기의 부정적인 효과를 가지는 것으로 추정되었으며, 이는 상호의존적인 선호와 습관 형성에 대한 모형들이 수요 행위 예측보다는 개인 복지에 대해 훨씬 커다란 의미를 가진다는 것(Holländer 2001)을 확인해 준다.

우리 연구의 두 번째 적용은 경제학과 사회학에서의 결혼 시장에 대한 두 가지 기초 가설들을 검정하는 것이다. 경제학 모형들은 노동의 특화와 분업에 초점을 두지만, 사회학은 관계의 동질성이 가지는 이점을 강조한다. 우리는 양 이론 모두를 지지하는 증거를 확인했다. 특화 가능성이 큰 커플일수록, 교육수준차가 작을수록 결혼의 이득이 상대적으로 더 크다.

우리는 경제학에서의 행복 연구의 미래가 밝다고 본다. 행복 이론에 대한 검정은 경제학의 핵심 분야에 상당히 기여할 수 있는 잠재력이 있다.

우리는 2003년 밀란(Milan)에서 개최된 "행복의 역설" 컨퍼런스에 참여한 많은 참가자들과 두 명의 심사자와 Reto Jegen에게 감사한다. 베를린에 있는 독일경제연구소(GIR; German Institute for Economic Research)가 친절하게도 독일 사회경제 패널(German Socio-economic Panel) 데이터를 제공해 주었다.

1) 이 비판은 정치제도가 주관적 웰빙값에 미치는 영향에 관해 연구한 우리들의 노력에 대해서도 적용된다(Frey and Stutzer 2000).

2) 미국의 평균 실질 담배세(1999년 US 달러 기준)는 이 샘플의 경우 31.6센트이다.

3) 이러한 개념에 반대하는 학자들도 물론 있다. Frank(1985a, 1999 본서), Galbraith(1958), Hirsch(1976), Scitovsky(1976), 그리고 이들보다 최근에 -특히 미국에 있어서-소비문화를 연구한 Schor(1998)은 소비자 만족의 사회적으로 형성된 희망 수준과 기대의 중요한 역할을 강조한다.

4) 행복에 대한 상대적인 판단의 중요성은 예컨대 실험실의 실험에서 보여진다(Mellers, 2000; Smith et al., 1989; Tversky and Griffin, 1991).

5) 몇 가지 예외 가운데서도 선호변화 이론은 습관 형성에 집중되어 왔다(예컨대, Marshall, 1890; Modigliani, 1949; Pollak, 1970; 최근에는 Carroll et al., 2000). 관련된 사람들과의 비교로 인한 선호의 상호의존성 개념(예컨대 Frank, 1985b; Pollak, 1976; 설문조사는 Clark and Oswald, 1998)은 여전히 드물다. 지위적 관점보다 공정성 관점에 초점을 둔 상호의존적 효용 모형들도 있다(예컨대, Becker, 1974b; Fehr and Gächter, 2000). 주관적 웰빙 조사 데이터를 이용하여 개인들의 분배적 관점에 초점을 둔 실증연구로 예컨대 Alesina et al.(2004), Hagerty(2000), Schwartze and Häpfer(2002), Tomes(1986)가 있다.

6) 관련된 연구로 Easterlin(1974, 1995, 2001, 본서)이 있다. 그는 행복의 역설-이라고 스스로 이름을 붙인-문제를 해결하기 위한 준거로서 희망 수준의 개념을 사용한다. 행복의 역설은 행복과 소득 간의 관계에 있어서 두 가지 의외의 측면들을 말해준다. 소득이 더 높은 사람들의 삶의 만족도가 평균적으로 더 높지만, 모든 사람의 소득이 높아지면 사람들의 주관적 웰빙은 평균적으로 높아지지 않는다. 후자의 경우 사람들의 희망 수준이 소득 증가

와 함께 높아진다고 주장된다.

7) 희망 수준의 개념은 심리학과 사회학에 기초하고 있으며(예컨대, Irwin, 1944; Lewin et al., 1944; Stouffer et al., 1949), 희망수준이론은 심리학(특히 Helson, 1964; Brickman and Campbell, 1971; Rarducci, 1995; 현대적인 논의로는 Frederick and Loewenstein, 1999)에 기초하고 있다.

8) 예를 들어, "다음 경우들에 대해 저절하다고 생각되는 금액을 기입하세요. 주어진 나(우리)의 여건에서, 다음의 경우에 해당되는 순가계수입: ________ 매우 열악, … , ________ 매우 좋음"(van Praag, 1993).

9) 상태를 나타내는 희망 수준 Y^*가 포함되는 상태-의존 효용함수 $U_i = U_{i,Y^*}(Y_i, X_i)$보다는 편의상 확장된 효용함수가 사용된다.

10) GSOEP에 대한 자세한 설명은 Burkhauser et al.(2001)과 Haisken-DeNew and Frick(2001)을 보라.

11) 대용 척도는 한 종류의 소득 평가 질문으로 집중되어 있다. 그리고 다음의 경우에 해당되는 소득수준에 대해서도 질문하고 있다: "매우 낮음", "낮음", "아직 충분치 않음", "좋음", "매우 좋음".

12) 이론적으로 스케일 척도 종속변수인 "삶의 만족도"의 순서 정보를 파악하기 위해서는 순서형 프라빗(ordered probit)이나 로짓(logit) 추정이 보다 적절할 것이다. 각각의 결과를 보면, 최소자승법 추정치와 순서 프라빗 모형의 평균 한계 효과가 매우 비슷하다. 추정 결과는 필자에게 요청하면 구할 수 있다.

13) 로그 변환된 소득 변수가 1만큼 증가하는 것은 가구 소득이 약 2.718의 로그 인수만큼 증가하는 것을 의미하기 때문에, 〈표 5.1〉의 계수는 대략 3배의 소득 증가에 대한 것이다.

14) 5,000명의 영국 근로자들에 대한 연구에서 Clark and Oswald(1996)는 동일한 노동 시장 특성을 가진 사람들로 구성된 준거 그룹을 설정하였다. 이 연구는 준거 그룹의 소득이 높을수록 사람들은 자신의 직업에 대한 만족도가 낮다고 결론 내린다. Neumark and Postlewaite(1998)는 효용에 대한 상대 소득의 역할을 검정하기 위해 가족 내의 사회적 비교를 연구하였다. 여성이 돈을 벌기 위해 일할지 안 할지를 결정하는 것은 자매나 올케가 일을 하는지 얼마나 버는지에 달려 있다고 결론 내린다. 독일에 관한 최근 연구에서 Ferrer-i-Carbonell(2002)은 연령과 교육 수준이 비슷한

사람들을 결합해서 외생적인 준거 그룹으로 설정하였다. 그녀는 이 그룹의 비교 소득이 삶의 만족에 부정적인 효과가 있음을 알아내었다.

15) 경제학에서의 결혼에 대한 이론적 분석은 Weiss(1997)와 Brien and Sheran(2003)에 조사되어 있다.

16) 동류혼(homogamy)은 "결혼에 골인하기 쉬운" 경향을 말한다. 나이, 인종, 종교, 국적, 교육, 태도 및 여타 특징들이 비슷한 사람들은 우연히 만난 사람끼리의 경우에 비해 결혼할 가능성이 높다(예를 들어, Hughes et al., 1999를 보라).

17) 역전된 인과관계의 가능성에 대해 실증적으로 연구하여 논의하는 것으로 예컨대 Mastekaasa(1992)와 Stutzer and Frey(출간예정)가 있다.

18) 선택론으로 이 패턴을 설명하는 것도 있다. 많은 사람들이 장래에 보상적인 관계가 될 것이라고 기대될 때에만 결혼할 것이다. 그들은 현재의 웰빙에 기초하여 배우자로서의 미래 웰빙을 예측한다. 그러므로 결혼 커플이 되면 과거와는 다른 행복한 시간을 보내게 될테니까 결혼 직전년도는 마지막 해가 된다.

19) 샘플에 포함된 응답자들은 각기 배우자의 사회-인구학적인 특성에 상응되기 때문에 상대적인 임금이 계산될 수 있다. 응답자나 그 배우자가 적극적으로 노동 시장에 참여하지 않은 기간 동안에 대해서는 암묵적 임금을 간단한 과정에 의해 추정할 수 있다. 임금은 최근의 휴직 전후 임금에 의해 대략적으로 계산되며, 조사 시점에 응답자가 재취업하는 곳에서 임금 인상 없이 직전 임금 수준을 받아들이거나 혹은 장래에 받을 수준의 임금을 받을 수 있는 것으로 가정한다.

20) 결혼하기 7년 전의 삶의 만족도 차이를 파악하기 위한 일곱 개의 더미 변수에 대한 F-검정이 95퍼센트 유의수준에서 통계적으로 유의하다.

21) Stutzer and Frey(출간 예정)도 실제 특화의 효과를 연구하였다. 실제 노동 분업은 배우자의 웰빙에 기여하는 것으로 보인다는 것이 확인되었다. 특히 여성의 경우, 그리고 양육할 어린 자녀가 있는 경우에 더욱 그러하다.

6

공공경제학을 다시 생각한다: 경쟁심과 습관의 의미

리차드 레이야드

공공정책의 목표는 사람들의 행복의 총합을 최대화하는 것이어야 한다. 전통경제학에서는 어떤 사람의 현재의 행복은 선택의 조합에 달려 있다고 단순하게 가정한다. 때문에 선택의 조합이 클수록 더 행복하다고 본다. 다른 사람의 선택 조합의 축소 없이 나의 선택 조합이 커지면 사회 후생은 증가한다.

그러나 이러한 결론은 한 사람의 보수 증가가 동료의 후생에 미치는 영향을 완전히 무시한 것이다. 이러한 상호의존성은 사람들이 기본적으로 경험하는 부분이므로, 이를 무시하는 이론은 오류일 가능성이 높다. 그 결과 일부 비판자들은 이러한 접근 전체를 폐기하라고 할지도 모른다. 그러나 이것도 옳지는 않다. 이를 폐기하기보다는 인간 경험의 전체 범위를 고려하도록 분석의 틀을 확장하는 것이 바람직하다.

하지만 어떻게 확장할 것인가? 최근까지도 우리는 무엇이 행복을 가져다주는가에 대한 직접적인 증거 없이 단지 고찰이나 행동 관찰에 의존해야 했다. 그러나 지금은 행복에 영향을 주는 것에 대한 보다 확고한 증거가 축적되어 있으며, 그러한 증거들은 타인의 수입이 강력하게 부정적인 영향을 준다는 것을 확인해준다. 좋든 싫든 인간은 경쟁적이며, 이제는 이러한 인간 본성의 핵심적인 사실을 주류 경제학에 포함시켜야 할 때이다.

두 번째 핵심적인 사실은 습관이다. 많은 형태의 소비에 있어서 처음에는 만족도가 높지만 시간이 오래 지나다 보면 처음만 못해진다. 그리고 사람들은 보다 부유한 라이프 스타일에 젖어들면 이를 예견하지 못한다.

이 두 가지 현상은 심각한 시장실패를 초래하므로, 이를 해결할 공공정책이 필요하다. 시기심은 누군가의 소득 증가가 주된 부정적 외부효과—아마도 현대 사회에서의 가장 큰 부정적 외부효과—의 원천임을 의미한다. 그리고 습관화 또한 주된 비효율로 이끄는 정보 오류의 주요 형태이다.

이 장의 목적은 이러한 현상들이 어떠한 정책 대응들을 필요로 하는지, 그리고 보다 일반적으로는 그것들이 공공경제학의 표준적인 명제들을 어떻게 수정하는지를 보고자 하는 것이다.[1] 우리는 경쟁심과 습관이 정부의 행위에 대해 중요한 새로운 주장들을 제공할 것임을 알게 될 것이다. 그러나 먼저 이러한 현상의 전반적인 성격을 살펴볼 필요가 있다.

두 종류의 증거가 있다.[2] 첫 번째 증거는, 부차적인 것이지만, OECD 지역에서 일정 기간 동안의 총소득의 증가가 총행복의 증가로 이어지지 않는다는 것을 지적한다. 두 번째 증거는 미시계량경제적인 것으로 개인의 행복의 실제 메커니즘을 밝히려는 것이다.

두 경우 모두 행복과 직업 만족도에 관한 질문에 기초한 것이다. 이에 대한 반응이 객관적이고 비교가능하다는 것을 말해주는 증거가 많다. 개인들의 행복에 관한 자기평가는 전기뇌조영도(EEGs; electro-encephelograms)와 미소(smiling behavior)에 의한 타인의 평가와 상관관계가 높다(Diener and Suh, 2000, 1장). 개인들의 직업 만족도는 퇴직 및 장기결근과 상관관계가 높다(Freeman, 1978). 그러므로 사람들이 뭐라 말하는지 살펴보자.

1. 총합적인 시계열과 횡단면 분석

1973년 기록이 시작된 이래 총합적인 수준에서 행복이 증가했다는 보고는 미국, 일본, 유럽 어디에도 없었다.[3] 행복도 분포의 모양에도 특별한 변화가 없었다. 서구 사회에서 선택의 조합이 엄청나게 확대된 것을 고려한다면, 이러한 사실들은 놀라운 것이다. 이는 각각의 코호트에 대해 사실이다. 개별 코호트들은 생활수준이 엄청나게 높아졌음에도 불구하고 이 기간 동안 행복도가 높아지지 않았다.

이 데이터들은 "모든 것을 고려할 때, 현재 상황은 어떻습니까? 매우 행복함, 꽤 행복함, 별로 행복하지 않음 중에서 고르세요."라는 질문에 기초한 것이다. [그림 6.1]은 미국에 대한 그래프이다.

물론 한 나라 안에서만 비교할 때에는 부자가 빈자에 비해 항상 더 행복하다.[4] 그러나 시간이 지나면서 절대 소득이 상승하더라도 각 상위 1/4 소득분위에서의 행복도는 상승하지 않는다(표 6.1을 보라).[5] 부자들은 절대소득보다는 상대 소득 수준이 득이 된다는 것을 보여준다.

그림 6.1 **미국에서의 소득과 행복도**

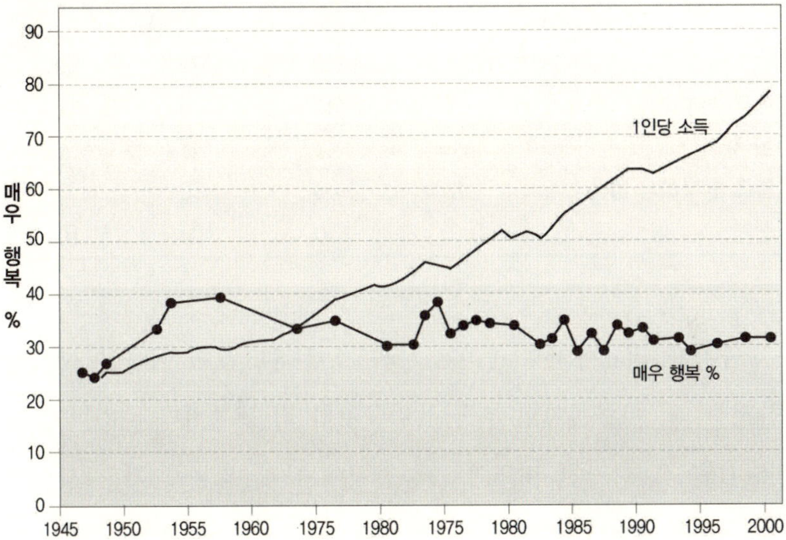

주: 설문지의 질문은,

AIPO: "당신은 전반적으로 얼마나 행복하다고 말할 수 있나요? 매우 행복함, 그런대로 행복함, 행복하지 않음.", GSS: "모든 것을 고려할 때, 요즘의 상태는 다음 중 어디에 해당되나요? 매우 행복함, 꽤 행복함, 별로 행복하지 않음." GSS는 AIPO에 비해 매우 행복함 응답비율이 낮은데 그 이유는 분명하다. ("그런대로 행복함"과 "꽤 행복함"이라고 하는 수식어의 차이와 GSS에서의 "요즘"이라고 하는 준거 때문이다.) 이 연구는 GSS를 기본으로 하였고, 1972년의 GSS 응답처럼 모든 AIPO 응답을 1971년 응답과 같아지게끔 조정하였다.

자료:

(물가조정) 일인당 소득: Bureau of Economic Analysis, US Department of Commerce, NIPA 〈표 7.1〉, 연간 일인당 실실 GDP.

행복도: (1946-71:) T. W. Smith (1979) "Happiness: Time Trends, Seasonal Variations, Intersurvey Differences and Other Mysteries", *Social Psychology Quarterly* 42/1, (March), 18-30에 보고된 American Institute of Public Opinion (AIPO) (Gallup) 자료와 GSS(General Social Survey).

표 6.1 부자와 빈자는 얼마나 행복한가? (미국)

	상위 1/4		하위 1/4	
	1975	1998	1975	1998
매우 행복함	39	37	19	16
꽤 행복함	53	57	51	53
별로 행복하지 않음	8	6	30	31
합계	100	100	100	100

국가간 비교에서도-일인당 국민소득 $15,000 이상인 국가에 한정할 때, 마찬가지로 부국이 빈국보다 더 행복하다는 증거가 없다[6](행복의 국가간 비교가 가능한지에 대해 의문을 가진 사람들은 부록에서 확인할 수 있을 것이다.).

일인당 소득 $15,000 이하는 절대적인 생계수준에 가깝기 때문에 사정은 달라진다. 이러한 소득 수준에 속하는 경우 부국이 빈국보다 행복도가 높다. 시계열 자료가 있는 인도, 멕시코, 필리핀 같은 나라에서는, 소득 수준이 올라감에 따라 행복도가 상승했다.[7] 또한 빈국 국내의 부자와 빈자 간의 행복도 차이도 부유한 국가 그룹에서보다 더 크다.[8] 소득의 한계효용 체감에 의해 예상할 수 있듯이, 경제 성장은 부국에서보다는 빈국에서의 중요성이 더 크다.

총합적인 통계치는 서구국가에서 소득이 폭증했음에도 행복도가 정체된 이유는 무엇인가라고 하는 기본적인 의문을 제기하지만, 그 작용 메커니즘을 보여주지는 못한다. 이를 위해서는 행복이나 직업만족도에 관한 미시계량경제학적인 연구가 필요하다.[9)]

2. 미시적인 증거: 경쟁심

이러한 연구의 대다수는 타인의 소득(경쟁심)과 자신의 과거 소득이 부정적인 효과가 강하다는 것을 보여준다. 경쟁심과 관련하여, 미국인들은 자신이 거주하는 주(州)의 평균 소득이 상승하면 자신의 소득 증가로 상승하는 행복의 3분의 1이 감소한다(Blanchflower and Oswald, 2000).[10)] 영국에서는 자신의 임금상승으로 높아진 만족도는 동급의 다른 근로자 임금의 상승으로 다 상쇄되어버리는 것으로 밝혀졌다(Clark and Oswald, 1996).[11)] 배우자의 수입은 자신의 직업 만족도에 부정적인 영향을 준다(Clark, 1996). 비교 역시 행동에 영향을 준다. 자기 남편의 수입이 동생 남편의 수입보다 적은 여성은 동생의 생활수준을 따라잡기 위해 직업을 가질 가능성이 높다(Postlethewaite et al., 1998).

그러나 하버드 대학원생들을 조사한 간단한 설문이 이 문제에 관한 가장 시사적인 지표일 것이다. 아래의 A와 B 중 어떤 상태

를 더 선호하는지 선택하게 하였다.12)

A: 본인은 $50,000을 벌고 타인은 $25,000을 번다.
B: 본인은 $100,000을 벌고 타인은 $250,000을 번다.

절반 이상의 학생들이 A를 선택하였는데, 이는 타인의 소득에 매우 민감하다는 것을 말해준다. 우리가 왜 이러한 비교를 하는가에 대해서는 지겹도록 논의할 수 있다. 혹자는 시기심이라 부르기도 하지만, 그것은 남보다 앞서거나 혹은 적어도 사회 표준보다는 뒤처지지 않으려는 심리로 보는 것이 타당할 것이다.

타인의 모든 생활 요소들에 대해 똑같이 예민하다면 그러한 민감성은 (우울하기는 해도) 선택을 왜곡시키는 것은 아니다. 예를 들어, 사람들이 수입을 비교하는 것만큼 집요하게 타인과 자신의 여가 생활을 비교한다면, 개인들의 수입-여가 선택은 사회적으로 효율적일 것이다. 그러나 실제로는 그렇지 않다. 사람들은 타인의 수입에 비해 여가에 대해 훨씬 덜 예민하다. 같은 학생들에게 다음의 A′과 B′ 중 선택하도록 하였다.

A′ : 본인은 2주의 휴가를 타인은 1주의 휴가를 간다.
B′ : 본인은 4주의 휴가를 타인은 8주의 휴가를 간다.

20퍼센트의 학생들만이 A′을 택하였다. 사람들은 자신의 과시적 소비를 타인과 비교하지만 여가나 공공재나 비과시적 소비에 대한 상대적 접근성에는 신경을 훨씬 덜 쓴다. 후자의 생산이 적정 수준에 미치지 못해도 가장 덜 신경 쓰이는 것은 이 때문이다.

이에 대하여 자유주의 경제학자들은 경쟁적인 사람들은 모든 것을 자기 탓으로만 돌리기 때문에 과시적 소비를 억제하려는 공공정책 노력이 그들을 보호하는 효과는 미미할 것이라고 주장한다. 그러나 이는 핵심을 놓친 것이다. 정도의 차이는 있을지라도 우리는 모두 경쟁적이다. 자기만 빼고 주변 사람들이 모두 좋아지는데도 속 편할 사람이 누가 있겠는가? 그것은 유전자에도 들어 있는 인간 본성의 본질적인 부분이다. 원숭이의 경우 최고 자리에 오르면 세로토닌 수치가 올라가지만, 최고 자리에서 밀려나면 그 수치가 떨어진다.[13] 이러한 경쟁 본능은 야생에서의 생존 능력을 향상시킨다. 하지만 보다 통제된 인간 사회에서는 극단적인 형태로 생존해야 하는 삶의 영역을 제한하고 행동이 덜 경쟁적이도록 하여 그 수준을 최적화하는 것이 전적으로 합리적이다.

3. 미시적인 증거: 습관

습관화의 역할과 관련하여, 대부분의 연구들은 과거의 소득이 현재의 행복에 부정적인 영향을 준다고 한다. 개인들에 관한 패널 연구에 의하면, 영국의 경우 직업 만족도가 임금의 영향을 받지 않으며 단지 그 변화율에만 영향받는다는 것을 보여주는데, 이는 과거 임금의 습관화가 가지는 부정적인 효과가 크다는 것을 의미한다(Clark, 1999). 좀 더 총합적인 수준에서 보면, 국가들에 대한 패널 데이터에서 현재 소득에 의한 행복도 상승분의 3분의 2가 과거 소득에 의해 감소한다(Di Tella et al., 2002). (따라서 소득의 꾸준한 상승으로 행복이 어느 정도 상승했지만 그동안의 역사적 기록을 보면 다른 변화들(높은 이혼율, 범죄율 등)의 부정적인 효과로 인해 상쇄되었다.)

습관화에 대한 덜 직접적인 접근 방법으로, 적절한 삶을 살 수 있기 위해서는 얼마의 수입이 필요한지 조사한 것이 있다. "4인 가족이 제대로 살아가려면 최소한 얼마의 돈의 필요한가?"를 묻는 갤럽 조사가 미국에서 여러 해 동안 실시되었다. 시간이 지나면서 그 실질적인 소득 수준이 계속해서 상승하였으며, 다른 많은 연구들도 비슷한 결과를 보였다.[14]

다른 접근 방법으로 횡단면 분석이 있다.[15] 각 개인들에게 "당신의 가족에게는 얼마의 세후 소득을 '매우 부족, 부족, 불충분, 충분, 좋음, 아주 좋음'이라 할 수 있습니까?"라고 질문한다. 응답 결과를 이용해 각 개인에게 충분과 불충분의 중간값이 얼마인지 살펴볼 수 있다. 이 "요구소득(required income)"은 개개인의 실제 소득에 따라 크게 달라진다—실제 소득이 10퍼센트 상승하면 요구소득은 대략 5퍼센트 정도 올라간다.[16]

여기서의 작동 과정은 사람들이 상향이든 하향이든 환경변화에 적응하는 기본적인 적응 과정이다. 이것이 예컨대 무언가를 손에 넣었을 때의 기쁨보다 그것을 잃었을 때의 고통이 크다고 하는 보유효과(endowment effect)를 설명하는 메커니즘이다. 한 예가 머그잔 실험이다. 사람들에게 머그잔을 사기 위해 얼마를 지불할 용의가 있는지를 묻고, 그 다음에 그 머그잔을 가지고 있다고 했을 때 그것을 포기하기 위해서는 얼마를 요구할 것인지 알아본다. 전형적으로 "판매" 가격이 "구매" 가격보다 50퍼센트 이상 높다. 이 예는 우리가 일단 경험한 생활수준의 중요성을 설명해 준다. 심리학자들이 때로 "쾌락 트레드밀"이라고 부르는 것이 이것이다.

그러나 사람들이 그러한 적응 과정을 미리 알고 고려한다면 시장실패가 초래될 것이다. 사람들이 어떻게 적응해 나갈지를 정확히 예측하지 못한다는 증거는 많다.[17] 예를 들어 대학교수들은 정년보장을 받았을 때의 행복감이 실제보다 더 오랫동안 지속될 것이라 생각한다. 머그잔 실험 참가자들도 일단 그것을 손에 넣고 난 뒤에는 그 가치를 얼마로 볼 것인지에 대한 예측에 실패한다.[18] 그리고 흡연과 관련해서, 사람들의 향후 흡연 여부는 베커와 머피가 보여준 바와 같이 앞으로의 담배가격에 의해 영향을 받을 것이다(Becker and Murphy, 1988). 그러나 사람들은 주어진 현재의 흡연 수준을 근거로 할 때 미래의 담배 소비를 여전히 매우 과소평가한다. 예를 들어, 담배를 하루 한 갑 피우는 고등학생들 중에는 앞으로도 5년 간은 계속 피울 것이라 생각하는 학생이 32퍼센트이지만, 실제로는 70퍼센트가 계속 피운다.[19] 사실 우리 대부분은 현재 적응하여 있는 생활수준이 미래의 효용함수에 얼마나 영향을 줄지에 대해 과소평가하고 있다.

그러나 다시 말하지만, 다른 것들에 비해 어떤 것에 더 잘 적응하는지 하는 것이 중요하다. 예를 들어, 물질적 생활수준이 10퍼센트 늘어났을 때와 똑같이 여가가 10퍼센트 더 늘어났을 때에도 곧 당연한 것으로 적응할까? 프랭크는 지속적인 이득을 경험할 수 있는 강력한 사례들을 들고 있다(Frank, 1999). 사회생활을 더 많이 하고, 자녀와 더 많은 시간을 보내고, 출퇴근시간이 짧아지고, 일에 대한 자율권이 커지고, 직업 안정성이 커지고, 건강관리가 더 좋아지는 경우들이다. 이와는 대조적으로, 더 좋은 차나 더 큰 집에 대해서는 빠르게 적응하므로 지속성이 약하다. 특히 시계열적으로 볼 때, 소득이 상승해도 금전적인 욕망 수준은 여전히 높은 상태가 지속된다.

결론적으로, 사회 전체적인 수준에서 볼 때, 경쟁심과 습관으로 인해 소비수준 향상이 사회적인 웰빙에 미치는 효과는 제한적이라는 증거가 있다. 그것들은 선택도 왜곡시킨다. 왜곡의 정도를 살펴보기 위해서는 평균적인 소비와 자신의 과거 소비의 부정적인 효과의 크기를 현재 소비의 긍정적인 효과의 크기와 이떻게 비교하는지를 알 필요가 있다. 앞서 제시된 증거는 부정적인 효과가 정확히는 모를지라도 상당히 크다는 것을 보여준다.

경쟁심과 습관은 사람들로 하여금 필요 이상의 노력을 하게 한다는 것이 추측이 아닌 사실임을 보여줄 수 있는 증거들이 충분히 있다. 세금 부과를 통해 이러한 왜곡을 줄일 수 있다. 과시적 소비에 대해 비과시적 소비(다른 사람들의 소비와 비교되지 않는 소비)에 비해 훨씬 높은 세금을 부과하면 효율적으로 왜곡을 바로잡을 수 있을 것이다.

경제학자들은 높은 수준의 "명백히 왜곡적인" 세금에 대해 표를 찍어주는 유권자들의 행위를 이해하려 오랫동안 고심해왔다. 이것은 일반 대중이 경제학자들보다도 인간 본성에 관해 보다 현실적인 모형을 사용하고 있다는 것을 뜻하는 것인가? 이것이 사적인 지출을 집단적인 행동에 의해 제약함으로써 지나친 라이프스타일을 축소하도록 하고 공공재를 더 많이 제공하도록 하기 위해서라고 설명할 수 있을까?

사회과학은 이제 비로소 효용의 진정한 결정 요인들을 검토하고 현시선호가 전체가 아닌 부분밖에 설명하지 못한다는 것을 인식하기 시작했다. 이 모든 증거들이 말해주는 것은 우리가 논의하는 현상들이 크고 중요한 문제이며 이제 주류 공공경제학에서 다루어져야 한다는 것이다.

부록 국가간 비교

"행복"(혹은 "만족")이라는 단어가 각 나라의 언어에서 같은 의미로 쓰이는지 의문을 가지는 것은 물론 당연한 일이다. 같은 의미를 가지지 않는다면 국가간 비교로 얻을 게 없다. 그러나 국가들은 "행복"한가, 얼마나 "만족"하는가, 그리고 자신의 삶에 얼마의 점수("최악의 삶"부터 "최상의 삶"까지의 점수 척도를 이용)를 줄 수 있는가 라는 세 가지 다른 척도에 의해 별도로 순위를 매길 수 있다. 국가 순위는 세 가지 척도에서 대부분 일치한다.[20] 이는 단어가 문제가 되지는 않음을 말해준다.

게다가 여러 언어권에서 이 단어의 의미가 안정적이라는 직접적인 증거가 있다. 예를 들어, 중국 학생들에게 행복 문제를 한 번은 중국어로 또 한 번은 영어로 3주의 시차를 두고 물어보았다.[21] 이들과 비슷한 학생들로 구성된 통제그룹에게는 영어로만 동일 질문을 같은 시기에 하였다. 중국어와 영어로 답한 첫 번째 그룹의 응답은 영어로만 두 번 답한 통제그룹과 마찬가지로 일관적이었다. 영어와 중국어의 차이가 매우 크기 때문에, 이러한 결과는 매우 고무적이었다. 비슷한 방식으로 프랑스어, 독일어, 이탈리아어를 사용하는 세 그룹의 스위스 학생들에게 질문한 결과도 같았다. 그리고 각 그룹의 스위스 학생들은 같은 프랑스, 독일, 이탈리아에서 이웃에 사는 사람들에 비해 더 행복했다. 따라서 언어보다는 어떤 나라에서 어떤 생활을 하는가가 응답에 영향을 주는 주된 요인이다.

그러나 어떤 나라에서는 지역의 문화적 기준 때문에 이 질문에 대해 실제보다 높거나 낮은 응답을 강요받는 느낌이 있는 것은 아닐까? 이에 대한 직접적인 증거는 없다—예를 들어, 개인주의적인 국가에서는 더 높게 응답하거나 집단주의적인 국가에서는 더 낮게 응답하는 경향이 뚜렷한 것은 아니다.[22] 그리고 그 개념에 대해서는 모든 문화권에서 똑같이 익숙하며, 응답률도 약 99퍼센트에 달한다.

1) 이러한 이슈들에 대해서는 이전에도 Easterlin(1973), Hirsch(1976), Scitovsky(1976), Layard(1980, 2005)와 무엇보다도 Frank (1985, 1999)에서 제기되어왔다. 그러나 이들 분석이 주류 공공경제학에 미친 영향은 놀랄 정도로 미미하였다. 예를 들어, J. Stiglitz의 『공공경제학』(*Economics of Public Sector*) 최근판은 이러한 이슈들을 전혀 다루지 않고 있다.

2) 이에 대한 조사로는 Diener and Biswas-Diener(2002)와 Inglehart and Klingemann(2000)을 보라.

3) Frey and Stutzer(2002)를 보라.

4) 소득과 행복 간에는 인과관계가 작동한다. 예컨대 이를 증명하기 위해 패널 데이터를 사용한 Winkelmann and Winkelmann(1998)과 Gardner and Oswald(2001)를 보라.

5) 미국 데이터로 GSS(General Social Survey) 테이프에 의한 것임.

6) Inglehart and Klingemann(2000).

7) Diener and Oishi(2000).

8) Inglehart and Klingemann(2000).

9) 이에 대한 논의로는 Layard(2005)가 있다.

10) 〈표 8〉의 4행-그러나 가격과 실업에 대한 통제변수들은 빈약하다. Diener et al.(1993)은 평균소득이 아무런 영향을 주지 않는다고 주장했지만, 그들의 통계분석은 Blanchflower and Oswald의 연구보다는 종합적이지 못하다.

11) 비교 소득은 임금의 특성변수에 대한 회귀방정식으로 측정되었다.

12) Solnick and Hemenway(1998). Frank(1999)에서 재인용.

13) Barmmer et al.(1994).

14) Frank(1999).

15) Van Praag and Frijters(1999).

16) 다른 나라들에서도 결과가 비슷하다. 가족규모에 따른 가족 생계수준이 민감하게 반영되는 규모에 맞게 "요구소득"도 달라진다.

17) Lowenstein and Schkade(1999).

18) Lowenstein and Adler(1995).

19) Lowenstein and Schkade(1999).

20) Veenhoven(2000: 10).

21) Shao(1993).

22) Veenhoven(2000: 10–11).

7

아리스토텔레스와 벤담 그리고 밀

마르타 너스봄

누가 행복한 전사인가?
모든 전사들이 되고 싶어 하는 그 사람은 누구인가?
워즈워스, "행복한 전사(戰士)"

사람은 행복을 좇지 않는다. 영국사람만 그리할 뿐.
니체, 『영혼의 우상』 중 "Maxims and Arrows"

1. 워즈워스의 행복한 전사

강력한 철학적 관념은 가려져 있는 것들을 드러내기도 하지만 반대로 덮어버릴 때도 있다. 영국의 공리주의(British Utilitarianism)는 인간의 삶에 있어서 참으로 중요한 측면들에 강력한 빛을 비춤으로써 다른 것들을 덮어버렸다. 개개인의 경우를 합산하는 데 관심을 가지다 보니 정의(正義)에 관한 이슈 중 어떤 것들은 개개인의 이익과 손실을 단순히 합산하는 것으로는 제대로 다루어질 수 없다는 사실을 한동안 헷갈리게 만들어버렸다. 고통으로부터 웰빙과 만족에 이르기까지 모든 느낌들에 대한 공리주의의 급진적이고 집요한 관심은, 만족이 인간의 복리나 행복의 전부가 아닐 수 있다는 사실을 한동안 혼동스럽게 했다. [행복에는] 활동이나 사랑이나 책임완수 등 다른 것들도 포함될 수 있다.

워즈워스(Wordsworth)가 단번에 답할 수 있다고 여겼던 하나의 질문-행복이란 진정 무엇인가-에 대답하는 데 벤담(Bentham)은 85줄이나 할애하면서 자신의 강력한 통찰을 제시했고, 벤담의 영향을 받은 철학자들에게는 그의 명쾌한 대답으로 인해 이 문제에 관한한 더 이상의 진지한 논의가 필요 없을 것으로 여겨졌다. 그래서 공리주의 반대자인 프리처드(Henry Prichard)도 벤담의 행복관의 영향을 받아 행복에 관해 논하는 철학자들은 행복이 쾌락이나 만족과 관련된 것임을 알아야 한다고 단순하게 가정했다. 아리스토텔레스가 행복이 무엇인가에 대해 물을 때, 그 답이 명백한 것-행복은 만족감과 충족감이다-이기 때문에, 그가 묻고자 하는 것을 진정으로 물을 수 없다고 프리처드는 주장했다. 아리스토텔레스가 묻는 것은 행복의 내용이 무엇인가가 아니라, 실제로는 행복하게 할 수 있는 도구적 수단이 무엇인가를 묻고 있음이 분명하다.[1] 마찬가지로 니체는 (논의할 여지없이) 행복이 즐겁고 만족스러운 상태라는 것을 이해하면서도, 고귀한 목적을 위해 고통을 감수한다든가, 지속적으로 분투하거나 위험을 무릅쓰고 고차원의 만족을 추구하는 풍부한 목적에서가 아니라 단지 즐거움과 만족이 행복의 목표라고 하는 영국인들을 조롱하고 있다. 행복에 관한 보다 풍부한 영국 전통을 나타낸 워즈워스의 시를 알지 못했던 니체(Nietzsche)는 영국식의 "행복"은 벤담이 말한 것과 같다고 간주했다. 그래서 훨씬 뒤에 핀란드 사회학자 알라트(Erik Allardt)는 만족보다 더 중요한 적극적인 항목인 『소유, 사랑, 존재』라는 제목의 저서에서, 북방유럽인종의 후예인 핀란드 사람들이 일반적으로 별로 중요하지 않다고 생각하는, 행복을 사회계획의 목적이라고 하는 것에 대해 공격했다.[2] 니체와 마찬가지로, 알라트는 사회과학자들이 "행복"은 즐겁거나 만족스러운 상태라고 이해한다고 생각했다(그의 "행복"에 대한 생각은 어떨지 몰라도 사회과학자들에 대한 생각은 맞다.).

그러나 워즈워스의 시에서 나타나듯이, 행복에 대한 생각에는 더 길고 오래된 전통이 있다. 그것은 에우다이모니아(eudaimonia)에 관한 고대 그리스 사상으로부터 도출된 것으로, 영어로는 "happiness"

라고 번역되어 계승되었다. 이 전통에 따르면, 아리스토텔레스의 『니코마코스 윤리학』에 충분히 나와 있듯이, 행복은 인간의 생활을 번영시키고, 내적인 가치를 지닌 모든 것을 포함한 일종의 적극적인 생활, 풍요롭고 여유 있는 생활을 하는데 부족함이 없는 완전한 생활을 의미한다는 데에 모두 동의할 것이다. 행복에 관한 한 모든 것이 논쟁의 대상이지만, 아리스토텔레스는 행복을 윤리적, 지적, 정치적 탁월성[3]을 포함하는 많은 종류의 가치 있는 탁월성과 사랑 및 우정의 행위와 같은 여러 가지 가치 있는 특정한 행위들과 같은 것이라고 주장한다. 쾌락(혹은 즐거움, pleasure)은 행복과 똑같지는 않지만 흔히 (항상은 아닐지라도) 행복하게 해주는 행위들을 구애받지 않고 함으로써 얻어질 수 있는 것이다.

이와 같은 것들이 워즈워스가 가지고 있는 생각이며, 그는 인생의 여러 측면에서 "행복한 전사"의 성격과 태도가 어떠해야 하는지에 대해 질문하고 거기에 답하였다. 오스틴(J. S. Austin)이 프리처드의 아리스토텔레스에 대한 비판을 무력화하면서, "나는 워즈워스가 의미하는 바가 '이것이 만족을 느낀 그 전사'이며, 실로 그는 '고통과 두려움과 피비린내와 처참함의 대열에 서야 할 운명'이었다고 생각하지 않는다"고 썼던 것이 인상적이다.

오스틴이 보았듯이, 행복한 전사에 있어서 중요한 것은 일생 동안 전형적인 많은 행위들을 수행할 수 있게 하는 자질을 가지고 있으며, 그가 그러한 자질에 따라 행동한다는 점이다. 그는 부드럽고 친절하며 용맹스럽고 애정 있는 좋은 친구이자 공동체를 위할 줄 아는 정직한 사람이다.[4] 그러면서도 명예나 세속적인 야심에 집착하지 않고, 합리성을 중요시하며 가족과 가정을 사랑한다. 때로는 고통과 손실이 있을지라도 그의 인생은 충만하고 풍요로워 행복하다.

존 스튜어트 밀(John Stuart Mill)은 행복에 관한 이러한 두 개념을 모두 알고 있었으나, 양자 사이에서 갈피를 잡지 못하였다. 철학적으로 그는 공리주의자임을 자처했고, 벤담에 대해 비판하면서도 계속해서 벤담의 일반적인 노선을 지지하고 방어하는 일을 멈추지 않았다. 그러나 그는 그리스 철학을 사랑하고 자신의 우울증을 치료해준 시인인 워즈워스도 사랑했다. 그렇기에 아리스토텔레스적이고 워즈워스적인 행복 개념이 그의 사상 여러 군데에서 발견된다. 밀은 두 개념 사이의 대립관계를 충분히 깨달은 것 같지는 않으며, 따라서 둘 간의 갈등에 대해 언급하거나 어느 쪽을 더 중요하다고 두둔하지도 않았다. 심하게 말하자면 두 개념에 대해 깊이 혼동했고 행복에 대한 일관된 개념을 갖지 못했다. 보다 긍정적인 면에서 정확하게 말하자면, 밀이 불행히도 두 개념을 통합할 명확한 방법을 찾지는 못했지만 둘을 통합하려는 다소 일관된 생각을 가지고 있었다고 생각된다. 풍부하고 복잡다단한 삶과 행동을 고려함으로써 벤담을 보완했다. 또한 고통스럽거나 우울하지 않고 즐거운 상태를 고려함으로써 아리스토텔레스를 보완했는데, 이는 부분적으로 밀이 겪었던 불행한 경험인 우울이라는 범주를 아리스토텔레스가 전혀 인식조차 하지 못했기 때문이다. 그 결과 사색적인 사람들에게도 잘 잡히지 않던 행복이라는 개념에 대해 적어도 앞의 두 가지 입장보다는 풍부해진 기반을 제공했다.

2. 벤담의 쾌락과 행복

벤담의 방식은 인생을 실제보다 단순화시키는 것이었다. 그는 쾌락은 좋은 것일 뿐이고, 고통은 나쁜 것일 뿐이라고 주장한다. 이들 두 가지가 인간 행동에 매우 강력한 영향력을 미친다고 주장함으로써 이것이 인간 행동을 결정하는 적절한 목표라는 규범적인 주장으로 넘어간다. 그리고는 쾌락과 행복(때로는 행복의 향유)을 동일한 것으로 간주한다. "어떤 행동을 취할 것인가 아닌가 여부는 이해 당사자의 행복을 증가시키는가 축소시키는가, 혹은 다시 말해서 행복에 도움이 되는가 방해되는가에 따라 결정된다는 원칙"이 효용의 원칙이다. 효용에 대해 벤담이 정의하는 방식은 철학자들이 그 때까지도 그랬고 이후에도 중요시하던 여러 가지 문제들을 간과하는 것이었다.

> 효용은 어떤 대상물의 성질 중 이해당사자에게 유용성, 이득, 만족, 행복, 혹은 선(현재의 경우 이 모두는 같은 것이 된다)이 되거나 손해, 고통, 악, 혹은 불행(이 경우에도 모두 같은 것으로 귀착된다)을 막아주는 것을 의미한다.

벤담은 행복이 쾌락과 동일시될 수 있는가에 대해 논쟁해온 서양철학의 오랜 전통—동일시될 수 없다는 쪽이 전통적으로 훨씬 우세했고, 에피쿠로스학파만이 동일시했던—을 무시하거나 간과하면서 논리를 전개하였다. 쾌락만이 선이며 쾌락이 곧 선이라는 것이다.

쾌락에 대해서도 마찬가지로, 그 본질을 어떻게 이해할 것인지에 대한 오랜 철학적 전통이 벤담 이전에 있었다. 그것은 단일적인 것인가 아니면 복합적인 것인가? 쾌락은 느낌인가 행동과 관련되는 것, 혹은 행동 자체인가? 우리는 쾌락을 경험의 형태로서 이야기하지만, “나의 가장 큰 즐거움(쾌락)은 말러의 교향곡을 들으면서 스테이크를 먹는 것이다.”라고 말할 때의 “나의 즐거움(my pleasure)”이라고 말하듯이 어떤 행동을 말하기도 한다. 이런 식으로 말할 경우 두 가지 의문이 생긴다. 만약 그처럼 서로 다른 경험을 쾌락으로 간주한다면 도대체 쾌락은 감각이란 말인가? 그리고 그것은 단일적인 것인가? 말러의 5번 교향곡을 듣는 것과 스테이크를 먹는 것이 서로 공통점을 가질 수 있는 뭔가가 있는가?

이러한 질문들은 플라톤과 아리스토텔레스와 이후의 모든 철학자들이 신중하게 제기해 오던 것들이다. 그런데 벤담은 이러한 것들을 간단히 무시해 버렸다. 밀은 "벤담에 관하여"라는 탁월한 에세이에서, "벤담은 다른 사람들의 마음에서 빛을 이끌어내는데 실패했다"고 썼다. 벤담에게 있어서 쾌락은 단일적이고 동질적인 감각이며, 질적인 차이는 없다. 쾌락에서의 차이는 오로지 양적인 것뿐이다. 강도나 지속성이나 확실성 혹은 불확실성이나 혹은 그것이 가까이 있는지 멀리 있는지에 따라, 결국 쾌락 원인의 특성(보다 많은 쾌락을 생성해내는 정도 등)에 따라 달라질 수 있다. 쾌락이 질적으로 서로 다르다는, 즉 말러의 5번 교향곡을 듣는 쾌락과 스테이크를 먹는 쾌락은 서로 크게 다르다는 명백한 사실도 벤담에게는 전혀 문제가 되지 않았다. 그는 그러한 예들에 대해 논의하지 않았다. 그 이유는 아마도 벤담에게 있어서 가장 큰 관심사는 고통과 괴로움이었으며, 고통이 강도와 지속성에 따라 달라지는 단일적인 감각이라 생각하는 것이 타당해 보였기 때문이다. 밀이 말하듯이, 이것은 "경험 없는 사람의 경험주의"이다-외적인 경험이든, 상상력에 의한 내적인 경험이든.

벤담은 공리주의 경제학자들이 공들여 온 사람 간의 비교 문제에 대해서도 염려하지 않았다. 한 사람에게서 많은 사람에게로 나아갈 때에는 단지 양적인 차원을 추가하기만 하면 된다고 하는 벤담에게는 그러한 문제를 생각할 필요가 없었다. 궁극적으로, 옳은 행동은 최대 다수에게 최대의 행복을 가져다주는 것으로 정의된다. 게다가 그는 지각 있는 전체 동물 세계로 비교 대상 그룹을 확대하는데도 문제가 없다고 보았다. 동물의 고통을 인간의 고통과 비교하는 것이 문제될 것이 없다고 했던 그의 동물에 대한 커다란 연민은 그의 사상 중에서 가장 매력적인 측면이다.[5)]

벤담의 전통에 속하는 경제학자들을 괴롭힌 또 하나의 문제는 나쁜 쾌락이다. 흔히 벌어지는 일이지만, 다른 사람들을 괴롭힘으로써 쾌감을 느끼는 경우도 사회에 유익한 쾌락으로 간주해야 할까? 벤담을 추종하는 경제학자들 대부분은 그러한 가학적이고 악의적인 쾌락을 사회선택함수에서 배제하기 위한 작업을 시도했다. 그리하여 벤담이 동의하지 않았을 방식으로 쾌락이나 고통으로 환원되지 않는 윤리적인 가치를 도입함으로써 분석 시스템을 복잡하게 만들었다.

벤담의 시스템에서 행동은 맡은 역할이 없다. 옳은 행동의 목표는 감각으로 이해되는 쾌락의 극대화이다. 이것만이 세상에서 유일하게 좋은 것이다. 그래서 사실상 인간과 동물은 쾌락이나 만족이라는 감각을 담고 있는 커다란 용기(容器)로 이해된다. 작인(作因, agency)의 기능은 효용을 창출하는 행동을 선택할 수 있도록 한다는 점에서만 의미가 있다. 그러나 결과론적으로 볼 때, 작인은 전혀 문제가 되지 않는다. (작고한 노직(Robert Nozick)이 예로 들어 유명해진) 체험기계(experience machine)에 연결되어 쾌락을 얻은 사람은 실제로 사랑하고 먹고 음악감상을 하는 사람과 동일하게 만족을 얻는다. 그러나 인간이 아닌 동물의 경우에 있어서조차도 이것은 삶에 있어서 가치 있는 것에 대한 축소판 그림일 뿐이다. 하물며 인간에게 있어서는 결국 거의 아무것도 아닌 게 되어버린다.

벤담의 프로그램이 흥미로운 점은 감각적인 존재들이 고통으로부터 벗어나고자 하는 절박한 필요에 초점을 맞추고 있고 감각적인 존재 모두가 고려대상이 되고 있다는 것이다. 하지만 벤담은 쾌락이나 고통, 행복, 혹은 사회적 효용에 대해 설득력 있는 논리를 개발했다고 할 수 없다. 단순성에 대한 집요한 집착 때문에 그의 견해는 아직도 철학적으로 더 발전시킬 필요가 있다.

3. 아리스토텔레스의 행복

벤담과 달리 아리스토텔레스는 행복에 관한 문제를 대단히 어려운 것으로 보았다. 사람들이 그 문제에 대해 다양하게 설명하고 있다는 것을 알고 있었다. 어떤 사람은 행복을 쾌락으로, 어떤 사람은 명예로, 또는 덕으로, 어떤 사람은 사색가나 사상가로서의 삶이라 생각한다. 그는 행복을 어떤 핵심 내용으로 합의해야 한다는 생각에 구속받게 되면 진전이 없을 것이라고 하였다. 『니코마코스 윤리학』 1권에서 이 점을 다루었다. 행복의 몇 가지 공식적인 특성에 대해 일반적인 공감대가 있다고 주장한다. 그것은 궁극적인 것, 다시 말해서 내적인 가치를 지닌 모든 것을 포함하는 것이어야 한다. 무언가를 추가하더라도 더 이상 가치 증가가 불가능한 상태라는 의미에서 행복은 자기충만적이다(곧바로 그는 자기충만이 은둔을 의미하는 것이 아님을 분명히 했다. 그가 추구하는 자기충만이라는 것에는 가족, 친구, 동료 시민들과의 관계가 포함되어 있다.). 그것은 활발한 것이다. 왜냐하면 우리가 공감하듯이 행복은 "잘 살고, 잘되는 것"과 같은 것이기 때문이다. 또한 우리는 일생을 통해 활발하지 못한 사람(그는 "잠자고 있는" 상태라고 하였는데, 혼침(coma) 상태에 있는 것이라 생각할 수 있다)은 조금도 행복하지 않으며, 비록 고통이 없고 윤리적으로 전혀 문제가 없다 할지라도 실로 매우 불쌍하다고 생각한다. 행복은 단지 소수의 사람만이 누릴 수 있는 것으로 한정되는 것이 아니기 때문에, 올바른 노력을 하는 사람이면 누구나 일반적으로 누릴 수 있는 것이다. 그리고 그것은 우연히 어떤 불운으로 인해 빼앗기는 것도 아닌 비교적 안정된 것이다.

아리스토텔레스는 이러한 단순명료한 주장으로부터 한 발 더 나아가 다음과 같이 결론을 내린다. 즉, 행복은 한 가지 탁월성, 혹은 여러 가지가 있다면 그 중 가장 위대하고 완전한 탁월성에 따르는 행위에 의해 이루어진다. 이 문장에 대해 학자들이 여러 가지 주장들을 하고 있지만, 내 생각을 단순하게 주장하자면 이렇다. 이러한 논의 중에서 아리스토텔레스는 정확하거나 논쟁이 될 만한 내용을 그 개념에 끌어들일 수 없으며, 그도 명백히 그렇지 않음을 밝히고 있다. 따라서 인생의 탁월한 행위가 무엇이 되었든, 행복은 그것들에 의해 적절히 조합된 모든 것들을 포함한다는 것을 의미하는 것이 분명하다. 그리고 그 전체적인 결과는 각 부분들을 합산한 것 이상이라는 점을 분명히 하고 있다. 이 모든 행위들이 조화롭게 인생 전체를 구성해 가는 방식 자체가 인생을 가치 있게 만드는 요소이다.

그 다음 부분에서 아리스토텔레스는 우리가 각자의 특성에 맞는 행동과 선택을 하게 되는 인생의 여러 분야들을 두루 언급하며, 각 분야에서 탁월한 행위들이 어떻게 이루어지는지를 살펴본다. 그는 용기와 중용과 정의가 가치 있는 것이라는 사실에 대해서는 비교적 논란의 여지가 없지만, 각각을 좀 더 정확히 무엇이라 규정하는지에 대해서는 논란이 있을 수 있다고 생각한 것 같다. 그 이유는 아마도 인생의 이러한 측면들에 대해 우리 모두가 어떠한 선택—생사의 위험에 직면하는 방식이나 육체적인 욕구에 대처하는 방식—을 해야 하는 영역으로 생각하기 때문일 것이다. 그러므로 그러한 요소들을 전부 다 배제한다는 것이 문제가 아니다. 사람들은 그와 관련된 행위를 잘하거나 못하거나 할 뿐이다. 문제는 그것을 잘한다는 것이 무엇인가 하는 것이다. 그는 우정과 사랑을 철저히 배제하는 것이 인간 행위에 있어서 내재적으로 가치 있는 영역이라고 주장하는 반대자를 상상한다. 그러나 그는 어느 누구도, 다른 모든 것을 가졌을지라도, 우정 없이 살기를 원하지 않을 것이라고 말함으로써 그러한 입장을 기각한다.

이 모든 것들 중에 쾌락은 어디에 있는가? 아리스토텔레스는 초기 저작에서, 쾌락만을 위한 삶은 “초원에서 풀이나 뜯는 말 못하는 동물들의 삶을 선택하는 것”이라고 말함으로써 쾌락이 행복과 동일하다는 입장을 버렸다. 나중에 그는 쾌락과 행복을 동일시하는 것에 반대하는 주장을 몇 가지 더 제시했다. 먼저 쾌락에 관한 이슈로, 쾌락이 무엇인지 말하는 것은 절대로 쉽지 않다고 하였다. 아리스토텔레스는 쾌락에 관한 매우 다른 두 개의 관념을 제시했는데, 하나는 7권에 다른 하나는 10권에서이다. 첫 번째는 쾌락이 구애받지 않고 할 수 있는 행위와 같다는 것이다("나의 즐거움(my pleasure)"이나 "즐기는 일(enjoyments)"이라고 말하는 것을 기억한다면 크게 이상하지 않다). 두 번째 설명은, 좀 더 나은 것으로, 쾌락이 "어린이 뺨의 홍조와 같이" 행위에 수반하여 함께 나타나는 무엇이라는 것이다. 달리 말해서, 쾌락은 그 자체로서는 얻을 수 없는 것으로 그에 상응하는 행동에 긴밀히 연결되어 있다. 행위와 무관한 뺨의 홍조는 화장에 의한 분식(粉飾)일 뿐이다. 구애받지 않거나 완전한 방식으로 그에 상응한 행위를 했을 때 우리는 쾌락을 얻는다. 그것은 자신의 행위에 대한 일종의 자각이다. 어떤 경우이든, 쾌락은 강도와 지속성에 의해서만 변하는 단일적인 것은 아니다(플라톤은 이미 이에 대해 알고 비판했었다). 쾌락에는 그와 관련된 행위의 차이에 따른 질적인 차이가 있다.

그러나 사람들이 쾌락에 대해 무엇이라 말하든, 그것이 행복과 동일한 것이라고 말할 수는 없다. 우선 첫째로, 설사 쾌락이 단일적이고 동질적인 것이라 하더라도 행복은 분명 그렇지 않다. 행복은 수많은 다른 종류의 행위들에 의해 형성되는 것으로, 어떠한 계량적 수단으로도 측정될 수 없는 것이다.

둘째로, 쾌락은 인간의 양질의 삶에 대한 규범적인 근거로 설정하기에 적당치 않다. 쾌락 중에는 악한 것도 있으며, 이는 악한 행위와 밀접하게 관련되어 있다. 악한 사람들은 자신의 악행에 쾌감을 느낀다. 그러나 행복은 "양질의 삶" 혹은 "풍요로운 삶"을 의미하는 규범적인 관념이기 때문에, 악한 쾌감을 그 안에 포함시킬 수 없다.

또 하나의 문제는, 밀에게 유리한 것이지만, 가치 있는 행위 중에는 쾌감을 수반하지 않는 것이 있다는 것이다. 전장에서 고귀한 목적을 위해 죽음을 각오한 용감한 전사에 관한 아리스토텔레스의 예는 워즈워스적이다(아마도 워즈워스는 이것을 시의 소재로 삼았을 것이다). 이 전사가 죽음을 쾌감으로 받아들인다는 것은 어불성설이라고 아리스토텔레스는 말한다. 실제로 훌륭한 삶일수록 잃을 것이 많은 법. 다가올 죽음 앞에서 더 많은 고통을 느낄 것이다. 그럼에도 그는 자신의 명예를 위해 행동하고 그것을 인식함으로써 행복해한다. 이는 쾌락이 항상 행복을 구성하는 행위에 수반되는 것은 아니며, 단지 대부분의 경우에 그러하다고 아리스토텔레스는 말한다.

용감한 전사는 스스로 택한 선한 삶을 사는 것에 대해 행복해한다. 아리스토텔레스에 따르면 다른 사람의 행복을 빼앗는 사람들도 있다. 그들의 행위는 남을 방해한다. 예를 들어, 감옥에 있거나 고문당하는 사람은 더 이상 행복하지 않다. 그의 행위 모두가 철저히 "방해받기" 때문이다. 또한 여기에서 "프리아모스의 운"(트로이전쟁 때의 트로이 왕. 말년에 그의 아들 파리스가 스파르타 왕비 헬레네를 유혹해 트로이로 데려오자 그리스 연합군이 트로이를 공격하여 트로이가 멸망당함-역주)에 맞닥뜨리면, 행복은 사라질 수 있다. 친구, 자식, 정치권력, 그리고 그동안 누려왔던 모든 것들이 전쟁에서 패하여 포로가 됨으로써 빼앗겼기 때문이다. 그래서 아리스토텔레스는 어떤 종류의 비참함은 행복과 양립할 수 없는 것으로 보았다. 그러나 그의 질문은 "그가 어떤 느낌을 가질 것인가?"가 아니라 그 대신에 "그가 무엇을 할 수 있는가?"이다. 그리고 그는 훌륭한 사람은 광범위하고 다채로운 환경 속에서 자기에게 주어진 자원을 충분히 일생을 통해 잘 활용하여 (다소 축소된) 환경의 넓은 영역에서 행복한 삶을 지속할 수 있게 될 것이라고 판단했다.

4. 존 스튜어트 밀의 쾌락과 행복

밀의 공리주의는 벤담의 공리주의에 대한 가장 일반적인 반대론을 옹호하기 위한 연장선상에서 성립되었다. 밀은 쾌락이 행복과 동일하다는 것과 최대다수에게 최대행복이 되도록 하는 것이 올바른 행동이라는 것 두 가지 모두를 옹호한다. 그러나 벤담주의 진영으로부터 공개적으로 이탈하지 않는 가운데, 중요한 몇 가지를 수정한다. 무엇보다도 벤담의 이론은 쾌락이 무엇인지에 대해 명확한 답을 주지 않고 있다는 점을 인정한다. “이론에 의해 수립된 정상적인 표준에 대한 명확한 견해를 밝히기 위해서는 훨씬 더 많은 것, 특히 고통과 쾌락의 개념에 어떠한 것들이 포함되는지, 그리고 문제가 어느 정도나 개방되어 있는지 하는 것들이 다루어져야 한다.”

그러나 밀이 간단명료하게 밝힌 것 하나는, 그에게 있어서 “고통이나 쾌락이 동질적이지 않다”는 것이다. 분별력 있는 사람에게는 “강도의 문제와는 별개로 종류의” 차이가 분명하다. 질적인 차이, 특히 “높은” 쾌감과 “낮은” 쾌감 간의 질적인 차이가 있음을 느낄 수 밖에 없다. 그렇다면 양자를 어떻게 분별할 것인가? 플라톤의 『국가론』 9권에서와 같이, 밀은 양쪽을 모두 경험한 분별력이 있는 사람에게 그 선택을 맡긴다.

이 부분은 밀이 쾌락을 행위와 거의 동일한 것으로 생각한다는 것을 말해주는 것으로 잘 알려져 있다. 혹은 아리스토텔레스와 마찬가지로, 쾌락이 행위와 밀접하게 연계되어 있어 별개로 추구될 수 없는 것으로 본다는 것을 말해준다. 뒤에 가서 그는 음악이나 덕이나 건강을 주된 쾌락으로 간주한다. 다른 곳에서는 그가 기분을 완전히 무시하지는 않음을 볼 수 있다. “두 가지 존재방식 중 어느 것이 감정에 가장 충실한가”라고 언급하고 있다. 그러나 분명 벤담주의의 통합적인 계산법은 폐기되었으며, 어떠한 “존재방식”이 가장 “가치 있는 것”인지에 관한 타당한 판단이라는 개념으로 대체되었다. “그들의 보다 높은 기능을 사용하는 존재방식”에 관해 말하는 것은, 아리스토텔레스와 마찬가지로, 이러한 판단이 평생을 위한 계획이라고 생각한다는 것을 보여준다.

분별력 있는 사람이 선택하는 방법에 관한 밀의 설명은 더욱 복잡해진다. 경험과 분별력이 있는 사람이 낮은 쾌락을 택하지 않는 이유는 “모든 사람이 각자 나름대로의 자존감 때문이며, … 분별력이 강한 사람에게는 자존감이 행복의 핵심이기 때문에 그의 자존감을 손상시키는 것은 순간적으로라면 몰라도, 어느 것도 그의 추구 대상이 될 수 없다.” 그리하여 자존감은 많은 사람들에게 행복의 한 부분이다. 그것은 사람들이 인생을 단지 감각적인 것으로 허비하지 않도록 막아주는 지킴이 역할을 한다. 이러한 분별력이 있는 사람은 노직(Nozick)의 경험기계를 거부할 것이다. 계속해서 밀은 누구든 이러한 자존감 때문에 행복의 일부를 희생시켜야 한다고 가정하면 혼란스러워할 것이며, “행복에 대한 매우 다른 두 가지의 개념과 내용에 혼동스러워할 것”이라고 말한다.

밀은 논의를 요약하면서 자신이 따르는 고대 철학자들을 언급하고 있다. “그들이 의미하는 행복은 어떤 황홀한 삶이 아니라, 일시적인 고통이 거의 없는 존재에게 있어서의 능동적인 것이 수동적인 것을 확실하게 압도하는 다양하고 많은 쾌락의 순간들이다.” 이 점에서 밀은 행복과 쾌락을 동일시하는 관점을 포기하는 것으로 보인다. 왜냐하면 이제 행복은 쾌락과 어떤 고통과 행위들로 구성되어 있고, 행복에는 덕과 모든 중요한 자존감들이 포함되어 있기 때문이다. 행위와 밀접한 관계를 가지고 있는 쾌락 자체가 복잡하고 이질적이라 할지라도, 일부 고통을 포함하고 있으며 확대된 “존재방식”의 복잡성을 내포하고 있는 행복은 더욱 복잡하다. 그래서 행복은 아리스토텔레스적인 의미에서 완전하고 적극적인 삶이다.

그러나 밀은 저작 전체에서 쾌락을 계속해서 강조하고 있다. 완전히 배제할 수가 없었다. 중요한 문맥에서는 희생이 따르는 덕에 대한 밀의 태도가 아리스토텔레스나 워즈워스와 미묘하게 다르다는 것이 드러난다. “세상이 완전하지 않은 상태에서는”, 덕망있는 사람이 다른 사람의 행복을 증진시키려면 자신의 행복을 희생해야 한다는 것이 그의 결론이다. 이 사람에 대해 밀은 더 이상 자세히 설명하지 않는다. 그의 희생이 너무 커서 그의 삶이 활력을 잃는 경우에 대한 밀의 입장은 여전히, 프리아모스가 많은 큰 불행들로 인해 행복을 잃은 것을 보고 판단한 아리스토텔레스와 같다. 그러나 이 사람이 행복한 전사에 더 가깝다면, 고귀한 목적을 위해 고통을 감내할 것이므로 밀은 아리스토텔레스와 다르다. 밀에 따르면, 이 사람이 뜻한 바대로 잘 행동하고 잘 살고 있다고 할지라도, 그가 직면하는 역경(정치적인 역경과 불안과 여러 형태의 고통)이 행복을 빼앗아가 버린다. 비록 그런 사람도 아리스토텔레스와 워즈워스에게는 행복한 사람이지만.

밀은 아리스토텔레스와 워즈워스를 계속 따르기를 그만둔 것 같다. 쾌락이 파악하기 어렵고 복잡하고 심지어 행복 자체가 적어도 부분적으로는 가치 있는 행위들로 구성되어 있다고 하더라도, 감성적인 상태와 쾌적하고 고통을 느끼지 않는 상태가 행복의 주된 요소로 남아 있다. 밀이 아리스토텔레스보다 운명의 기준을 더 높이 설정했다고 말함으로써 이 점을 지적할 수 있을 것이다. 아리스토텔레스는 선택된 일생의 계획을 전혀 실행할 수 없을 정도로 운명이 행동을 심각하게 구속할 때에만 운명이 행복을 빼앗아 버린다고 생각한다. 여전히 자신이 택한 방식대로 살 수 있는 전사는 고통을 겪더라도 여전히 행복하며, 그것이 좋은 방식이다. 밀에게 있어서 커다란 고통의 심각성은 행동 제약의 잠재적 의미를 뛰어넘는 것 같다. 삶이 윤리성과 지적 탁월성, 그리고 그러한 탁월성에 수반되는 행동이 충분하다 해도, (그러나 쾌락에 대해 생각하고 있으며) 쾌락이 불충분하거나 너무 많은 고통이 있다면 행복이 충분하지 않다.

밀이 이렇게 생각하는 이유는 뭘까? 그가 말했듯이, 그는 용기 있게 위험을 택했던 경험은 없고 오랜 기간 동안 우울증을 겪었다. 이러한 인생은 충만감이나 쾌락이나 안락 같은 감정적 만족을 배제하는 것이 탁월한 행동이라고 강조한 훈육의 결과이다.

자신의 글에서 밝힌 바도 잘 알려져 있고 다른 많은 증거들도 보여주듯이, 밀은 아버지에 의해 초능력적인 사람으로 양육되었고, 아버지와 마찬가지로 강한 감정을 수치로 여겼다. 그는 누구에게서도 안정적이고 성공적으로 감정을 보호받지 못했다. 그의 어머니는 지적인 면에 특별한 관심이나 성취가 없는 여성이었음이 분명하고, 너무 많은 아이들을 양육하느라 매우 지쳐 있었다. 이로 인해 그녀의 아들은 따뜻한 모성을 경험하지 못했다. 『자서전』의 초기 원고에는, (부인의 성화로 출판 직전에 삭제되었지만) 어머니가 대단히 억척스러운 사람이라고 말하는 대목이 있다.

> 영국에서는 드문 일이지만, 어머니가 진실로 따뜻한 마음씨를 가졌다면, 첫째로 나의 아버지를 전혀 다른 사람이 되게 하였을 것이고, 둘째로 자식들이 사랑 속에서 사랑받으며 자랐을 것이다. 그러나 나의 어머니는 가족을 위해 최선을 다해 억척스럽게 일하는 것밖에는 몰랐다. 자식들을 위해 할 수 있는 일이면 무

> 엇이든 했고, 자식들에게는 친절했기 때문에 자식들이 어머니를 좋아했지만, 불행히도 어머니를 사랑하고 의지하고 심지어 순종하게 하는 자질이 어머니에게는 없었다. 그래서 나는 사랑없이 두려움 속에서 자랐고, 나의 정신적 성장을 저해하는 양육방식은 내게 지울 수 없는 많은 영향을 남겼다.

이십대 초반에 밀은 우울증의 위기에 처했다. 그는 적극적으로 계획을 실천했지만, 마음 깊은 곳에 공허를 느꼈다. 그는 일반적인 사회복지에 헌신함으로써 이러한 우울을 떨쳐버리려 했다. 하지만 우울증은 수그러들지 않았다. 그에게 있어 결정적인 전환점은 그가 여러 차례가 이야기한 아주 신비로운 사건 때문이었다.

> 나는 우연히 마르몽텔(Marmontel)의 『회고록』에서 그의 부친의 죽음, 어린 소년이던 그와 그 가족이 느꼈던 고통, 그리고 자기가 가족의 전부이고 가족이 상실한 것을 채워줄 수 있는 것은 자신이라는 것을 깨달았다는 대목을 읽고 있었다. 그 장면이 생생이 떠오르고 그 감정이 나를 엄습하여 감동의 눈물을 흘렸다. 이 순간부터 나의 짐이 가벼워져 갔다. 내 안의 모든 감정이 죽어 있다는 강박관념이 사라져 이제는 더 이상 희망 없는 사람이 아니었다. 나는 가축이나 돌멩이가 아니었다. …

위기의 구름이 서서히 걷히고 밀은 워즈워스의 시에서 커다란 위안을 얻었다. 그는 사회로 복귀한다. 몇 년간 예술이나 시적 취향이 있는 몇몇 여성들과의 의미 없는 교제 후에, 한 디너파티에서 헤리엇 테일러를 만난다.

마르몽텔의 에피소드는 일반적으로 밀이 아버지의 죽음을 가정하고 있는 것으로 분석된다. 이러한 해석은 밀이 자신을 마르몽텔과 동일시하고 두려움의 대상인 아버지를 대신하여 자신이 가족을 부양해야 한다는 생각을 드러낸 것이라고 가정한 것이다. 이야기 속에 아버지에 대한 적대감이 분명히 드러나 있고, 그에 대한 커다란 사랑과 존경이 균형을 이루고 있으므로, 완전히 틀린 것이 아님은 의심할 여지가 없다. 그러나 이러한 설명의 문제점은, 이 에피소드 이전이든 이후든 밀이 다른 사람을 돌보는 데 특별히 적극적이지는 않았다는 것이다. 실제로 그는 우울증에서 벗어나기 위해 다른 사람들의 복지에 적극적으로 관심을 가져보았지만 소용이 없었다고 쓰고 있다. 그 대신에 그는 자신을 돌보고, 특히 감정과 아버지의 교육방식이 잘못되었다는 주관적인 느낌들을 다스리는 데 집중했다. 무엇보다도 밀은 이제 필요한 보호조치를 받게 될 소년가장과 똑같이 될 가능성이 매우 높아 보인다. 그는 누군가가 자신에게 필요한 것, 고통, 죽음, 외로움을 알아주고 채워줄 것이고, 우울증은 사랑을 통해 회복되고 가장 소중한 사람을 만나게 될 것이라고 말해준다고 상상한다.

『자서전』 해석자들은 일부러 그리하지는 않지만, 마르몽텔의 원작을 검토해보면 원작의 문맥은 이러한 해석을 강하게 뒷받침한다. 마르몽텔은 "단 한 방울의 눈물 없이"라는 연설에서, 자신의 감정을 어렵사리 통제한 덕분에 그의 가족에게 위안이 될 수 있었다는 점을 분명히 하고 있다. 그러나 그가 위로의 말을 건네자 그의 어머니와 어린 동생들이 갑자기 울음을 터뜨렸지만, 그것은 더 이상 비탄의 눈물이 아니라 위안을 주는 것이었다고 말한다.[6] 그래서 밀은 자립적인 아들이라는 느낌에 의해서가 아니라 어머니와 함께 흐느끼는 어린 아이의 심정에서 슬픔을 누그러뜨리고 안정을 찾게 되었다는 것이 분명하다.

『자서전』에서 분명히 밝히고 있듯이, 보살핌을 받고 싶어하는 밀의 바램은 자기 자신과의 새로운 관계를 발견함으로써 일부 충족되었다. 그동안 자신 속에 감춰져 있던 측면을 받아들이고, 보살피고, 자양분을 주고 그 가치를 인정해 줄 수 있게 되었다. 그리고 얼마 안 가 헤리엇 테일러를 알게 되었는데—그녀의 편지에서 보듯이, 그녀는 극히 감성적이고 밀의 지적인 은신처를 기술적으로 종횡무진할 수 있었으며— 어머니가 못해주었던 보살핌을 해주었다. 그리고 영국 문화보다 프랑스 문화에 대한 강력한 선호는 갇혀 있는 감정을 해방시켜 주는 감정표현의 자유를 얼마나 소중하게 여겼는지를 보여준다(아마도 마르몽텔이 씌어진 프랑스어도 에피소드의 또 다른 측면인 것 같다.).

『자서전』을 밀과 벤담 및 아리스토텔레스와의 복잡한 관계에 연계시키는 것은 무리일지도 모른다. 하지만 그것은 밀이 스스로 그리 한 것이기 때문에 꼭 무리인 것만은 아니다. 밀이 볼 때, 아리스토텔레스적인 행복 관념이 너무 냉정하여, 올바른 행위에 지나치게 무게를 두고 감수성이 예민하거나 유아적인 성격은 충분히 고려하지 않는다고 생각할 수 있다. 사람은 올바르게 행동하고서도 자신이 "가축이나 돌멩이"인 것처럼 느낄 수 있다. 여기에서, 밀도 가끔 강조하는, 삶에 대한 벤담식 접근에서 어린아이의 특성이 가치 있다는 것이 증명된다. 왜냐하면 벤담은 고통과 쾌락이 어린아이와 우리 안에 있는 어린아이적인 측면에 대해 얼마나 강력한 힘을 가지는지 이해했기 때문이다. 벤담은 성격의 감정적인 면을 제대로 평가하지 않았다. 그는 (밀이 주장하는) 시적인 측면과 (우리가 추가할 수 있는) 사랑의 측면에 대한 이해 부족으로 인해 이것들도 역시 단순화시켰다. 그러나 우리 모두가 두려워하는 외로움과 우울을 피하고 평안을 위해 필요한 이러한 것들을 아리스토텔레스가 알지 못했지만, 벤담이 알 수 있었던 것은, 아마도 아주 작은 동물에 열광하여 생쥐를 무릎에 올려놓고 연구를 하던 벤담의 어린아이 같은 성격 때문일 것이다.

밀의 공리주의는 충분히 완성된 것이 아니며, 공리주의 체계에 대해 제기된 여러 문제들에 대해 깔끔하게 해결하기를 기대했던 철학자들을 충족시키지도 않았다. 그러나 인간의 복잡성에 대한 그의 날카로운 인식은 다른 철학적인 작업이 대적할 수 없을 정도여서 오랫동안 그의 철학이 강력하다는 것이 인정되어 왔다. 여성에 대한 그의 놀라운 글에서 보듯이, 밀은 어린아이 속의 어른으로서, 경험 있는 경험주의자로서, 위대한 스승들에게 없는 자기 인식을 힘겹게 체득하여 그것을 철학으로 승화시킨 사람으로 우뚝 서 있다.

1) Prichard(1935, 27-39)가 Austin(1979)에서 논의되고 비판되어 있다는 것은 잘 알려져 있다. 프리처드에 대한 나의 설명은 프리처드의 암묵적인 전제에 대한 것을 포함해서 오스틴의 (공정한) 설명을 따랐다.

2) Erick Allardt(1975). 그의 주장에 대한 영문 요약이 Allardt(1993)에 있다. (알라트가 스웨덴어권의 핀란드인이기 때문에 Allardt(1975)는 원래 스웨덴어로 씌어졌다.)

3) 따라서 나는 그리스어 아레테(*areté*)를 "덕(virtue)"로 번역한다. 아레테가 윤리적일 필요는 없으며, 실제로 그것은 사람의 특성이어야 하는 것도 아니다. 그것이 무언가 좋은 것을 제공하는 것이라면, 어떤 것이라도 그 특성이 덕이 될 수 있다. 그래서 플라톤은 전지 가위의 아레테에 대해 말할 수 있었다.

4) 여기에서 아리스토텔레스와의 주된 차이점이 있다. 영국적인 도덕관념에서 워즈워스가 명백히 포함되어야 할 것으로 생각한 정직을 아리스토텔레스는 크게 중요시하지 않았다. 그럼에도 불구하고 워즈워스가 알든 모르든 그는 놀랍도록 아리스토텔레스에 가깝다.

5) 그는 동물들이 죽음에 대한 생각 자체에 대해 고통을 느낀다는 것을 부정했고, 따라서 동물을 고통 없이 죽이는 것이 때로는 허용될 수 있다고 주장했다.

6) Marmontel(1999, p.63).

8

행복과 정치철학 : 냅시 미트포드와 에벌린 보그

매트 머트래버스

행복 혹은 그와 유사한 것들은 정의나 동기의 근거를 설명하는데 중요한 역할을 한다. 동기에 있어서의 그 역할은 더욱 쉽게 규정된다. 그래서 존 로(John Law, 1671~1729)(아담 스미스 이전의 가장 중요한 경제학자로 꼽히는 스코틀랜드 경제학자-역주)는 정의롭지 못한 사회보다는 질서 있는 사회에서의 삶이 더 풍요롭고 만족스럽다는 이유를 들어 정의감이 보장되어야 한다고 주장한다. 싱어(Peter Singer)는 이기적으로 사는 것보다는 착하게 사는 것이 더 만족스럽고 성취감이 있다고 주장한다. 두 사람은 사람이 왜 정의롭고자 하는 동기를 가지고 있는지 설명하기 위해 보편성의 관점에서 행복한 삶에 대한 전망에 호소하고 있다. 행복이 정의의 기반 역할을 하는지는 덜 분명하지만, 스캔런(Tim Scanlon)이나 고티에(David Gautier) 외의 다른 이론가들이 제기한 정의의 실현을 위해서 주관적 웰빙에 호소하는 것은 본질이 아님을 주장하고자 한다. 그러나 우리를 행복하게 하고 성취감을 느끼게 하는 것은 가족이나 친구나 공동체와 같은 지엽적인 것들이라는 증거가 있다. 정의의 보편적인 원칙을 세우려는 자유주의 정치철학에서 행복이 어떤 역할을 한다면, 자유주의자들은 지엽적인 것들이 어떻게 우리를 행복하게 하는지 설명해야 한다. 나는 이 장에서 이 수수께끼를 다룬다. 현대 철학에서의 행복의 역할을 밝히고 그것이 왜 문제가 되는지 그리고 그 문제를 통해 도덕성의 범위에 대한 중대한 제약을 밝히는 것이 목적이다.

그 다음에는 도덕적인 행동이 주관적 웰빙을 높인다는 관점과 관련된 현대 (영미) 분석철학계의 긴장관계를 고려하고자 한다. 긴장관계의 원인은 사람들의 행복에 정상적으로 기여하는 관계의 범위보다 훨씬 더 포괄적인 도덕성에 있다. 나는 (상당히 느슨한 의미에서의) 행복을 정치철학적으로 잠깐 언급하는 것부터 시작한다. 그 다음에 도덕적 동기와 도덕성의 근거를 설명하는데 있어서의 행복의 역할을 살펴본다. 마지막으로, 앞에서 말한 긴장관계로 다시 돌아간다. 도덕적 행위가 주관적 웰빙을 높인다는 관념은 공리주의와 (벤담과 홉스의 전통에서의) 호혜적인 전통에서뿐 아니라 (가장 놀라운 일이지만) 신카트주의 이론에도 없다는 것을 보여주는 것이 목적이다. 긴장관계가 있다면, 윤리사상의 모든 주류 학파 이론들에게 문제가 된다.[1)]

1. 정치철학에서의 행복

행복 혹은 주관적 웰빙은 정치철학에서 두 가지 역할을 할 수 있다. 사람들로 하여금 정의롭거나 도덕적으로 행동하게 하는 동기가 무엇인가에 관한 이론의 일부가 되거나, 무엇이 타인에게 도덕적으로 혹은 정의롭게 행동하게 하는가에 관한 이론의 일부가 될 수 있을 것이다. 즉, **도덕적 동기**를 설명하거나 도덕성 자체의 **근거**를 설명하다 보면 어떤 방식으로 행복에 호소하는지 살펴볼 수 있다.

공리주의와 덕 윤리학 전통에서는 행복의 역할이 중요했다. 흔히 고대의 행복(eudaimonia) 개념을 상기시키기를 좋아하는 덕 윤리학자들은 도덕적으로 행동하는 것을 행복의 성취와 연결-그러한 연결의 정확한 성격이 이론가들 사이에 다르기는 하지만-시키는 특성이 있다. 행복의 역할이 가장 두드러지게 나타난 것은 고전적인 공리주의에서였다. 벤담에게 있어서, 행복은 인간의 선을 구성하는 것이며, 무엇이 사람들로 하여금 그러한 동기를 가지게 되는지를 쾌락과 고통의 형태로서 설명해준다. 칸트주의 도덕철학과 정치철학에서는 행복의 역할이 가장 약하다. 칸트에게 있어서 도덕성은 당사자나 타인에게 행복의 결과가 어떠하든지 간에 (의무를 위한) 의무의 이행을 요구한다. 이하에서 나는 최근의 신칸트 자유주의 이론이 행복을 보다 강조하고 있으며, 이를 위해서는 공리주의 전통과 공통으로 관여되는 자료가 더욱 요구된다는 점을 주장한다. 이를 위해서는 우선 공리주의의 최근 논의에서의 행복의 역할을 간단히 검토할 필요가 있다.

2. 행복과 도덕적 동기

싱어와 같이 (적당히) 단도직입적인 결과론자에게 있어서, 옳고 그름의 판단은 그 결과에 달려 있다(싱어에게 "결과"는 감각이 있는 존재가 느끼는 고통과 괴로움의 정도에 의해 측정된다). 어떤 행위가 도덕적으로 옳다는 것은 그 행위가 다른 대안 행위—아무런 행동을 취하지 않는 것도 포함하여—에 의한 결과에 비해 순효용이 가장 크다는 것과 같다. 싱어의 이론은 매우 엄격하여, 옥스팜

(Oxfam)(영국 옥스퍼드에서 설립된 빈민 구제를 위한 국제 자선 단체-역주)에 기부하거나 빈민구제를 위한 캠페인을 위해 돈을 쓰기보다 더 좋은 와인을 맛보기 위해 돈을 쓰는 사람은 어떤 의미에서 도덕적으로 볼 때 문제가 있다고 주장하는데 주저함이 없다(Singer, 1972). 싱어는 편협한 이기심에 의한 행동이 비합리적인 것은 아니기 때문에 그러한 주장에 문제가 있음을 인정한다. 이기심과 일반화된 박애정신은 서로 "충돌"한다(Singer 1997, p.268-77). 간단히 말해서, 벤담 및 모든 공리주의자들도 알고 있듯이, (일반적인 웰빙이나 행복을 촉진하는 것으로서의) 선을 이루는 데 있어서의 행복의 역할은 (특정 **당사자** 자신의 웰빙이나 행복에 관심이 있는) 개인적 동기에서의 행복의 역할과 충돌할 수 있다.

싱어는 이 문제의 해결을 시도하지 않는다. 그는 도덕성이 요구하는 바를 알고 있지만, 합리성이 개개인의 이기심보다 우선하여 그러한 요구를 수용하도록 강요하지는 않는다는 데에 동의한다. 그러나 그는 도덕적인 삶에는 칭찬할 만한 무언가가 있다고 생각한다. 그의 접근법에는 두 가지 논점이 있는데, 그가 1973년 방문교수로 뉴욕대학교에 있을 때의 일화 속에 잘 요약되어 있다. 그는 뉴욕에 가기 전에는 테라피에 대해 아는 사람이 아무도 없었다고 말한다. 그런데 뉴욕에서는 많은 동료들이 매일 테라피에 빠져 살고 있음을 알았다("그들은 연봉의 4분의 1 이상을 치료사에게 지출하고 있었지요!"). 그들에게 왜 그런가를 묻자, "그들은 억압된 느낌과 풀리지 않는 심리적인 긴장상태에 놓여 있으며, 인생이 무의미하다고 말한다"고 하였다. 이에 대한 싱어의 반응에는 배울 만한 점이 있다. 그는 다음과 같이 적고 있다.

> 나는 그들을 잡아 흔들고 싶었다. 이 사람들은 지적이고 재능있고 부유하고 세계에서 가장 활기찬 도시에서 살고 있다. … 뉴욕 타임즈는 매일같이 세상의 소식을 전하고 있다. 예를 들어, 몇몇 개발도상국에서는 가족들이 내일 먹을 양식을 어떻게 구해야 할지 알지 못하고 아이들이 신체적으로나 정신적으로 잘 양육되지 못해 영양실조 위험에 있다는 사실을 그들은 알고 있다. 그들은 또한 전 세계에서 생산되는 식량이 모든 사람을 충분히 먹일 수 있음에도 불구하고, 국가 간에 정의를 논한다는 것 자체가 웃기는 일일 정도로 분배가 공평하게 이루어지지 못하고 있다는 것도 알고 있다.

그는 (다소 냉정한 말투로) 다음과 같이 결론내린다.

> 만약 이들 능력 있고 부유한 뉴요커들이 치료사의 소파를 박차고 일어나 자신의 문제에 대한 생각을 멈추고 방글라데시나 이

디오피아—혹은 맨하튼 북부 지하철역 주변의—의 가난한 사람들이 직면한 현실 문제들을 위해 무엇인가 하려고 한다면, 그들은 자신의 문제는 잊게 될 것이고, 아마도 세상을 좀 더 살기 좋은 곳으로 만들 수도 있을 것이다(Singer, 1997, p.245).

이 이야기에는 싱어가 주장하는 두 가지 부분이 포함되어 있다. 첫째, 현대의 통상적인 삶이, 성공적인 경우일지라도, 우리를 행복하게 해주지는 못한다. 그는 우리가 자기중심적이 되었으며 자신의 필요와 좋아하거나 사랑하는 사람들을 만족시키는 일에만 관심을 가진다고 생각한다. 우리는 성공한다 하더라도—어쩌면 특히 성공한 그 시점에—공허함을 느끼고 삶이 무의미하게 보인다. 또한 심리치료를 받더라도 문제의 원인 자체에 대한 증거 대신에 해결책을 찾는다. 둘째, 이기심을 초월하는 일에 관심이 향하도록 함으로써—특히 세계 환경과 그 안에 사는 생명체들을 위한 프로젝트에 참여함으로써—우리는 삶의 의미를 찾고 자신의 문제를 해결할 수 있다. 이러한 종류의 일에 참여하는 것이 삶의 의미와 행복을 가져다 줄 것이라고 싱어는 생각한다.

물론 이러한 주장이 싱어가 처음은 아니다. 그러나 그는 다른 많은 이론 속에 암묵적으로 들어 있던 것을 명시적으로 드러내고 있다. 그가 호소하는 바를 최대한 강하게 말하자면 이렇다. 요구되는 일을 하는 것이 우리를 행복하게 할 것이기 때문에, 우리는 도덕적으로 요구되는 일을 행해야 하며, 그것은 우리의 이기심과 상충하는 것이 아니다. 따라서 이기심을 잘 이해하면 그것이 곧 도덕적인 것임을 알게 될 것이므로(적어도 대개의 경우 그러하다), 이기심과 도덕성 간의 갈등은 대체로 해소된다.

앞에서 말했듯이, 싱어는 결국 결과주의자이므로 그의 이러한 주장에 대해 놀랄 것은 없다. 결과주의는 행복에 관한 생각을 하게 되어 있고, 개인적인 이해추구 동기와 일반적인 이해추구 동기 간의 갈등 문제는 결과주의 사상 속에서 해소되어 있다. 보다 놀라운 것은 신칸트주의 이론에서 그러한 주장이 발견된다는 것이다. 이를 보여주기 위해서 두 명의 명백한 신칸트 이론가인 존 롤스(John Lawls)와 팀 스캔런(Tim Scanlon)의 최근 저작을 살펴보자.

롤스의 저작에는 행복에 관한 논의가 그리 많지 않다. 『정의론』(*Theory of Justice*)에 간단히 언급되어 있지만, 그것도 자신이 "쾌락주의의 문제"라고 부르는 합리적인 인생계획 추구를 논의하는 일부로서만 다루어졌으며(Rawls, 1971, p.83), 『정치적 자유주의』(*Political Liberalism*)에서는 전혀 다루어지지 않았다(Rawls, 1993). 그럼에도 불구하고, 질서 있는 사회(well-ordered society)라는 이상을 기초로 하고 있고, 그러한 이상이 정의에 대한 사람들의 요구에 걸맞는 선의 개념 추구를 조절하는 이유가 되게끔 하는 롤스의 방식을 모르고서는 그의 프로젝트를 전반적으로 이해하는 것이 불가능하다. 질서 있는 사회란 모든 시민들이 서로 평등하며, 또한 서로를 차별 없는 눈으로 바라볼 수 있는 사회이다. 특히 후자는 중요한 의미를 가진다. 롤스의 도덕적 비전 -그의 정치적인 입장으로 지속되었던(실로, 부분적으로 설명해 주는) 비전-에 따르면, 사회적인 협력의 혜택과 부담이 부적절하게 배분됨으로 인해 이득을 보는 사람은 분명 시스템이 변하기를 원할 것이다. 질서 있는 사회에서 "헌법질서를 수호하고 시민으로서의 존엄한 상호간의 의무를 인식하는" (Rawls, 1998, p.621; cf. Nagel, 1995, p.121) 자유롭고 평등한 시민들에 속하는 대의를 위해 그렇게 해야 할 것이다.

물론 질서 있는 사회의 선을 실현하기 위해 우리가 어떻게 최선을 다해야 할 것인가에 대한 롤스의 설명이 『정의론』과 『정치적 자유주의』에서 같지는 않지만, 질서 있는 사회는 추구할 만한 목표이고 또한 그렇다는 것을 보여줄 수 있다는 점에서는 다르지 않다. 이에 대하여 확신하지 못하는 사람이 있을 수 있지만 그러한 사람들을 비합리적이라 할 수는 없다. 하지만 그들은 다른 사람과 잘 어울려 살기 위해 필요한 요인들에 대한 접근을 스스로 부정하는 셈이 된다. 롤스는 싱어보다 범위는 좁지만 그와 다르지 않은 주장을 제기한다. 롤스는 종교 신앙인들이 어떤 동기에서 정중함을 우선적으로 요구하는지, 혹은 재능 있는 (혹은 운 좋은) 사람들이 어떤 동기에서 차별원칙에 대한 요구를 정당한 것으로 인식하게 되는지 묻고는, 다음과 같이 답한다. 그러한 사회에 산다는 것이 부분적으로는 주관적 웰빙면에서-행복면에서- 이득이 된다는 것이 그들로 하여금 타인들과 정당한 관계 속에서 함께 살게 하는 이유가 된다.

스캔런의 저작에는 이와 비슷한 주장이 보다 분명히 나타난다. 도덕적 동기에 대한 스캔런의 본래 주장은 타인에 의해 합당하게 거부당하지 않는 방식으로 행동하려는 욕구에 기초한다. 우리가 서로의 관계를 올바르게 이해했을 때 이러한 바램이 생긴다고 스캔런은 생각했다(Scanlon 1982). 최근 저서(1998)에서, 스캔런은 욕구를 이유로 대체하고, 이유가 도덕적인 행동의 동기가 된다고 주장한다. 우리는 서로에게 도덕적으로 행동할 이유와 그에 따라 도덕적으로 행동하려는 동기를 가지게 된다. 도덕적 행동의 동기가 되는 이유에 대한 스캔런의 설명은 복잡하지만, 우리가 어떤 방식으로 인생을 살아가기를 바라는 이유가 있고 그것을 이루기 위해 행동하려는 동기를 가지고 있다는 것이 핵심이다. 도덕성과 관련하여, 우리는 주변 사람들과 "조화롭게" 살고 싶어하기 때문에, 일정한 방식으로 행동하려는 이유를 가지게 된다(Scanlon, 앞의 책, p.154). 도덕적 동기에 대한 스캔런의 설명은 존 스튜어트 밀의 생각과 공통점이 많으며, 그로부터 "인간의 사회적 감정, 즉 주변 사람들과 조화롭게 지내고자 하는 욕구" (Mill, 1987, p.303)라는 말을 차용하고 있다.

스캔런은 주변 사람들과 "조화롭게 지내는 것"에 대해 상세히 설명하기 위해 저서의 상당 부분을 할애하고 있으며, 대부분의 주장이 자신의 설명에 요구되는 현상적 정확성에 의존하고 있다. 핵심 주장은 우리가 타인과 조화롭게 살아야 하는 이유는 그렇게 하는 것이 더 유익하기 때문이라는 것이다. 즉, 타인들과 이러한 관계를 유지하는 것 자체가, 스캔런(앞의 책, p.162)이 지적하듯이 "그 자체로서 추구할 가치가 있는" 것이다. 그것은 개인을 위해서도 긍정적인 가치이며, 타인과 조화롭게 사는 것은 양질의 삶을 위한 핵심 요소이다. 앞에서도 말했듯이, 주관적 웰빙에도 도움이 된다.

주위 사람들과의 조화로운 삶은 스캔런의 도덕적 동기에 대한 설명뿐 아니라 그의 계약주의(contratualism)(어떤 원칙의 도덕적인 옳고 그름은 그것이 다른 사람에 의해 합당하게 거절되는 것인가 여부에 있다고 보는 주장–역주)에 대한 기초 역할을 한다. 앞에서 말했듯이, 스캔런은 계약주의가 현상적으로 옳다는 점을 들어 자신의 계약주의를 부분적으로 변론하고 있다. 우리는 상호간의 관계에 있어서 합리적으로 행동하여 다른 사람에게 부정적으로 보이지 않도록 신경 쓴다. 이러한 것들이 바로 스캔런의 계약주의의 틀을 형성한다. 분명한 것은, 롤스와 스캔런의 신칸트주의가 싱어의 결과주의(consequentialism)(어떤 행위의 옳고 그름은 그 행위로 인한 결과에만 전적으로 의존한다는 입장-역주)와 마찬가지로 도덕적으로 행동할 때 성취되는 주관적 웰빙에 호소하고 있다는 것이다.

3. 도덕성의 기초로서의 행복

주관적 웰빙을 도덕성의 기초로 하려는 이론가들-적어도 비공리주의 이론가들-이 도덕적 동기 설명에 웰빙을 끌어들이는 사람들보다도 많지 않다는 것은 그리 놀랄 일이 아니다. 왜냐하면 도덕성이 행복을 증진시킨다고 해서 그 도덕성이 정당화된다고 인정하기 어려울 뿐 아니라, 설사 인정된다 하더라도 그 결과는 상황에 따라 너무나 달라지기 때문이다. 그래서 우리는 검거되어 죄값을 치른 죄인이 검거되지 않은 죄인보다 더 행복하다는 소크라테스의 주장(Plato, 1960)에 회의적이다. 그리고 우리는 도덕성이 사람을 행복하게 하는가 여부에 대한 판단에 있어 홀가분하지가 않다.

그렇다고 하더라도, 이론가들은 "상호 이익"이라는 전통 속에서 도덕 원칙에 따르는 이득에 호소한다. 이러한 전통의 전거인 홉스의 『리바이어던』(*Leviathan*)에서는, 도덕 원칙들이 서로에게 유익하기 때문에 원칙의 결합을 통해 우리의 행동을 조정해야 할 이유가 있다. 따라서 현대 신홉스주의자인 고티에는, 정상적인 상황에서는 "제약하에서 최적화하는 사람"(원칙을 지키려는 사람)이 "제약 없이 최적화하는 사람"(원칙을 지키는 타인에게 무임승차할 수 있는 성격의 사람)보다 자신을 위해 더 낫다고 주장한다(Gauthier 1986). 고티에는 "더 낫다"라는 말을 일종의 선호 만족으로 정의하고 있으며, 행복과는 당연히 다른 의미로 사용한다. 그럼에도 불구하고 거기에는 도덕성의 기초를 위해 주관적 웰빙에 호소하는 면이 있다. 만약 어떤 사람이 자신의 합의 사항을 준수하고 타인과 협력하는 것이 독립적으로 하는 것보다 낫지 않다면, 그에게 있어서 도덕성을 따지는 것은 적절하지 않을 것이다. 그의 타인과의 관계는 도덕적인가 비도덕적인가 하는 문제와 무관한 것이다.

고티에가 제약 있는 최적화의 합리성을 보여줄 수 없다는 게 일반적인 견해이다(Matravers 2000, 6장). 다시 말해서, (개인적인 차원에서 볼 때 합의를 어기는 것이 더 유리함에도 불구하고) 자기의 이익 추구에 제약이 되더라도 합의에 따르는 사람이 합리적이라는 것을 보여줄 수 없다는 것이다. 그렇다면 합리적인 이기심은 도덕성의 기초가 될 수 없다. 그러나 상호이익차원에서의 접근방식을 옹호할 수는 있다. 그 기본적인 도전을 합리적인 넌튀스트(non-tuist)(일반적으로는 친절하고 이타적인 사람이 경제적인 거래에 있어서는 자신의 이익을 극대화하려는 사람-역주)의 도덕성을 정당화하려는 것이 아니라, (사적인 이익 추구를 조절하기 위해 도덕적 기준을 허용함에 있어서) 도덕적인 사람이 실수하고 있는 것이라는 생각을 논박하는 것으로 이해한다면, 희망은 있다. 즉, 도덕적인 사람은 도덕성을 의무화하는 것이 보다 유익할 것이라는 고티에의 실패한 이론을 따르는 것이 아님을 보여줄 수 있다. 이를 위해서는 주관적 웰빙에 호소하지 않을 수 없다. 나의 다른 저서(Matravers, 2000)에서 길게 논의되었던 내용을 간단히 요약하자면, 선택이 형성된 신념, 감정, 가치에 부합할 때 우리는 전형적으로 주관적 웰빙을 성취할 수 있으며, 특히 우리의 믿음, 감정, 가치가 사회에 의해 만들어진 것일 때 더욱 그러하다. 간단히 말해서, 가치 있다고 생각되는 삶을 사는 것이 우리에게 중요하며-우리를 행복하게 하며-, "가치"가 있는지에 대한 판단기준은 타인과의 관계의 산물이다. 이것이 옳다면, 이것은 합리성의 **명령**을 뛰어넘어야 할 이유가 된다. 타인과 더불어 잘 살 수 있게 하는 협력의 원칙에 대한 "실존적인 의무"를 이행해야 할 이유가 된다. 이 점에 있어서 주관적 웰빙이 중요한 부분이 된다. 그것은 왜 우리가 의무를 도덕성에 맹목적으로 결부시켜서는 안 되는지를 설명해 주며, 정상적인 상황에서는 (완전히 결정적인 이유는 아닐지라도) 도덕이 사적인 이익을 추구하는 것에 대한 제약으로서 가장 우선된다는 것을 인정할 이유가 된다.

간단히 말해서, 이기적인 동기를 가진 사람에게는 합의를 파기하거나 무임승차하는 것이 언제나 더 행복할 것이기 때문에, 상호이익이라는 것은 사적인 이익과 도덕성 간의 갭을 잘 메울 수 없다. 무임승차자는, 그 말 자체의 뜻에서 알 수 있듯이, 도덕적인 사람이 가지고 있는 모든 것을 비용 지불 없이 취한다. 나의 주장은 이것이 반드시 사실은 아니라는 것이다. 도덕적인 의무를 완수한 사람한테만 허용되며 무임승차자에게는 허용되지 않는 재화가 있다. 이러한 재화들은 그 소유자의 주관적 웰빙에 기여한다(Matra-vers, 2000, 7장, 8장).

이쯤에서 논의를 요약하는 것이 좋을 것 같다. 자신이 타인과 더불어 살고 있음을 생각하고 도덕적인 요구에 부응하며 사는 것이 주관적 웰빙을 높인다고 주장하는 싱어와 롤스와 스캔런에게는 사람이 도덕적으로 행동할 동기가 있을 것이다. 또한 상호이익의 전통과 (단언컨대) 스캔런의 설명에서는 주관적 웰빙이 좀 더 기본적인 역할을 하고 있다. 타인과 조화롭게 사는 것의 이득은 도덕적 동기의 설명이 아니라 도덕성의 정당화에 있어서 더욱 중요하다.

4. 낸시 미트포드와 에벌린 보그

현대 공리주의와 신칸트주의 이론에서는, 적어도 정상적인 조건하에서, 도덕적인 삶을 사는 것이 행복에 기여한다. 그러한 주장은 타인들과 일정한 방식으로 어울려 사는 것이 우리의 주관적 웰빙에 기여할 때에만 설득력이 있다. 나는 이러한 주장들을 기정사실로서 가정하려 한다. 나는 이러한 주장에서의 "타인들"은 누구인가에 관심이 있다. 여기에는 도덕 원칙들이 보편적으로 성립되는 것이라는 일반적인 입장, 그리고 상호이익의 전통에서 상호이익을 위해 협력하는 사람들 간에 성립된다는 입장 간에 긴장관계가 있다. 그러나 표면적으로 사람들은 지역 공동체와 가족과 친구 등으로부터 행복을 찾는다는 증거가 있다. 심리학적인 증거에 의하면, 그것이 모든 사람과의 조화가 아니라 자기와 관계있는 사람들과의 조화로운 삶이거나 혹은 협력에 의해 상호이익이 될 수 있는 **모든** 사람들과의 조화이기 때문에 긴장관계가 생긴다.

낸시 미트포드(Nancy Mitford)(영국과 프랑스 상류사회를 배경으로 하는 소설들을 쓴 소설가이자 전기작가-역주)와 에벌린 보그(Evelyn Waugh)(영국의 소설가, 전기작가, 여행작가, 저널리스트이자

서평가-역주) 간의 편지를 살펴보자. 파리로 이사한 미트포드는 1948년말 보그에게 자신이 미칠듯이 행복하며 "천국 같은 1948년' '이 끝나는 것이 아쉽기만 하다고 썼다. 남다른 로마 카톨릭 신자이자 특유의 보수주의자였던 보그는 미칠듯이 행복해본 적이 없었고, 그 시기에는 그가 혐오하던 사회주의 정부하의 잉글랜드에서 살고 있었다. 그는 가장 진부한 사람들조차 "1793년 이래 세계 역사상 가장 어두웠던 해를 '천국 같은 1948년'이라고는 말하지 않는다"고 충고함으로써 미트포드의 경박함을 즉시 나무랐다 (Mosley, 1996, p.118).

냈시 미트포드는 보그가 단지 자기의 말뜻을 이해하지 못했다고 생각하고는 다음과 같이 답장을 보냈다.

> 내가 행복해하는 것에 대해 화내지 마세요. 행복은 외적이거나 정치적인 사건에 의해 주어지는 것이 아니에요. 유엔이나 난징 평화 협정 요구는 그에 관한 조간 기사를 읽는 5분 동안도 우리의 영혼을 우울하게 하기에 충분치 않다는 것을 당신도 아셔야 해요. 나는 착하고 행복한 사람들과 지내고 있으며 요즘에는 아침부터 밤까지 화창한 날씨 같은 기분이에요(앞의 책, p.119).

보그는 이에 물러서지 않고 다음 편지 서두에서, "물론 나는 당신이 행복해한다는 것이 못마땅하다는 겁니다. 전혀 온당치가 않아요." 그러나 낸시 미트포드의 말은 행복이 외적인 사건에 의해서가 아니라 친밀한 관계에 달려 있다는 심리학적인 증거에 의해 뒷받침되고 있다. 또한 그녀의 주장은, 앞서 요약한 상호 이익에 대한 주장이 그랬던 것처럼, 우리를 행복하게 하는 것이 무엇인가에 관한 일차적인 사실보다는 우리의 선택 방식을 결정하는 사회적 상호관계의 구조가 어떻게 우리를 행복하게 할 수 있는가에 대한 이차적인 관심에 호소하는 사람들의 입장을 흔들어놓을 수 있다. 일부나 어쩌면 대부분의 사람들이 자신이 속하는 소그룹과 규범 속에서 행복을 찾거나 자신의 선택을 이해할 것임은 분명한 사실이다. 게다가 이들 그룹과 그 사회적인 상호관계 속에서 표현된 규범들이 다른 사람들로서는 도덕적으로 용납하기 어려운 것일 수도 있다.

간단히 말해서, 긴장관계는 이렇다. 신칸트주의 도덕 이론은 칸트와 그를 통한 유대교 및 기독교 전통에서 유래된 것으로, 자유롭고 평등하다고 상정된 인간에게 도덕성이 보편적으로 적용된다는 관념이다. 그러나 칸트가 제공한 형이상학적 기반이 무너지면서, 내이글이 말한 "개인적인" 입장과 "비개인적인" 입장 간에 갭이 생긴다(Nagel, 1991). 즉, 위험한 것은 도덕성에 대한 요구가 개인들의 사적인 이익 추구를 포기하게 하는 것처럼 보인다는 것이다. 롤스나 스캔런을 포함하여 신칸트주의자들은 타인과 도덕적인 관계를 유지할 때 수반되는 주관적 웰빙에 호소함으로써 이러한 갭을 부분적으로나마 메우려 노력하는 것이 보통이었다. 하지만 우리의 주관적 웰빙이 가족문제와 결부될 경우 이러한 전략은 잘못된 것으로 보일 것이다.[2]

신칸트주의 도덕 이론에서는 개인과 도덕성 요구 간의 갭이 문제점으로 인식되고 있어, 행복에 호소한다 해도 그 갭은 잘 메워지지 않을 것이므로, 신칸트주의는 계속 노력해야 할 것이라고 간단히 결론을 내리는 것으로 충분하다. 인간의 평등을 가정하는 사람들에 의해서는 이러한 갭이 메워질 수 없으므로 도덕성 책무는 사람들의 주관적 웰빙에 기초를 두어야 한다고 생각하는 상호이익의 전통은 어떠한가? 그들에게는 긴장관계를 피할 방법이 없다. 상호이익의 전통에서는 상호이익이 되는 협력에 합의한 사람들 간에 (어느 정도는 그러한 협력이 가능한 사람들 간에) 정의가 실현되려면, 상호이익이 되는 협력의 범위는 무임승차자가 아닌 도덕적인 사람들이 느끼는 주관적 웰빙의 범위를 넘어 확대된다고 생각할 수 있다. 그리고 타인과 조화롭게 사는 것–어떤 사람의 선택이 자신이 속한 사회에 형성된 신념, 감정, 가치와 조화를 이루도록 하며 산다는 의미에서–을 소규모 집단에 대한 것으로 국한한다면, 이는 협력관계에 있지만 이 그룹에 속하지 않는 사람에 대해 도덕 책무를 이행하지 않아도 될 이유가 된다.

그렇다고는 해도 어쩌면 이러한 결론은 두 가지 이유로 덜 비관적이 될 수 있을 것이다. 첫째, "관계재(relational goods)"의 개념에 대한 연구와 우리의 합리성을 이해하는데 감정 상태를 어떻게 포함시킬 수 있을까에 관한 연구(본서에서도 이 문제가 부분적으로 다루어짐)[3]가 최근 크게 늘었다. 둘째, "동류의식(fellow feeling)"이 잘 살아가기 위한 중요 요소라면, 롤스가 성공적으로 시도하지 못한 주장—정의롭지 않은 것은 비록 최선을 다할지라도 악이 될 수 있다는 주장—을 발전시키기 위해 사용될 수 있다. 그리고 비록 우리가 직관적으로 기대하는 것보다는 범위가 좁을지라도 그 주장의 정치적 중요성은 매우 크다.

1) 덕 윤리학(virtue ethics)의 전통에 대해서는 다루지 않을 것이다. 행복-혹은 에우다이모니아-이 이러한 전통에서 중심 역할을 하는 것으로 볼 때, 이는 의외라 생각될 수 있을 것이다. 그러나 그 주장은 행복의 역할을 밝히고, 그 다음에 우리를 행복하게 하는 것이 "지엽적"인 것이라면, 정상적으로 볼 때 도덕성과 관련 있는 보편성과 긴장관계에 놓이게 됨을 보여주려는 노력에 기초하고 있다. 따라서 덕 윤리학에는 들어맞지 않는다. 에우다이모니아는 보통 덕 윤리학 이론의 중심 개념이고, 모든 덕 윤리학자들은 도덕적 행위와 덕을 작은 공동체 내의 문제로 치부하기 때문에 위에서 말한 긴장관계를 "느끼지" 않을 것이므로, 특별히 밝혀야할 것이 없다.

2) 스캔런은 주변 사람들과의 조화로운 삶에 호소하는 것은 문제가 있을 수 있다는 점을 시인하는 것으로 보인다. "타인과의 관계를 유지하는 것은 그 자체로 호소력이 있다"(Scanlon 1998: 162)고 주장한 후에, 그는 반드시 그렇지는 않아 보이는 사회적인 차원으로 나아간다. "만약 모든 사람이 세상을 '그들' 사이에 아무 곳에도 속하지 않은 '외부 사람들'과 혈연, 애정, 거래관계로 묶여 있는 '우리'로 분할되어 있다고 본다면, 순수하게 이상적인 상태로 남아 있어야 하는 타인과의 이상적인 관계에 기초하여, 나의 동료 시민들과의 실제의-강하고 따뜻하고 어쩌면 적극적이기도 한-연결 관계와 도덕적 책무 사이에서 나는 실제적인 선택에 직면하게 된다"고 쓰고 있다. 그는 계속해서 "사실상 우리가 이러한 선택에 직면하지는 않지만 다른 사람들은 그럴 수 있음을 인정하지 않을 수 없다"는 것을 주장하려 했다고 적고 있다(Scanlon, 1998 p.166).

3) Sugden의 최근 작업이 사회적 기준에 대한 향후의 모든 설득력 있는 설명을 위해 가장 중요할 것으로 보인다.

9

역경 속의 행복

루트 벤호벤

많은 철학자들은 행복을 고통 없는 삶과 연관시킨다. 약 2,300년 전 그리스 철학자 에피쿠로스는 행복을 고통이 없는 상태라고 정의하고 추종자들에게 사회에서의 무의미한 경쟁을 피하고 명상적인 공동체에 은거하라고 가르쳤다(Poot, 2005). 마찬가지로 19세기 독일 철학자 쇼펜하우어도 행복을 "지나친 고통이 없는 것"이라고 정의하고 사람들에게 평온하고 고적한 생활을 하라고 충고하였다(Schalkxs, 2005).

행복에 관한 이러한 견해는 질서정연하고 문제가 없는 것으로 묘사되는 유토피아적 환상에서도 발견된다. 이러한 지상낙원에서는 사회 갈등이나 경쟁이나 질투 같은 것이 없다. 예를 들면, 스키너의 월든 투(Walden Two)(미국 하버드 대학의 심리학 교수인 B. F. Skinner가 1948년에 발표한 과학적 이상사회에 관한 소설-역주)에서는 그러한 모든 성가신 문제들이 심리 조건 기술에 의해 제거되어 있다(Skinner, 1948).

고통 없는 삶으로서의 행복이라는 관념은 종교적인 사고방식, 특히 세속적인 것과 단절하는 신앙에서도 공통적으로 나타난다. 낙원과 천국은 고통의 두 피난처인데, 낙원에는 행복이 있는 것으로 보이며, 천국에도 행복이 있을 것으로 기대된다. 하지만 지상에서 실현될 수 있는 것으로 보이지는 않으며, 세속적인 삶을 최소화해야 약간의 고통을 줄이는 것이 가능하다.

이 이론은 사실상 많은 철학자들이 행복에서 가치를 거의 찾지 못하는 이유 중 하나를 말해준다. 공리론의 "최대다수의 행복 원칙"에 대해서 행복은 단지 마지못해 만족해하는 것이며, 이러한 마음의 평온을 위해서는 『멋진 신세계』(*Brave New World*) (과학의 오용과 남용으로 비인관화된 세계의 참혹상을 그린 Aldous Huxley의 유토피아 소설-역주)의 테크노크라시 낙원과 같은 격리된 사회가 필요하다는 것이 공통적으로 제기되는 반론이다. "자기실현"은 중요한 것을 더 많이 보장해 주는 대안적인 목적가치로서 언급되는 것이 일반적이다.

이러한 철학적 맥락에서, 행복이 특히 사회 문제들에 대한 안티테제라는 것을 보여주고자 하는 몇 가지 실증연구들이 이루어졌다. 이러한 연구들은 대부분 복지연구소들이 자신들의 정당성 확보 차원에서 이루어졌다. 연구자나 연구기관장들도 인정하다시피 그들의 연구결과는 이 이론과 썩 잘 부합하는 것은 아니다. 사회적으로나 개인생활에 상당히 많은 문제들이 있음에도 불구하고 사람들은 꽤 행복해질 수 있는 것으로 보인다. 이러한 예상 밖의 결과들은 우리를 행복이라는 마법적인 개념에서 깨어나게 하였다. 측정 오차와 인식 오류에 대해 의심의 불을 지피고 행복을 정신적인 환상에 불과한 것으로 끌어내리는 이론을 지지하였다.

이하에서 이 연구에 대해 좀 더 자세히 설명한 후에 행복이 과연 환상에 불과한 것인가 하는 질문에 대해 살펴볼 것이다. 먼저 이 분야의 연구에 대하여 간단히 개관한다.

1. 행복에 관한 연구

행복에 관한 실증 연구는 사회과학의 몇 개 분야에서 1960년대부터 시작되었다. 사회학에서의 행복 연구는 "사회지표연구"에서부터 발전했다. 이 분야에서 "주관적" 지표가 전통적인 "객관적"

지표를 보완하기 위해 사용되었고, "행복"이 사회 시스템의 성과에 관한 주된 주관적 지표가 되었다(Andrew and Withey, 1976; Campbell, 1981). 심리학에서는 정신건강과 관련해서 행복의 개념이 사용되었다. 야호다(Jahoda, 1958)는 규린(Gurin et al., 1960)과 브래드번(Bradburn, 1969)의 정신건강에 관한 선구적인 역학조사에서 파악된 행복 관련 항목들과 행복을 "긍정적인 정신건강"을 위한 기준으로 보았다. 이와 동시에 캔트릴(Cantril, 1965)의 획기적인 "인간적 관심사"에 대한 국가간 연구에서도 분석되었고 노인학에서는 "성공적인 노화"의 지표로 사용되었다(Neugarten et al., 1961). 20년 후, 치료결과에 관한 연구에서도 이 개념이 등장하였다. 행복은 많이 사용되는 SF-36과 같은 "삶의 질과 관련된 건강"에 대한 설문조사에서의 공통 항목이다. 나중에 오스왈드(Oswald, 1997), 프랭크(Frank, 1999), 프레이와 스튜처(Frey and Stutzer, 2002) 같은 경제학자들도 이 이슈를 다루었다.

행복에 관한 연구는 지난 몇 년 사이에 빠르게 제도화하여, ISQOLS((International Society for Quality of Life Studies; 국제 삶의 질 연구회)가 설립되어 대부분의 연구자들이 가입했다.[1) 전문 학술지인 『저널 오브 해피니스 스터디즈』(*Journal of Happiness Studies*)[2)가 있으며, 연구결과들은 『세계 행복 데이터베이

스』(*World Database of Happiness*)에서 쉽게 접할 수 있다.[3)]

1.1 개념

행복은 사람들이 현재 자신의 전반적인 삶의 질을 얼마나 긍정적으로 평가하는가로 정의된다. 다시 말해서, 자신이 현재 살고 있는 삶에 얼마나 만족하는가 하는 것이다. 자신이 살고 있는 삶을 얼마나 인정하는가를 평가할 때, 우리는 두 가지 정보를 사용하는 것으로 보인다. 하나는 우리가 일반적으로 얼마나 좋은 느낌을 가지는가를 측정하는 정서적인 것이고, 다른 하나는 자신이 생각하고 있는 "바람직한 삶"의 기준과 "실제의 자신의 삶"을 비교하는 인지적인 수준이다. 전자의 정서적인 측면이 후자의 인지적인 면보다 더 중요한 것으로 보인다(Veenhoven, 1996, pp.33-5).

이러한 평가의 합계를 각기 "정서적인 쾌락수준"과 "만족"이라 부른다. 종합적인 판단을 위해서는 "행복" 혹은 "삶의 만족도"라는 용어를 사용한다. 이러한 정의들은 이전의 저술(Veenhoven, 1984, 2장; 2000)에 자세하게 설명되어 있다.

1.2 측정

의사의 혈압 측정과 마찬가지로, 측정이라는 것은 오랫동안

"객관적"이고 "외적"인 평가로 이해되어왔다. 이제는 행복이 그런 식으로는 측정될 수 없음을 알고 있다. 지속적인 심리적 상관성이 아직까지 발견되지 않았으며 아마도 그럴 일은 없을 것이다. 내적인 삶의 즐거움과 명백히 일관되게 연결될 수 있는 행동도 찾아볼 수 없다.

대부분의 태도와 마찬가지로 행복은 행동에 부분적으로만 반영된다. 적극적이고 사교적이고 친화적인 행동이 행복한 사람들에게 보다 자주 나타나는 경향이 있지만, 행복하지 않은 사람들에게도 역시 그러한 행동들이 나타난다. 마찬가지로, 자주 미소 짓거나 열광적인 움직임과 같은 비언어적인 행동은 자신의 행복을 드러내는 것과 일정 정도만 관련이 있다. 결국 겉모습으로 관찰한 행복은 오류인 경우가 종종 있다. 자살하거나 자살을 시도하는 대부분의 사람들은 매우 불행하다. 그렇다고 해서 불행한 사람이 모두 자살에 의지하는 것은 아니다. 실제로는 일부만이 그렇다.

겉으로 드러나는 행동으로 행복이나 불행의 수준을 추론하는 것은 불가능하므로 주의해야 한다. 즉, 사람들이 자신의 삶을 전반적으로 얼마나 즐기고 있는지에 대해 단순하게 질문하는 것에 주의해야 한다. 그러한 질문을 다양한 맥락(병원에서의 문진, 인생에 대한 질문, 평범한 설문조사 등)에서 제기하는 것이 가능하고, 직접적 혹은 간접적으로, 단일 항목 혹은 선다형으로 질문할

수 있다.[4] 일반적인 설문을 보면,

모든 것을 고려했을 때, 당신은 매우 행복, 꽤 행복, 별로 행복하지 않음, 전혀 행복하지 않음 중에서 어디에 해당한다고 말할 수 있습니까?

이러한 질문은 설문조사 연구에서 흔히 사용된다. 하지만 이러한 단순한 자기평가 방식은 타당성과 신뢰성이 의문시되고 있다. 이전에 발표한 논문에서 나는 이러한 방식에 대한 반대 주장과 그 근거를 검토한 적이 있는데, 이러한 질문에 대한 응답이 아주 정확하지는 않지만 사람들이 삶을 얼마나 즐기는지 적절하게 반영한다는 것이 결론이었다. 보다 자세한 내용과 참고문헌은 벤호벤(Veenhoven, 1984, 3장; 1998)에 있다.

1.3 연구

행복에 대한 측정이 갈수록 더 많은 연구에서 사용되고 있다. 행복은 이제 유로바로미터(Eurobarometer)나 월드 밸류 스터디(World Value Sutdy)와 같은 대규모 인구조사의 단골 아이템이다. 또한 싱글맘이나 학생이나 복권 당첨자와 같은 특수 계층에 대한 연구에서도 행복이 측정된다. 이러한 연구의 대부분은 일회성 설문조사에 의해 이루어지지만, 후속적으로 실증 연구가 이루어진 것도 많이 있다.

지금까지 약 3천여 개의 실증연구에서 행복이 평가되었으며, 연구량이 기하급수적으로 증가해왔다. 이들 모든 연구의 결과가 앞에서 말한 『세계 행복 데이터베이스』(*World Datebase of Happiness*; WDH, 2003)에 분류되어 있다. WDH에는 사람들이 얼마나 행복한지(분포적 특성) 그리고 다소 행복한 사람들의 조건의 차이(상관관계 결과)에 대한 평가자료가 들어 있다. 이러한 결과들은 웹에서 쉽게 얻을 수 있다(www.worlddatabaseofha-ppiness.eur.ul).

2. 역설적인 결과들

대부분의 연구결과는 어려움 없는 인생으로서의 행복에 관한 이론과 일치한다. 빈곤 상태 혹은 전쟁 중에 있거나 정의롭지 않은 국가는 그렇지 않은 나라에 비해 행복도가 평균적으로 훨씬 낮다. 개인들도 이와 마찬가지로 사별이나 실직과 같은 개인적인 불행에 따라 행복도가 낮아진다는 것이 그것이다. 그러나 여전히 이 이론과 모순되는 연구결과도 있으며, 우리가 어느 정도의 난관을 감수하며 살 수 있음을 말해준다.

2.1 불완전한 사회에서의 행복

흔히들 사회 병폐가 고질적인 사회문제와 불의의 재난과 같은 불행의 원인이라고 한다. 그러나 신문에 나는 모든 재난이 실제로 시민의 행복에 영향을 주는 것은 아니다.

2.1.1 고질적인 사회 문제들

보수진영은 범죄를 행복의 주된 위협 요인이라고 주장하는 반면, 진보진영은 지속적인 불평등을 힘주어 말한다. 현대 사회에서 생활 속도가 빨라지는 것이 행복도를 낮춘다는 데는 양쪽 다 동의하는 것으로 보이며, 이에 대해서 강한 주장이 제기되고 있지만 실증적인 증거는 의외로 약하다.

범죄

범죄, 특히 폭력에 대한 관심이 매우 높다. 지난 십여 년간 폭력 및 유혈사건과 관련된 언론보도가 더욱 늘어났으며, 몇몇 나라에서는 실제로 살인율이 증가했다. 치안 정책은 폭넓은 공공의 지지를 받고 있다. 과연 이러한 악이 한 나라의 평균적인 행복도를 실제로 낮추는가?

이를 검토할 수 있는 한 가지 방법은 범죄율이 다른 여러 나라들의 행복도를 비교하는 것이다. 행복도와 살인율 간의 산포도가 [그림 9.1]에 있다. 살인율이 높은 나라는 행복도가 낮은 경향이 있지만, 관계가 그리 강하지 않아서 (상관계수) r=−0.36 으로 뚜렷하지 않다.

그림 9.1 **1990년대 55개국에서의 행복도와 살인율**

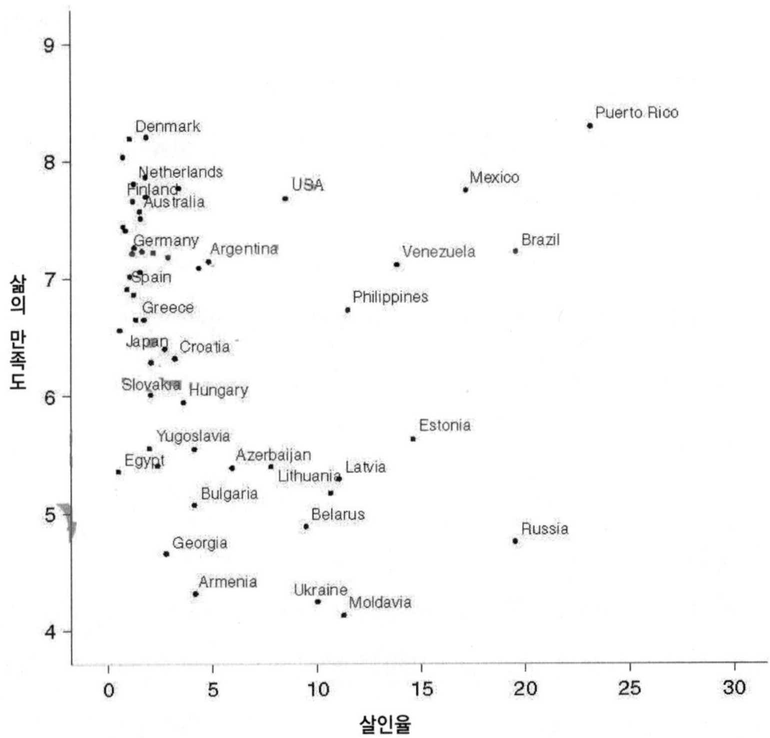

이러한 의외의 결과는 살인율이 높음에도 행복도가 꽤 높은 남미국가들 때문이다. 아마도 뭔가 보정요소가 있는 라틴 문화로 인해 전체 그림에 왜곡이 있는 것 같다. 그래서 세계를 서구국가, 과거 공산국가, 그리고 라틴 아메리카 국가의 세 그룹으로 나누어서 그 가능성을 점검하였다. 그러나 몇 개 그룹으로 분리(데이터는 생략)해서 고려했을 때에도 큰 상관성을 찾지 못했다. 행복은 그 나라의 경제발전의 영향을 받으므로 1인당 소득으로도 확인해 보았는데, 편상관계수가 −0.20으로 상관성이 낮게 나왔다.

시간이 지남에 따라 높은 살인율이 행복도를 낮추는지 살펴보았지만, 추세를 보여주는 증거는 없다. 지난 10여 년간 서구국가들과 미국처럼 범죄율이 상승한 것으로 알려진 국가들에서 행복도가 다소 높아졌다. 좀 더 정교한 트렌드 분석을 사용하면 다른 결과가 나올지 모르겠지만, 두드러진 경향을 밝혀내기는 어려울 것 같다.

불평등

현대 사회에서는 불평등, 특히 양극화의 심화에 대한 우려가 매우 크다. "사회적 배제"와 "신빈곤층"이라는 말이 사회악을 나타내는 용어로 사용되고 시급한 정치 현안으로 대두되고 있다. 그러나 이것이 행복을 감소시킨다는 증거 또한 약하다.

1990년대 45개국에서의 행복도와 소득 불평등 간의 관계가 [그림 9.2]에 있다. 이 도표에서도 불평등과 행복도는 별로 관계가 없어 보인다. 덴마크와 같은 평등주의 국가가 실로 행복도가 높은 것은 사실이지만, 브라질과 같이 불평등한 라틴 아메리카 국가 역시 높다. 이 그림을 보면 과거 공산국가들에는 평등과 고통이 함께하고 있다. 이러한 것들을 고려해 볼 때 행복과 소득 평등 간에는 상관관계가 없다고 할 수 있다.

여기서도 여러 간섭요소들이 그림을 왜곡할 수 있다. 그러나 1인당 소득에 대해 통계적으로 제어해도 예상했던 음의 관계는 나타나지 않는다. 오히려 양의 상관관계가 보여지며 편상관은 +0.42이다! 한 국가 내의 지역간 비교는 다소 다른 결과를 보여주고 있는데(Alensina et al., 2001; Oswald and Blanchard-flower, 2003), 그 효과는 크지 않다.

이 경우 시기별 비교는 어렵다. 왜냐하면 지난 10여 년간 부유한 국가에서 소득불평등도가 크게 변하지 않았기 때문이다. 사회적 분화현상이 더 커지고 있다고 많이들 주장하고 있지만, 소득불평등은 영국과 미국에서만 커진 것으로 보인다(Ritakallio, 2001). 그러나 이들 국가 어디에서도 행복도가 줄어들지는 않았다(Veenhoven, 2003).

그림 9.2 1990년에 52개국에서의 행복도와 불평등

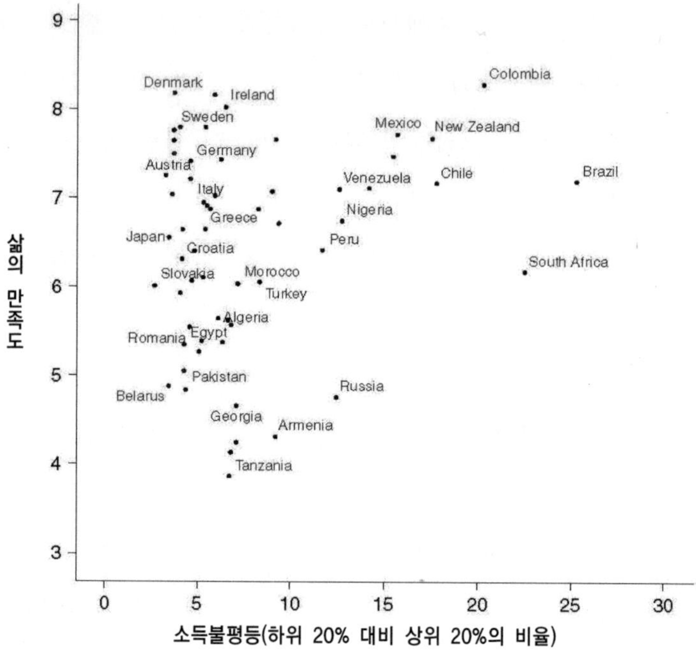

시간 압박

현대사회에서 생활 속도가 빨라진다는 좋은 증거가 있다. 일하는 시간과 여타 계획된 활동들이 더 많아지고 자유 시간은 줄었다. 이러한 변화는 대체로 해로운 것으로 이해된다. 갈함머(Garhammer, 2002)는 이를 "시간 스트레스"라 부르고 이 문제를 다룬 쇼르(Schorr, 1991)의 베스트셀러 저서는 제목이 『과로하는 미국인』(*The Overworkded American*)이다. 이를 시대의 저주라

고 믿는 사람이 많다. 하지만 이러한 자료들이 행복에 불리하다는 것을 말해주지는 않는다. 적어도 부유한 국가의 평균 행복도 면에서는 그렇다.

1990년대 유럽 국가들에 대한 비교가 [그림 9.3]에 있다. 수직축은 행복도이고 수평축은 시간 스트레스 지표이다. 음의 관계가 예상되었지만, 오히려 양의 관계가 보이며, 생활 속도가 느린 포르투갈은 행복도가 낮고, 생활 속도가 가장 빠른 스웨덴은 행복도가 높다. 이러한 결과는 분명 경제적 풍요나 정치적 민주주의와 같은

그림 9.3 **행복과 시간압박(1990년대 유럽)**

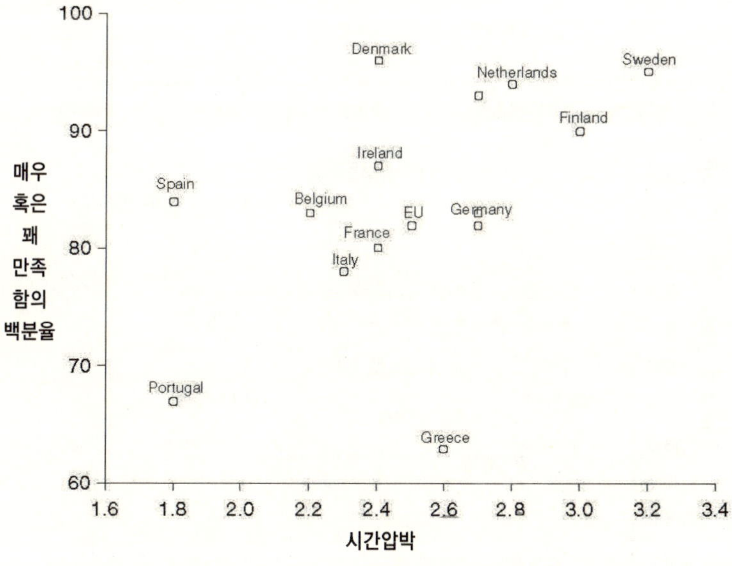

주: 빠른 작업속도/빡빡한 마감시한: 0=전혀 아니다, 6=항상 그렇다

간섭요소들 때문일 수 있다. 그러한 변수들을 통계적으로 조정해도 양의 상관은 줄지 않으며 예상했던 음의 관계도 보여주지 못한다.

그림 9.4 잉글랜드와 이탈리아의 행복 트렌드, 1974-2002년

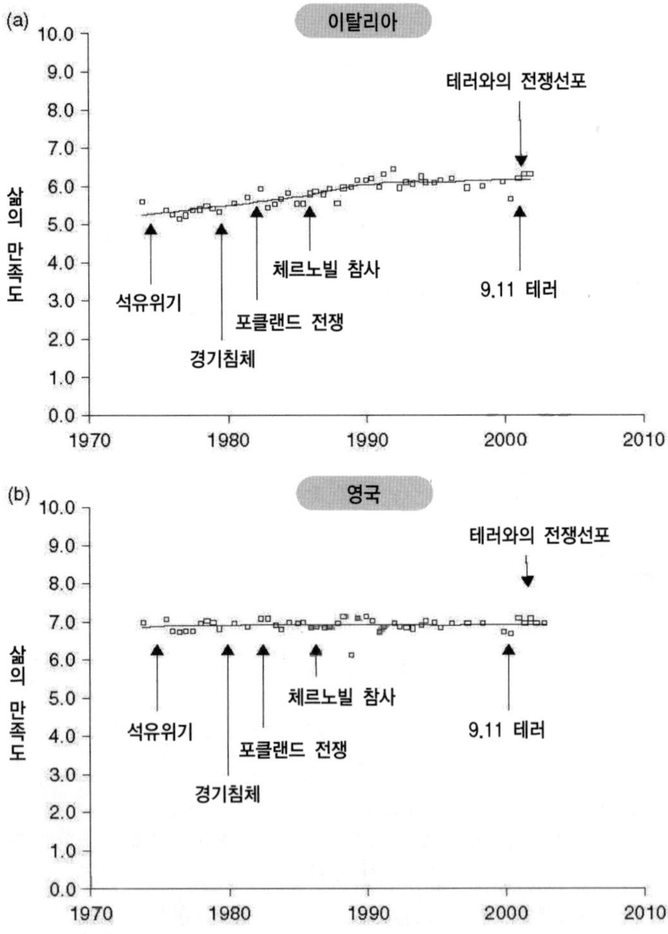

시기별로 비교해 보아도 행복도는 영향을 받지 않았다. 지난 10년간 시간 스트레스가 커졌지만, 평균적인 행복도는 감소하지 않았다. [그림 9.4]를 보면, 서유럽은 1970년대에 행복도가 다수 높아졌다. 행복도만 증가한 것이 아니라, 기대수명도 계속 증가하고 있다. 우리는 질병 없이 그 어느 때보다도 오래 살게 되었다(WHR, 2002). 이러한 모든 것들은 시간 스트레스의 증가가 행복에 불리한 것은 아님을 말해준다.

2.1.2 불의의 재난

쉽게 대처하기 어렵고 생존가능성을 불확실하게 하는 예기치 못한 재난에 우리는 더욱 취약하다. 이에 관한 데이터는 부족하지만, 우리는 사회의 소용돌이 속에서도 살아갈 수 있다는 것을 보여주는 자료를 찾아볼 수 있다.

경기침체

시민들은 경기침체의 영향에 대해 높은 관심을 보이고 있으며 그 고통은 언론에 생생하게 보도되고 있다. 부도와 실업과 소비 감소로 희망과 기대를 산산조각 내는 경기침체가 행복도를 떨어뜨릴 것으로 생각하기는 어렵지 않다. 그러나 오늘날의 부국에서는 전반적인 웰빙에 미치는 영향도 역시 작은 것 같다. 나는 작고

한 하게나스(Aldi Hagenaars)와 함께 1980-82년의 경기침체가 유럽인들의 웰빙에 미친 효과에 대한 자료를 수집한 바 있다 (Veenhoven, 1989). 경기하강이 재무와 일자리에 대한 관심을 고조시키기는 하지만, 전반적인 웰빙에는 영향을 주지 않는다는 사실을 알았다. 일부 국가에서는 만족도가 단기적으로 낮아지기는 했지만 모든 나라가 그랬던 것은 아니다. 스트레스의 상승은 보이지 않았다. 조사대상자들이 불안과 압박을 느끼고 있다는 보고가 있지만, 항우울제나 진정제 판매량이 늘지는 않았다. 네덜란드의 일반 개업의들의 스트레스성 불만에 대한 보고가 줄었고 자살자의 수도 늘지 않았다.

경기침체가 다른 시기 다른 장소, 특히 가난한 나라들에서 행복도를 더 크게 떨어뜨렸을 수는 있다. 이것은 여전히 경기후퇴가 행복도를 항상 낮추는 것은 아님을 말해주기에 충분하다.

9·11 테러

뉴욕시 쌍둥이 빌딩에 대한 불의의 테러는 또 하나의 케이스이다. 일부 시사평론가들은 이것으로 서구사회의 행복은 끝이라고 보았다. 이 사건이 테러리즘에 대한 현대사회의 취약성과 역사의 예측불가능성을 분명히 보여주었다는 것이다. 이에 부응하여 트렌드 분석가들이 사기저하의 증거를 찾아보았으나 좋은 성과를 거두지는 못하였다.

1970년대 초 이후의 영국과 이탈리아의 행복 트렌드가 [그림 9.4]에 있다. 이 그림들에서 2001년 9월 직후 행복도는 하락하지 않았다. 비슷한 트렌드가 다른 서구 국가들에서도 확인될 수 있으며(Veenhoven, 2003), 미국에서의 갤럽 조사에서도 행복도의 하락이 드러나지 않았다(Gallup, 2002).

[그림 9.4]는 또한 이들 국가에서의 20세기 말 다른 여러 위기들을 보여준다. 그림에서 보듯이, 이들 위기에 대한 반응에 일관된 패턴은 없다. 영국에서는 1986년의 체르노빌 참사 직후 행복도가 떨어졌지만, 1973년의 석유위기 때는 그렇지 않았으며, 포클랜드 전쟁에서 승리한 후에는 하락했음을 보여준다. 이탈리아의 경우 재앙적인 사건들에 대해 행복도 하락이 전혀 없었으며, 오히려 행복도가 지속적으로 상승하고 있다.

2.2 개인적인 불운 속에서의 행복

개개인의 수준에서도 불운이 행복도를 예상만큼 낮추는 것은 아니라는 예들이 있다. 이를 보여주는 몇 가지 케이스들을 보여주겠다.

2.2.1 신체적 장애

가장 설명력 있는 케이스는, 특히 사고 등으로 인해 신체가 마비된 중증 장애인들의 행복이다. 평생 병원 침대 신세를 진다는 것은 인간이 겪을 수 있는 최악의 상황일 것이다. 이러한 사람들은 사실 초기에는 절망적이지만, 대부분은 어느 정도 시간이 흐른 뒤에는 적응한다. 이러한 그룹의 평균 행복도가 일반인들에 비해서는 낮지만, 예상했던 것만큼은 크게 낮지는 않다. 두 개의 조사 결과가 〈표 9.1〉에 요약되어 있다.

표 9.1 표 장애와 행복

	행복도 평균
1. 재활중인 사고 희생자	5.9
통제 그룹	7.6
2. 20년간 장애 상태	5.0
일반인	5.4

자료: (1) Brickman et al. (1978); (2) Stutz and Decker (1985).

2.2.2 고령화

관련된 경우로 고령화를 들 수 있다. 나이가 들면서 피할 수 없는 상실이 생기기 때문에 노년을 인생의 전형적인 황금기로 볼 수는 없다. 때문에 청장년기를 인생의 가장 행복한 시기로 보는 것이 일반적이다(Harris, 1997). 그러나 실증연구는 행복과 나이 간에 상관관계가 거의 없다는 의외의 결과를 보여주었다. [그림 9.5]는 서구사회의 연령대별 평균적인 삶의 만족도를 보여준다. 언뜻 보기에 전혀 차이가 없어 보이지만, 좀 더 자세히 살펴보면 미세하나마 U자형 패턴을 볼 수 있을 것이다. 삶의 만족도는 어린 시절에 높았다가 성인이 된 후, 특히 30대에 낮아진다. 그러다가 은퇴시기에 즈음하여 상승하는데 이는 노년기까지도 이어진다. 80대가 삶에 대해 가장 만족하고 있다.

그림 9.5 1980년대 EU 8개국에서의 연령대별 행복도

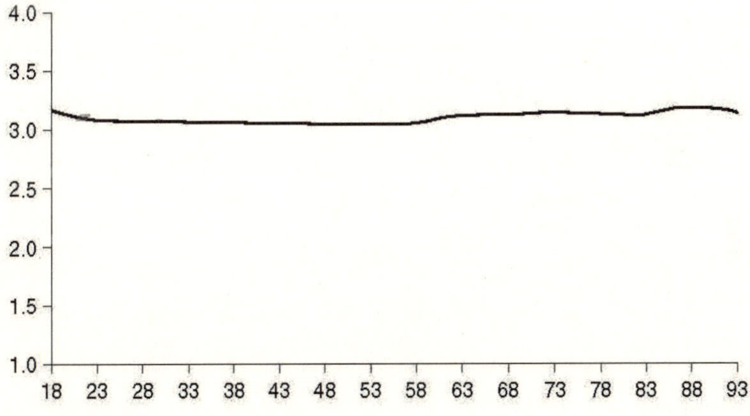

자료: Veenhoven and Okma (1999).

2.2.3 가난

놀랍게도, 특히 경제학자들에게는, 부유한 국가에서 최하층이 최상층에 비해 훨씬 덜 행복하지 않다. 이러한 현상이 1995년 이탈리아에서의 소득분위와 행복 간의 관계를 보여주는 [그림 9.6]의 플라워 차트에 나타나 있다. 플라워 차트의 아이콘들은 응답자의 수를 나타낸다. 꽃이 화려할수록 그 범주에 사람들이 더 많음을 말한다. 그림에서 볼 수 있듯이, 중간 소득 계층에 행복한 사람이 가장 많으며, 최상층과 최하층 간에는 큰 차이가 없다.

그림 9.6 이탈리아의 소득과 행복, 1995

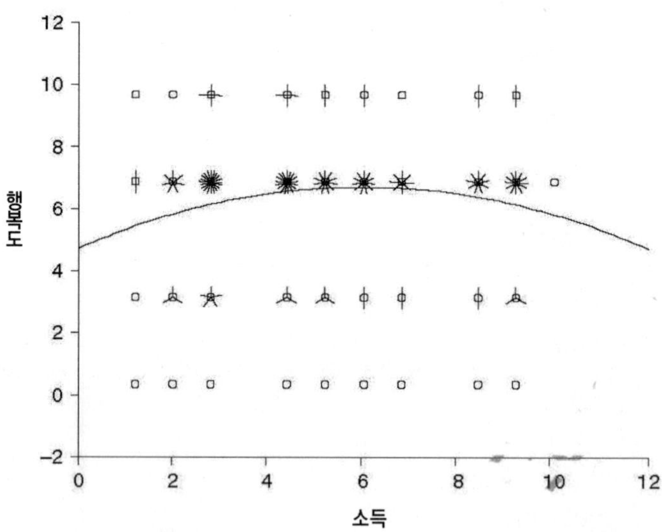

나이나 가족 상황과 같은 개입변수가 고려되면 차이가 더 커지지만, 가장 정교한 연구들조차 기껏해야 그 차이가 약간에 그친다는 것을 보여줄 뿐이다(Oswald and Blanchflower, 2003; Saris, 2001). 후속 연구들은 소득의 변화, 특히 소득 감소가 행복에 영향을 준다는 것을 보여주었다. 그러나 그 효과는 단기적이다. 심지어 러시아와 같은 가난한 나라에서조차 그러하다(Schyns, 2000).

3. 역경 속의 행복에 대한 설명

이 역설적인 결과들을 두 가지 방식으로 다룬다. 하나는 그것이 몰이해였음을 설명하고 다른 하나는 그 인과적인 메커니즘을 찾아보는 것이다.

3.1 역설은 없다

이 역설이 환상이라면, 행복에 대한 인식과 역경에 대한 인식 모두가 환상일 수 있다. 두 가지 설명 모두에 대해 논쟁이 있다.

3.1.1 조사결과보다 낮은 행복도

실증연구가 시작된 이래, 일반 대중의 설문조사에서 보고된 높은 행복도 수준에 대해 의문이 제기되어왔다. 사회비평가들은 그렇게 많은 사람들이 이처럼 정의롭지 못한 사회에서 실제로 삶을 즐긴다는 것을 믿으려 하지 않고 그러한 결과를 측정 오류와 잘못된 인식 탓으로 돌린다.

측정 오류

서구사회의 예상외로 높은 행복도 수준에 대해서는 방법론적으로 몇 가지 반론이 제기되어왔다. 의혹 중의 하나는 대부분의 사람들이 삶의 만족도에 대해 견해를 가지고 있지 않다는 것이다. 설문조사 때 사람들은 얼마나 행복한 것으로 기대되는지를 의식하며 답변한다. 그렇다고 하더라도 모두가 그렇지는 않은 것 같다. 대부분은 자신의 삶이 즐길만 한지 아닌지 꽤 잘 알고 있다. 미국인 열 명 중 여덟 명은 매 주 그것에 대해 생각하면서 살고 있으며, 행복한지를 묻는 질문에는 즉답하는 경향이 있다. 응답하지 않는 경우는 다른 질문에 비해 절대적으로나(±1%) 상대적으로 낮은 게 보통이다. 또한 "모르겠다"는 응답도 많지 않다.

이와 관련된 주장으로, 사람들은 자신이 실제로 얼마나 만족하는가를 다른 사람들 눈에 자신이 얼마나 행복하게 보이는가와 혼동한다는 것이다. 만일 그렇다면 더 부유해진 사람은 높은 만족도를 보이고 상황이 나빠진 사람은 불만족을 택하는 것이 일반적일 것이다. 이러한 패턴이 나타나기는 하지만 일반적이지는 않다. 예컨대, 네덜란드에서는 더 나은 인생을 살 것으로 보이는 교육수준 높은 사람이 그렇지 않은 사람에 비해 삶의 만족도가 낮다.

응답에 체계적인 오차가 있다는 반론도 있다. 행복에 관한 질문이 정확하게 설명된다고 가정하고 있지만, 바람직한 사회 상황이 무엇인가에 따라 응답에 편차가 있다. 실제로 바람직한 사회 상황에 따른 편차의 증거가 있다. 동일한 사람인데도 직접 조사할 경우에는 서면으로 조사할 때에 비해 더 높은 행복도를 보여준다. 하지만 그 차이는 그리 크지 않아 스케일 척도 범위의 10퍼센트 미만이다. 이 점을 고려하면, 서유럽에서의 삶의 만족도 평균은 7.4가 아니라 6.7이며, 여전히 10점 척도의 중간 이상이다.

허위의식

한 가지 더 문제가 될만한 것은, 불행을 인정하기 꺼려하는 경향이 사람들로 하여금 실제로 느끼는 것보다는 더 행복하다고 믿게 만든다는 것이다.

직접적인 단일 질문을 심층적인 인터뷰 및 주관을 반영하는 테스트에 기초한 조사결과와 비교함으로써 그러한 자기방어적 왜곡을 부각시키는 연구가 의학계에서 시도되었다. 그 결과는 전반적으로 크게 다르지 않았다.

또 다른 테스트로는 기분의 정도에 대한 척도를 가지고 행복에 대한 전반적인 자기평가를 한 것과 비교하는 것이다. 그 중 하나가 감정 균형 척도(Affect Balance Scale)인데 지난 몇 주간의 특별한 영향에 대해 질문하는 것이다. 이 척도의 점수는 행복에 관한 자기평가와 상관관계가 높아서, 국가별 수준에서 볼 때 +0.69이다.[5] 또 다른 방법은 경험 표본추출(experience sampling)을 이용하여 평균적인 기분을 측정하는 것이다. 학생들을 대상으로 한 연구에서 매일의 기록으로 평가한 평균적인 기분과 행복에 대한 전반적인 추정치간에 강한 상관관계(r=+0.61)가 확인되었다(Wessman and Ricks, 1966).

이상의 반론들은 이러한 행복 척도들을 이용하는 연구가 의미 있는 상관관계를 확인하는데 실패할 것임을 시사한다. 행복에 관한 자기평가가 단지 "허위적인 것"이라면, 웰빙에 대한 "명시적인" 지표와 별로 부합하지 않을 것이다. 하지만 이것도 확실하게 그런 것은 아니다. 국가 수준에서는 경제적 풍요와 정치적 자유와 제도의 질적 수준 간에 상관관계가 높게 나온다. 분산의 75퍼센트가 이것으로 설명가능하다(Veenhoven, 1997). 개인별 수준에서는 행복도로써 수명을 예측할 수 있을 것으로 보인다. 장기적인 추적 연구에 의하면, 20대 때에 행복했던 수녀는 같은 시기에 불행했던 자매에 비해 약 7년 이상을 더 오래 살았다(Danner et al.,

2001). 이러한 맥락에서 볼 때, 오늘날의 사회에서 높은 수준의 행복도가 전례없는 장수로 이어진다는 것은 알아둘 만한 가치가 있다.

3.1.2 생각만큼 나쁘지 않은 인생

역경에 대한 인식에도 역설이 있는 것 같다. 역경이라 여겨지는 것들이 우리가 생각하는 것보다는 덜 심각한 것 같다. 이는 나쁜 뉴스에 대한 언론의 과장보도나 정치인 및 과학자들이 역경을 과장하기 때문일 수 있다.

범죄의 경우가 좋은 예이다. 지난 십여 년간 미국에서 살인이 실제로는 감소했음에도 신문 일면 기사의 살인사건 보도는 세 배나 늘었다.[6] 그리고 1980년대 이후 "신빈곤층"을 둘러싸고 정치적으로 소동이 벌어지고 있는데, 서유럽의 경우 소득격차가 대체로 동일하고, 실제로 프랑스와 이탈리아에서는 격차가 다소 줄어들기까지 하였다(Ritakallio, 2001).

이러한 인식에 뭔가 체계적인 왜곡이 있는 듯하다. 인간은 생물학적으로 위험에 대해 매우 예민할 수밖에 없다. 그래야 생존기회가 많아지기 때문이다. 이것이 나쁜 뉴스가 잘 팔리는 이유의 하나이다. 다음으로 위기를 과장하는 데 대한 제도적인 유인도 있다. 정치인이나 사회과학자들은 그러한 문제들이 있어야 먹고사는 사람들이기 때문이다. 결국 "불안한 행복"의 패턴으로 나아간다. 왜냐하면 우리가 잠재적인 위험에 경계하면서 적절히 대응함으로써 삶을 즐길 수 있겠지만 여전히 걱정은 남아 있기 때문이다.

3.2 역설의 논리

이것은 행복의 역설을 현실적으로 설명할 수 있게 해준다. 하나의 설명은 주관적 행복이 객관적인 위난에 대해 둔감하다는 것이고, 다른 설명은 우리가 역경과 함께 살고 있으며 도전이 필요하기까지 하다는 것이다.

3.2.1 행복은 민감하지 않다

역경 속의 행복에 관한 가장 일반적인 설명은 행복이 실제로는 외적인 환경보다는 내적인 심리적 상태에 의해 좌우된다는 것이다. 이러한 설명방식의 하나는 행복이 "상대적"이라는 것이고, 다른 하나는 행복이 "성격적 특성"에 달려 있다는 것이다.

행복은 상대적이다

행복에 관한 일반적인 이론은 사람들이 실제의 삶을 자신이 바라는 삶과 비교한다고 가정한다. 실현가능한 삶과 다른 사람이 가진 것을 통해 바라는 수준의 삶을 도출한다. 사람들은 그러한 비교기준에 적응해 가는 것으로 생각된다. 가진 돈이 많고 이웃이 많을수록, 품위 있는 생활을 위해 필요한 돈이 많아질 것이다.

이 이론은 행복이 개인 수준에서는 단기적인 현상이라고 본다. 자신이 바라던 수준에 가까워지면 행복해지기는 하지만, 원하던 수준에 근접해짐에 따라 더 높은 수준을 요구하게 됨으로써 결국에는 종전과 동일한 상태에 머문다. 마찬가지로 사회적인 비교도 행복의 지속성을 방해한다. 이웃집 철수네 집을 능가하게 되면, 이제는 비교 대상이 그보다 더 잘사는 영희네 집으로 바뀌면서, 여전히 행복하지 않다는 느낌을 가진다. 이 이론에는 여러 갈래가 있다.

사회적인 수준에서, 이 이론은 평균적인 행복이 중립적인 수준 내외로 변동할 것임을 시사한다. 시민 개개인은 행복과 불행 사이를 오락가락하기 때문에 평균은 그 중간일 것이다. 전보다 나아져서 행복도가 높아진 개인이 있으면 전보다 나빠져서 행복도가 하락한 개인도 있을 것이기 때문에, 사회적인 비교의 결과는 역시 중립적인 평균이 될 것이다. 결국 평균적인 행복 수준은 모든 나라에서 대략적으로 동일할 것이다.

실증적인 증거. 자주 인용되는 연구결과가 이 이론을 뒷받침한다. 이스터린(Easterlin, 1974)은 가난한 나라의 행복도가 잘 사는 나라의 행복도만큼 높다는 사실에 의해 이 이론이 입증된다고 보았다. 브릭만 외(Brickman et al., 1978)는 행복이 상대적이라고 주장한다. 왜냐하면 복권 담청자가 사고로 신체가 마비된 사람보다 더 행복한 것은 아니기 때문이다.

나는 이러한 의외의 주장을 다른 논문(Veenhoven, 1991)에서 발표한 적이 있다. 평균 행복은 모든 나라에서 동일하지 않으며 중립적인 수준으로 향하는 경향도 없다. 나는 행복이 상대적이라는 이론에 대한 다른 시사점들도 확인해 보았다. 그 중의 하나는 생활조건의 변화가 좋은 쪽이든 나쁜 쪽이든, 삶에 대한 평가에 영구적으로 영향을 주지는 않는다는 것이다. 그러나 사람들이 모든 것에 적응되지는 않는다는 좋은 증거가 있다. 예컨대, 장애아를 낳는 것이나 배우자와 사별하는 것들에 대해서는 적응이 안 된다. 내가 확인한 또 하나의 시사점은 초기의 역경은 후기의 행복에 도움이 된다는 것이다. 그러나 홀로코스트 생존자는 그러한 경험을 하지 않은 동일 연령대의 이스라엘 사람들에 비해 덜 행복한 것으로 확인되었다. 전체적으로 볼 때, 행복이 상대적이라는 이론은 실증적으로 뒷받침되지 않는다.

이론적 결함. 이 이론의 지지자들은 행복을 순수하게 인지적인 문제로 보아 감정적인 경험은 인정하지 않는다. 그들은 의식적인 필요(wants)에 초점을 두며 무의식적인 욕구(needs)를 무시한다. "필요"와는 달리 "욕구"는 상대적이지 않다. 욕구는 인간이 기능하기 위해 절대적으로 필요한 것으로, 어떠한 조건하에서도 적응이 이루어지지 않는다. 그것들은 사실 인간의 적응능력의 한계를 나타낸다. 이하에서 나는 삶에 대한 평가가 일차적으로 욕구충족으로부터 이루어지는 것이기 때문에 상대적이지 않다는 것을 주장할 것이다.[7)]

행복은 성격적인 특성이다

역경 속의 행복의 예에 대한 또 다른 설명으로 행복이 고정적인 기질이라는 것이 있다. 이 이론은 개인적인 수준과 사회적인 수준에 적용된다.

개인적인 성격 특성. 개인적인 수준에 대한 설명 방식으로 행복을 심리적 특성, 즉 대상들을 좋아하거나 싫어하는 일반적인 심리적 경향으로 보는 것이 있다. 이러한 경향은 타고난 기질이나 어린 시절의 경험에 의해 생기는 것으로 본다. 이러한 특성이 인생경험에 대한 인식과 삶에 대한 전반적인 평가를 결정한다는 믿음이 있다. 이 견해에 따르면, 역경은 행복에 그렇게까지 영향을 주는 것이 아니다. 부정적인 사람은 항상 어두운 쪽을 보고, 늘 만족하는 사람은 주로 밝은 쪽을 본다는 것이다.

다른 논문들에(Veehoven, 1994, 1995; Ehrhardt et al., 2000) 이 이론에 대한 실증적인 증거들이 축적되어 있다. 나는 행복이 (1) 일시적으로 안정적인지, (2) 상황 변화에 대해 일관성이 있는지, (3) 내적으로 유발되는 것인지를 검토하였다. 그런데 어느 것도 그렇지 않은 것 같다. 첫 번째 문제의 경우, 행복은 시간이 흐름에 따라 동일한 상태를 유지하지 않으며 인생 전체로는 특히 더 그렇다. 개인들은 주기적으로 자신의 삶에 대한 평가를 수정한다. 행복은 꽤 자주 바뀐다. 결국 행복은, 첫째로, 절대적으로나 타인에 비해 상대적으로나 상당히 자주 바뀐다. 둘째로, 행복은 생활조건의 변화에 민감한 것으로 보인다. 생활이 좋아지거나 나빠지면 삶에 대한 평가도 일반적으로 그에 따라 오르내린다. 예컨대 사별하거나 이혼했을 경우에 이러한 결과가 나타난다. 마지막으로 나는 행복이 전적으로 내적인 문제인 것만은 아니라고 본다. 삶에 대한 평가가 개인적인 특성에 따라 영향을 받기는 하지만, 내면적인 마음 정리는 환경적 효과의 영향을 조정하는 것이지 그것을 결정하는 것이 아니다.

국민적인 성격 특성. 이 이론을 사회적인 차원에 적용한 이론(민속적인 이론)은 행복을 국민성의 한 부분이라고 가정한다. 어떤 문화는 삶을 우울한 것으로 보는 경향이 있는가 하면, 어떤 문화는 낙천적이다. 러시아가 전자의 예로, 미국은 후자의 예로 언급되기도 한다. 이 견해에 따르면, 러시아와 같은 문화는 잘 나갈 때에도 불행해 하고, 미국과 같은 문화는 역경에서도 행복해 한다.

나는 이 이론에 대해서도 실증적인 증거들을 살펴보았다(Veenhoven, 1994, 1995, 2001). 우선 국가 간의 평균적인 행복의 차이가 각 나라의 객관적인 생활의 질의 차이와 실제로 무관한지를 검토했는데, 무관하지 않은 것으로 보인다. 앞에서도 말했듯이, 평균적인 행복의 차이가 경제발전과 정치적 자유 같은 사회의 질에 의해 약 75퍼센트가 설명된다. 그 다음 프랑스나 러시아처럼 염세적이라 알려진 나라들의 경우 사회의 질로부터 기대되는 것보다 낮은 행복도를 보이는지 조사하였다. 이것도 실제로는 그렇지 않은 것으로 보인다. 마지막으로 이민자의 행복도를 조사하였다. 삶에 대한 이들의 평가와 이민 간 나라의 평균 행복도 및 본국의 평균 행복도와 비교하였다. 행복도가 생활여건의 질을 반영한다면, 이민자의 행복도는 그 나라 원주민의 행복도 수준에 가까워야 할 것이다. 그러나 행복이 사회적으로 형성되는 기대의 문제라면, 이민자의 행복도는 그들 본국에서의 행복도와 가까워야 한다. 오스트레일리아와 서독 1세대 이민자들의 행복도에 대해 성격특성 이론에 대해 검정한 결과는 이에 대해 부정적이었다.

3.2.2 행복은 낙원을 필요로 하지 않는다

주관적 행복은 객관적 웰빙에 의존하지만 우리는 역경을 이겨낼 수 있고 도전할 때 오히려 더 성장할 수 있다는 설명도 가능하다. 이러한 설명은 행복의 "생존율(liveability)" 이론에서 나온 것이며(Veenhoven, 1995), "욕구이론(need theory)"(Lucas and Diener, 2000)이라 불리기도 한다. 이 설명을 다음과 같이 요약할 수 있다.

쾌락의 느낌은 적응을 위한 나침반이다

인간은 좋고 나쁨을 느낄 수 있으며, 이동가능한 모든 유기체에게 이러한 능력은 있을 것이다. 이 능력의 가장 중요한 생물적인 기능은 생존할 수 있는 환경인지에 관한 정보를 그 유기체에게 전해주는 것이다. 식물류는 이동할 수가 없기 때문에 이러한 능력 없이 지낸다.

기분에 가장 많은 정보가 담겨 있다. 인간은 순간적인 감정과 일반적인 분위기를 구분할 수 있다. 후자는 어떤 장소가 좋은 곳인지 아닌지를 알게 해주는 가장 좋은 정보를 가지고 있다. 고양이 같은 다른 고등동물도 어떤 환경에서 전반적으로 어떻게 느끼는가에 따라 대응할 수 있는 것 같다. 고양이와는 달리 인간은 기분을 반영할 수 있고 좀 더 긴 기간에 대해 그 기분의 정도를 측정할 수 있을 것이다.

진화에서의 감정의 탁월성. 진화적으로는, 감정이 의식의 발달에 앞선다. 주어진 상황을 이성적으로 판단하는 인간의 능력은 기존의 직관적이고 감정적인 평가 능력에 추가된 것으로 감정을 대신할 수는 없다. 의식은 평가에 있어서 이차적인 역할을 한다. 감정적인 대응이 의식적인 평가보다 앞서며(Zajonc, 1980), "느낌으로" 평가할 수 있는 능력이 없으면 평가가 실로 불가능해진다는 사실로부터도 이를 알 수 있다.

행복은 감정의 쾌락적 수준에서 나온다

전반적인 기분과 감정의 탁월성에 초점을 두는 방식은 삶에 대한 전반적인 평가에도 적용될 수 있다. 앞에서 지적한 대로, 행복에 대한 판단은 기본적으로 감정적인 정보, 특히 감정의 쾌락적 수준에 의해 이루어진다. 바람직한 삶의 기준을 정하듯이 삶을 비교하여 계산하는 식으로는 행복을 측정할 수 없다. 그보다는 사람이 전반적으로 어떻게 느끼는가 하는 것으로부터 추론되는 것이다. "기분이 좋다, 그러므로 나는 행복하다"라고 파악하는 기본적인 방식을 이용한다(Schwartz and Strack, 1991).

욕구와 관련된 행복

감정의 쾌락적 수준은 기본 욕구(needs)의 충족을 반영한다. "욕구"는 유기체가 기능하는데 매우 중요하기 때문에 쾌락 신호에 의해 진화과정에서 그 충족이 보장되어 있다. 인간의 몸에는 다른 욕구-감정 순환체계가 있다. 예컨대 음식 섭취와 친구관계를 모니터링하는 신호체계는 별개이다. 이들 신호의 총체는 쾌락적 기분으로 나타난다. 기계가 빨간불과 파란불의 신호등에 따라 작동하듯이, 신체 기관의 작용도 기분이 좋은가 나쁜가에 따라 활발해지거나 잠잠해진다. 감정과는 달리, 기분은 특정한 문제에 대해 신호를 보내지 않는다.

"욕구"를 "필요"와 혼동해서는 안 된다. 필요한 것이 모두 욕구의 대상인 것은 아니다. 필요의 충족이 욕구 충족에 불리할 수도 있다. 욕구는 자연적인 것이며 원칙적으로 한도가 있다. 필요는 생각의 산물이며 따라서 무한하다.[8] 욕구는 절대적이고 필요는 상대적이다(Veenhoven, 1991).

"기능" 욕구는 도전을 필요로 한다

욕구의 주류는 "기능 욕구(functioning needs)"이다. 매스로우(Maslow, 1970)는 이를 "성장 욕구(growth needs)" 혹은 "자기실현 욕구(sefl-actualization needs)"라 불렀다. 모든 유기체는 자신의 잠재력을 열심히 사용하고 계발한다. 훈련된 개체는 훈련 안 된 개체보다 생존 가능성이 높고, 그 생존 가치는 더 분명하다. 능력에 따라 달리 보상되는 순환체계가 있는 것으로 보인다. 생각하는 동물들에게 있어서는 지적인 자극에 대한 욕구가 많이 언급되고 있다. 충분히 기능하는 것에 따르는 만족을 "플로우(flow)"라고 설명하고 있다(Csikzentmihalyi, 1997).

아이들이 놀이를 할 때 기능을 위한 욕구가 가장 분명하게 드러난다. 아이들이 노는 것은 재미를 위한 것이지 어떤 외적인 보상을 위한 것이 아니다. 어른들에게 있어서 기능 욕구는 경쟁적인 작업을 하거나 등산과 같은 도전적인 여가활동을 할 때 나타난다. 필요는 지속성을 위한 수단으로 작용한다. 이것이 왜 필요가 무한한지를 설명해 주는 이유 중의 하나이다.

욕구는 어려운 여건 속에서 발달한다

인류가 발전해 온 환경은 낙원이 아니라 사냥과 수렵을 해야 하는 아프리카 지구대(African Rift Valley)였다. 그러한 환경에서는 살아남기 어려웠고 그리 안전하지도 않았다. 따라서 진화는 그러한 역경을 이겨낼 수 있는 능력을 부여하였다. 이성적으로는 그러한 난관을 피하는 것이 좋겠지만 인류는 그러한 능력을 실행에 옮김으로써 번성할 수 있었다.

이전의 몇몇 저술에서 나는 욕구이론이 지금까지 관찰된 행복의 패턴에 대한 최선의 이론이라고 주장해 왔다(Veenhoven, 1991, 1994, 1995, 2000). 이 이론은 이 장에서 제시한 역경 속의 행복에 대해서도 적절한 설명이 될 수 있다.

3.2.3 요약

이 장에서 살펴본 역경 속 행복의 역설에 대한 다양한 설명들이 [그림 9.7]에 요약되어 있다. 그것들의 현실적인 가치에 대한 나의 의견도 요약되어 있는데, 결론은 역설은 없다는 것으로 축약될 수 있다. 역설에 대한 환상은 역경에 대한 과대평가와 행복에 대한 잘못된 이론에 근거한다.

그림 9.7 역설적 주장들에 대한 설명

역설은 없다

- 설문조사 결과에 비해 덜 행복하다
  - 측정 오류 거짓
  - 인식 오류 거짓
- 삶은 생각보다 덜 나쁘다 참

역설에도 논리가 있다

- 행복은 역경에 민감하지 않다
  - 행복은 상대적이다 거짓
  - 행복은 성격 특성이다 거짓
- 낙원은 행복의 전제조건인가

4. 결론

행복하기 위해서는 생활에 적합한 환경이 요구되지만, 우리는 역경을 견뎌낼 수 있으며, 심지어 그것을 극복하기 위해 도전할 때 번성하기도 한다. 낙원은 행복의 전제조건이 아니다.

1) International Society for Quality of Life Studies: www.cob.vt.edu/market/isqols 이러한 사회과학 협회와 더불어, International Society for Quality of Life Research: www.isoqol.org 라고 하는 보건과학 분야에서도 협회도 설립되었다.

2) Journal of Happiness Studies: http://srpingerlink.metapress.com.

3) World Database of Happiness: www.worlddatabaseofhappiness.eur.ul

4) 행복에 대한 적절한 측정방식에 대해 World Database of Happiness에 나와 있다.

5) 이 상관계수는 1990년대에 40개국에 대한 분석에서 나온 것으로 "states of nations" 자료(www.eur.nl/fsw/research/happiness/statesofnations)를 이용한 것이다.

6) 1990년에서 1996년 사이에 미국 내 살인율이 9.8에서 7.3으로 떨어졌다(UN-DY 1993/1998, table 2.1).

7) 이 이론은 일부 영역에 국한된 만족수준(domain satisfaction)을 다루는 데 적합하다. 예를 들어, 소득 만족은 대체로 비교의 문제로 볼 수 있다. 이 문제 대한 준거의 기준은 유동적이었다(van Praag, 1993). 건강에 대한 만족이나 직업에 대한 만족도를 비교하는 과정에 대한 지표도 있다.

8) 경제학에서 흔히 "욕구는 무한하다"라고 말하는데, 이러한 주장은 인간의 구매행위에 대한 관찰에 기초한 것이며, 사실은 "욕구"보다는 "필요"에 관한 것이다.

10

아동 양육의 진화

샬롯 D. 펠프스

1. 서론

20세기 후반 미국에서 전개된 변화의 힘들에 의해 모멘텀이 축적되었다. 이 장은 경제적 변화와 심리적 요인들 간의 상호작용이 전반적인 행복에 대한 미국인들의 평가방식 변화에 어떻게 기여했는가에 초점을 둔다. 경제학에서의 행복의 역설을 진화론적으로 설명하는 증거를 제시할 것이다. 부모의 양육[1] 행위(caring behavior)와 사랑이 희소한 자원에 대한 경쟁에서 살아남을 수 있도록 한다는 것이 주제이다. 이 주장은 안정애착(secure attachment) 관계의 형성과 탐색행동(exploratory behavior) 간의 상호의존성에 달려 있다. 나의 가설의 기초는 하잔-셰이버의 애착과정 모형(Hazan and Shaver, 1990, 1994)이다. 이 모형은 보울비의 애착이론(Bowlby, 1969, 1973, 1980)에 근거하여 만들어진 것이다.

애착이론은 부모와 유아 간의 상호작용의 인과관계를 다룬다. 정신분석 분야에서 훈련받은 보울비의 연구(Bowlby, 1969, 1973, 1980)는 정신분석 이론이 유아의 행동과 일치하지 않는다는 것과 연구의 초점이 공상처럼 보여서 어려움을 겪었다. 그는 문제를 해결하기 위해 비교행동학 문헌을 섭렵하여 인류의 발달이 진화론의 연속선상에 있다는 것을 보여주는 인간 행동과 동물 행동 간의 유사성을 발견했다. 애착이론에 대해 하잔-셰이버(Hazan and Shaver, 1994)의 설명을 발췌한다:

> 선택압력(selection pressure)의 결과로서, 유아의 행동은 보호자(혹은 양육자)와의 친밀성을 유지하도록 진화한다. 어른이 아이를 돌보는 행위는 상호보완적인 행위 시스템에 의해 조절된다. 아기가 웃으면, 부모는 그 웃음으로 보상을 받는다. 아기가 울면, 부모에게는 우는 아기를 달래고자 하는 동기가 생긴다. 부

모가 곁에서 멀어지면, 아기는 부모를 따라가거나 따라가려는 시늉을 한다. 이러한 두 시스템은 유아의 생존력을 높이게 하는 관계를 낳는다. … 진화론적으로 말해서, 어린아이들은 친밀한 보호자가 필요할 때 도움을 줄 수 있는 한에서만 놀이나 새로운 시도에 나서는 것을 안전하게 느끼도록 적응되어왔다(pp.2–3).

하잔–셰이버는 애착 행위가 점차적으로 부모로부터 다른 사람으로 향하게 된다는 가설을 세웠다. 유아기, 유년기, 청소년·청년기, 성인의 네 가지 발전 단계로 구분된 애착 과정 모형을 만들었다. 성인들의 작업은 기능적으로 보울비의 탐색 개념과 비슷하다:

> 육체적 사회적 환경과의 상호작용 능력을 배우고 익히기 위해서 사람은 탐색적이 되어야 한다. 그러나 탐색 작업은 피곤하거나 위험한 일일 수 있으므로, 가까운 곳에 보호자 혹은 피신할 수 있는 피난처가 있는 것이 바람직하다. … 탐색 시스템은 애착 시스템이 상대적으로 안정적이 되었을 때에만 가장 잘 작동할 수 있다. … 다시 말해서, 애착 욕구는 일차적이기 때문에, 탐색이 정상적으로 진행되기 이전에 충족되어야 한다(Hazan and Shaver, 1990).

그들은 모형을 검정하기 위해 두 종류의 조사자료를 수집하였다. 하나는 콜로라도 최대 일간지의 일요판 부록 잡지에 있는 만남과 직업(Love and Work Questionaire)란의 설문지를 통해서, 다른 하나는 우편을 통해 수집한 것이다. 신문을 통한 설문에는 전반적인 행복에 대한 질문이 들어 있다. 응답자들에게 "인간관계"와 "일" 중 어느 것이 더 중요한지를 평가하도록 하였다. 안정애착관계를 가진 사람이 불안정 애착관계에 있거나 회피적인 사람보다 전반적으로 더 행복하다. 안정애착관계인 사람은 일보다는 사랑하는 사람과의 관계를 더 중시한다. 애착관계가 달라도 소득과 관련된 행복이나 불행의 순위에는 유의미한 차이가 없다.

나의 연구 모형은 정신분석이론을 이용해서 사회적인 상호관계를 규명하고 발전과정에서의 분석틀을 형성한다는 점에서 이들의 연구와 비슷하다.[2] 나는 애착의 유형에 따라 대상을 분류하기 위해 응답자 어머니 목소리의 정서적인 질에 대한 등급을 이용하였다. 안정애착관계를 가진 성인은 그렇지 않은 성인에 비해 일에 대한 만족도가 높다는 가설을 검정하였다. 결혼과 육아 만족도에 대한 가설도 검정하였다. 자녀를 낳고 양육을 즐긴다는 것은 일보다는 사랑을 더 높게 평가한다는 것을 의미하므로, 안정애착관계를 가진 성인이 그렇지 않은 사람보다 양육과 일 모두에서 더 높은 만족도를 보일 것이라고 주장한다.

이러한 가설들을 검정하기 위해 설정한 모형은 성격과 웰빙의 라이프사이클 모형이다. 결혼이나 출산과 같은 사건들은 내생적인 것이라고 가정한다. 이것은 사람들이 왜 "승진, 실직, 결혼, 출산과 같은 사건들의 반복되는 패턴을 보이는 경향이 있는지"(Heady and Wearing 1989)를 설명한다.[3)]

그것은 에릭슨(Erikson, 1950/1963)의 성격발달이론과 관련이 있다. 에릭슨은 사람을 8단계로 구분하였다. 유아 성욕기-구강기와 항문기와 생식기는 전형적으로 같은 그룹으로 묶는다. 잠재기, 퓨버티(puberty)(사춘기로도 번역하지만 2차 성징이 나타나고 아기를 생산할 수 있는 생식능력이 있는 단계로 일반적인 사춘기와 구분되는 의학적 용어-역주), 사춘기가 중간 시기에 해당되고, 청년기, 장년기, 노년기가 마지막 그룹에 속한다.

가설들은 『양육 패턴』(*Patterns of Childrearing*) 기록보관소에 있는 자료(이하 '패턴 데이터')를 이용해서 검정되었다. 이 데이터는 대분류 중 첫 번째와 세 번째의 발전 단계에 있는 사람들에 대해 조사한 것이기 때문에 성격발달에 관한 가설을 검정하는데 특히 잘 들어맞다. 데이터에는 무의식적인 동기가 행동에 영향을 준다는 프로이드의 가설을 검정할 수 있도록 주체통각검사(TAT) 상상력 척도도 들어 있다. 첫 번째 주체통각검사 관측자료는 청년기(31세), 두 번째 자료는 장년기(41세)의 것이다.[4)]

주체통각검사(TAT)는 'Thematic Apperception Test'의 약어

로, 그림들을 보고 상상에 의해 스토리를 만들어내게 함으로써 성격을 평가하는 방법이다.[5] 애착이론에서의 개념들이 쉽게 주체통각검사의 동기에 투영된다. 친화적 동기는 사랑에 대한 욕구를 보여주고, 성취 동기는 탐험욕을 나타내는 것으로 본다. 패턴 주제의 스토리들은 어린 시절의 양친과의 상호작용에서 오는 장기적인 효과에 있어서 남녀 간에 차이가 있음을 보여준다.

패턴 주제에 의한 검정에는 단서인 여섯 가지의 그림들이 있다. 스토리는 피검자들이 다른 사회적 상황을 어떻게 인식하는가를 보여준다. 그림 스토리의 코드화된 주제들의 연결을 통해 유아기부터 성인기까지의 발달과정을 추적할 수 있게 해준다. 벤치에 앉아 있는 남녀 커플의 그림과 엔지니어가 그의 책상에 앉아 있는 그림은 친밀성과 책임감에 대한 생각을 하게 한다(Sternberg (1988)의 동료애(companionate love)의 개념).[6] 나이트클럽에서의 남녀 커플 사진은 로맨스와 풋사랑과 사랑 아닌 것을 구분하게 하였다(Sternberg, 앞의 책). 배의 선장이 있는 그림과 실험실의 두 여성 과학자 그림은 부모-자녀 간의 권력 관계의 흔적을 민감하게 건드렸다. 그네 타는 곡예를 하는 남녀의 그림은 탐색행위와 관련된 리스크를 생각하게 하였다.

라이프사이클 모형은 목표 프로세스와 사회화 프로세스를 병합한 것이다. 행동을 다섯 가지 기질로 설명하는 것이 널리 인정되고는 있지만, 디너와 루카스(Diener and Lucas, 1999)는 행위를 웰빙에 접목시키는 과정에 대해서는 견해차가 있음을 지적했다. 그들은 프로세스를 다섯 가지의 다른 모형-기질, 일치성, 인지, 목표, 사회화-으로 구분하였다.

주체통각검사에서는 동기가 목표 프로세스에 따라 구분된다. 성취동기의 목표는 수월성 경쟁에서의 만족이다. 친화동기의 목표는 환영과 사랑에 대한 만족이다. 권력동기의 목표는 영향력에 대한 만족이다.

엄마의 애정 담긴 목소리 톤의 차이가 상황에 따른 사회화 프로세스를 추적하는데 기여한다. 목소리의 톤은 상황변화에 대한 일관성과 관련된 개인의 기질 특성을 보여준다.[7] 목소리 톤의 차이가 피검자 부모의 환경의 차이를 설명하는 단서이다.

이하에서는 8개 절에 걸쳐 증거를 제시하고 그에 따른 주장을 전개할 것이다. 2절에서 아동 발전 연구에서 애착의 형태를 어떻게 측정하는지 설명하고 그에 대한 실험 결과들을 요약한다. 3절에서는 『양육 패턴』(*Patterns of Childrearing*) 데이터를 개관한다. 이 장에서는 세 개의 네스트 샘플(하나의 인자에 의해 추출한 표본을 대상으로 다른 인자에 의해 다시 샘플을 추출하는 것을 nested sampling 또는 double sampling이라 함-역주)을 이용한다. 기술통계량, 표본선택오차에 대한 검정, 엄마 목소리를 분석하는데 사용된 방법이 부록 11.1에 있다. 4절에서는 애착 프로세스에 관한 가설을 설명하고 가설검정을 보여준다. 첫 번째 검정은 불안정애착(insecure attachment)관계에 대한 것이고, 두 번째 검정은 안정애착관계에 대한 것이다. 5절에서는 핵심 표본에서의 두 주체의 성격 발달 프로필을 설명한다. 첫 번째 프로필은 양면적인 애착 프로세스를 보여준다. 두 번째는 회피적 프로세스를 보여준다. 6절에서는 1957년부터 1976년 사이의 미국 정신건강에 관한 전국 조사 자료에 대한 '패턴 데이터'로부터의 추론이 강고하다(robust)(데이터의 구조가 바뀌더라도 추론이나 추정의 결과가 크게 영향받지 않는 경우를 'robust'하다고 함-역주)는 증거를 제시한다(Gurin et al., 1975; Veroff et al., 1982). 7절에서는 미국인의 웰빙을 개선시킬만한 사회정책을 제안한다. 8절에서는 모형을 간단히 설명하고 결과를 요약한다.

2. 아동 발달 연구에서의 애착 유형

에인스워스 외(Ainsworth et al., 1978)는 "낯선 상황(The Strange Situation)"이라고 하는 실험 설계를 통해 애착 유형을 판단하였다. 그들은 가정 내에서의 돌보미와 유아 간의 상호작용에 대한 관측자료와 연결시켜 아동 발달에 있어서의 돌보미와 유아간의 상호작용을 안정, 불안정/회피, 불안정/저항의 세 가지 범주로 나누었다. 이러한 실험은 다른 연구자들에 의해 반복되었다. 캄포스 외(Campos et al., 1983)는 미국에서 표본의 60퍼센트가 안정, 25퍼센트가 회피, 15퍼센트가 불안정/저항이라는 분포를 보인다고 보고하였다.

하잔과 셰이버(Hazan and Shaver, 1994)에 기초해서 이 세 가지 주된 패턴에서의 전형적인 행동들을 기술해본다.

안정 전형적인 안정적 애착을 받는 유아는 엄마가 실험실에서 나가면 울다가도 돌아오면 이내 편안해하였고 엄마가 곁에 있는 동안 실험에 활발하게 응했다. 실험에 응하기까지 집에서는 보호자가 아이 곁에서 계속해서 요구에 응해주었던 것으로 판단되었다.

불안정/저항 이러한 유아들은 실험실에서 불안해하고 투정 부리며 보호자에게만 관심이 있어 실험이 어려울 정도였다. 집에서 아이가 원해도 보호자가 대체로 반응을 잘 보이지 않거나 때로는 간섭하는 경우이다.

불안정/회피 실험실에서 보호자와 떨어져도 이 아이들은 상관없으며 다른 보호자도 기피하였고 (안정적으로 애착받는 아이들에 비해 흥미와 집중이 떨어지지만) 장난감에만 관심을 두었다. 집에서 아이가 보호자에게 특히 신체접촉 같은 것을 요구해도 거절당하거나 외면당하는 경우이다.

3. '패턴 데이터' 개관

대상자들은 1946–7년에 태어나 보스턴 근교에서 자랐다. 시어스 외(Sears et al., 1957)는 이들이 다섯 살 되던 해에 양육방식에 대해 아이 엄마들과 인터뷰하였다. 맥크리랜드(1977–8)와 맥크리랜드와 프란츠(1987–8)는 주체통각검사로 대상자들의 나이가 31세 때와 41세 때를 추적하여 그들의 동기를 측정하였다.[8)]

데이터는 조부모, 부모, 자녀의 3대를 연결시켜 준다. 시어스와 공동연구자들이 인터뷰한 어머니들은 조부모이다. 대상자들 중에는 41세까지 결혼한 적이 없거나 자녀가 없는 사람들도 있었다. 2자녀 가정이 평균 가족규모이다. 대상자 중 한 사람은 31세와 41세 사이에 여섯 번째 아이를 낳았다. 41세인 부모들에 대해 자녀양육 만족도를 0에서 100 사이의 척도로 측정하였더니 최저 40에서 최고 100 사이였다.

데이터에는 세 개의 네스트 샘플이 들어 있는데, 가장 큰 것에는 43명의 대상자가 포함되며 이들은 모두 31세와 41세 때 주체통각검사를 받았다.

중간 크기의 샘플에 있는 20명의 대상자에게 목소리 효과를 측정하였다. 독립적인 심사자들이 그 기록을 다시 "세분류"해서 11단계로 서열을 매겼다. 이러한 측정치들은 애착관계가 감정의 사회화(emotion socialization)에 기초한 것이라는 가설을 검정하기 위한 것이다. 이는 선천성·후천성 논쟁에 유익하다. 나는 목소리 특질의 일부는 타고나는 것이고, 일부는 어린 시절에 터득되는 것이라 생각한다.

단계별 순위는 엄마들이 인터뷰 질문에 대해 답한 것을 "세분류"한 것에 기초한 것이다. 통계표의 (a)라는 문자는 그 측청치가 엄마와 아이 간의 다정함 정도에 관한 답변을 분석한 것으로부터 도출되었음을 나타낸다. 이 질문은 특히 이타적인 부모가 이기적인 부모보다 자녀에게 더 많이 투자한다는 경제학 가설(Barro and Becker, 1989)을 검정하는데 적절하다. 질문은 엄마가 젖 먹이고 옷 갈아입히는 것과 같은 정규적인 양육 시간 외에 아이와 같이 보내는 시간이 더 있는가, 있다면 그 시간에 무엇을 하는가, 아이를 안아주거나 노래를 불러주는가 하는 것이다. 표의 (bc)라는 문자는 엄마와 아기, 아빠와 아기 간의 상호작용에 관한 대답에 대한 세분류 평균치이다.

핵심 샘플(네스트에서의 가장 작은 샘플)은 주체통각검사도 받고 목소리 데이터도 있는 10명의 대상자들이다. 이 샘플을 통해 우리는 동기가 대상자의 행위와 만족에 대한 서열화 효과를 완화한다는 것을 보여줄 수 있다. 또한 동기의 변화가 성인의 성격 발달과 일치한다는 것도 보여줄 수 있다.

4. 가설과 검정 그리고 결과

첫째로 애착이론을 성인의 사랑과 일에 대한 동기이론에 접목시킨다. 유아기에서 성인기로의 도약으로 보이는 논리이다. 행위를 네 개의 순서로 나눈다. 즉, (1) 다정한 엄마 소리는 아이의 안정애착관계에 기여하고, 불안한 엄마 소리는 불안정애착관계에 기여한다. (2) 성인 초기(31세)에는 영아기나 유아기 때의 엄마(그리고 아빠) 목소리에 대한 기억이 현재의 사회적인 상호작용 인식에 영향을 준다. 긍정적인 유아기 친화(affiliation) 경험의 효과는 성인기의 사회적 상호작용과 친화에 대한 인식과 친화행위 및 친화능력으로 이어진다. 부정적인 효과는 친화에 대한 인식의 결핍으로 이어진다. (3) 인식이 수단적인 행동들로 이어진다. (4) 수단적 행동이 목표하는 바(친화 혹은 성취)를 달성하면, 그 주체는 긍정적인 효과를 경험한다. 수단적 행동이 실패하면, 그 주체는 부정적인 효과를 경험한다.

영아의 안정애착관계가 어떻게 형성되는가를 보여주는 두 가지 예가 있다. 첫 번째 예는 친화 동기와 안정애착관계의 발달을 설명해주는 것으로, 맥크리랜드(McClelland, 1985, p.137)와 하잔과 셰이버가 사용한 설명에서 도출한 것이다. 이 예에서는 앞 문단에서 사용된 것과 같은 맥락의 용어들을 사용한다. 맥크리랜드는 행위의 순서를 설명하기 위하여 그 용어들을 사용한다. 동기는 유사한 행위 순서를 셀 수 없이 반복하면서 발달한다.

예 1: 엄마가 아기에게 속삭인다. (속삭임은 소리 신호이다.) 이에 반응하여, 아기는 엄마를 쳐다본다. (보는 것은 수단적 행동이다.) 그러면 엄마는 아기를 안아주고 입맞춤해 준다. (안고 입맞춤하는 것은 보상이다.) 엄마의 포옹과 입맞춤을 아기가 좋아하는 것(긍정적인 효과)이 성취 반응이다.

두 번째 예는 탐색적 행위를 통한 성취동기의 발달을 설명한다. 이것은 유아 발달 중 언어 발달 실험에 대한 설명을 개조한 것이다(Newcombe, 1996, p.216). 말하기를 배우는 것은 탐색적 행위의 한 예이며, 목표 추구 행위로 발전하여 말하기라는 목표가 달성되면 만족을 얻는다. 실험에서 스피커가 '바(ba)'와 같은 특정한 발음(생후 1개월 된 아기는 '바', '부', '다' 와 같은 음소를 구분할 수 있다)을 내보내는 동안 엄마가 젖을 준다. '바' 소리가 지루해지면 젖 빠는 속도가 느려지기 시작한다.

예 2: 스피커에서 나오는 소리를 '다(da)'로 바꾼다 (소리 신호). 그러면 아기의 젖 빠는 속도가 빨라진다 (수단적 행위). 지루함이 사라져 젖 빠는 속도가 빨라진다. (변화와 먹이는 보상이다.) 변화를 경험하는 것으로부터 그리고 배고프다는 동기를 충족시키는 것으로부터 아기가 느끼는 긍정적인 효과가 성취반응이다.

맥크리랜드는 성취동기의 발달에 도움이 되는 보상으로서의 가벼운 변화의 성취 경험의 리스트를 제시하였다.

다음으로는 회귀분석을 위해 주체통각검사(TAT) 척도 선택에 관한 정보를 제시할 필요가 있다. 주체통각검사에 대한 선행 연구는 친화행위가 상황 특수적임을 보여주었지만, 성취행위는 상황 전반에 대해 일반화되어 있다(Terhune, 1969). 따라서 나는 친화동기와 친밀동기를 위해 그림 특수적(picture-specific)인 척도를 사용하였고, 각각의 주체통각검사에서 여섯 개의 모든 그림에 대한 성취동기 점수를 합산하였다. 그림 특수적인 척도가 전국적인 정신보건 연구에서 사용되었지만(Gurin et al., 1975; Veroff et al., 1982), 다른 대부분의 연구자들은 이를 사용하지 않는다.[9]

친화(affiliation)와 친밀(intimacy)에 대한 생각을 측정하기 위해 선정한 그림은 집안일과 바깥일에 대한 시간 배분 선택에 관한 생각을 파악하기에 특히 적절하다. 그림에서 한 남자가 책상에서 일하고 있다. 책상 위에는 가족사진이 있다. 맥크리랜드와 프란츠(McClelland and Frantz, 1992)는 그림에 대한 설명에서 이 남자를 "엔지니어"라고 하였다.

〈표 10.1〉은 애착 및 친밀성 동기 점수를 엄마 목소리의 척도평가(adjective ranking)에 대해 회귀분석한 결과를 보여준다. 〈표 10.2〉는 성취동기를 척도평가에 대해 회귀분석한 결과이다. 〈표 10.3〉은 직업만족도를 불안(bc)와 성취동기와 친밀 동기에 대해 회귀분석한 결과이다. 가족의 출신 국가의 사회경제적인 상태, 성, 인종에 따라 구분하여 회귀분석을 통제하였다.

그 결과는 다음과 같다.

가설 1. 성, 인종, 사회경제 상태에 따라 친화와 친밀도에 차이가 있다.

〈표 10.1〉의 결과는 이 가설과 일치한다. 통제변수들이 모두 유의적이다 (p–value<0.01) (p–value가 0.01보다 작다는 것은 이 변수가 종속변수에 유의적인 영향을 미친다는 주장이 오류일 확률이 1% 미만임을 의미한다–역주). 화이트칼라 가정에서 성장한 사람들이 작성한 스토리에는 블루칼라 가정에서 자란 사람에 비해 엔지니어에 대한 친화 및 친밀감이 덜하다. 남성에 비해 여성의 스토리에 친화 및 친밀감이 높고, 유태인 가정에서 자란 사람들이 다른 인

종 출신에 비해 친화 및 친밀감을 더 많이 드러낸다.

가설 2. 배척에 대한 우려는 친화와 친밀성 동기의 전조이다.

친화동기에 관한 연구사에서 아직 풀리지 않은 문제 중의 하나가 왕따 우려에 관한 것이다. 맥크리랜드(McClelland, 1985, p.356)에 따르면, "모든 연구의 친화에 대한 n개의 점수를 통해서, 연구자들은 그것이 왕따에 대한 우려를 나타내는 것으로 보았다…"10) 흔히 우울한 엄마들은 주의를 끌려는 아기들의 반응에 대해 냉담한 것으로 추측된다.

〈표 10.1〉의 행 (1)과 행 (2)의 결과는 왕따 우려에 대한 가설과 일치한다. 우울함(bc)에 대한 평가척도의 추정계수는 친화의 전조에 대해 유의적인(p-value<0.01) 양의 값을 가지고 친화의 전조에 대해서는 유의적인(p-value<0.01) 음의 값을 가진다. 매우 우울한 엄마에 의해 양육된 아이들은 다른 아이들에 비해 엄마로부터 따뜻한 반응을 받기 위해 더 많은 수단적 행동을 취했지만, 엄마에 의한 친화 경험은 더 적었던 것으로 생각된다. 그 결과 안정친화관계를 가진 사람들에 비해 그들은 성인이 되었을 때 친화관계가 되려는 수단적 행동의 레퍼토리를 더 많이 가지게 되었다. 그들은 또한 다른 젊은 성인들에 비해 친밀에 대한 기대

표 10.1 **엔지니어에 대한 TAT 그림: 31세 피검자 스토리의 친화와 친밀성 점수의 5세 때 엄마 목소리 척도평가에 대한 회귀분석**

	(1) 친화	(2) 친밀	(3) 친밀
상수항	16.613** (-6.027)	-0.327 (-0.330)	-8.799* (-2.489)
가족의 사회경제적 상태	-6.291 (-9.418)	-1.745** (10.382)	
성	4.813** (6.726)	1.481** (9.082)	
불안(bc)			2.562* (2.692)
우울(bc)	4.531** (6.830)	-0.674** (-4.358)	
감정적(a)		0.769* (4.901)	
유태인	11.166** (10.372)	2.337** (9.470)	
Adjusted R-squared	0.957	0.989	0.410
F-ratio	39.953**	131.651**	7.249*
N	8	8	10

주: 괄호 속의 수치는 t-통계치이고, * p-value는 5% 수준에서 유의적, ** p-value는 1% 수준에서 유의적. 핵심 샘플에서 N=10(피검자수)이다. 인종에 대해서는 누락된 값이 있다. 가족의 사회경제상태에 대해서는 화이트 칼라=1, 아니면 0으로 했고, 여성=1, 아니면 0으로 하였다. 인종 변수는 아일랜드인, 이탈리아인, 유태인에 대해 구분하였다. 아일랜드인과 이탈리아인은 표에서 "기타 인종"으로 분류하였다. 세 명이 블루칼라 가정에서 성장했고, 남자는 세 명이었다. 유태인은 두 명, 아일랜드인은 세 명, 이탈리아인은 한 명이었다.

표 10.2 **31세 피검자의 그림 여섯 개에 대한 스토리의 성취 점수 합계의 5세 때 엄마 목소리의 척도평가에 대한 회귀분석**

상수항	49.456** (6.131)
성	−1.712 (−1.796)
불안함(bc)	−3.817 (−2.423)
지배적인 간섭(a)	−7.215* (−5.095)
이탈리아인	−6.961* (−3.811)
Adjusted R−squared	0.826
F−ratio	9.282*
N	8

주: 괄호 속의 수치는 t−통계치이고, * p−value가 5% 수준에서 유의적. ** p−value가 1% 수준에서 유의적. 핵심 샘플에서 N=10(피검자수). 31세 때의 성취동기에 누락된 값이 있다.

수준이 낮았다. 그들은 유아기나 어린 시절에 놓친 것에 대해 알지 못했다.

친밀과 관련된 또 다른 흥미 있는 결과가 있다. 엄마가 매우 감정적인(매우 감정적 (a)) 사람은 친밀성이 더 많은 스토리를 묘사했고, 엄마가 매우 불안스러웠던(매우 불안(bc)) 사람도 친밀성이 더 많은 스토리를 썼다. 후자의 경우 엄마가 매우 불안한 아이들은 엄마의 느낌을 알아채기 위해 더 주의를 기울였다는 것을 말해준다.

가설 3. **엄마의 불안과 간섭은 설명적 행동(explanatory behavior)을 방해하며, 낮은 성취동기의 전조가 된다.**

〈표 10.2〉의 결과는 이 가설과 일치한다. 엄마의 불안에 대한 추정계수의 부호는 기대한 대로 이지만, 통계적으로 유의하지는 않다. 지배적인 간섭(a)의 추정계수는 유의적(p–value〈0.05)이고 부호도 기대한 대로이다.

가설 4. **(직업 만족도). 엄마의 애착이 불안정–저항적 혹은 기피적인– 사람은 안정적인 사람에 비해 직업만족도가 낮다.**

〈표 10.3〉은 가설과 일치하는 결과를 보여준다. 행 (1)의 회귀분석 결과에는 독립변수에 친화 동기가 빠져 있다. 설명적 행동이 성취동기의 전조라는 가설에 집중하기 위한 것이지만, 모형은 그러한 결과를 설명해 주지 않는다. 행 (2)의 모형은 성공적이다. 불안(bc)의 추정계수는 유의적인 음의 값(p=0.025)이어서 안정애착을 받은 사람은 직업만족도가 높다는 대립가설을 지지한다. 친화 추정계수는 기대한 대로 양의 부호를 가지지만 통계적 유의성

표 10.3 **41세 때의 직업 만족도를 31세 때 엔지니어 그림에 대한 스토리에서의 친화 점수와 31세 때의 여섯 개 그림에서의 성취동기 점수 합계와 5세 때의 엄마 목소리의 평가척도에 대해 회귀분석한 결과**

	(1)	(2)	(3)	(4)
상수항	364.647* (14.090)	354.378* (34.197)	386.292* (24.909)	399.123** (35.698)
사회경제적 상태	−6.115 (−2.042)			
성	−30.095* (13.168)	−28.332* (−28.445)	−35.353** (−19.733)	−35.361* (−32.614)
불안(bc)	−63.220 (10.720)	−64.281* (−22.329)	−69.658** (−18.499)	−73.924* (−24.275)
성취	−16.649* (13.867)	−14.567** (−41.803)		
소득			−2.769** (−25.096)	−2.750* (−40.795)
친화		2.852 (4.628)		1.342 (2.112)
Adjusted R−squared	0.990	0.998	0.993	0.997
F−ratio	120.000	521.300*	241.911*	496.454*
N	6	6	6	6

주: 괄호 안의 수치는 t−통계치. * p−value가 5% 수준에서 유의적. ** p−value가 1% 수준에서 유의적. 핵심 샘플에서 N=10. 그 중 여덟 명은 직업이 있고, 두 명의 여성은 전업주부. 직업이 있는 남성 중 한 명은 직업 만족도를 보고하지 않음.

은 없다. 가정 내의 다정함과 애정에 대한 바램이 직업만족도를 높인다는 가설과 추정계수의 부호가 일치한다. 여성의 직업 만족도가 평균적으로 남성에 비해 낮다는 것(p=0.022)은 여성들이 육아와 가사의 절반 이상을 부담하는 것이 부정적으로 작용한다는 가설과 일치한다 (이를 확인해 주는 6절의 증거를 보라). 성취동기의 추정계수는 음이며 유의적(p=0.006)인데, 이는 성취동기가 성공에 대한 포부(aspiration)를 측정한다는 가설과 일치한다. 41세 때에는 대상자들의 포부가 실현되지 않은 상태이다.

행 (3)과 행 (4)의 모형들은 금전적인 동기의 효과를 보여준다. 각 대상자의 성취동기는 그 자신의 소득 지수에 의한 가중치로 계산되었다. 그 결과는 금전의 인센티브 가치는 자신의 성취동기가 강할수록 증가한다는 것을 보여준다. 이는 "··· 금전은 n개의 성취 중 높은 동기는 아니지만, 그들의 성과가 얼마나 성공적이었는지에 관한 정보로 활용된다."(McClelland, 1985, p.248)고 하는 맥크리랜드의 추론과 일치한다. 소득에 대한 통제가 불안정애착의 부정적 효과를 더욱 심화시킨다는 것에 주목하라. 다만 샘플사이즈가 작다는 것이 추론의 신뢰성을 떨어뜨린다. 자유도를 유지하기 위해 행 (3)에서는 친화동기를 모형에서 뺏다. 행 (4)의 모형은 친화를 포함시킨 것인데, 모든 변수의 부호가 가설과 일치한다.

가설 5. (육아의 만족도) 애착관계가 안정적인 사람들은 그렇지 않은 사람에 비해 육아의 만족도 수준이 더 높았다.

1 핵심 샘플 데이터로 검정

핵심 샘플 데이터에 의한 가설검정은 샘플 사이즈 때문에 한계가 있지만, 추정계수 값의 크기와 부호는 43개 샘플에 의한 결과와 일치한다. 〈표 10.4〉에서 행 (1)의 모형은 검정 결과에 대해 음의 구조를 보여준다. 불안(bc)의 추정계수 부호가 직업 만족도 모형에서처럼 음이다. 행 (2)의 모형에서는 양의 구조를 보여준다. 자신감(a)에 대한 계수값이 양이다. 두 모형에서 친화동기는 양이며 직업만족도 모형에서보다 큰 값을 가진다. 양의 구조 모형에 성취동기를 추가하면 모형은 데이터를 보다 완벽하게 설명해준다. 이 결과는 양육이 성취동기만족도에 중요한 기여를 한다는 가설과 일치하며, 또한 자녀가 엄마들에게는 행복의 원천이라는 선행 연구 결과와도 일치한다(Phelps, 1995, pp.62-3).

표 10.4 31세 때 엔지니어에 대한 그림에 대한 스토리에서의 친화동기와 31세 때 여섯 개 그림에 대한 스토리에서의 성취동기 합계, 그리고 5세 때의 엄마 목소리에 대한 척도평가에 대해 41세 때의 만족도를 회귀분석한 결과

	(1)	(2)	(3)
상수항	245.588* (4.391)	−133.422 (−2.074)	−198.259
사회경제적 상태		34.694 (2.992)	44.717 (1.662)
성	−15.266 (−1.605)	36.720 (2.864)	41.461 (1.541)
불안(bc)	−40.870 (−2.933)		
자신감(a)		32.935 (3.347)	41.295 (1.259)
성취			2.651 (.564)
친화	6.627 (3.035)	14.282 (3.347)	19.177 (2.797)
Adjusted R-squared	0.615	0.671	1.000
F-ratio	4.199	4.062	
N	7	7	6

주: 괄호 안의 수치는 t-통계치. p-value는 10% 수준에서 유의적. *는 p-value가 5% 수준에서 유의적, **는 p-value가 1% 수준에서 유의적임을 나타냄. 핵심 샘플에서 N=10. 그 중 세 명은 부모가 아니며, 행 (3)에는 표준화된 계수가 괄호 안에 있다.

2 43개 샘플 데이터에 의한 검정

3절에서 시어스(Sears)가 인터뷰를 통해 엄마와 영아 간의 다정함(mother–infant warmth; MIW)을 엄마가 아기와 함께 한 시간의 양과 질에 따라 평가한 변수로 나타내었다는 사실을 언급한 바 있다. 일상적인 양육시간보다도 더 많은 시간을 아기와 보냈다고 답한 엄마들에게, 아기를 안아주거나 노래를 불러주었는지 물었다. 〈표 10.5〉는 영아기의 모성적인 애정과 다정함이 매우 중요하다는 것을 말해준다. MIW가 유의적인 양의 값이다(p–value$<$0.05). 행 (2)에서 친화동기가 매우 우울한 엄마들의 부정적인 효과를 제어한다.

자신감(a)에 대한 척도가 포옹과 노래불러주기에 대한 응답에 기초하고 있다는 것을 알아야 한다. 이 두 가지 척도에 대한 추론이 동일하다는 것은 모형이 강고하다는 증거이다.

〈표 10.6〉은 엄마의 포옹과 노래불러주기를 받은 대상자들의 양육만족도와 직업만족도의 평균 수준을 비교하기 위한 분산분석이다. 그들의 양육만족도는 93으로, 직업만족도보다 15포인트 높았다. 안정적인 애착을 받지 못한 여타 대상자들의 경우 양육(p–value$<$0.01)과 직업(p–value$<$0.05)의 두 부문에서 대상자들의 만족도를 상당히 제약하였다.

표 10.5 31세 때의 엔지니어 그림에 대한 친화점수와 5세 때의 엄마-유아 간의 다정함(MIW)에 대한 시어스의 평가(결혼경험이 있는 대상자)에 대해 41세 때의 만족도를 회귀분석한 결과

	(1)	(2)
상수항	75.201** (11.303)	50.582** (3.742)
사회경제적 상태	8.188 (1.460)	11.021 (1.952)
성	2.152 (0.361)	3.368 (0.567)
친화동기	3.889 (2.013)	4.551* (2.392)
MIW		3.377* (2.026)
Adjusted R-squared	0.105	0.196
F-ratio	2.171	2.762*
N	31	31

주: 괄호 안의 수치는 t-통계치. *는 p-value가 5% 수준에서 유의적, **는 p-value가 1% 수준에서 유의적임을 나타냄. 이 데이터는 패턴 데이터의 네스트 샘플 중 가장 큰 것들로부터 추출하였다. 43개 중 31개에 육아만족도가 보고되어 있다.

표 10.6 31세 때의 엔지니어 그림에 대한 스토리에 대한 41세 때의 육아만족도와 직업만족도의 평균 차이: 친화에 대한 표현 유무(분산분석 결과)

	친화가 있음	친화가 없음	F
육아만족도	93.546 5.298	77.778 25.509	7.947**
N	22	9	31
직업만족도	80.846 14.690	64.500 29.576	4.945*
N	26	10	36

주: 괄호 속의 수치는 표준편차. *는 p-value가 5% 수준에서 유의적, **는 p-value가 1% 수준에서 유의적임을 나타냄.

5. 행복추구의 프로필

서론에서 사람들이 사는 동안 왜 반복적인 패턴을 보여주는 경향이 있는지를 모형으로 설명할 수 있다고 주장하였다. 이를 뒷받침하는 증거가 있다. 행위의 일관성을 설명하기 위해서는 목소리 평가척도를, 영역별로 특수한 결과를 예측하기 위해서는 TAT 동기, 그리고 두 대상자의 일생 중 발생한 사건들에 대한 기대의 적응을 보여주기 위해서는 TAT 점수의 변화를 사용한다.[11)]

〈표 10.7〉에 있는 세 개의 회귀방정식이 분석 수단이다. 이러한 수단을 어떻게 사용하는지 설명하기 위해, 순차적으로 접근하면서 결과를 설명한다. 첫 번째 주제에 대해서는, 직업 영역에서

의 선택을 설명하는 것으로 시작한다. 그 다음에 가족 영역에서의 선택을 설명한다. 이러한 모형 설명 방식이 다른 경우에서도 논의가 활성화되기를 바란다. 추론의 차이에 대한 논의가 경제적 결과와 심리적 웰빙의 원천에 대한 우리의 이해를 증진시킬 것으로 본다. 독자들은 다른 데이터를 가지고 모형을 검정할 수 있다는 것이 가장 큰 장점이다.

첫 번째 프로필은 엔지니어 그림에 대한 스토리에서 친화점수가 3인 남성의 것이고, 두 번째 프로필은 엔지니어 그림에 대한 친화점수가 0인 여성의 것이다. 엄마 목소리의 평가척도는 둘 다 불안정애착의 증상인 불안(bc) 평가척도에 대한 핵심 샘플의 평균 이상이다.[12)]

표 10.7 31세에서 41세 사이의 조정의 발전 경로에 대한 전망: 대상자가 31세에서 41세가 될 때 까지의 TAT 점수 상승을 5세 때 엄마 목소리에 대한 평가척도(41세 때의 점수에서 31세 때의 점수를 뺀 값)로 회귀분석

A. 엔지니어 그림에 대한 스토리에서의 친화 점수 상승		
모형	친화 상승	
	계수	t-ratio
상수항	−3.215	(−0.358)
활달함(a)	5.046	(3.522)*
우울함(a)	−6.168	(−3.451)*
아일랜드	1.767	(1.508)
Adjusted-R squared	0.771	
F-ratio	8.842, p=0.031	
N	8	

B. 엔지니어 그림에 대한 스토리에서의 친밀도 점수 상승	
모형	친밀도 상승
	계수 t-ratio
상수항	−0.375 (−0.180)
불안(a)	−5.236 (−8.844)**
감정적(a)	4.978 (9.237)**
Adjusted−R squared	0.917
F−ratio	50.959, p=0.000
N	9

C. 여섯 개 그림에 대한 스토리에서의 성취 점수의 상승	
모형	친밀도 상승
	계수 t-ratio
상수항	−7.550 (−0.553)
불안(bc)	−7.910 (−2.511)*
지배적인 간섭(a)	8.686 (3.569)**
Adjusted−R squared	0.627
F−ratio	7.730, p=0.022
N	9

모형	친밀도 상승
	계수 t-ratio
상수항	−7.615 (−5.035)**
사회경제적 상태	5.923 (4.230)**
성	5.821 (3.944)**
Adjusted−R squared	0.771
F−ratio	14.447, p=0.005
N	9

주: 괄호 속의 수치는 표준편차. *는 p−value가 5% 수준에서 유의적, **는 p−value가 1% 수준에서 유의적임을 나타냄. 핵심 샘플에서의 N=10.

5.1 불안정/저항애착 과정의 프로필

하잔과 셰이버는 불안/애증(ambivalent attachment)관계인 성인에 대해 사랑과 직업의 특성을 예측하였다. 그들은 혼자 일하기보다는 타인과 같이 일하는 것을 선호하고, "작업 프로젝트를 끝내지 못하고, 마감일을 지키지 못하며, 작업성과가 떨어진다"는 것이 그 예측에 포함되어 있다. 이러한 대상자들의 작업 기록은 예상대로다. 그의 소득은 교육수준이 비슷한 사람들이 받아야 할 수준보다 낮고, 인적자본모형에서의 예측에도 못 미친다.[13] 그는 "전문성이 떨어지는" 직종에서 일하며, 핵심 샘플 내에 있는 사람들에 비해 여러 직업을 전전했다. 일자리가 없었던 적도 한 번 있다.

이 데이터는 그의 경력에 대해 설명을 할 수 있을까? 나는 그렇다고 본다. 단편실험(thin-slice experiment)에서 평가자는 그의 엄마목소리에 대해 불안(bc), 지배적 간섭(a), 감정(a)에 보다 높은 척도평가를, 다정함(bc)에 대해서는 평균 이하를 주었다. 평균이상인 지배적 간섭(a)은 강요와 일치하고, 평균이하인 다정함(bc)은 돌보미의 부재나 무관심과 일치한다.

그는 부부갈등이 심한 가정에서 성장했다. 그가 5세였을 때 시어스가 인터뷰한 부부갈등 수준이 핵심 샘플 중에서 가장 높았다.

아빠의 냉담함도 가장 심했다. 엄마 목소리의 감정(a) 영역에 대한 척도값이 높은 것은 엄마가 아빠와 싸울 때의 목소리가 영향을 주었을 것으로 추측된다. 부부싸움이 많은 가정환경은 직장 상사의 이런저런 지시에 대해 쉽게 화를 내는 원인일 수 있다.

베이비붐 세대가 어떻게 재산을 형성하게 되었는지를 설명한 이스터린(Easterlin, 1987)은 그들의 선택과 결과에 대한 보다 긍정적인 분석틀을 제공한다. 베이비붐 세대의 41세 때 가계소득은 부모 세대보다 60퍼센트 더 많았다.[14] 이스터린 파일에 있는 데이터는 그들이 성공적인 베이비부머의 수단적 행위들을 했음을 말해준다. 대학을 졸업하고 대학원 2년 과정을 마쳤으며, 결혼을 35세까지 늦추고, 자녀도 40세까지 미루었다. 부인들도 2년 간의 대학원 교육을 받았고 직장생활을 했다. 부인들의 수입은 남편의 절반 정도인 것으로 보고되었다. 41세 때 그들은 직업, 결혼, 육아에 대해 공히 95의 만족도를 보였다.

TAT 스토리와 회귀 방정식들이 그들의 높은 만족도를 설명해준다고 생각된다. 31세 때 베이비부머들은 엔지니어 스토리에서의 친화점수가 3으로, 핵심 샘플과 43명 샘플보다 상대적으로 높았다. 그들은 엔지니어가 마인(Maine)에서의 가족 휴가와 그가 직접 설계하고 건축한 별장에 대한 백일몽을 꾸고 있다고 생각했다. 41세 때의 프로필 대상자의 친화점수는 5였다. "그는 직장보다는 가족과 함께 하길 훨씬 더 좋아했다." 〈표 10.1〉의 회귀분석은 유태인 가정이 긍정적인 가족관계를 형성하고 유지하려는 열망이 강했음을 말해준다.

〈표 10.7A〉의 회귀분석 결과는 엔지니어 스토리에서의 친화점수가 행위(a)와 지배적 간섭(a) 간의 상쇄효과에 따라 달라진다는 것을 보여준다. 행위(a)의 계수는 유의적인 양의 값을 가지며(p=0.024), 지배적 간섭(a)은 유의적인 음의 값이다(p=0.026). 이 대상자의 41세 때의 친화점수는 5로 31세 때보다 2포인트가 높다. 이러한 상승은 행위(a)에 대한 엄마 목소리 평가척도와 관련이 있다. 핵심 샘플 중 엄마 목소리에 대한 평가척도가 가장 높았다.

엔지니어 스토리에 대한 친밀점수는 31세 때 2였다. 유태계의 경우 친밀점수가 친화점수와 함께 가장 높았다는 것을 기억하라. 〈표 10.7B〉의 회귀분석 결과는 엔지니어 스토리에서의 친밀점수가 감정(a)과 불안(a) 평가척도 간의 상쇄효과에 따라 달라진다는 것을 보여준다. 감정(a)의 계수는 유의적인 양의 값이며(p=0.000), 불안(a)는 유의적인 음의 값이다(p=0.000). 친밀점수에는 변화가 없었다.

〈표 10.7C〉의 회귀분석 결과는 여섯 개 그림에 대한 성취점수 합계가 지배적인 간섭(a)과 불안(bc) 간의 상쇄효과에 따라 달라진다는 것을 보여준다. 지배적 간섭의 평가척도에 대한 계수는 유

의적인 양의 값이고(p=0.012), 불안(bc)의 계수는 유의적인 음의 값이다(p=0.046). 두 번째 회귀분석은 화이트칼라 가정에서 성장한 대상자들이 블루칼라 가정의 경우보다 성취동기가 높고(p=0.005), 여성들의 성취욕이 남성보다 높다(p=0.008)는 것을 보여준다.

성별 차이는 여성들이 41세쯤 되어서야 가정을 형성하고 있고 직업의식이 강해질 것으로 예상된다는 사실의 결과일 것이다. 이러한 설명은 스튜어트와 채스터(Stewart and Chaster, 1982)의 성취동기, 친화동기, 권력동기에서의 성별 차이에 관한 분석과도 일치한다.

> 성별 역할에 적절한 실험적 각성 패러다임(experimental arousal paradigm)을 사용하는 연구들은 대체로 여성의 성적 역할이 성취욕을 제약하는 반면 남성의 성적 역할은 그렇지 않다고 가정하는 경향이 있다. 우리는 이러한 가정에 들어맞는 데이터를 가지고 있지만, 그와 상반되는 것도 타당한 것으로 보인다. 여성들이 두각을 나타낼 수만 있다면 많은 영역에서 그 기회에 반응하는 반면, 성취동기를 끌어낼 수 있는 범위가 남성들에게는 상대적으로 제약되어 있다(pp.183-4).

프로필에 있는 대상자의 31세 때의 성취점수는 핵심 샘플 중 가장 낮았다. 〈표 10.2〉는 엄마의 지배적인 간섭행위를 통해 이러한 결과를 설명해 준다. 〈표 10.7C〉에서 지배적 간섭(a)의 계수는 그가 인생경험을 통해 간섭의 부정적 효과를 극복할 수 있었음을 말해준다. 그렇다고 그가 화이트칼라 자녀의 표준적인 수준을 따라잡은 것은 아니다. 그의 성취점수가 감소했다. 그의 피고용 경험을 통해 알 수 있듯이 그는 경력 상승에 대한 기대수준이 낮아졌다.

그는 청년시절의 기본적인 목표를 달성했고, 결혼하여 가정도 꾸리고 아이도 낳았다. 두 번째 TAT 시기의 친화점수는 그가 가족에 대한 사랑과 다정함을 유지하려는 책임감을 증가시키고 있음을 보여준다.

스턴버그(Sternberg)의 사랑의 삼각형이론(친밀감, 열정, 결정 및 헌신 세 가지 요인에 의해 사랑을 분류-역주)은 또 다른 전망을 제공하며 그의 발전에 대한 이해를 돕는다. 벤치에 앉아 있는 남녀 그림에 대한 TAT는 헌신의 결정을 보여주는 실마리라 생각된다. 그림에 대한 그의 점수는, 친화=3, 친밀=0, 권력=2였다. 아이가 있는 기혼 남성의 불륜에 관한 스토리였다. 그것은 아내에 대한 책임(친화 표상)과 연인에 대한 심취(권력 표상) 간의 갈등을 극화한 것이다. 나는 그가 이러한 갈등을 아내 쪽에 유리하도록 풀었다고 추측한다. 왜냐하면 10년 후 이 그림에 대한 점수가 친화=5, 친밀=3, 권력=0이었기 때문이다.

5.2 불안/회피애착 과정의 프로필

단편실험 평가자는 이 대상자에게 우울함의 두 가지 지표인 우울(a)와 우울(bc)에 대해 엄마 목소리의 점수가 핵심 샘플 평균보다 높았다. 앞에서(가설 3) 왕따에 대한 불안감이 부모의 우울증과 관련되어 있다고 주장했었는데, 이러한 사실이 나와 가설을 뒷받침한다.

31세 때에 쓴 TAT 스토리들에서 그녀가 결혼에 만족하지 못한다는 증거를 얻을 수 있다. 그 중 두 경우는 헤어졌거나 이혼한 커플에 관한 것이었다. 그녀의 결혼만족도는 75였다.

엔지니어에 대한 스토리는 성공적이지 못한 남편의 직업이 그녀를 가장 불편하게 했음을 말해준다. 데이터 파일에 의하면, 남편은 대학원과정을 1년 다녔고 41세 때 중규모의 기업에서 일하고 있었다. 그녀는 "내 남편은 같은 회사에서 10년째 일하고 있고, 자기 부서에서 몇 번 승진했지만 여전히 낡은 징병위원회 사무실에서 일을 하고 있는데, 내일 아침에는 새로운 직장을 찾아볼 예정이다."라고 썼다. 그녀는 생활수준이 기대치 이하인 것으로 생각하였다.

그녀가 이혼하지 않는 것은 결혼에 대한 그녀의 기대를 충족시키는 데 남편이 도움이 될지도 모른다는 이유 때문이었다. 41세 때, 가계 소득이 부모에 비해 50퍼센트 더 많았다고 되어 있다. 금전적 행복 측면에서 보면 성공적인 베이비부머였다.

그녀가 TAT 스토리에서 나타낸 불만은 자녀 출산시기와 관련이 있다. 대학을 졸업하고 23세에 결혼했는데, 37세가 되어서야 첫 아이를, 그리고 후에 둘을 더 낳았다. 아이들의 나이 터울이 작았고, 첫째 아이가 4세였다.

그녀를 회피애착으로 분류하도록 한 가장 강한 증거는 생후 2개월간 할머니가 주로 그녀를 돌보았다는 것이다. 1998년에 내가 그녀의 어머니에 대한 시어스의 인터뷰 내용을 들었을 때 메모해 두었던 것이다. 그것의 중요성을 깨달은 것은 하잔과 셰이버의 논문을 읽고 나서였다. 아기의 요구를 할머니가 제대로 들어주지 못했거나 특히 신체적인 접촉이 충분치 못했을 수 있다.

그녀의 어머니가 인터뷰에서 "그 아이는 아주 순한 아이였어요"라고 말했다는 메모도 있었다. 이 코멘트는 아이의 기질에 대한 설명일 수 있다. 그러나 회피애착이 더 강한 가설이라고 생각한다.

〈표 10.7〉의 방정식은 그녀에 대한 회피애착 진단을 강하게 지지한다. 엄마 목소리에 대한 평가척도가 우울(a)에 대해 평균 이상이었고, 친화 증가에 대해 부정적인 영향을 주었다. 감정(a)에 대한 척도평가는 평균 이하이고 친밀 증가에 대해 부정적인

영향을 주었다. 엔지니어 그림에 대한 41세 때 스토리의 친화점수와 친밀점수는 10년 전과 같은 0이었다.

그녀의 TAT 점수는 무의식적인 갈등을 보여준다. 책임감에 대한 실마리가 되는, 벤치에 앉아 있는 커플 그림 스토리에서 1977년과 1987년에 친화=1, 친밀=2로 점수가 같았다. 그녀는 남편에 대해 친구의 감정을 가지고 있었지만, 자녀들에 대해서는 다정함과 애정이 지속적이지 않았다. 양육 만족도가 70점으로, 핵심 샘플 중에서는 가장 낮았다. 그녀는 아직도 아기 때 자기가 버림받았었다는 느낌에 사로잡혀 있는 것으로 생각된다.

그녀에게 출산은 기본적으로 성취를 위한 수단이었다. 그녀는 탐색 행위의 범위를 확대했고, 성취점수가 1977/1987년 사이에 증가했다. 그녀는 탐색에 대한 열망을 더욱 키웠던 것이다.

6. 1957년과 1976년의 전국적인 미국인 정신건강 조사를 통해 본 양육 진화에 대한 증거

애착이론은 가정 내에서의 이타성에 대한 베커모형(Becker, 1993)의 가정과 예측을 평가하는 새로운 전망을 제시한다. 베커는 시간의 기회비용-임금률-에 의해 사랑의 영역과 직업의 영역을 연결시켰다. 역사적으로 볼 때 기본적으로 남성이 급여소득자

였기 때문에 양육의 진화에 있어서 여성보다는 남성의 임금율에 초점을 둔다. 가족간 이타성의 진화에 대한 베커의 실증적 검정은 아들 소득의 아버지의 소득에 대한 회귀방정식(앞의 책, 7장, 표 7S1)과 아들 재산의 아버지 재산에 대한 회귀방정식(앞의 책, 표 7S2)으로 구성된다.

애착관계가 기본적으로 엄마와 아이 간에 형성되는 것이라 볼 때, 가족간 이타성의 진화에 대한 검정은 엄마와 아이 간의 데이터에 기초해야 할 것이다. 미국인의 정신건강에 관한 1976년의 전국 조사에서 이러한 데이터가 수집되었다. 출산 동기와 육아 관행 및 육아 만족도에 대한 가설들이 검정될 수 있었고, 31세 때의 패턴 데이터와도 연결시킬 수 있게 되었다.

전국 조사 대상자 중 일부(여성은 N=354이고 남성은 N=215)는 여섯 그림 TAT에서 친화, 친밀, 권력에 대해 척도평가를 하였다. 여성에게 보여준 그림 중 다섯 개는 남성에게 보여준 것과 달랐다. 여섯 번째 그림은 같은 것으로, 여자와 남자의 정면 얼굴이 보이고 남자가 담배를 피우고 있는 것이었다.

많은 응답자들이 스토리에서 이 남녀를 부부로 보았다. 기혼 여성들이 쓴 스토리는 결혼 행복도의 차이, 자녀 출산, 행복의 원천으로서의 자녀에 대한 평가의 차이에 대해 말해준다(Phelps, 1995). 기혼여성의 21퍼센트는 여섯 번째 그림에 대한 스토리에 친화와 무권력의 상(像)이 있고, 34퍼센트는 권력의 상만 있고, 8퍼센트는 친화와 권력의 상, 37퍼센트는 친화나 권력의 상에 대해 썼다. 이러한 데이터에 대한 분석을 통해 양육의 진화에 대한 애착이론적 설명과 일치하는 결과를 얻을 수 있다.[15)]

로짓분석 결과 "성격과 무관하게 현재 혹은 과거와 현재에 가장 행복하다고 말한 여성들에게 자녀는 정신건강의 가장 중요한 요인이었다"(Phelps, 1995, p.62). 현재 행복하다고 하는 응답자들에게 추가로 "요즘 당신을 매우 행복하게 하는 것에는 어떠한 것들이 있나요?"라고 질문하였고 응답자를 성취, 친화, 권력 등과 같이 만족의 유형에 따라 분류하였다. 스토리에 친화의 상이 있는 여성들은 대체로 "우리 아이가 학교에 적응을 잘하고 성취도 높다", "아이가 우등 졸업했다", "아이들이 성장·발전하고 행복해하는 것을 본다"는 것 등을 예로 들고 있다(앞의 책, p.62와 p.63의 표 7). 이러한 예들은 자녀를 안정애착으로 양육하는 엄마들이 탐색행위를 확대한다는 가설과 일치한다.

기혼자에 대한 회귀분석은 "나는 아이들을 사랑한다"는 것과 같은 친화 만족도가 자녀수와 함께 감소(앞의 책)하는데, 이는 가족계획의 타당성을 보여주는 중요한 발견이다. 부인들의 전반적인 행복도를 설명하는 회귀분석은 결혼 행복도를 보다 넓은 맥락에서 파악하고 있는데, 소득분배 순위와 상관없이 자녀수가 증가함에 따라 한계 효용이 체감한다는 것을 보여준다(Phelps, 2001, p.298의 표 3). 매우 행복하거나 다소 행복하다고 할 확률은 예상대로 소득에 비례했지만, 소득을 통제할 경우 동기와 상관없이 자녀수의 한계효용은 체감하였다.

자녀수에 따른 한계효용 체감이라는 이슈에 대해, 약간 달리하여 남편들의 전반적인 행복에 대해서도 회귀분석에서 살펴보았다(Phelps, 2001, p.296의 표 1). 여섯 번째 그림에 대해 친화 스토리를 쓴 남편들만 한계효용 체감을 보였다. 이들은 대부분 아내와 동등하게 자녀를 돌보았던 남편이었다(Phelps, 1991, p.107의 표 7).

1976년에 12세 이하의 자녀를 둔 맞벌이 남편의 3분의 2가 자녀 돌보기에 실제보다 더 많은 시간을 할애한다고 보고했다. 자녀를 공동으로 돌보는 시간에 대해서는 성격의 효과가 상당히 컸다. 스토리에 권력의 상이 있는 남편들의 경우 아내와 육아시간이 동일한 사람이 훨씬 적었다(앞의 책).

육아시간 분담에 대한 남편들의 인식은 아내들과 차이가 있었다. 아내가 남편보다 육아에 더 많은 시간을 쓰는 가정에서는 남편이 자주 혹은 가끔씩 도와준다는 것을 보고한 친화 스토리를 적어냈다. 남편이 거의 돕지 않는다고 쓴 사람은 아무도 없었다(Phelps, 2001, p.297의 표 2B).

이러한 결과는 카너먼 외(Kahneman et al., 2004)가 텍사스의 워킹맘들에 대한 조사에서 육아의 순평균효과가 낮은 이유를 설명하는데 도움이 된다. 육아는 19개의 행위 중 16번째로 가사노동보다 약간 낮았다(p.432). 그 여성들이 긍정적인 효과(즐거움, 다정함, 행복함) 보다는 더 많은 부정적인 효과(낙담, 우울, 화남, 다툼, 비난)를 경험한 것으로 추측한다. 대부분 육아에 도움을 받지 못했기 때문이다. "어느 정도 행복"을 느낄 수 있기에는 퇴근 후에 관계와 교류를 맺고, 저녁식사나 휴식 등을 취할 수 있는 시간이 충분치 않았다.

1976년 조사에도 긍정적인 분석이 있다. 사랑이 미국인들 개개인의 행복에 소득분포상의 위치에 관계없이 충분히 긍정적으로 영향을 미친다. "기회의 땅"이라 알려져 있는 미국은 아이들이 사회경제 사다리를 올라가는 부모들에 의해 양육되는 사회경제 시스템을 개발하였다. 아메리칸 드림의 단점은 부와 명성을 얻는 길에 시간과 제도적 제약이 따르기 때문에, 경제적 성공과 단란하고 친밀한 가정의 유지라는 두 마리 토끼를 잡기가 어렵다는 것이다. 텍사스 조사에서의 객관적 행복에 대한 척도는 양육 진화의 장애를 극명하게 보여준다.

1957년과 1976년 전국 조사에서의 TAT 점수의 변화는 이러한 제약에도 불구하고 양육이 어떻게 진화했는가에 대한 실마리를 던져준다. 두 조사에는 남성들의 TAT에 엔지니어 그림이 들어 있다. 1976년 전국 조사에서 남녀 그림(남성과 여성 TAT에 모두 제시된 그림)에 대해 남성의 3분의 2가 친밀 스토리를 적었고 엔지니어 그림에 대해서도 친밀 스토리를 적었다. 두 개의 그림에 대해 가지는 상에 있어서의 양의 상관관계는 사랑에 대한 강한 동기를 나타낸다. 두 그림 모두 양육의 진화를 추측할 수 있게 한다.

1957년과 1976년 사이에 미국 노동시장에 커다란 변화가 있었다. 제조업으로부터 서비스 분야로의 이동, 여성 노동력의 사회진출 증가, 베이비부머 세대의 진입을 들 수 있다. 전문직종과 관리직종에 있으면서 자녀를 둔 남성들은 애착이론의 예측대로 변화에 적응하면서 성취동기가 커졌다.

직장관계망의 변화로 엔지니어와 회의실에 있는 남자들의 그림에 관한 스토리에서 성취에 관한 주제를 쓴 비율이 상당히 증가했다(Phelps, 1991, p.98의 표 3). 노동력에 합류한 여성의 증가도 힘을 실어주었다. 부인들도 남편과 같은 수준의 직업을 가지는 경우가 많았다.

가족관계망의 다른 변화들은 전문직종이나 관리직종의 남편들이 사무실에서 가족휴가계획 짜기를 멈추고 일에 몰두하는 경향이 생겼음을 말해준다. 이들 중 상당수는 집에서 자녀들과 보내는 시간을 늘렸다. 이 기간 중에 엔지니어 그림에서의 친화 스토리의 비율이 약간 감소한 반면, 자녀들과 함께 아침식사를 하는 아빠의 그림에서의 친화 스토리 비율이 갑절이 되었다는 사실이 이러한 추론을 뒷받침한다.

가족관계망의 변화는 블루칼라 남성들도 성취동기가 증가했지만 관리직종만큼은 아니라는 것을 보여준다(앞의 책, p.98의 표 3). 블루칼라 남성들의 경우 직장에서 가족과의 친화 방법을 더 많이 생각하면서도, 아침식사 때 자녀들과 친해지려는 생각은 더 많아지지 않았다는 증거가 있다. 이러한 TAT결과는 블루칼라의 근무 스케줄 때문에 등교 전에 자녀와 아침식사를 같이하지 못한 것일 수도 있음을 말해준다. 1991년의 논문(표 6에서 표 10까지)은 블루칼라 가정의 아내들이 흔히 실제적으로 이타적이라는 증거를 보여준다.[16)]

7. 사회정책 제언

앞 절의 결과는 미국에서 아동을 돌보는 사회지원시스템을 구축할 필요가 있음을 말해주는 강력한 증거이다. 1976년 조사 이후 30여 년이 지났지만, 아동 양육 서비스를 제공하는 질좋은 시설은 아직 구축되지 않았다. 미국인의 웰빙에 관심 있는 사람들은 건전한 부모-자녀 애착관계를 위한 구조적인 제도를 발전시킬 수 있는 정치적 지원이 이루어지도록 모든 조치들을 취해야 한다.

그동안 이를 위해 어떻게 할 것인가에 대한 제안들이 제시되었다. 예를 들어, 버그만(Bergmann, 1999)은 프랑스의 양육시스템에 관한 세밀한 연구를 통해 프랑스의 제도를 어떻게 미국에 적용할 수 있는지에 대한 값진 제안을 한 바 있다. 폴버(Folbre, 2001)는 여성은 물론 남성의 육아휴가와 같은 가족친화적인 직장을 위한 제안서를 내었다. 버그만의 저서와 폴버의 저서 모두 이러한 제안들을 실현하는 데 필요한 재원 마련 방법도 제시하고 있다.

이 책에 실린 글에서 이스터린은 행복을 몇 가지 영역-건강, 결혼, 물질적 수준-으로 구분하였고, 행복에 관한 연구들이 사람들은 지세적 재화(positional goods)를 위해 너무 많은 시간을 들이는 반면 가정생활과 건강과 지속적인 효과를 주는 영역에 대해서는 충분한 시간을 할애하지 못한다는 것을 보여준다고 하였다. 미래를 전망하면서 그는 "선호에 대한 보다 많은 정보를 담을 수 있는 수단으로서 교육에 더 많은 정책적 관심을 쏟을 때임을 알아야 할 것"이라고 하였다.

21세기 지역학습센터(The 21st Century Community Learning Centers)는 선호를 교육시키기 위한 방법을 가르쳐준다. 그것은

1998년에 시범사업으로 실시되었다. 이 프로그램에는 취학 전 아동의 교육에 부모들을 포함시키고 있다. TAT는 사회복지사와 심리학자들이 가정 내에서의 사회적 상호작용을 평가하는 데 사용하는 수단이다. TAT를 이용한 카운슬링은 안정애착의 발전을 촉진시킬 가능성을 높일 것이다.[17)]

8. 결론

이 장에서는 가족 미시경제학의 틀 안에서 『양육 패턴』(*the Patterns of Childcaring*) 데이터를 이용해 성격 라이프사이클 모형에 의한 인생 만족도 예측을 보여주었다. 31세 때의 TAT 스토리와 어린 시절의 상황을 이용해서 대상자의 경제적 성취와 41세 때의 인생 만족도를 예측했다. 또한 미국인 정신건강에 관한 1957년과 1976년 보고서의 추론을 통해 종단분석의 추론을 확인시켜 주었다.

『양육 패턴』은 사람들이 성취 목표를 달성했을 때 물질적 기대수준을 높이고 성공적이지 못할 때 그 수준을 낮춘다는 가설과 일치하는 결과를 보여준다. 청년기의 주된 성취목표는 커리어를 쌓는 것이다. 장년기에는 자신의 성취를 공고히 한다.

청년기에는 기본적인 친화 목표가 가정을 꾸리는 것이다. 장년기가 되면, 성공적인 사람의 경우 자신이 이루어놓은 환경을 유지하는 것을 중요시한다. 이러한 환경은 그들이 직업세계와 보다 광범위한 사회관계를 탐색하는 데 필요한 피난처가 된다. 행복을 추구하는 대상자들의 프로필에 두 종류의 안전 장치를 제시하였다.

결론에서는, 이 논문에서 사용한 모형과 실증분석 결과를 생애에 걸친 성격 발전에 관한 연구 문헌과 연결시켰다. 캐스피와 로버츠(Caspi and Roberts, 2001)는 변하는 성격과 변하지 않는 성격 간의 관계에 관한 증거를 다루는 연구문헌들을 조사하였다. 하잔과 셰이퍼처럼 그들도 과정에 초점을 맞췄다. 행복의 역설에 대한 경제학적인 설명은 과정에 대한 관심이 없었기 때문에 성격의 세트 포인트 이론이 널리 인정됨에 따라 한계가 드러났다.

캐스피와 로버츠의 선구적인 논문은, "시간이 지나고 나이가 들면서 사람들은 환경과의 상호작용에 더욱 익숙해지기 때문에, 중년 및 노년기에는 성격이 변하기보다는 변하지 않는 것이 더 일반적"이라고 결론내린다(p.49).

그들은 내가 언급한 이슈들에 대한 관심을 촉구했다. 즉, (1) 역사적인 맥락은 성격이 변하거나 변하지 않는 것의 복잡성에 영향을 주며, (2) 사람들은 흔히 경험을 필터링하여 거기에 대해 자기도 모르게 무의식적으로 반응하고, (3) "사람들은 흔히 자신의 성격에 맞는 환경을 선택하려 하며 그렇게 함으로써 성격은 더욱 변하기 어려워진다"고 하였다(p.62).

사람들이 경험을 무의식적으로 필터링하는 방식에 관한 TAT 증거는 실제적으로 의미가 있다. 모간과 머레이(Morgan and Murray, 1935)가 무의식을 연구하기 위해 TAT를 설계한지 칠십여 년이 지났다. 서로 다른 그림 단서들을 이용해서 TAT를 검정하고 점수를 매기는 방법을 개발하여 TAT를 인생 연구에 적용시킨 두 세대에 걸친 학자들의 노력에 기초하여 이 장의 결과들이 도출되었다.

그 과학적 타당성에 대한 연구에 이견이 있다고 하여 TAT에 기초한 성격 연구에 회의적인 학자들도 있다(예컨대, Lilienfeld et al., 2000). 이 장이 제시한 증거는 그들이 제시한 몇 가지 틈을 메워준다. 특히 〈표 10.7〉의 회귀분석 결과는 종전에 문제가 되었던 TAT의 검정-재검정 신뢰성에 대한 증거이기 때문에 특별한 의미가 있다.

명확치 않았던 문제에 대한 또 다른 증거는 왕따 우려에 대한 가설과 관계된 것이다. 우울과 활달함에 대한 평가척도에 따르면 엄마의 우울증이 아이에게 왕따 우려를 가지게 한다는 추론이 가능하다. 사람들이 자신의 성격을 유지할 수 있도록 하는 환경을 선택한다는 캐스피와 로버츠의 가설과 왕따 우려 간의 관계에 대한 향후의 연구를 기대해본다. 『양육패턴』에서의 대상자들이 부모들을 보스턴 근방에 살도록 한 이유를 왕따에 대한 우려가 설명해 준다고 생각한다.

TAT는 진화 연구의 소중한 수단이다. 사람들이 직접적인 질문에 대해 회피하려고 하는 사회생물학적인 변화에 대한 생각을 파악할 수 있기 때문이다(Coombs, 1947).[18]

부록 10.1

1. 『양육패턴』 데이터의 첫 번째 조사의 내역(N=379)

하바드 교육대학원 연구자들인 시어스 외(Sears et al., 1957)는 1951년에 보스턴 지역의 두 타운에 거주하는 유치원생들의 엄마 379명을 인터뷰하였다. 초기 샘플을 선정할 때, 성별, 형제 순위별, 사회경제 상태별로 균형을 이루도록 하였다. 엄마들에게 5세아의 육아 관행에 대해 질문하여 엄마 및 부모의 다양한 행위를 코드화하였다. 샘플 선택, 인터뷰 과정, 코드화, 신뢰성 등이 시어스 외(Sears et al., 1957)에 나와 있다.

2. 최대 샘플에 대한 설명(N=43)

1977-8년에 추적 실시된 맥크리랜드의 조사에 130명[19]이 응하였고, 1987-8년에 추적 실시된 맥크리랜드와 프란츠의 조사에

는 94명이 응답했다. 41세 때의 상태를 분석한 하위 샘플은 초기의 주소 리스트에서 추출된 것이다. "샘플에 있는 체크 표시는 1987-8년의 샘플이 원래의 것들 중 대표적인 샘플임을 나타낸다. 27개 인구통계 변수 중 1개와 육아 변수 135개 중 5개만이 $p < 0.05$에서 t 검정이 유의적이었다. 41세 때 추적실시에 응한 사람의 수는 원래의 연구에 비해 비례적으로 줄었으며, $t(377) = 2.177$에 $p < 0.05$ 였다"(Frantz et al., 1991, p.588).

맥크리랜드와 프란츠의 추적조사는 응답자들에게 6개 그림에 대한 TAT를 실시했다. 그들 중 46명은 맥크리랜드 추적조사에서도 6개 그림에 대한 TAT를 받았다. 두 번째 TAT에서의 그림에 대한 점수들은 보존되어 있으나, 첫 번째 TAT 점수는 그렇지 않다. 따라서 첫 번째 조사의 기록에 대해 재평가척도가 필요했다. 이 보존 자료 중 세 명의 응답자에 대한 스토리의 일부가 유실되어 샘플 사이즈가 43개(여성 27, 남성 16)로 줄었다. 컨설팅회사인 헤이-맥버(Hay/McBer)가 1977-8년의 스토리 점수를 다시 매겼다. 부호화의 신뢰도가 85에서 95퍼센트 사이로 유지되어 있다.

응답자의 41세 때의 동기와 경제적 성과를 예측하기 위해서는 프란츠 외(Frantz et al., 1991)에서 사용된 변수에서, 업무성취도를 예측하기 위해서는 맥크리랜드와 프란츠(McClelland and Frantz, 1992)에 사용된 변수에서 다섯 개의 변수를 선정했다.

즉, 엄마와 아기 간의 다정함과 긴밀함(bond)(MIW, 변수 067), 대소변 가리기 훈련의 강도(SEV, 변수 092), 엄마와 아기 간의 냉정성(MCC, 변수 132), 아빠와 아기 간의 냉정성(FCC, 변수 170), 부부 불화의 정도(MFD, 변수 179)의 다섯 가지이다.[20] 이들 변수 중 MIW만이 엔지니어 그림에 대한 TAT 스토리에서 친화를 설명하는데 필요하다.

표 10.A1 이 장에 이용된 변수들에 대한 설명통계량

	N(샘플 수)	최소값	최대값	평균	표준편차
SesfoN[1]	43	0	1	0.651	0.482
Gender[2]	43	0	1	0.628	0.489
Nkids41[3]	36	0	6	1.500	1.159
Parsat at age 41	31	25	100	88.970	15.688
Wrksat at age 41	36	0	100	76.31	20.836
Matsat at age 41	29	10	100	78.97	26.050
Family income at age 41[4]	32	$15,000	$87,500	58.906	25.080
Parents' family income reported at age 5[5]	37	$10,695	$85,560	33.906	21.615
Relative income at age 41[6]	29	0.28	5.84	2.119	1.370
MIW, reported at age 5[7]	42	3	9	6.071	1.598
FCC, reported at age 5[8]	43	1	7	3.162	1.573
Affiliation age 31, engineer	43	0	6	1.907	1.630
Power age 31, engineer	43	0	2	0.093	0.426
Achievement age 31, 점수합계	38	0	10	4.553	2.688

『양육패턴』 자료에 있는 SPSS 파일 저자에 의해 계산된 것임.

주:

1 Sesfo(Socio-economic status family of origin; 가족의 사회경제 상태): 더미 변수. 1은 화이트칼라 가정이고, 그 외는 블루칼라 가정.

2 Gender(성): 더미변수. 1은 남성, 그 외는 여성.

3 Nkids41(Number of kids at age 41; 41세 때의 자녀수)=NKIDS87+NGONE. MARST87이 1이나 6과 같으면, NKID87은 VAR521과 같다고 가정되었다. MARTS87이 1, 4, 6이나 9와 같으면 NGONE는 0으로 가정. 공식에 있는 변수명은 Murray Center가 제공한 컴퓨터용 식별용 데이터에 사용된 것들이다.

4 41세 때의 가족소득(FAMINC87): 데이터는 비급여 소득을 포함하고 있으며 다음과 같은 소득 구간으로 분류했다. $10,000-19,000, $20,000-34,000, $35,000-49,000, $50,000-75,000, $75,000 이상. 각 폐쇄 구간 내에서 대상자들의 소득을 평균치로 처리했다. 최상위의 개방 구간의 값은 $87,000로 가정했다.

5 1952년의 부모 소득(변수 036): 데이터 구간은 다음과 같다. $2,000 이하, $2,000-2,999, $3,000-3,999, $4,000-4,999, $5,000-7,499, $7,500-9,999, $10,000-14,999, $15,000 이상. 폐쇄 구간에 대해서는 대상자들의 평균 소득을 가정했고, 최상위 개방 구간에 대해서는 평균 소득을 $20,000로 가정했다. 원 자료의 값에 4.278을 곱하여 1985년 가치로 환산했다. 인플레이트 승수값으로는 Statistical Abstract of the US 1998, 〈표 771〉의 달러 구매력(Purchasing Power of the Dollar)을 사용하였다.

6 41세 때의 상대 소득. 41세 때의 가족소득을 1952년 부모소득으로 나눈 값.

7 MIW(mother-infant warmth): 1=냉담, 9=다정하고 애정어림(VAR067).

8 FCC(Father-child coolness): 1=항상 애착이 풍부함…5(중간 정도의 애착)…7(VAR170).

43개 샘플의 통계적 편중(bias)

프란츠 외(Franz et al.)는 원래의 조사 때와 추적 조사 때의 응답자의 특성에 약간의 차이가 있음을 지적했지만, 결과를 논의할 때에는 이 차이점을 강조하지 않았다. 이러한 차이는 친화 동기가 크고 권력 동기는 낮은 대상자의 샘플링 편중에 대한 중요한 증거라고 생각된다. “이 하위 샘플에서는 10개 영역 중 8개에서 성별 차이가 없었는데, 2개 영역에서는 엄마들이 노출이나 자위 같은 성적인 행위를 제한받고($t(74)=2.73$, $p<0.05$), 소녀시절에 자기 주장이 억제당하는 경우가 훨씬 많았다($t(74)=2.95$, $p<0.005$)”. 매크리랜드와 필론(McClelland and Pilon, 1983)은 이러한 육아 관행이 유아시절에 나타나는 권력 동기의 전조임을 밝혔다.

매크리랜드와 프란츠(MaClelland and Franz, 1992)와 마찬가지로, 41세 때의 대상자의 직업 성취도를 예측하였다. 추가로 그들이 고려하지 않은 통계적 편중(bias)에 대해 검정했다. 1987–8년에 응답하고 1977년에도 응답한 사람에 대한 로그 상대확률(log–odds)을 계산하였다. 1977년 응답자 중 상당히 많은 사람들의 경우 냉담한 아빠 밑에서 자랐음을 발견했다. 여성 응답자의 상당수의 엄마들도 냉담하였다. 선행연구에서 냉담함은 회피애착의 전조임이 밝혀졌기 때문에, 이러한 편중은 애착과정 연구에 있어서 중요하다(Hazan and Shaver, 1994).

로짓검정의 결과가 〈표 10.A2〉에 있다. 남성 대상자에 대한 모형의 카이제곱값은 8.851(39)이고 $p<0.05$이다. 16명의 남성 샘플은 중복되는 39명의 남성 샘플에 비해 대상자들이 주로 COLDPA였다. 16명 중에서 대학을 마치지 않은 사람들은 COLDPA였다.

표 10.A2 43명 대상자 샘플에서의 로그 상대확률의 결정요인(로짓 회귀분석 결과-괄호안은 Wald 통계량)

	남성 대상자	여성 대상자
상수항	0.995 (0.511)	0.777 (0.488)
SESFO	−1.155 (1.961)	0.120 (0.037)
FCC		−0.373 (3.497)
COLDMA	−0.981 (0.648)	1.664 (3.334)
COLDPA	1.863* (5.305)	
−2 Logliklihood	43.118	65.166*
Model chi-quared	8.851*	6.845
예측 정확도	69.23%	64.54%
N	39	52

Notes: * 는 p-value가 5% 수준에서 통계적으로 유의적임.

샘플을 두 그룹으로 나누었다. 그룹 1은 1977년과 1987년에 TAT를 마친 대상자들이고 경제적 성과에 대한 모든 자료가 제출되었다. 그룹 2는 1987년에 TAT를 마친 사람들이다. 로짓은 첫 번째 그룹 대상자들의 로그 상대확률을 제공한다. VAR067은 냉담에서 다정함까지의 9점 척도. VAR067이 5보다 작으면, COLDMA=1이고 그 외에는 COLDMA=0이다. VAR170은 다정함에서 냉담까지의 9점 척도이다. VAR170이 3보다 크면, COLDPA=1이고, VAR170이 3보다 같거나 작으면 COLDPA=0이다. 그룹 1의 남성과 여성 샘플에서 MIW의 최소값은 3이고 최대값은 9였다. 그룹 1의 남성의 경우 FCC의 최소값은 3이고 최대값은 9였다. 그룹 안에서 여성의 FCW 최소값은 1이고 최대값은 5였다. 이 검정과 관련하여 Damaraju Raghavarao에게 감사한다.

『양육패턴』 자료 속의 데이터에는 다른 대형 샘플 데이터를 이용해 검정된 가설들이 풍부하게 들어 있는 자연적인 실험들이 있다. 남성 샘플의 COLDPA 편중 때문에 앞으로의 연구에서는 애착과정을 더 높은 교육수준과 결부시켜야 할 것임을 말해준다. 그 아들들이 대학을 끝마치지 않은 이유는 무엇인가? 그 아버지들이 아들의 노력을 막았거나 혹은 격려하지 않았기 때문인가? 일부 아버지들이 아들의 학비지원을 거절한 것은 아닌가?

3. 엄마 목소리의 척도평가에 대한 설명 (N=20)

시어스(Sears)의 인터뷰는 그래이스 오도그래프(Grays Audographs)의 블루 디스크에 기록되어 있다. 인터뷰 내용이 옮겨져서 코드화된 후에 많은 디스크가 폐기되었다. 테이프의 단편분석(thin-slice analysis)을 위해 32개 디스크를 오디오 테이프로 옮기기 위해 머레이 센터(Murray Center)의 연구기금을 사용했다. 32개 디스크 중 20개가 단편분석을 하기에 충분할 만큼 녹음의 질이 좋았다.

20명의 대상자 모두 41세에 TAT를 받았고, 그 중 10명은 31세에도 TAT를 받았다. 20명의 대상자에 대한 성별(남성 8명, 여성 12명), 가족의 사회경제 상태별(화이트칼라 15명, 블루칼라 5명) 돗수분포는 두 개의 1951년 샘플링 기준과 비교할 수 있게 해준다.

단편분석 방법[21)]

과정: 세 종류의 질문 세트에 대한 엄마들의 답변으로부터 10초짜리 비디오 클립을 만들었다. 세트 (a)는 MIW로 코드화된 것들로 구성되었고, 세트 (b)는 MCC로 코드화된 것들로 구성되었고, 세트 (c)는 FCC로 코드화된 것들로 구성되었다. 엄마들의 대답이 질문자에 의해 중단되지 않았다면 답변의 중간으로부터 클립을 만들었고, 질문자가 엄마의 답변을 끊을 경우 클립은 시작 부분이나 마지막 부분으로 만들었다. 10초짜리의 끊김없는 클립 제작이 불가능한 경우에는 만들지 않았다. 각 영역별로 가장 질 좋은 클립을 선택하여 엄마별로 세 개의 클립을 남겨두었다. 이 클립들은 매킨토시용 컴퓨터 프로그램을 사용해서 내용을 필터링하였다(소리 편집). 내용 필터링 과정은 고주파를 제거하였고 클립을 판독불가능하게 만들었다.

내용 필터링이 된 클립들은 무작위 순서로 오디오 테이프에 기록되었다. 순서효과를 통제하기 위하여 동일한 클립들에 대해 역순으로 편집하기도 하였다.

평가자: 하버드 대학 캠퍼스 모집공고를 통해 32명의 평가자를 모집하였다(남성이 16명이고 여성이 16명이며 대부분 학부졸업생들이었다). 평가자들은 오디오 클립의 내용을 적극성, 초조,

즐거움, 우울함, 권위적, 감정적, 열정적, 행복함, 낙관적, 다정함 등의 차원에서 평가하였다. 리곤 외(Liggon et al., 1992)도 엄마의 목소리와 아이의 행동을 설명하기 위해 이와 비슷한 수식어들을 사용하였다.

표 10.A3 **31명의 평가자 상호 간의 신뢰도**

수식어	신뢰도
적극성	0.890205205
초조	0.932918021
즐거움	0.940825835
자신감	0.930895320
우울함	0.938381150
권위적	0.934306699
감정적	0.933876428
열정적	0.938951741
행복함	0.940561339
낙관적	0.938951741
다정함	0.935365028

피실험자들이 오디오클립 듣는 속도를 스스로 조절할 수 있게 했다. 각 클립을 하나씩 들은 후 멈추고 평가한 후 다음 클립을 듣게 하였다. 평균적으로 45분에서 한 시간 정도가 소요되었다. 실험을 마친 피실험자는 실험에 대한 설명을 듣고 시간당 $8의

참가비를 받았다.

유효신뢰도가 각각의 차원에서 계산되었다(Rosenthal and Rosnow, 1991). 평가자들의 평가신뢰도는 높았다(표 10.A3 참조). 따라서 평가자들의 데이터에 대해 엄마, 질문, 변수별로 평균값을 제시했다.

질문효과: 엄마들이 세 종류의 질문지들에서 이야기 하는 관계들이 다르기 때문에, 질문의 형태가 엄마들의 평가에 영향을 주는지 데이터를 통해 분석하였다. 각각의 차원에 대해 세 종류의 질문지에 대한 척도값 평균치간의 상관계수를 계산하였다. 다정함을 제외하고는 모든 차원에서 두 번째 질문지와 세 번째 질문지 간의 상관관계는 높았으며 유의적이었다. 두 번째와 세 번째 질문지 데이터를 통합해야 할지 정하기 위해 데이터를 차원에 대해 통합해서 다시 질문지 간의 상관계수를 계산하였다. 그 결과 두 번째와 세 번째 질문지 간의 상관계수가 높아서($r=0.773$, $p<0.0001$) 이들 두 질문지에 대해 데이터를 통합하였다.

4. 핵심 샘플에 대한 설명 (N = 10)

이 샘플은 목소리 샘플 중 두 번의 TAT 검사를 받은 대상자들의 것이다. 43명의 샘플 안에 있는 대상자들은 첫 번째 TAT만 받고 두 번째는 받지 않았다.

첫 번째 TAT의 그림 중 다섯 개가 두 번째 TAT에서도 사용되었다. 하지만 그림의 순서는 다르게 하였다. 숫자는 그림의 순서를 의미한다.

31세 때의 TAT (1) 책상에 앉아 있는 엔지니어. 책상에는 이 남자의 가족사진이 있다. (2) 강변 벤치에 앉아 있는 커플. (3) 실험실에 있는 두 여성 과학자. (4) 공중곡예를 하고 있는 남녀. (5) 누군가에게 말하고 있는 선장. (6) 나이트클럽에 있는 커플. 기타리스트가 사랑의 연가를 연주하고 있다.

41세 때의 TAT (1) 선장. (2) 엔지니어. (3) 벤치의 커플. (4) 두 여성 과학자. (5) 공중곡예를 하는 남녀. (6) 말을 타고 산을 오르는 남녀.

5. 31세 피검사자가 말하는 책상에 앉아 있는 엔지니어에 관한 TAT 이야기

한 자녀를 둔 기혼 남성

한 장병모집관이 책상을 정리하다가 멈추고 가족사진을 보고 있다. 그는 마인(Maine)에서 보낼 2주 간의 휴가를 생각하고 있다. 직장이 불안한 그는 소중한 가족사진을 책상에 놓아두고 보고 있다. 마인에 있는 집은 그가 직접 디자인하여 지은 집이다. 그는 회사에서 일하는 것보다는 그 집에서 가족과 함께 지내는 것을 훨씬 좋아한다. 이번이 마인에서의 두 번째 휴가이고 즐거운 시간이 될 것이다.

두 자녀를 둔 기혼 여성

존은 지난 10년간 그래왔듯이 매일 아침 월댐(Waltham)에 있는 사무실 책상에 앉아 있다. 그는 이 회사의 같은 부서에서 10년째 근무중이고 약간 승진도 했지만 여전히 낡은 사무실에서 장병 모집 일을 하고 있다. 가족사진을 보고 있는 이 남자는 미국의 다른 지방을 다녀온 적은 있지만 기껏해야 뉴잉글랜드가 다다. 그래서 뉴잉글랜드를 벗어나지 않는 범위 내에서 다른 곳으로 이주할까 생각중이다. 내일 아침에는 새로운 직장을 구하려 할 것 같다.

이 연구는 Henry A. Murray Research Center, 하버드 대학, Smith Richardson Foundation, Temple 대학의 연구기금 지원을 받아 이루어졌다. 데이터는 Murray Center에 있는 『양육패턴』(*Patterns fo Childcaring)* 자료에 보관되어 있는 것이다. Robert R. Sears, Eleanor E. Maccoby and Harry Levin (1952), David C. McClleland(1978), David McClelland and Carol E. Franz(1988)가 데이터를 수집하였다. Carol Franz가 Sears의 인터뷰녹음을 보존하다가 Murray Center에 넘겼다. 필자의 요청으로 Nalini Ambady의 책임하에 원래의 녹음내용을 받아 적어 단편분석이 이루어졌다. 그녀는 2000년 가을에 결과와 함께 엑셀 파일을 보내주었다. 그녀의 전문성과 협조에 감사한다.
특히 필자가 1998-99년 예일 대학의 Bush Center in Child Development and Social Policy에 방문교수로 있을 때 초기연구에 대해 도움이 되는 도전적인 토론을 해준 Edward Zigler에게도 감사한다. 또한 템플대학에서 통계소프트웨어 사용을 위해 지속적으로 도움을 준 Roslyn Gorin, 행복에 관한 컨퍼런스를 준비해준 Luigino Bruni와 Pierluigi Porta, 본 논문의 초고에 대해 코멘트를 해준 옥스퍼드 대학의 심사자들에게도 감사한다.

1) 가족 간의 협력 행동을 설명하기 위해 Becker의 이타주의라는 용어를 많은 경제학자들이 사용하고 있지만, 나는 양육(caring)이라는 용어를 사용한다. 그것이 자녀양육의 긍정적인 정서를 위한 틀이기 때문이다.
2) Haazan and Shaver(1990)은 Erikson(1950), Maslow(1954), Rogers(1961)를 인용하고 있다.
3) Heady and Wearing(1987)는 오스트레일리아의 패널 연구를 설명하기 위해 세트 포인트 모형을 사용했고 이것을 향후 연구되어져야 할 문제라 지적하였다.
4) 청년기와 장년기의 연령대를 구분하기 위해 Singer and Singer(1990)의 성격발달 단계의 시기 구분을 이용하였다.
5) 스토리는 성취(achievement) (McClelland et al., 1953), 친화(affiliation) (Heyns et al., 1958), 애정(intimacy)(McAdams, 1980), 권력(power) (Veroff, 1958; Winter, 1973)의 네 가지 주제로 평가된다.
6) Sternberg(1988)의 동반자애 개념은 친화와 친밀이 결합되어 있는 것이다.

7) Winter et al.(1998)은, 기질(personality traits)은 상황이 변할 때의 행동의 일관성에 관한 것이고, 동기는 특정 상황에 한정된 것이라고 기질과 동기의 기본적인 차이를 설명하고 있다.

8) 괄호 속의 연도가 추적하여 조사한 나이가 되는 해이다.

9) 예를 들어 Winter et al.(1998)을 보라. 방법상의 또 다른 차이는 내가 스토리에서 사용되는 단어 수로 조정하지 않은 "원점수"를 사용했다는 것이다.

10) McClelland and Pilon(1983)은 친화와 친밀 동기에 대한 어린 시절의 전조를 성공적으로 찾아내었다.

11) 이러한 TAT 스토리에 대한 샘플이 부록 10.1에 있다.

12) DeNeve and Cooper(1998)가 수행한 137개의 개인 특성과 주관적인 웰빙에 관한 메타분석이 행복추구에 관한 나의 프로필에 5대 개인별 특성을 관련시키는 틀을 제공한다. 그들은 친화(Affiliation)를 상냥함(Factor of Agreeableness)의 요소로 규정하였다. 애증적인 대상자는 친화(Affiliation)의 기준에 의해 상냥함의 요소로 분류될 수 있을 것이다. 그들은 불안(Anxiety)을 신경증의 요소(Factor of Neuroticism)로 분류하였다. 신경증은 부정적인 영향을 예측하게 하는 가장 강한 요인이다.

13) 43개 샘플의 대상자들의 소득을 설명하기 위해 인적자본모형을 이용하였다.

14) Easterlin(1987, p.175)이 베이비붐 세대의 재산형성을 보여주기 위해 사용한 공식에 의해 가계규모별 상대소득 척도를 조정하였다. 첫째 아이는 성인의 0.4, 둘째 아이는 0.3의 값을 주었다. 첫 번째 성인은 1.0, 두 번째 성인은 0.8의 값으로 계산하였다.

15) 가장 행복한 결혼생활을 하고 있는 여성들은 친화의 상은 없고 권력의 상이 들어 있는 스토리를 썼다. 유년기의 성적 실험에 대한 엄마의 허용 정도가 이에 영향을 주는 요인일 수 있다. 흥미로운 것은, 그들이 남편들로 하여금 자녀 관리를 돕도록 단호하게 요구하지 않았다는 것이다(Phelps, 표 6, p.62).

16) 베커 모형에서 유효한 이타주의자가 있는 가정은 소득이 극대화된다. 가계 소득의 절반 이상을 벌 경우 유효하다고 정의한다. 가장은 지갑의 힘을 통해, 그리고 자신의 효용을 극대화하게끔 시간과 돈을 이전함으로써 가족의 협동을 유도한다.

17) 첫 번째 해가 끝난 뒤 두 팀의 학자들이 21세기 프로그램을 평가하였다 (Dynarski et al., 2003; Mahoney and Zigler, 2003). Robblee et al. (2004)은 두 팀의 보고서를 평가한 후 다음과 같이 지적하였다. "적극 참여자는 소극 참여자보다 사교술이 좋다고 보고되고 있는데, 이는 그들이 그룹 내에서 다른 사람과의 팀웍이나 문제해결 능력이 더 좋고 외롭다는 느낌도 적다는 것을 말해준다"(p.12). 사교술의 차이가 지속적인 것인지를 보려면 시간이 필요할 것이라고 그들은 결론지었다.

18) Coombs (1947)는 "성적인 관계를 가지고 싶다", "속죄한다", "위로받는다", "아이를 가지고 싶다" 는 말이 자서전보다는 TAT에 훨씬 자주 등장한다는 것을 발견하였다.

19) 성년이 된 자녀들이 대상자이다.

20) 변수의 번호에 대해서는 Murray Center SPSS 데이터 파일을 보라. 모형화된 각각의 변수에 대해 하나 이상의 척도가 있기 때문에 변수에 번호를 매겼다.

21) Nalini Ambady와 Heather Gray가 이 항의 대부분을 집필하였다. Svelta Gueorguieva가 이 주제를 다루었고 앰버디와 그래이가 데이터 분석을 도왔다.

11

행복과 개인주의: 어려운 결합

스테파노 자마그니

1. 서론

여기서 다루고자 하는 주제는 경제학의 틀 안에 있는 여러 형태의 환원주의의 근저에 있는 (경제)주체들의 이기적 행위에 대한 가정이나 경제학 이론의 도구적인 합리성 패러다임이 아니다. 진짜 제한적인 요소는 인간의 본성과 동기를 지나치게 편협하게 보는데 있다. 경제행위의 배후에 있는 개인주의 인류학에서의 인간은 오직 호모이코노미쿠스일 뿐이다. 구체적으로 말하자면, 행복에 대해 다루고 있는 전통적인 경제학 이론의 오류는 파편화된 이론구조 속에서 개개인이 소외되어 있다는 철학적인 입장 때문이다. 결과적으로 경제학 모형들은 기본적으로 자폐적인 행위를 분석하는 것이 되어버렸다. 타인의 정신적인 상태는 전혀 고려되지 않으며, 경제 행위를 설명함에 있어서 상호관계의 맥락에서의 동정심이나 공감이 제대로 반영되지 않고 있다. 인간은 비사회적이며 인간의 합리성을 벗어난 어떤 것을 "참된" 본성이라고 말하는 식의 경제인류학적 입장으로는 행복을 의미 있게 설명하기 어려울 것이다. 왜냐하면 효용이라는 것은 인간과 재화(혹은 서비스) 간의 관계인 반면, 행복은 사람과 (적어도) 다른 사람 간의 관계를 말하는 것이기 때문이다. 이런 의미에서 경제주체가 격리된 상태-로빈슨 크루소 이야기에서 보듯이-에서는 효용을 극대화할 수 있다 할지라도 (적어도) 두 사람 이상이 되지 않고서는 행복해질 수 없다.

나는 이 장에서 그러한 개인에 대한 생각을 바꾸어보고자 한다. 사람은 기본적으로 다른 사람들과 관계를 맺고 있는 개인이다. 퍼레이슨이 말했듯이, "인간은 관계이다. 그것은 인간이 관계 속에 있다거나 관계를 가지고 있다는 의미가 아니라, 인간은 … 관계 자체이다"(Pareyson, 1995, p.15). 이로써 관점이 개인에게서 관계로 전환된다. 경제학 이론을 관계론적으로 접근함으로써 다소 무리가 따르는 전체론적인 입장에 빠질 위험을 피할 수 있다는 것이 나의 생각이다. 그것은 비생산적인 후퇴가 될 수도 있다. 그러나 디뮬라메르(Demeulamere, 2000)가 주장했듯이, 전체론이 오늘날 다시 유행할 만한 이유가 있다. 물론 그것이 오늘날 대부분의 심각한 사회 문제들에 대해 제대로 된 답을 주지 못한다는 것도 분명하다. 내가 모든 인간은 본성적으로 혼자서 개별화된 개인으로서 생존하도록 적응되어 있다는 철학적 입장에 반대하는 엘리아스(Elias, 1991, p.51)에게 동의하는 것은 이 때문이다. 인간 역시 상징의 세계 속에 살고 있다는 사실은 관계성의 개념으로 나아가는 것을 피할 수 없게 한다.

호모이코노미쿠스 패러다임이 인류학적인 차원을 결여한 것처럼 보이지만, 그렇다고 인류학적인 가정을 포함하고 있지 않다고 할 수는 없다. 예를 들어, "인간의 본성"이라는 제목을 가진 젠센과 메클링의 글을 보자. 어떤 형태의 조직이든 그것이 어떻게 기능하는가를 이해하기 위해서는 기본적으로 인간의 행위를 이해해야 한다고 생각한 저자들은 정책에 대한 대부분의 이견들은 인간 본성에 대한 생각의 차이에 기인한다는 것을 알았다. 이러한 심각한 문제를 해결하기 위해서 "인간 본성의 본질을 파악할 수 있게 해줄 일련의 특성들이 필요하다"고 말한다(Jensen and Meckling, 2001, p.3). 이러한 특성들은 무엇인가? 이는 REEM(resourceful, evaluative, maximizing model)으로 요약되며 네 가지를 가정하고 있다. "모든 개인들은 평가자이다, 각 개인들의 욕구는 무한하다, 각 개인은 [만족을] 극대화하려 한다. 개인들은 자원을 가지고 있다."(p.4) 젠센과 메클링이 인간성에 대해 직접적으로 언급한 것은 높이 살만하지만 개인이라는 개념을 당연한 것으로서 문제가 없다고 생각한다는 점은 문제다. 인간성의 본질이 개인의 본질이 아닌 인간의 본질이라는 점을 전혀 의심조차 하지 않고 있다. 이렇게 하여 그들은 REEM의 설명력이 인간행동에 관한 여타의 모형들보다 우세하다는 것을 보여주려 하고 있다. 이러한 결론을 바탕으로 그들은 "우리 사회와 그 안의 **모든 조직**을 위해 해야 할 일은 희소자원 이용의 효과를 높일 수 있도록 REEM의 창조적 에너지를 잘 활용하는 게임의 룰과 **교육과정**을 만들어내는 것이다."라고 하는 규범적인 처방을 내리고 있다(p.17).

이 장의 최종 목표는 기본적으로 경제학 분야에서 인류학적인 기반에 대한 토론이 활발해지도록 자극하려는 데 있다. 보다 구체적으로는 관계의 차원을 행동에 관한 경제학 모형에 포함시키는 방법을 개발하여 보다 현실성 있는 모형이 되도록 하려는 데 있다. 엠마 로실드는 1770년대로부터 1820년대 사이에 "이러한 격변의 시대에 경제학이 정치학 및 마음의 문제와 뒤섞이게 되었으며, 경제사상은 정치적, 철학적, 종교적인 사상들을 반영하게 되었고, 냉정하고 합리적인 계산이 심리 및 상상과 결합했다"(Emma Rothschild, 2001, p.3)고 하였다. 그 때보다는 덜 격변하는 시대이지만 현대에도 경제학 이론이 어느 정도 그 시대와 같은 형태로 복귀하는 것으로 볼 수 있다.

이하에서는 첫째로, 이기적 행동을 가정하는 것이 바람직한 효과를 낳지 못했음을 1900년대 마지막 4반세기 동안 이루어진 이타주의 경제학 이론의 몇 가지 시도를 통해 보여주려고 한다. 그 이유는 이타적인 행동이 개인주의적인 구조 속에 내포되어 있기 때문이다. 실제에 있어서 우리가 개인주의적 패러다임에서 벗어나지 않는 한 이기적 행동의 가정을 포기한다 해도 얻을 것이 많지 않다. 분석 차원에서는 그러한 가정이 상당히 편리하기 때문이다.

또한 관계성의 원칙을 고려하는 합리적 선택을 통해 모형을 확대하려는 시도가, 분명 중요한 결과들을 산출하고 있음에도 불구하고, 경제학 이론을 결정적으로 진전시키지 못했다는 것을 보일 것이다. 두 번째로 행복이라는 범주를 경제학 영역에서 제대로 수용할 수 있으려면 관계성과 자유를 결합할 수 있는 이론적 접근이 필요하다는 것을 주장하고자 한다. 관계 차원만을 고려하게 되면 다시 전체주의적 입장으로 회귀할 위험이 있다. 개인이 사회 전체 속의 상징적인 한 부분으로 전락하는 공산주의적 입장이 그러하다. 한편, 자유의 차원만 가지고는 호모이코노미쿠스의 한계를 넘어서지 못한다. 따라서 현대 경제학 이론이 오랫동안 시도하지 않았던 관계성과 자유라는 두 차원이 결합되어야 제대로 된 이론이 될 수 있다.

사회의 질서가 개인 및 개인들 간의 갈등으로부터 형성된다고 보기 시작하면서 현대 경제학은 인간의 "거울"로서의 사회라는 아담 스미스의 개념으로부터 한참 벗어나게 되었다. 아담 스미스는 『도덕감정론』에서 이러한 거울 없이는 사람이 결코 자신을 알 수 없을 것이라고 말한다. 스미스는 퍼거슨(Ferguson)과 흄(Hume)의 개념을 발전시켜 도덕과 행복의 중심으로서의 자아의 정신적 독립성을 더욱 강조하기에 이르렀다. 자아는 칭찬받는 것뿐 아니라 칭찬받을 만한 사람으로 인정받기를 바라고, 타인으로부터 존경받는 것뿐 아니라 자기 자신도 스스로를 존중할 수 있기 바란다. 이는 타인이 자신의 조건이라고 말하는 것과 같다. 왜냐하면 자아가 스스로의 가치를 인정하기 위해서는 다른 사람으로부터 "환대받는" 구조, 즉 인정받는 것이 필요하기 때문이다. 나 자신의 존재 가치를 판단하고 행복을 위한 새로운 길을 개척하기 위해서는 타인이 필요하게 된다.

2. 이타주의, 사회성, 관계성

2.1 이타적 행동에 대한 세 가지 접근

이타주의에 관한 경제학 이론은 경제주체의 친사회적인 동기를 설명하기 위해 경제학의 범위를 확장시켜 주는 가장 연계적인 시도이다. 이에 대해 지난 수십 년간 괄목할 만한 분량의 연구가 이루어졌다는 것과 그것이 그 자체로 원래의 의도와 다른 결과를 가져다주는 것이기에 가장 세심한 주의를 요한다. 이타성의 범주를 도입함으로써 이기적인 행동의 가정과 관련된 한계를 극복하려는 노력은 의도하지 않은 결과들을 낳았다. 이에 대해 살펴보자.

경제학 영역에서 이타주의를 다루는 방법에는 세 가지가 있다. 카릴이 이것을 자기중심주의(egocentric), 이기주의(egoistic), 타인중심주의(altercentric)이라고 분류한 것은 적절해 보인다(Khalil, 2001). 첫 번째 접근은 베커의 고전적인 업적(Becker, 1974)과 관련 있다. 개인의 효용이 상호의존적이라는 것, 특히 이타적 행동을 하는 사람의 효용이 그 대상자의 효용과 함께 증가한다는 것을 인정할 수 있다면 이타적 행동은 효용극대화의 가정과 잘 들어맞는다. 사실 개인들이 "가깝게" 여기는 사람들의 만족으로부터 효용을 이끌어낸다는 것은 에지워스(Edgeworth)의 생각이었다. 즉, 영희(i)가 심정적으로 철수(j)의 상태에 있다면, $U_i = f(x_i, U_j)$ 이며, 단 $\partial U_i / \partial U_j > 0$이거나 혹은 $U_i = U_i(u_i(x_i), u_j(x_j))$, 단 $\partial U_i / \partial U_j > 0$ 이다(U_i는 i의 효용의 크기-역주). 이타적인 사람은 자신의 효용은 거의 감소하지 않으면서 타인의 이익을 위해 자신의 소비나 소득을 희생할 수 있다는 것을 보임으로써, 베커는 신고전학파 이론으로 친사회적인 행동을 분석할 수 있다고 하였다.

하지만 여기에는 가격문제가 빠져 있다. 얼마의 가격에 그러한 결과를 얻을 수 있겠는가? 실제로는 생각보다 훨씬 더 부담스러운 가격일 것이다. 이타적 행동을 선호나 취향의 문제로 축소하는 것—이타주의를 효용함수에 포함시키기 위해서는 이 방법밖에 없지만—은 자신에게는 고통이 따르지 않으면서도 타인에게는 도움이 되는 행동을 의미하기 위해 오귀스트 콩트(Auguste Comte, 1875)가 사용한 용어의 의미를 퇴색시킨다. 베커의 모형에서 도움을 받는 대상은 단지 도구적인 요소로 설명된다. 그런만큼 이타적인 사람은 한계효용이 한계비용과 같아질 때까지만 이타적으로 행동한다. 이타적 행동의 대상자의 효용은 단지 소비재일 뿐이다. 효용의 상호의존성에 따른 결과는 역설적이다. 영희(i)가 어떤 재화의 묶음에 대한 소비로부터 얻는 효용은 별로 없지만, 철수(j)의 복지(철수의 효용함수로 측정)로부터 큰 이득을 볼 수 있다고 가정해

보자. 영희는 자신의 복지를 늘리기 위해 철수로 하여금 자기에 대해 신경 쓰지 말도록 할 것이다. 영희의 이타주의는 극단적인 경우 철수의 이기주의를 전제하거나 혹은 철수가 이기적이기를 바란다. 철수도 이타적이라면, 영희는 철수에 대한 이타 행위를 통해 이득을 얻을 수 없을 것이다.

상호의존적인 효용의 경우에 일반적으로 그렇듯이 친구 사이에 기쁨과 슬픔을 함께 하는 방법은 상당히 다르다(Gui, 2000). 베커의 이타주의는 모든 경우에 있어서 비효율적이다(Lindbeck and Weibull, 1988; Bernheim and Stark, 1988). 무엇보다도 베커식의 접근방식은 무임승차를 피할 수 없다. 이타주의의 자기중심 모형은 이타행위를 하려는 사람(예를 들어, 비영리단체 기부자)은 고전적인 공공재 문제에 직면한다. 기부자가 많은 비용을 들여 기부를 하여도 피기부자의 전반적인 소득이나 기부자의 효용이 미세하게 증가할 뿐이라면 그는 기부하지 않게 된다. 그리고 일반화된 무임승차 행위가 예상은 되더라도 실제로 확인되지 않는다는 실증적인 증거가 많이 있다.

액셀로드(Axelod)의 선구적인 연구와 안드레오니(Andreoni, 1990)의 "따스한 빛(warm glow)"개념(자선행위가 가져다 주는 뿌듯함 등과 같은 긍정적인 느낌-역주)과 관련된 이기주의가 더 큰 효과가 있는 것은 아니다. 이 접근방식은 무한반복 게임에서 미래의 이득을 높이려는 전략적 행동으로서의 상호주의를 설명한다. 액셀로드의 연구는 원래 이타주의를 설명하려던 것이 아니었다. 용의자의 딜레마에서 사회적 상호작용의 협력행동을 설명하기 위한 것이었지만, 결국은 "계산적인 이타주의"로 알려진 다양한 이타주의를 나타내는 데 사용되기에 이르렀다. 계산적 이타주의란 전략적인 자선행위를 통해 좋은 평판을 형성함으로써 보상을 받으려는 것이다. 그러나 이러한 주장은 실제로는 좀 약하다. 자선행위가 좋은 평판을 얻는 것은 다른 사람들이 그 배후의 이기적인 동기를 알아채지 못할 때에만 가능하다. 이타주의자로 인정받으려면 진정성을 가져야 하며, 다른 사람들이 그의 행위가 진정한 이타주의인지 기회주의적 이타주의인지 구분할 수 없어야 한다. 설사 그렇다 할지라도 진정한 이타주의는 여전히 설명 안 되는 부분이 있다.

안드레오니는 자발적인 공공재 제공이 친사회적인 행동으로부터 직접적으로 효용을 이끌어내는 이기심의 가정과 잘 들어맞는다는 것을 보여준다. 사실 이러한 행동을 통해 "따스한 빛"의 효과를 얻을 수 있다는 것이다. 하지만 잘 생각해 보면 합리적인 사람이 이타적인 행동을 통해 양심적으로 편안함을 느낄 것이라는 명제는 일관성이 의심된다. "따스한 빛" 효과는 행동의 합리성을 전제로 하고 있다(Bardsley and Sugden, 2002). 공공재를 자발적으로 제공하는 경우를 생각해 보자. 안드레오니의 접근법이 그러하듯이, 기부행위가 의무이거나 그 자체로 선한 것이라는 믿음에 따라 공공재를 제공하고 "따스한 빛" 효과가 생긴다면, 이러한 의미에서 선험적인 믿음이 이미 존재해야 한다는 것을 의미한다. 그렇지 않다면, 합리적인 사람이 왜 아무런 이유도 없이 어떤 일을 함으로써 양심적으로 편안함을 느끼겠는가? 이것은 이타적 행동의 기반이 "따스한 빛" 효과가 아니라는 것을 의미한다. 자발적으로 공공재를 제공하는 것이 좋은 것이라는 이유가 이미 알려져 있다는 것을 전제하고 있기 때문이다. "따스한 빛"의 방식이 일관성이 전혀 없는 것은 아니지만, 통상적인 이성의 법칙에 따르면 그것은 역설적인 결과를 낳는 경향이 있다. 그것을 자녀의 복지가 공공재인 가족문제에 적용해 보자. 부모는 자녀의 복지에 관심을 가지고 자발적으로 제공하기 때문에 안드레오니식으로 "비순수 이타주의자"라 할 수 있고, 그 수혜자인 자녀는 직접적으로 "공공재"에 기여하기 때문에 "순수 이타주의자"라 할 수 있다. 이러한 역설적인 용어는 이타적 행위를 설명하고 분석하는 효용극대화 장치를 사용하는 접근법의 모호성을 드러낸다.

타인중심 접근법은 에치오니(Etzioni, 1986), 프랑크(Frank, 1988), 사이먼(Simon, 1990) 등에 의해 시작되었다. 이들은 이타적 행동이 행동 주체가 가지고 있는 도의적 책무로부터 나오는 것이라고 본다. 윤리적 이타주의는 자선행위를 할 수 있도록 하는 도덕관념의 내부화를 내포하고 있다. 윤리적 이타주의자는 타인에 대해 그만큼 관심을 두지는 않는다. 칸트의 정언명령과 동일한 방식으로 작동되는 윤리원칙의 준수에만 관심이 있다. 마골리스(Margolis, 1982)가 경제 주체를 양분함으로써 제시한 변형된 접근법에는 하나가 아닌 두 개의 효용함수가 있다. 하나는 자신의 이기적인 선호를, 다른 하나는 타인중심적 선호를 나타낸다. 그러한 방법이 왜 기대된 효과를 가져오지 않는지 알기는 어렵지 않다. 두 효용함수에서 도출된 결과들을 어떻게 결합할 것인가? 두 효용함수의 정확한 가중치를 부여하는 메타이론이 없는데 어떻게 타인중심적 선호와 이기적인 선호를 합산할 수 있는가?

그렇다면 이러한 접근법에는 어떤 잘못이 있는가 하는 의문이 생긴다. 첫째, 그것은 이타적 행동의 자유와 자발성을 부정한다. 이타성은 특별한 윤리 코드의 결과일 수도 있다. 그러나 이러한 윤리 코드가 초기의 어떤 거시적인 것—에치오니가 말한대로 어떤 공동체이거나 사회계급, 조직 혹은 무엇이든—에 의해 내게 부과된 것이거나 혹은 나 스스로의 선택에 의한 것이 아니라면, 적어도 부분적으로는 선택의 자유가 박탈된 것이고 그와 함께 친사회적 행동의 합리적인 기반이 제공될 가능성도 사라진다. 그러한 문제점은 윌슨의 "이기적 유전자" 이론에 반대해서 프랑크가 내놓은 "도덕적 유전자"의 사회생물학적인 버전에서도 역시 분명하다. 윌슨의 이기적 유전자이론에 따르면, 가장 이타적인 순간에조차도 인간의 행동은 항상 "이기적 유전자"의 진화 요소들에 대해 전적으로 작용한다. 둘째, 타인중심의 이타주의는 "타인"이 없는 이타주의이다. 이러한 종류의 이타주의자는 타인이 알든 모르든 상관없이 타인의 복지 자체가 목적인 것으로 "느끼고" 행동한다.

이러한 관점으로부터 어떤 결론이 도출될 수 있는가를 구체적으로 이해하기 위해 소위 인도주의적인 간섭이라고 하는 최근의 경험을 생각해보자.

취약계층을 위해 시행된 인도주의적 지원정책 방식을 면밀하게 살펴본 사람들은 신속하게 고도의 전문적인 간섭을 하면서도 이재민들의 정체성에 대해서는 무시하고 무관심한 이타적 행동들이 기본적으로 반인간적인 측면을 보여준다는 것을 알고 있다. 모든 사람들과 함께하기 위해서는 모든 사람들에게 무차별해야 한다. 도움을 청하는 사람들의 타자성을 무시하면, 그들과의 연결고리가 상실된다. 그 정확한 이유는 한 사람이 모든 사람을 위해 거기에 있을 수 있다는 환상 때문이다. 그리하여 인도주의적인 간섭은 흔히 의존적인 문화를 조장함으로써 한 공동체가 성장할 수 있는 기회를 빼앗아 버린다. 왜냐하면 그러한 간섭은 사람들로 하여금 원조를 받기 위해 이재민으로 눈에 띄려고 하도록 만들기 때문이다.

요컨대, 윤리적 이타주의자는 사람을 그 자체로 보는 것이 아니라 도움을 필요로 하는 존재로 통칭하기 때문에 아무런 실제적인 관계가 형성되지 않는다. 윤리적 이타주의의 배후에 놓인 가장 큰 위험은 영성적 이타주의(spiritual altruism)로 빠지는 것이다. 이것은 확실히 윤리에 대해 칸트적 접근을 채택한 불행한 결과이다. 잘 알려진대로 이것은 한편에는 행복을, 다른 한편에는 도덕적 의무 간의 이중성을 전제하고 있다. 더욱이 경제적 합리성 원칙에 의한 행복추구는 자신에게 무엇이 최선인지 아는 사람들의 사적인 문제로 보인다. 이렇게 하여 단순히 사적인 문제로 생각되는 행복은 효용과 겹쳐지게 되었다. 그러나 정체성과 마찬가지로 행복은 사람 상호 간의 관계이다. 이들 두 가지 모두 사람 간의 상호작용 과정에서 생겨나는 것이다.

2.2 호모이코노미쿠스의 인류학

앞에서 말한 이타적 행동의 세 가지 접근법에는 공통된 전략이 있다. 즉, 이타주의의 친사회적인 행동에 대한 설명을 위해 개인주의의 틀을 포기할 필요가 없다는 것이다. 이 전략에 따르면, 필요한 것은 단지 경제이론이 경제주체들의 행동을 호모에티쿠스

(homoethicus)를 흉내 내도록 이끌 수 있는 메커니즘(사회규범, 인센티브 체계, 도덕적 코드)만 고려하면 된다. 호모에티쿠스와 동일한 생각이나 감정을 가지려 노력할 필요는 없다. 다시 말해서 현대 효용이론에서의 개인이 타인의 복지에 대한 진정한 열정을 키워나가는 것을 막을 수는 없다. 그리고 호모이코노미쿠스에게 타인에 대해 관심을 가지도록 하는 윤리적 원칙을 엮는 일을 막을 것도 없다. 파레토의 다음 글은 그가 이미 오래 전에 이러한 결론에 도달하였음을 말해준다. "호모이코노미쿠스 학자들이 호모에티쿠스를 잊거나 비웃는다고 비난하는 사람들은 … 큰 실수를 저지르고 있다."(Pareto, 1906, p.48). 따라서 이기주의의 개념이 충분히 광범위하다는 조건하에서, 그리고 효용함수의 영역이 적절히 확장된다는 조건-예를 들어 로빈스(Robbins, 1935, p.95)는 "우리가 알고 있는 한, 경제주체들은 완전한 이기주의자, 순수 이타주의자, 순수 금욕주의자, 순수 쾌락주의자, 혹은 이들 모두가 혼합된 사람이 될 수 있다"고 말했듯이-하에서는 경제학에서 이타주의를 다루는 데 있어서 호모이코노미쿠스의 인류학을 배제할 필요가 없다.

이러한 결론의 중요성을 처음으로 분명하게 이해한 것은 영국의 경제학자 윅스티드였다. 그의 말을 들어보자. "경제적인 관계의 특성의 배후에 이기주의가 아니라 **넌투이즘**(non-tuism)(거래하는 상대방에 대해 이기심도 이타심도 없는 상태로서 상대방의 이해에 대해 관심을 두지 않는 것-역주)이다"(Wiksteed, 1933, p.180). 그가 말하고자 하는 것은, 경제적인 관계에 있어서 B가 하고자 하는 일에 대하여 A가 관심을 갖지 않는다고 해서(그 반대도 마찬가지로) A가 오로지 이기적인 이유에 의해서만 행동하는 것은 아니라는 것이다. 실제로 "경제적인 관계는 마음으로부터 자신을 제외한 모든 사람들을 배제하지 않으며, 자신을 제외한 잠재적으로 모든 사람들을 포함한다"(p.174). 더 나아가 "완전히 경제적이기만 행동을 저지하는 것은 **투이즘**(tuism)이 나의 행동을 조정할 때뿐이다"(p.179) 따라서 중요한 결론은 "온정적이고 이타적인 동기를 배제하고 경제학을 연구하는 것은 … 전혀 의미없는 일이다"(p.180).

현대 경제학 이론이 로빈슨 크루소의 아류작 수준을 뛰어넘지 못하게 하는 장애는 바로 "넌투이즘", 즉 관계성의 배제이다. 고센(H. Gossen, 1983)이 솔직히 인정하듯이, 경제학이 로빈슨 크루소에 대해 관심을 가지는 것은 "크루소가 프라이데이를 만날 때까지"이다. 넌투이즘은 알고 지내거나(익명의 거래가 아님)나 잘 알고 있는 사람과의 거래(따라서 냉정한 거래일 수 없음)를 하는 주체 간의 경제관계를 다룰 수 없게 하는 장애물이다.1)

경제사상사를 통해 알 수 있듯이, 윅스티드의 경제문제의 성격에 대한 개념작업은 리오넬 로빈스가 「경제과학의 특성과 중요성에 관한 에세이」(*An Essay on the Nature and Significance of Economic Science*)에서 대중화시키기 전까지는 주류 경제학의 주요 주제로 받아들여지지 않았다. 경제학에서 문제가 되는 것은 넌투이즘의 조건이라고 주장한 뒤, "이것이 의미하는 모든 것은 딜러와의 관계가 나의 목표를 달성함에 있어서 고려대상이 아니라는 것이다. 나를 위해서든 아니면 친구나 시민단체나 자선단체를 대신하는 입장에서든 그들은 단지 수단일 뿐이다"(같은 글, p.97)라고 하였다. 경제학 분야에서 관계차원을 이보다 더 잘 반박한 예는 없을 것이다. 윅스티드의 『상식』(*Common Sense*)의 1933년판 서문에서 로빈스는 "윅스티드의 저술이 발표되기 전까지는 지식인들 사이에서 경제학의 전체 구조가 자기중심적이고 쾌락적인 동기에 의해 행동하는 경제적 인간들의 세계를 가정하는 것을 용인할 수 있었다. 『상식』을 읽은 정직한 지식인들은 더 이상 그러한 가정을 용인할 수 없었다. 윅스티드는 이러한 잘못된 생각들을 한 방에 완전히 날려버렸다"라고 덧붙였다(p.xxi). 다시 말해서 경제주체가 거래 또는 교환의 상대에 대해 무관심하다고 하면, 어떤 형태이든 인간의 선택을 다루는 경제학을 특징지우는 것은 이기심 자체가 아니다.[2)]

결국 개인주의의 틀 속에 남아 있는 이타적 동기의 이론이 경제학 분석을 복잡하기만 하고 생산적이지 못하게 하는 이유는 무엇인가 하는 의문이 생긴다. 그것이 이타주의의 진정한 성격을 파악하지 못하기 때문이라는 것이 답이다. 내겔(Nagel, 1970)은 "이타주의는 타인의 현실에 대한 인식과 그에 상응하여 타인들 속에서 개인으로서의 자신을 살펴보는 능력에 의존한다. 이타주의를 인류에 대한 일반적인 애정과 혼동해서는 안 된다. 그것은 감정이 아니다"라고 말한다(p.3). 더 나아가 "이타주의와 관련해서 다루어지는 일반적인 주제는 타자의 이익을 증진시켜야 할 직접적인 이유-관심이나 동정심 및 자비심 등의 심정과 같은 매개적인 요소에 의존하지 않는-가 있다는 것이다"(p.16). 여기에서 명확하게 해 둘 것이 있다. "동정심 및 자비심"이라는 단어의 사용으로 내겔의 입장이 아담 스미스와 반대되는 것으로 생각될지 모르지만, 실제로는 그렇지 않다. 사람들 사이에는 사람과 사물 간의 관계와 다른 성질의 관계가 형성된다는 생각이 내겔의 이타주의의 배후에 있다(효용은 경제주체와 사물 간의 관계의 성질에 관한 것임을 기억하자). 따라서 타인에 대한 관심을 효용함수의 한 요소로 다루는 순간, 우리는 주제를 사물 혹은 대상에 관한 것으로 축소시킨다. 이는 정확히 아담 스미스가 감정론에서 배제한 것과 같다.

잘 알려진 대로, 아담 스미스는 진정으로 동정적인, 다시 말해, 자신의 이기심을 제거하지는 않았다 하더라도 자기 자신으로부터 한 발 떨어져서 볼 수 있는 경제주체에 대한 이야기로 시작한다. 동정심의 원칙의 특성은 자기 이익의 추구—검약의 미덕—와 타자 이익의 추구—베품의 미덕—간의 연속성을 전제로 한다는 데 있다(Khalil, 2001). 스미스의 경제주체가 자신의 이익과 타인의 이익을 모두 만족할 수 있는 동기는 한편으로는 자신에 대해서 그리고 다른 한편으로는 혜택을 입을 타인에 대해서 동정할 수 있는 능력에서 나온다. 바로 이러한 관점에서 스미스는, 한편으로는 유명한 『꿀벌의 우화』(*The Fable of the Bees*)의 저자 맨드빌(Bernard Mandeville)(영국의 평론가인 맨드빌은 그의 저서에서 사치와 쾌락이 경제활동에 지속적으로 자극을 주는 촉매제이고, 개인의 악덕이 상업사회의 번영과 경제성장을 좌우하는 근간이다라고 하였다—역주)과 그 극단적인 계승자인 홉스(Hobbes)를, 다른 한편으로는 동정심이 사회복지를 계산할 수 있게 해주는 유용한 기제라고 생각한 흄(David Hume)을 공개적으로 비판하고 있다(흄은 동정심과 좋은 매너로 자신의 행동을 통제하는 사람은 사람들에게 인정받아 평판이 좋아지고 존경받는다고 보았다—역주). 『도덕감정론』의 저자는 동정심이 계산의 결과일 수 없다고 하였다. 사회복지 차원에서는 계산을 해야 할지 모르겠지만, 만일 그렇다면 동포애나 서그덴(Sugden)의 "동류의식(fellow-feeling)"은 동정심에서 나올 수 없는 것이 된다. 요컨대, 스미스가 말하는 개인은 개별적인 거래에서 얻는 잉여를 타인과 공유할 수 있는 사람인 반면, 이기주의자는 그렇지 않다. 전자는 타인의 상황을 내면으로부터 이해함으로써 타인과 공감할 수 있는 사람인 반면, 자기중심적인 이기주의자는 그렇지 못하다. 결국, 호모스미시아누스(homo Smithianus)는 지금까지 말한 의미에서의 공감에 의해 나눔을 실행할 수 있으며, 타인중심적인 이타주의자는 기부를 "해야만 한다". 왜냐하면 그렇게 하지 않을 수가 없기 때문이다(Khalil, 2001).

왜 그리고 정확히 어떤 의미에서 주류 경제학 이론의 궁극적인 한계가 바로 개인주의 즉 인간의 관계성에 대한 부정에 있는가 하는 것을 이제 우리는 이해할 수 있게 되었다. 관계성의 근간은 무엇인가? 센(Sen)이 아리스토텔레스의 에우다이모니아를 번역하기 위해 쓰는 표현을 빌리자면, 그것은 인간의 자기실현, 즉 번영이다. 타자에 대한 인식, 즉 타자가 존재할 권리뿐 아니라 내가 타자와의 관계 속에서 존재할 수 있게끔 타자가 존재할 필요성을 깨닫는 것이 중요하다.

2.3 관계성과 사회성의 차이에 대하여

사람과의 관계가 핵심역할을 하는 이타주의 경제학이란 대체 어떤 것일까? 첫째, 사회성이라는 것이 타자에 대한 갈망-개인주의와 완벽하게 양립할 수 있는 태도-뿐 아니라 타자의 나에 대한 갈망이기도 하다면, 이타주의는 상호인식의 예가 된다. 이러한 특수한 의미에서는 행동에 앞서서 결정을 내리는 이타주의가 이기심에 우선한다. 개인적인 목적을 달성하기 위한 수단으로 작용하기 전일지라도 타자와의 상호작용은 그 자체로서 목적으로 드러난다. 실제로 개인적인 목적 자체는 사람과의 관계가 형성된 이후라야 이해될 수 있다. 우리 자신을 넘어 타인에게로 향하는 그러한 사회성은 분명히 상호성 및 상응성과 관련 있는 나눔의 경제학 내에서만 가능하다. 그래야 타인에 대한 바램이 욕구에 의한 것이 아니게 되며 타인도 만족하게 될 것이다. 이타주의에 대한 이러한 종류의 접근이, B의 관심사가 어떤 방식으로든(예컨대 외부성) A의 관심사와 연결되어 있거나 그것들이 A가 스스로 선택한 관례적인 의무일 때에만 B의 관심사가 A의 행동을 유발할 수 있다고 주장하는 현재의 문헌과는 거리가 멀다는 것을 금방 알아차릴 것이다. 경제학의 이타주의에 접근하는 방식에 대해 비판하면서, 내겔(Nagel, 1970)은 "이기주의는 실제로는 매우 낯선 방식으로 모습을 드러낸다. 수단적인 이유나 어떤 감정의 결과로 나타나는 경우를 제외하고는 타인에 대한 직접적인 이해의 부족 때문이거나, 혹은 자신의 이익을 타인의 이익의 원천으로 고려하지 못할 때 나타난다"고 말하고 있다(p.84).

관계성의 도입이 가져다 준 두 번째 결과는 오랫동안 경제학자들을 혼란스럽게 했던 개인들의 관계성과 사회성 간의 연결에 관한 미묘한 문제에서 벗어나게 해준다. 인간은 사회적인 동물이고 그렇기 때문에 사회활동에 참여하고 체계적으로 타인과 상호작용하려는 기질이 있다는 것은 오래전부터 알려져 왔다. 또한 적어도 『국부론』 시대 이후로 타인에 대한 이러한 긍정적인 태도가 특정한 조건하에서는 상호 유익한 결과를 낳을 수 있는 것으로 알려져 있다. 인간적으로 용납될 수 있는 지속가능한 사회질서는 관계성을 전혀 필요로 하지 않을 것이라는 성급한 결론을 내린 것도 이 때부터이다. 도구적인 관계성과 넌투이즘이 우리에게 필요한 모든 것이다. 이러한 주장은 최근 들어 광범위한 생물학 문헌들이 제시하는 결론들에 의해 힘을 얻고 있다. 꽤 많은 동물 종들 중에서 사실상 상호 협력의 관계인 사회적인 행동의 예가 관측될 수 있음을 보여주었다. 하지만 앞에서도 강조했듯이 사회적인 차원은 관계적인 차원과 공통점이 많지 않다. 인간행동의 경제학 이론은 최근 두 가지 점-하나는 표현적인 합리성에 대한 것이고 다른 하나는 집합적인 합리성의 개념에 기초한 것-에서 사회성과 관계성의 차이를 밝히는 데 기여하였다.

잘 알려져 있듯이, 표현적인(혹은 연장된) 합리성과 수단적인 합리성의 차이는 막스 베버(Max Weber)까지 거슬러 올라간다. 벤(Benn, 1978)이 이에 대해 잘 설명하고 있다: "어떤 행동이 사후의 보상문제와는 별개로 합리적일 수 있다. 드러내지 않고는 못 배기는 어떤 만족스런 기질이나 원칙을 드러낼 때가 그렇다. 흔히 '자신에게 충실해지는 것'이라 할 수 있다"(p.3). 히프(Hargreaves Heap, 1989)는 좀 더 최근에 표현적 합리성-수단과 목적 모두에 적용되는-이 왜 효용극대화와 양립하는지 설명하였다. 경제주체는 자신의 행동의 결과에만 관심 있는 것이 아니라, 이를 통해 자신의 정체성을 성취할 수 있는가 하는 것에도 관심이 있다. 결과론에 대한 반대 입장에서 볼 때, 표현적 합리성은 행동의 목적과 그 결과를 구분하고 있는데 반해, 수단적 합리성은 목적과 결과를 동일한 것인 양 하나로 합쳐버린다. 게다가 1984년에 발표되었고 이후 팀선호개념으로 발전된 서그덴(Sugden)의 협력이론(기부게임에서 상대방이 의무를 다한다는 조건하에서 자신도 의무를 존중한다)에 이은 일련의 연구를 살펴보자. 팀선호란 팀이 추구하는 목적에 관한 개인들의 생각과 다르지 않다. 이러한 선호는 팀구성원 개개인의 선호로부터 나와야 하는 것은 아니며, 효용극대화 조건에 들어맞아야 하는 것도 아니다(Sugden, 2000).

표현적 합리성과 서그덴의 "우리-합리성(we-rationality)"의 두 접근법이 사회성과 관계성 간의 기본적인 차이를 드러나게 하였다. 더불어 살고자 하는 경향으로 이해되는 사회성 원칙은 기본적으로 자기조직화의 원칙이다. 그것은 동물에게도 공통적으로 나타나기 때문에 인간의 전유물은 아니다. 인간에게만 있는 것은 타자가 단지 자신의 분신이 아닌 '너'가 된다고 전제하는 관계성이다. 이것이야말로 사회적인 관계를 인간관계로 보이도록 보장한다. 달리 말하자면, 사람들 상호간의 동적인 관계를 외적인 상부구조라고 치부해 버리고 자신을 필요와 선호에 대한 자기참조적인 핵심이라고 가정하게 되는 위험을 없애는 것이 관계성이다. 관계성은 자아의 개념에 달려 있다. 자아는 자기 주변의 타자에 대한 인식에 의해 형성된다. 주류경제학에서 타자는 단지 수단적인 면에서만 중요할 뿐이다. 다시 말해서 경제주체들간의 관계가 "직접적인" 관계가 아닌 "일정한 거리를 두고 있는" 관계로 취급된다는 것을 의미한다(Gui, 2003). 이로 인해 이론적인 검토에서 관계성의 모든 과정들이 배제된다. 경제학적인 설명에 있어서 선호와 인센티브(혹은 제약조건)만을 설명변수에 포함시키는 한 관계성과 같은 질적인 변수를 설명할 방법이 사실상 없다.

3. 협력과 동등교환과 합리성

3.1 협력에 관한 두 가지 개념

사회적인 상호작용으로 외부효과가 발생하여 사회적으로 더 나은 균형상태로 나아가는 것이 사실상 방해되지는 않는다 해도 지연된다는 것은 경제학에서 오래전부터 알려져 왔다. 이는 사회적인 의사결정—타인의 효용에 영향을 주는—과 개인적인 의사결정—효과가 경제주체 자신의 영역 내에 한정되는—이 기본적으로 다르기 때문이다. 사과 대신 바나나를 먹겠다는 의사결정은 친구와의 관계에 전혀 영향을 주지 않지만, 내가 아이를 가질지 혹은 대학졸업장을 딸지 여부는 다른 사람들에게 직접적으로 영향을 준다. 이러한 결정은 나의 정체성을 형성함으로써 타인과의 관계에 영향을 준다. 따라서 의사결정을 내릴 때 고려하는 주된 요인은 타인과의 관계망에 미칠지도 모를 영향이며, 자신의 효용수준에 미칠 직접적인 효과는 2차적이다(Akerlof, 1997; Akerlof and Kranton, 2000). 최근에는 베커(Becker)의 방법론과 유사한 것으로 사회적인 의사결정이 개인 가치의 기준이 되고 있다는 이론들도 등장하고 있다.

이러한 이론의 발전은 10여 년간 방대하게 축적된 협력의 원칙에 관한 연구들에 의해 자극받아 이루어졌다. 협력이 인간 행동의 중요한 결정요인이라는 사실에 대한 실증연구가 많이 이루어졌다. 경제심리학의 카너먼과 트버스키(Kahnemann and Tversky)로부터 노동경제학의 보울리(Bewley), 공공재에 대한 자발적 기부에 대한 서그덴(Sugden), 계약 강제 가능성[3]에 대한 페르(Fehr) 등의 연구에 이르기까지, 이들 모든 연구로부터 협력적인 행동이 이기적인 선호와 결과에만 관심이 있는 행동으로는 설명될 수 없다는 것이 분명해졌다. 지금은 협력이 소위 협력적 이타주의나 액셀로드(Axelod)가 말하는 팃포탯전략(tit-for-tat strategy)(처음에는 협력하되 다음에는 '눈에는 눈, 이에는 이'로 행동하는 전략-역주)의 예로 들었던 직접적 협력과는 다르다는 것이 인정된다. 사실 협력적 이타주의자는 행동의 결과로 장래에 보상(아니면 앞으로 있을 처벌을 피하는 것)이 기대될 때에만 협력하려 한다. 우리는 무한 반복되거나 완전한 정보하의 유한반복 게임에서 협력적 이타주의 행동이 균형전략이 될 수 있음을 알고 있다. 또한 이러한 행동이 이기적인 선호에 완벽하게 들어맞는다는 것도 알고 있다. 예상되는 미래의 이득이나 처벌이 거의 확실시될 경우 참을성 있는 이기적 주체로 하여금 반복게임의 맥락에서 금전적인 희생을 감수하도록 할 수 있기 때문이다.

한편 포크와 피시바허(Falk and Fischbacher, 2001)에 의하면

협력은 "지각된 정중함(perceived courtesy)"을 보이려는 행동이며, "정중함(courtesy)"이라는 말은 분배의 공평성과 공정한 행위라는 두 가지를 의미를 담고 있다. 그렇다면 협력의 배후에 있는 힘은 어떤 종류의 미래의 이익도 전제로 하지 않는다. 협력하는 개인은 비슷한 성향의 사람은 배려하고 그렇지 않은 사람에 대해서는 처벌하기 위해 물질적인 희생을 감수하려는 사람이다. 예를 들어, 최후통첩게임(ultimatum game)(두 사람이 돈을 분배할 때, 한 사람이 제안한 금액을 상대방이 수용하면 그대로 나누어 가질 수 있지만 거절하면 두 사람 모두 한 푼도 받지 못하는 게임-역주)에서 불공정한 행위를 벌하는 것도 협력의 한 형태이다. 또한 조정게임(games of coordination)(다수가 참여하는 게임에서 참여자는 다른 사람의 선택에 자신의 선택을 일치시켜야 하는 게임이다. 예를 들어 최고의 미인을 맞추는 사람에게 상금을 주는 영국의 미인대회에서는 가장 많은 사람들이 최고 미인이라고 생각할 대상을 선택하게 된다-역주)에 대한 대부분의 실험 결과는 참여자들이 처음에는 최선이 아닌 균형을 향해 나아가다가 어느샌가 자신의 전략을 수정하여 지배적인 균형에 수렴해 간다는 것을 보여준다. 이러한 전환이 일어나기 위해서는 몇몇 개인들이 직전에 발생한 움직임의 결과에 대하여 최선이 아닌 행동을 취할 필요가 있다. 다시 말해서 지배적인 균형으로 조정해 가는 길을 다른 참여자들에게 가르치기 위해 일부 참여자들이 단기적으로 “물질적인 희생을 감수”한다는 것이다(Stahl, 2001).

샐리(Sally, 1995)는 지난 35년간 죄수의 딜레마 형태의 반복된 실험들이 분석된 정치학, 경제학, 사회학, 사회심리학 분야의 백편 이상의 논문의 결론들을 살펴보았다. 실험결과들은 전통적인 게임이론의 결과와 사뭇 대조적이다. 이기적이지 않은 행동들이 상당히 많이 언급되어 있을 뿐 아니라, 참여자들 간의 의사결정 전의 의사소통이 실험결과에 중요한 역할을 하였다(Frank, 1997). 값싼 수다(cheap talks)(게임이론에서 게임의 결과에 영향을 주지 않는 참여자들 간의 대화-역주)가 있을 경우, 이러한 의사소통이 평균적으로 1회성 게임에서는 조정행위의 가능성이 45퍼센트 증가하고, 메타게임에서는 40퍼센트 증가한 것으로 나타났다. 프레이와 보넷(Frey and Bohnet, 1995)은 취리히 대학교의 학생 340명을 표본으로 하여 세 개의 친숙한 게임(죄수의 딜레마, 독재자 게임, 최후통첩게임)을 하도록 하였다. 이 때 재산의 분배나 게임의 규칙, 특히 참여자들의 상호작용 여부 등에 대해 서로 다른 조건을 적용하였다. 결과는 어떤 측면에서는 놀랍게도 게임의 성격이 조정전략 선택을 주도하지 못하게 할 때마다 비언어적인 것을 포함한 의사소통을 통해 참여자들이 익명성을 벗고 자신의 정체가 드러나게 함으로써 조정전략을 구사하였다(죄수의 딜레마의 경우

조정행위가 12퍼센트에서 78퍼센트로, 독재자게임에서는 공정성이 52퍼센트에서 92퍼센트로 증가하였다).[4)]

이와 관련된 광범위한 문헌 속에서 협력에 관한 두 가지 개념을 찾을 수 있다. 하나는 결과론자들의 것으로 부당한 것을 피하려는 것에 기초하고 있다. 상대방의 보복적인 반응을 자극하는 부당한 분배를 피하자는 것이다. 다른 하나는 지각된 정중의 원칙(principle of perceived courtesy)에 기초하는 것으로 행동의 결과뿐 아니라 그 이면의 의도까지도 고려하는 것이다(예를 들어, 최후통첩게임에서는 분배하는 사람이 좋은 의도에서 분배할 때에 비해 명백히 나쁜 의도에서 분배할 때 상대방에 의해 거부되는 경우가 훨씬 더 많았다). 당연히 두 번째 개념이 협력이론 내에서의 흥미 있는 발전이다. 왜냐하면 그것이 효용을 원래의 게임으로부터의 이득뿐 아니라 지각된 정중함에 대한 반응을 표현하는 용어에 대한 함수로 나타낼 수 있도록 해주기 때문이다. 포크와 피시바허(Falk and Fischbacher, 2001)가 이 용어를 "협력의 효용(utility of reciprocity)"이라고 부르는 것은 적절하다. 그러나 생각해보면, 협력에 대한 확장된 이론이라 할지라도 그 설명력은 기대에 상당히 못 미친다. 그 이유는 기본적으로 협력이론의 두 가지 버전이 앞 절에서 살펴본 이타주의 이론의 근저에 깔려 있는 개인주의적 분석틀을 전제로 하고 있기 때문이다. 두 경우 모두 개인들이 상호 독립적인 선호를 가지고 있다. 다시 말해, 그들은 자신의 이득뿐 아니라 타인의 이득에도 관심을 가지고 있다는 것이다. 협력이론과 이타주의이론의 궁극적인 차이점은 개인 선호의 상호의존성에 대한 규정이 서로 다르다는 데 있다. 그러나 그 배후에 있는 개념적 구조는 동일하다. 상대방에게 줄 이득의 가중치 비중이나 자신의 선호함수에 들어갈 가중치가 같다. 다시 말해서 이러한 개념적 구조는 도덕적인 사람이 되는 것에 대한 선호 같은 것을 사람의 선호에 포함시킴으로써 협력이 그 사람의 선호함수의 일부로서 다루어진다.

특정 사회집단에 속하는 사람들에게 있어서 협력에 대한 선호(와 그 안정성)를 설명하려고 시도하고 있는 최근의 연구(Guth and Yaari, 1992; Sethi and Somanathan, 2001; Ok and Vega Redondo, 2001)를 보자. 이들 연구의 목적은 협력의 선호조차 그 외형에도 불구하고 개인주의자들의 규정과 들어맞는다는 것을 보여주는데 있다. 간단히 말해서, 이러한 생각은 정보가 불완전하면 -따라서 선호가 관측될 수 없으면-개인주의적이지 않은 선호의 신뢰성이 떨어지기 때문에 결국 개인주의적 선호가 주도하게 된다는 것이다. 인구통계적으로 다양한 형태의 상대빈도를 안다 해도 사람들이 상호작용하는 상대방의 선호를 알 수는 없다는 사실이 이를 뒷받침한다. 오크와 베가 레돈도(Ok and Vega Redondo,

2001)는 정보가 불완전한 대규모 그룹 내에서는 시장 타입의 사회적인 맥락에서 작용하는 개인주의적 선호가 진화적으로 유리하다는 결론에 도달했다. 개인이 시차가 있는 교환(intertemporal exchange)으로부터의 이득이 주는 지연된 만족의 메커니즘에 의해 이루어지는 이기적인 행동의 예로서 협력을 설명하려는 비슷한 시도도 있다(Coricelli et al., 2000). 기본적으로 이러한 주장은 대부분의 교환이 시차를 두고 이루어지기 때문에 먼저 행동하는 사람은 나중에 상대방도 협력하리라는 것을 어느 정도는 믿고 있어야 한다는 것이다. 따라서 교환의 이득을 극대화하기 위해서 사람들은 당장의 만족을 참는 대신에 협력하도록 배워야 한다.

3.2 협력의 관계성

이러한 주장들에 대해 약점을 찾아내기란 어렵지 않다. 앞서 언급한 문헌들에서는 협력의 의미가 교묘하게 사용되고 있다. 협력이 상대방의 정체를 알고 있다는 것을 전제하고 있고 무엇보다도 상대방과 관계를 유지할 준비가 되어 있는 데 반해, 현재의 문헌들은 (관계로서의) 협력을 확장된 선호함수의 한 요소로 축소시켜 버렸다. 그러므로 상대방이 내가 누군지 모르면 나의 정체도 알 수 없을 것이고 따라서 그는 나에 대해 개인주의적으로 행동할 것이 분명하다. 왜냐하면 모든 종류의 “변이” 중에서 진화적으로 가장 안정적으로 나타나는 것은 바로 이러한 행동양식일 것이기 때문이다. 자신의 정체성이란 인식할 수 있고, 인식될 수 있음을 의미한다. 정체성이란 신뢰와 마찬가지로 인간 간의 관계이다. 둘 다 상호작용의 과정 속에 나타난다.

현재의 주장에 관한한 협력에 대한 콜름(Kolm, 1994)의 설명방식이 좀 더 적절하다고 생각된다. 그에게 있어서 협력은 독립적임과 동시에 상호연결된 양방향의 양도(transfer)이다. 독립적이라는 말은 각각의 거래가 그 자체로 자발적이면서 자유롭다는 뜻이다. 다시 말해서 거래가 상대방의 행동을 전제로 하지 않는다는 것이다. 바로 이러한 특성으로 인해 협력이 동등교환(exchange of equivalents)의 원칙에 기초한 관계와 구별된다. 동등교환 원칙에 의한 관계 역시 양방향의 양도로 구성되는데, 자발성의 요소는 그 자체의 일방적인 거래가 아니라 양방향의 양도 속에서 적용된다는 의미에서 포괄적이다. 다시 말해서, 동등교환 관계에 의한 거래는 다른 거래에 대한 전제이며, 그렇기 때문에 제3자(예컨대 판사)가 언제나 계약의무의 이행을 강제하도록 개입할 수 있는 것이다. 동등교환과 협력 둘 다 자발성을 전제로 하기 때문에 명령관계와는 반대되는 것이라 할지라도, 협력에는 제3자에 의한 이행강제가 없다. 그러나 협력에는 한쪽의 양도가 상대방에게는 반대 방향의 양도 의무가 되는 동등교환에 비해 더 많은 자유가 있다. 양방향 거래인 협력은 단일 방향 거래임을 나타내는 박애주의나 이타주의와 구별된다. 협력의 세 번째 성질은 이행성(transitivity)이다. 즉, 협력 행위가 꼭 협력관계를 유발한 사람에게 향해지는 것은 아니다. 협력 행위의 수혜자는 제3자가 될 수 있다. 이러한 이행성에 의해 협력에 삼각구조가 들어 있다.

협력관계에는 주는 것과 받을 것 혹은 제3자에게 주어질 것 간에 어떤 형태의 균형이 요구된다. 그렇지만 그러한 균형이 명시적인 숫자(즉, 상대가격)로 표시되는 것은 아니다. 왜냐하면 그 값은 관계자들의 공감, 호의, 연대감과 같은 도덕감정의 정도에 따라 달라질 것이기 때문이다. 동시에 협력은 사람 간의 상호작용에 항상 내포되어 있는 전략적 측면을 배제하지 않는다. 즉, 내가 준 것에 대해 상대방이 반대급부를 주겠다는 신호가 없다면 그와의 관계를 끊어버릴 것이다. 그 차이에 주목해야 한다. 동등교환관계에서는, 재산권의 양도에 균형가격의 결정이 논리적으로 앞선다. 구매자와 판매자가 교환대상물의 가격에 합의한 후에라야 재산권의 양도가 이루어진다. 한편, 협력관계에서는 양도가 반대급부의 이행에 대해 논리적으로나 시간적으로 선행한다. 그리고 먼저 양도한 사람은 아무런 권리도 주장할 수 없다. 그는 단지 반대급부를 기대하는 것으로 족하다. 둘째, 협력의 실행이 죄수의 딜레마 형태의 게임의 맥락에서 상호작용하고 있다고 생각하는 사람들의 친사회적 행동을 안정화시키기 때문이든, 아니면 협력의 실행이 주체들의 선호구조를 내적으로 변화시키기 때문이든, 협력에 의한 결합은 경제적 게임 자체의 이득을 변화시킨다. 기본적인 신뢰게임(trust game)으로부터 알 수 있듯이, 내가 미래의 어떤 책임질 일에 대해 신뢰하기 어려운 상황에서 다른 사람을 필요로 하는 경우, 합리적인 주체(합리적 선택이론의 의미에서의 합리적인)는, 내가 이기적인 주체이고 내가 받은 호의를 되갚는 일에 조금도 관심이 없다는 것을 안다면, 나를 도울 수 있음에도 돕지 않을 것이다. 그가 만일 내가 협력적인 사람이라는 것을 안다면 얘기가 달라진다.[5)]

3.3 협력의 출현

"사회적 자본의 시금석은 일반화된 협력의 원칙이다. 내가 당신을 위해 이러이러한 일을 해주더라도 당신으로부터 아무 것도 즉시 받을 것을 기대하지 않는다. 당신을 전혀 모른다 해도. 하지만 길을 가다보면 당신이나 혹은 누구라도 보답을 해줄 것이라 확신한다."(Putnam, 2000, p.134) 그렇다면 시장경제적 상호작용의 맥락에서는 협력적 행동이 어떻게 출현하고 진화할 수 있는가

하는 의문이 든다. 문화적 관점에서 볼 때, 협력은 (기질적인 면에서의) 특수한 사회적 규범이라 생각될 수 있다. 따라서 위의 질문은 다음과 같이 다시 고쳐 말할 수 있다. 어떤 이유 때문에 사람들은 협력과 같은 규범을 수용하는가? 서론에서도 말했듯이, 사회적 규범에 대한 관계적 조명은 사회적 타당성 면에서 특히 적절할 뿐 아니라 사회적 규범의 진화면에서도 그러하다.

사회진화론 문헌에서의 기본적인 생각[6])은 선호, 가치, 규범, 관습, 정체성과 같은 문화적인 성향이 개개인의 천성적인 특성에 의한 것만은 아니며, 문화 침투와 현재 사회의 경제제도에 의해 영향을 받은 사회적 선택의 다양한 과정에 의해 습득된 것이라는 의미에서 다소 내부적으로 결정된다는 것이다(Bowles, 1998).

영희가 잘 짜여진 상황에서 일방적인 기부를 하도록 하는 이타적 규범을 따르는 사람이라고 하자. 조정의 맥락에서 볼 때, 그녀의 기부는 보상이 따를 것이므로, 이러한 규범은 (주관적으로는) 높은 만족을 가져다주고 (객관적으로는) 물질적인 보상이 뒤따른다는 시나리오를 생각할 수 있을 것이다. 따라서 영희가 이타적 규범을 따를 가능성이 높으며, 다른 사람들도 영희의 행동을 따라하기도 할 것이므로, 이타적 규범이 확산된다. 훌륭한 행동에 대한 직접적인 인센티브가 있는 이와 같은 조정의 맥락에서는, 사람들이 이러한 규범을 따르는 것이 겉으로 드러나는 물질적 편의

성 때문인지 아니면 보다 깊은 기질적인 책임감 때문인지는 두 경우 모두 그럴 만한 것이기 때문에 어느 것 때문인지를 따지는 것은 별로 적절해 보이지 않는다. 기회주의적인 맥락에서 볼 때도, 영희가 자신의 이타적인 행동의 결과로 다른 사람들 때문에 물질적으로 손해를 볼 수도 있다 해도 다른 사람들이 그러한 상황을 악용하는 경우는 많지 않을 것이다. 오히려 영희는 물질적으로 손해를 볼지라도 기부를 통해 내적인 만족이 높아지므로, 규범을 지킴으로써 다른 사람들이 이득을 보게 되는 것에 행복해한다. 그렇다면 영희의 훌륭한 행동과는 별개로 규범을 지키려는 사람이 아무도 없다고 결론내릴 수 있을까? 아니다. 이타적인 기질에 따른 행동이 주관적이고 비물질적인 보상이 물질적인 손실보다 더 크다고 사람들이 믿는 한, 좀 더 강하게 말해서, 웰빙면에서 물질적으로나 심리적으로 어떤 의미를 가지든 규범을 지키려고 하는 한 사람들은 물질적으로 손해를 보더라도 여전히 영희와 같은 행동에 매력을 느낀다.

이 간단한 예는 몇 가지 기본적인 구분을 필요로 한다. 첫째, 이러한 규범이 수용된 것은 순수 이타주의자의 경우와 같이 내적인 기질에 따른 것이기 때문이거나, 혹은 이타적인 것처럼 보이는 것이 이기적인 면에서 더 편리하기 때문에 이타적인 규범을 방편으로서 따르는 이기주의자—이타적인 것 같은 상대에게는 이타적이 되고 이기적인 것 같은 상대에게는 이기적이 된다는 맥락에서—의 경우에서와 같이 내적인 기질을 따랐더라면 다르게 행동했겠지만 보상이 따르기 때문에 그러한 행동을 수용하는 것일 수 있다. 그러나 예에서 제시하듯이, 내적인 기질에 의해 규범을 따르는 경우라 할지라도, 결과와 무관한 순수 무조건적인 규범 준수와 심리적인 이득과 물질적인 손실간의 트레이드오프를 따져보고 행동하는 "계산적인" 규범준수를 구분해야 한다. 그러므로 강비방편성(strong non-instrumentality)과 약비방편성으로 부를 수 있다.

둘째, 보다 많은 보상을 받으려는 기질면에서 좀 더 살펴보면, 사회적 선택은 결과적으로 선택 의도에 대한 적절한 보상이 물질적인 것인지 심리적인 것인지 혹은 그 둘의 조합인지에 따라 다른 수준에서 작동할 수 있다. 예에서 보듯이, 조정적 맥락에서는 선택 메커니즘이 거의 분별력이 없는 반면, 기회주의적 맥락에서는 분별성의 범위가 훨씬 넓다. 후자의 경우에 있어서, 어떤 종류의 이득이든 그 비교에 대해 민감하지 않아서 "표류" 인자(drift factor)의 역할을 하는 한(그러나 이것이 선택에 대한 중요한 결과를 초래할 수도 있다. 방편성과 약비방편적 이타주의와 이기주의간의 상대적 편의성을 변화시키기 때문에), 규범에 대한 강비방편성은 분명 선택과정의 영향을 받지 않는다.

사코와 즈마그니(Sacco and Zmagni, 2001)는 매-비둘기 게

임에서 관계성에 주목하여 그것이 방편적 이유 때문에 생길 가능성과 그것이 내적인 동기[7]로부터 사용되는가를 살펴보고 있다. 사용된 모형의 결과는 사람들이 내재적인 혹은 방편적인 관계성을 가지고 있는 한, 전체 인구 중 참여자 유형의 초기 비율이 어떻든 간에 결국 "매"와 "비둘기"의 유형으로 반반씩 갈린다(정적인 게임의 혼합전략 내쉬균형에 상응한다)는 것이다. 심리적 외부성(externality)을 허용한다면, 결국은 "관계적(relational)"인 참여자들이 균형상태에서 지배적이 되어 긍정적인 사회적 효과를 낳을 수 있지만, 지세적(positional) 참여자들은 서로 부정적인 외부성을 주기 때문에 그렇게 될 수 없다.[8]

4. 행복과 선물의 원칙

개인성과 사회성은 어떻게 조화를 이룰 수 있을까? 자율적이고 합리적으로 선택하는 주체의 생각은 합리성이 선호의 만족뿐 아니라 가치, 정, 감정, 인간관계와도 관련되어 있다는 생각과 어떻게 조화될 수 있을까? 경제학의 영역이 관계로서의 선물의 원칙도 수용하도록 한다면 그러한 목적은 달성될 수 있다는 것이 나의 답이다. 왜 그리고 어떤 의미에서 선물의 원칙을 받아들이는 것이 경제학의 지평과 설명력을 확장시키는가? 구아디니는 "인간은 자신의 내부에 갇힌 것처럼 되어 있어 자신을 이해할 수 없다. 왜냐하면 인간은 관계의 형태로 존재하기 때문이다. 인간이 만남으로부터 태어나는 것은 아니지만 만남 속에서 실현된다는 것이 확실하다"는 유명한 글을 남겼다(Guardini, 1964, p.90). 인간이 상호간의 관계 속에서 자신을 발견하고 타인과의 관계 속에서 자신을 실현한다면, 인간에게 가장 기본적으로 필요한 것은 관계성이다. 타인과의 관계유지가 기회주의적인 것-신계약주의학파가 그러하듯이 컨센서스를 도출하거나 갈등 해소를 위해-으로서만 정당화될 수 있다면, 칸트가 말한 "비사회적 사회성(unsociable sociability)"에서 벗어날 수 없을 것이다. 그것에 대해 생각하자면, 보다 질 좋은 삶에 대한 요구의 이면에는 "잘 만들어진" 재화와 같은 단순한 요구를 훨씬 뛰어넘는 요구가 있다. 보호라든가 참여-다시 말해서 관계성-와 같은 것들에 대한 요구이다. 우리가 오늘날 흔히 듣는 삶의 질로서 갈수록 강하게 주장되는 것은 친숙한 의미에서의 소비재뿐 아니라 (아마 그 무엇보다도) 인간관계의 질이다. 이게 사실이라면, 삶의 질은 자아실현의 가능성과 관련이 있다고 본다. 1인당 소득은 보다 많은 소비능력을 말할 뿐이다. 그렇다면 상호간의 인간관계는 실질 재화이고 그런만큼 그것도 경제학의 영역에서 빠져서는 안 되는 것이다.

경제학은 전체주의의 스킬라(Scylla)와 개인주의의 카리브디스

(Charybdis) 사이의 진퇴양난(스킬라는 그리스·로마 신화에 나오는 큰 바위 위의 머리 여섯 달린 여자괴물이고 카리브디스는 스킬라 섬 앞바다의 소용돌이-역주)을 피하면서 관계성의 차원을 회복할 수 있을까? 경제학 이론이 선물의 원칙을 수용해야 한다는 것이 나의 답이다. 일반적으로 관계성에 대한 필요는 서로 다른 두 개의 구조 속에서 만족될 수 있는 것으로 잘 알려져 있다. 두 개의 구조 중 하나는 선물이 제공되는 것이고 다른 하나는 그에 맞먹는 반대급부가 주어진다는 것, 즉 계약이다. 선물 교환에서 생겨난 관계성은 어느 정도 자신에게 변화를 가져다주는데, 이러한 조우를 통해서 자신이 "더 부유해졌다"라는 생각이 내적으로 들게 한다. 이것은 주는 것과 대가로 받는 것 간의 완전한 균등성의 원칙에 의해 규정되는 계약에서의 관계와는 경우가 다르다. 법이 계약의무의 이행을 강제할 수 있는 힘은 바로 계약에서의 균등성 원칙에서 나온다. 우리 사회에서 주체들 간의 계약에 근거한 관계 구조의 중요성을 부인할 사람은 아무도 없을 것이다. 그러나 계약이란 것은 관계차원까지도 고려할 만큼 충분히 강력하지 않다는 것도 인정해야 한다. 사실 기부행위는 선형의 수단-목적 모형(linear means-end model)에 들어맞지 않다. 갓바웃(Godbout, 2000)이 지적하고 있듯이, 이 선형 모형은 다음과 같은 종류의 추론 패턴으로 구성되어 있다. 즉, 어떤 주체가 상대방에게 주고난 후에 받

는다. 그러므로 주는 것은 받을 것을 목적으로 하는 것이다. 목적은 받는데 있으므로 주는 것은 그러한 목적을 위한 수단이다. 이는 분명 선물의 원칙과는 다른 방식이다. 이러한 나로부터 너로의 이동은 나의 필요에 의한 고유의 기부행위이다. 사람이 주는 것은 받을 것을 목적으로 하는 것은 아니지만, 그렇게 함으로써 다른 사람으로 하여금 주도록 하기 위한 것이다.

이 후자의 조건에 의해 선물에 대한 상당히 다른 두 개의 개념이 있음을 지적할 수 있다. 마우스(Mauss)학파[9]가 보여준 것과 같이, 전형적으로 전근대적이지만 그럼에도 불구하고 오늘날 적어도 부분적으로 살아남아 있는 선물의 개념이 있다. 이 개념에 따르면, 선물은 항상 그 근저에 교환구조의 자취를 남긴다. 이것은 무누스(munus)(의무적으로 주는 선물이라는 의미의 라틴어-역주)로서 타인에 대한 책임을 다하는 수단으로서의 선물의 개념이다. 단, 그렇게 보이지 않도록 할 수 있는 한에서. 인류학자인 Marcel Mauss와 Claude Levi-Strauss의 포틀래치(Potlach)(태평양 연안 인디언들 사이에 성행했던 선물교환행위로 사회적인 지위를 승인하기 위한 행사-역주)나 쿨라(Kula)(멜라네시아 남동부 트로브리안드 제도의 주민들이 행하는 선물교환제도. 상호의무와 강제를 상징하는 선물을 교환-역주)와 같은 현상에 관한 고전적인 분석만 봐도 그렇다. 이 개념에 따르면 선물은 역설적이게도 사회적 연계를 지키기 위한 의

무가 된다. 이러한 사회에서 생활하기 위해서는 선물제공 행위가 요구되며, 결국 그러한 행위가 사회적 규범이 되고 때로는 법규범 자체보다도 결속력이 더 강한 규범이 되기도 한다.

이러한 선물의 개념에 기부행위의 자발성과 무상성이 없는 이유를 알기란 어려운 일이 아니다. 물론 후자에 대한 관심이 커지기는 하지만, 그것은 언제나 타인을 **위한** 관심이었지 타인에 **대한** 관심은 결코 아니었다. 사실 관심이라는 말은 문자 그대로 "무리 가운데 속하는 것"을 의미한다. 호혜적으로 서로를 활용하는 것이다. 그러나 현대 문화에서는 관심이라는 말이 원래의 뜻으로부터 멀어져 거의 언제나 부정적인 의미를 가질 뿐이다. 선물이 타인과의 관계를 맺는데 대한 관심으로 이해된다면, 선물이라는 것 자체가 선물을 주는 사람의 관심과 무관할 리 없다. 선물—박애적인 행동과는 달리—은 그 자체가 목적인 것은 아니고, 관계의 시작이며 연쇄적인 호혜적 행동의 시작이다. 달리 말해서, 선물은 어떤 목적에 의해, 연결고리를 형성하려는 뜻에서 주어지는 것이다. 그러므로 선물에 대한 두 번째 개념의 특수한 의미는 선물이 호혜성을 창출한다는 것이다. 무누스로서의 선물은 대부분 받는 사람에게 의존성을 갖게 만들고 때로는 굴복하게 하는 반면, 관계성으로서의 선물은 받는 사람에게 "수치심"을 없애준다. 세네카가 루실리우스에게 보낸 열 번째 편지에서 "인간의 광기는 누군가에게 베푼 커다란 호의가 극단적인 경우에는 위험을 초래하는 지경에까지 이르렀소. 상대방이 같은 수준의 보답을 못할 경우 수치심으로 인해 호의를 베푼 사람을 죽이려하기까지 하니 말이오. 호의를 저버렸다는 수치심을 유발시키는 것보다 더 괴로운 것은 없을 겁니다." 무상으로 혜택을 입은 사람들이 어떤 식으로든 보답할 수 있는 위치에 있지 못하다면, 그들은 굴욕감을 느끼게 되어 결국은 혜택을 준 사람을 조만간 미워하게 될 것이다.

관계성으로서의 선물의 강점은 무엇이 주어졌는가 혹은 얼마나 많이 주어졌는가-무누스의 경우에서처럼-에 있는 것이 아니라 그 선물이 관계를 맺게 한다는 사실을 나타낸다는 인간성의 한 특수 측면에 있는 것이다. 특수한 관심이 있음으로 해서 관계성의 핵심이 되는 선물을 통해 관계가 형성되는 것이다. 경제학이 언제나 고려하는 사용가치와 교환가치라는 두 범주 외에 제3의 가치로서 추가되는 **결속의 가치**가 이 안에 있다. 사람 간의 관계 자체가 가치를 창출해 내는 재화라는 것을 고려하면, 결속의 가치를 포함시키기 위하여 연구의 지평을 확장하는 것은 실로 지적인 도전이다.

무누스로서의 선물과 관계성으로서의 선물 간의 최종적인 차이점은 전자-이타주의와 박애주의처럼-가 개인주의 패러다임과 완벽하게 양립하는 반면에 후자는 관계성 패러다임을 전제로 한다.

더글러스(Marry Douglas)가 마우스(Mauss)의 유명한 책의 서문에서 썼듯이, 소위 무상으로 주어지는 선물(즉 무누스로서의 선물)은 권력과 위신을 만들어낼 수 있다. "공짜 선물은 없다(No gift must be free). 소위 공짜 선물은 주는 자가 받는 자로부터 돌아올 선물을 기피하려는 의도에 문제가 있다"(1990, p.vii). 위와 같은 관점에서 볼 때, 관계성으로서의 선물은 자유로운 선택의 표현, 즉 어떤 정해진 인과 고리 속에서 결과가 예상되거나 보장되거나 할 수 없는 행동이라 할 수 있다. 이런 형태의 선물이 사람의 성격에 영향을 주어 그로 하여금 행복감을 경험하게 할 수 있는 것은 바로 이러한 깊은 자유로움 덕분이다.

네트워크 게임 이론은 관계성으로서의 선물을 모형화하는데 사용될 수 있는 믿을 만한 도구이다. 네트워크 게임(Ellision 1993; Morris 1997; Macy 1996)은 둘 이상의 주체와의 관계에 대한 가중치를 계량화하는 요소를 포함시킨 소셜 네트워크를 페이오프 매트릭스(pay-off matrix)에 추가한 것이다. 각 주체는 소셜 네트워크의 매트릭스로 표현되는 특수한 관계를 통해서 게임에 의해서뿐 아니라 다른 사람에 의해서도 영향을 받는다. 주체들이 타인과의 상호작용의 결과에만 관심 있는 것이 아니라 그들 간에 뒤얽힌 관계들에 대해서도 관심이 있다는 사실을 고려하는 것은 두 가지 목적을 달성하기 위한 것이다.[10]

첫째로, 그것은 합리적 선택에 관한 전통적인 모형의 근거 위에서 아무런 타당성도 없는 행위(예컨대, 사람들이 왜 선거에서 투표를 하는지, 많은 사람들이 왜 관계성을 체계적으로 수행하는지, 왜 많은 사람들이 자원봉사활동에 나서는지)를 설명해 준다. 두 번째로 중요한 목적은 사회복지의 가장 흥미있는 부분 중의 하나, 즉 우리의 웰빙이 특수한 범주의 재화인 관계성 재화의 소비에 크게 의존한다는 사실을 설명 가능하게 해주는 것이다. 합리적 선택 모형에 의해 무시되고 있는 것은 정확히 말해서 앞에서도 말한 바와 같이 주체 상호간의 관계에 관한 것이다. 이 모형은 주체가 자신의 효용에 대한 합리적 추구가 너무나 자연스러워서 이를 달성하기 위해서는 다른 주체들의 행동과 선택을 체계적이고 명시적으로 조작해야 한다는 것을 깨닫지 못한다고 전제하고 있다.[11] 이 점을 진킨(Zinkin)이 잘 이어받고 있다. "무엇이 됐든 주는 것을 잃지 않고도 준다는 개념이나 주지 않고도 받는다는 개념이 분명히 있다"(Zinkin 2000, p.112).

행복을 효용의 개념으로 축소시키게 되면 설명력이 심각하게 떨어진다. 그 단순한 이유는 많은 사회적 상호작용과 대부분의 정치적 결정이 오로지 방편성의 부재 덕분에 의미를 가지기 때문이다. 친구나 아이나 사업 파트너에게 베푸는 행위는 그것이 무상으로 주어지는 것일 때에만 의미가 있다. 어떤 행위가 기만적인 논리에 의한 것임을 알게 되면, 그것은 전혀 다른 의미를 가지게 되며, 그 상대방의 행동도 전혀 다른 양상을 보이게 된다. "시카고 사람"(Chicago man)—맥파덴(McFadden, 1999)이 명명한—은 소외되고 외롭고 따라서 행복하지 않은 개인이다. 다른 사람을 의식할수록 더욱 그러한데, 다른 사람을 의식하는 것은 그의 특이한 성벽이기 때문이다. "시카고 사람"은 멸종되어가는 종의 하나이다. 맥파덴이 지적으로 솔직하게 보고하고 있듯이, 최후까지 살아남을 거라고 여겨졌던 시장에서조차도 사라질 것이다. 전반적으로, 우리가 사적인 재화의 영향권 내에 남아 있는 한, 전통적인 틀에서 얻어진 결과들로부터 여전히 유효하고 효과적인 설명을 들을 수 있을 것이다. 하지만 우리가 관계재(relational goods)를 다루게 되면 얘기가 달라진다. 그 이유는 어렵지 않게 알 수 있다. 관계재에 대한 소비는 그것을 소비하는 주체의 사회화를 위한 시간뿐 아니라, 다른 주체들에 의해 확대된 사회화 노력과도 함께 증가한다는 것이 관계재의 전형적인 특징이다. 이 경우 전통적인 경제학 모형의 세련된 단순성은 일시에 사라진다. 행복은 여러 사람과 공유될 때에만 즐길 수 있기 때문이다.

5. 맺음말

19세기 후반부터 경제학이 걸어온 환원주의 노선은 내가 이 장에서 부분적으로 설명했듯이 비판적인 사고에 의해 무장해제되었다. 따라서 경제학은 자신의 책임을 인정해야 한다. 너무도 오랫동안 경제학도들은 과학적 엄격성 때문에 금욕적인 태도를 상정하였고, 연구가 과학적이기 위해서는 가치중립적이어야 한다고 믿도록 강요받았다. 그 결과 존재론적 개인주의—그 자체로 가치판단이며 실로 매우 강력한—가 이제는 어떠한 정당화도 필요없이 "자연스럽게" 가정되는 지위에 있다. 인간성에 대한 여타의 모든 가정들이 그것에 대하여 비교하게 하는 벤치마크가 되었다. 실제로 전통경제학은 오로지 개인주의만을 자연스러운 것으로 여겼다.

나는 이러한 경로가 앞으로도 오래 지속될 수 있을 것이라고는 생각하지 않는다. 넌튜이즘에 머물러 "인간은 ··· 가게에서 온갖 기성품들을 살 수는 있지만, 우정을 살 수 있는 가게는 어디에도 없으니 더 이상 친구도 없다"(『어린 왕자』)고 한 생텍쥐페리의 소박하지만 근본적인 진실이 담겨 있는 경고에 답할 수 없게 되는 대가를 치룰 것인지, 아니면 넌튜이즘을 포기하고 "즐거움은 다른 사람들과 함께 할 때 비로소 진정한 즐거움이 된다"고 한 고센(Gossen, 1983)의 (간과되었던) 모든 직관적인 결과들을 이어나갈 것인지를 선택해야 한다.

아벨(Abell)은 "합리적 행동 이론은 다른 종류의 이론을 비교하기 위해 필요한 출발점이다"고 하였다(1992, p.186). 이런 류의 주장이 중립적이고 무해하다고 믿도록 강요되어 왔지만 실제로는 그렇지 않다. 사실 합리적 선택이론이 실제적인 "패러다임으로서의 특혜"를 누린 것은 무비판적으로 무수히 반복되어온 이런 식의 주장 때문임이 분명하다. 인간의 행동에 대한 다른 모든 설명들은 이것을 논의의 출발점으로 해야만 했다. 따라서, 예를 들어, 누군가가 선물을 하는 이유를 설명해야 할 경우, 넌튜이스트의 행동이 완전히 당연한 것으로 간주되었고 그 외의 다른 설명은 필요치 않았다. 그렇다면 기부하지 않는 이유로서는 왜 같은 방식으로 설명하지 않는 것일까?

표준 경제학이 설명하듯이, 개인주의는 역설적인 결과, 즉 사실상 개인을 부정하는 결론으로 이끈다는 것을 기억할 필요가 있다. 실제로 개인이라는 말은 사회적인 맥락에서는 개인 간의 차이를 강조하는 의미를 가지고 있으며, 차이는 사회적인 맥락에서의 상호작용에서만 나타날 수 있다. 달리 말해서, 자기차별화로서 이해되는 개인주의는 비교 대상의 타인들이 주변에 있을 때에만 의미를 가진다. 결국 집산주의의 특수한 형태인 공산주의는 "자기"(self)이라는 것이 집단적인 자기("우리 집단"; "우리 나라"; "둘 다")

라는 단 한 가지 면에서만 개인주의와 다르다. 그러나 두 경우 모두에서 우리는 동일한 지평을 벗어나지 못한다. 다른 점은 분석대상이 한쪽에서는 일개 개인인 반면, 다른 쪽에서는 집단 혹은 계급이다. 이런 의미에서 합리적 선택 모형은 개인주의-사람을 상호작용하는 개인들이 아니라 타인과 관계할 필요가 없는 자급자족적인 모나드(monads, 단자)로 보는-모형보다 더 원자론주의(만물을 개별 요소로 분리하여 분석할 수 있다고 보는 주의-역주)적인 모형이다.

이미 본 바와 같이 호모이코노미쿠스라는 개념은 사막의 개념, 즉 인간은 극복할 수 없는 고독 속의 존재라는 개념과 관계가 있다. 호모이코노미쿠스는 자폐적인 존재이다. 주체들은 시장에서 계약을 맺고 사업을 하기 위해 교류하지만 서로를 진실로 알기 위해 만나는 일은 없다. 고독은 타인들로부터뿐 아니라, 자기 자신으로부터도 격리된 상태를 의미한다. 따라서 우리가 전통 경제학의 영역에 머무는 한, 행복에 관한 적절하고 의미 있는 논의가 현실적으로 불가능하다는 사실에 놀라지 말라.

1) "실증연구의 결과 … 평균적인 인간은 95퍼센트 정도 엄밀한 의미의 에고이스트이다"라고 한 Tullock(1978)과 "인간행동의 기술·예측 과학 분야에서의 유일한 핵심적 가정은 에고이즘이다"라고 한 Mueller(1986) 등을 반박하기 위해 Kirzner(1990)는 "이기심이 중심 요소인 것은 분명하지만, 그 의미는 주의해서 이해되어야 한다. 이기심에 이타적인 동기가 배제되어 있지 않다고 보는 것이 올바른 이해이다. 어떤 목표를 추구하더라도 그 목표가 꼭 이기적인 것만은 아니다. 그것은 이타적이거나 혹은 그 외의 것일 수도 있다" (p.39). 보다 확대된 논의는 Zamagni(2002)를 보라.

2) 파레토 자유주의의 불가능성에 대한 센의 역설(Sen's paradox)은 넌튜이즘의 조건이 충족되지 않는다는 사실 때문이라고 할 수 있다. 역설을 설명하는 센의 이야기 중 두 사람이 완전한 넌튜이스트라면 불가능성은 생기지 않는다.

3) 이에 대한 참고문헌으로는 Sally(1995)와 Fehr et al.(1997)을 보라. 이 문헌의 기본 전제는 계약이 없으면 시장도 없다는 것이다. 한편 협약의 강제이행 가능성이 없으면 계약도 성립될 수 없다. 내적인 강제에 대한 표준적인 접근은 계약주체들이 합리적이고 이기적이라는 가정에 의해 계약의 인센티브와 양립가능한 제약조건을 내걸고 있다. 이들 저자들은 합리적 행동의 요소로서 협력을 도입함으로써 이행을 강제할 수 있는 계약의 수를 크게 늘렸고, 당연한 결과로 효율성도 높아졌다.

4) 공정성의 측정은 다음과 같은 방법으로 하였다. 독재자에게 100을 배당하고 그가 전체를 공평하게 나눈다면[즉, 상대방에게 50을 준다면] 공정성 지수는 100%가 되고, 상대방에게 25만 준다면 공정성은 50%가 되는 식이다. Frey and Bohnet(1995)의 실험에서, 참여자들이 서로를 모르는 상태에서는 상대방이 평균적으로 26을 받았지만, 서로를 알게 된 상태에서는 평균적으로 48을 받았다.

5) 협력에 관계적 접근을 처음으로 제시한 사람은 Sen(1967)이다. 실제 생활 속에서 협력은 어느 정도 실행되고 있고 얼마나 중요한가? 사람들이 생각했던 것 이상으로 협력은 일반적인 현상이며, 선진 사회일수록 더욱 그러하다. 가족 내에서나 여러 종류의 소규모 비공식 집단에서뿐 아니라, 협력을 지배적인 원칙으로 삼고 있는 거래망이 비영리 조직과 협동조합 기업과 같은 모든 기업 속에 들어 있다. Ben-Ner and Putterman(1997)을 보라.

6) 이하의 논의는 Sacco et al.(2003)을 일부 수정하여 정리한 것이다.

7) 두 사람이 주어진 이득을 분배할 때 각자의 이득만을 주장하거나 협조하는 게임을 고려한다. 서로 많이 가지려는 싸움에는 잃는 것도 있기 때문에, 상대방의 주장을 수용하거나 상대방이 수용할 주장을 내는 것이 유리하다는 것을 알게 된다. 논문은 다른 형태의 게임 참여자를 다룬다. 항상 둘 다 매처럼 행동하거나 둘 다 비둘기처럼 행동하는 "어리숙한" 참여자 유형과 상대방에 따라 매가 될지 비둘기가 될지를 선택하는 "노련한" 참여자 유형을 설명한다. 노련한 참여자들은 중립적(neutral)이거나(전통적인 이기적 "Best Reply" 참여자), 관계적(relational)이거나(가장 불리한 참여자의 이득을 최대화하는 "Rawlsian" 참여자), 혹은 지세적인(positional)(자신의 이득과 상대방의 이득의 차이를 극대화하는 "Positional" 참여자) 동기를 가진다.

8) 사회적 선택에 의해 우세한 보상을 가져다주는 특성이 확산되는 진화 게임에 관한 문헌 정리가 Sacco et al.(2003)에 있다.

9) 이는 최근 프랑스 사상계의 Anti-Utilitarian Movement in Social Science의 약어로, 그 주된 논객은 L. Latouche, A. Caillé과 J. Godbout이다. Godbout et al. (1998) 참조.

10) "사회경제학(social economics)의 새로운 패러다임"-Durlauf and Young (2001)이 명명한-은 선물의 원칙을 도입함으로써 제기된 도전을 다루기 어려울 것으로 보인다. 이 패러다임을 공유하려 한 저자들의 출발점은 많은 경제 행위들이 사회적 상호작용에 의해 특징지워진다는 것이었다. 이는 어떤 특정한 거래에 관계되는 사람의 수가 많을수록 이러한 거래로부터 얻어지는 순전히 사적인 이득이 증가한다는 것을 의미한다(어떤 행위를 힘들게 하고 있는 경우라도 다른 사람들 역시 동일한 행위를 같이 하고 있다면 덜 힘들게 여겨진다). 그러므로 사람들이 상호작용하고 있는 사람들의 행위에 대해 믿음이 형성되는 방식에 대한 고려에서 출발하여 집단행위와 개별 행위 간의 상호작용을 모형화해야 한다. 상당히 많은 현상들(예컨대, 범죄와 같은 사회병리현상, 학업중퇴, 흡연)을 설명할 수 있지만, 새로운 사회경제학은 개인주의적인 차원을 넘어서지 않으며 그 결과는 이에 관한 것들이다.

11) 관계적 접근을 통해 매우 중요한 결과를 도출할 수 있었던 분야는 사람들의 삶의 질에 관한 연구이다. 특히 UN의 개발프로그램(Development Program)에서 매년 발표하는 *Reports on Human Development*가 그것이다. 이 연구에서는 무엇보다도 개인 개념으로부터 인간 개념으로의 전환에 대한 Martha Nussbaum(2002)의 철학과 함께 능력(capacity)에 대한 분

석을 중심으로 한 Sen의 연구기획이 기여한 바가 크다. 개인주의적인 관점으로는 "욕구를 가진 동물"로서의 인간에 관해 생각하는 것이 불가능하다는 Nussbaum의 주장이 특히 주목할 만하다.

12

경제학에서의 행복의 역설

루이기 파시네티

1. 서론

본서를 편집하는 일은 현 상태의 경제학에 대한 불만의 표시인 동시에 용기가 필요한 작업이다. 최근에 다시 부와 행복에 관한 의문을 가지도록 자극한 것은 정확히 말해서 이스터린(Eastelin, 1973, 1974)교수의 "소득의 역설"−혹은 "이스터린 역설(Easterlin paradox)"−의 발견 때문이라 할 수 있다.

18세기 산업혁명 이후, 서구경제는 전례 없이 지속적인 국민소득의 성장을 경험하였다. 그러나 모든 실증연구들이 끊임없이 보여주고 있듯이, 사람들이 그와 동일한 속도로 더 행복해진 것은 아니었다. 국민소득과 행복 간의 관계는 갈수록 약해져갔다. 둘 간의 관계를 아예 부정하는 사람도 있다. 왜 그럴까? "이스터린 역설"에 관한 토론에서 나의 공동연구자는 평소답지 않게 강한 어조로 말했다. "어디에 문제가 있는 걸까요? 인간은 로봇이 아닙니다. 로봇은 미리 프로그램된 대로 움직이는 자동장치에 불과합니다. 로봇도 (일종의) 두뇌를 가지지만 가슴은 없습니다. 인간은 두뇌를 가지고 있습니다. 인간은 마음을 가지고 있고 또한 가슴도 가지고 있습니다. 인간은 합리적일 뿐 아니라, 목적을 가지고 감정도 가지고 있습니다. 행복은 인간 생활의 가장 심오한 감정 중의 하나이며, 시장에서 돈 주고 살 수 있는 것이 아닙니다."

행복의 감정은 어떤 연구에 있어서도 인간 본성에 내재하는 가장 복잡한 것으로 나타난다. 우리는 카너먼(Kahneman) 교수로부터 많은 것을 배울 수 있을 것이다. 우리를 즐겁게 해준 인지과정에 관한 연구결과로 그는 2002년 노벨 경제학상을 받았다. 과거에는 인류에 관한 연구가 일률적인 시각 안에서 이루어져 왔다. 항상 행복의 개념이 탐구와 논쟁의 중심에 있었던 것이다. 아리스토텔레스(『니코마쿠스 윤리학』, *Nicomachean Ethics*)는 "행복은 그것을 위해 디자인된, 인간의 목표이다." 로마 철학자 세네카

(『루실리우스에게 보낸 도덕에 관한 서한』, *Epistulae Morales ad Lucillium*, XLVIII))와 보이티우스(『철학의 위안』, *Consolations of Philosophy*)는 도덕과 극기—아타락시아 ataraxia (마음의 평정)—에 의해 행복을 얻을 수 있다고 주장하였고, 중세철학자들은 행복이 선하고 종교적인 생활의 결과라고 생각했다. 토마스 아퀴나스는 "행복은 신에 대한 묵상에서 오는 것이지 … 육체적이거나 물질적인 것이 아니다"(『신학대전』, *Summa Theologica*)고 썼다. 이들 모든 경우에 있어서 행복은 일시적인 감정이 아니라, 인간의 지속적이고 계속 유지되는 태도—윤리적 행위 및 인간성의 완성과 연계된 태도—이다.

행복의 성취는 개인적인 관점에서뿐 아니라 사회 전체적인 면에서도 중요한 것으로 인식된다. 근대기에 특히 계몽기 때의 유럽 전체에 철학자와 도덕가들에 의해 공공의 행복이 널리 그리고 갈수록 더 많이 논의되었다. 그 중에서도 18세기 이탈리아에서 공공의 행복에 대한 논의가 특히 활발했다. 그 중심에는 밀라노의 캐사르 베카리아(Cesare Beccaria), 피에트로 베리(Pietro Verri), 카를로 카타니오(Carlo Cattaneo), 나폴리의 안토니오 게노베시(Antonio Genovesi), 주세페 팔미에리(Giuseppe Palmieri), 그리고 다른 지역의 많은 논자들이 있었다. 대충 살펴보기만 해도 두 세기 반이 지난 지금에도 그런 논의가 재개되고 있다는 느낌이

든다. 제도적인 수준에서, 미국의 독립선언(1776), 프랑스의 인권선언(1789)은 행복추구를 사회의 기본 목표로서 본문에 명시하고 있다.

2. 정치경제학의 탄생

고전학파 경제학자들이 18세기 말과 19세기 초 사이에 독립적인 영역으로서 정치경제학의 기초를 다져놓기는 했지만, 그 핵심 주제는 행복이 아니라 물질적인 부에 집중되어 있었다. 아담 스미스는 걸작 『국부론』(*An Inquiry into the Causes and Nature of Wealth of Nations*, 1776)을 남겼고, 리카도는 『정치경제학과 조세의 원리』(*Principles of Political Economy and Taxation*, 1817)를 통해 스미스의 방법을 이어받아 "정치경제학의 핵심문제"라고 생각한 소득분배를 집중적으로 다루고 있다. 두 경우 모두 행복이라는 주제는 다루지 않았다. 이를 어떻게 설명할 수 있을까? 그들의 방향이 잘못된 것일까?

고전학파 경제학이 세워놓은 새로운 "정치경제학"에 대한 기초가 잘못되었다-겉보기에는 그렇게 보일지라도-고는 생각하지 않는다. 스미스, 리카도, 맬더스 등의 고전학파 경제학자들에 의해 경제학이 과학적인 **분석** 단계에 진입하기 시작했다.[1] 분석을 위해서는 추상이 필요하고 추상을 위해서는 분석대상이 일관되고 명확하게 정의될 수 있어야 한다. 그들은 물질적 부를 분석대상으로 하였다.[2)]

부에 집중하는 것이 분석의 영역을 협소하게 만든 것은 분명하지만, 그렇게 함으로써 행복의 문제를 다룰 경우에 비해 보다 일관되고 파악하기가 수월한 주제들을 제기하여 문제의 파악과 연구가 편해졌다. 이러한 선택은 뒤이은 경제학 이론의 발전을 위해 사실상 결정적인 역할을 하였다. 부에 집중하는 것이 연구 주제를 협소하게 만들기는 했지만, 그러한 주제를 둘러싼 일련의 문제들이 부와 관련된 다양한 요인들—비경제적인 요인들도 포함하여—과도 연계될 수 있다는 것은 지적해 둘만하다. 탐구의 목적으로서는 아니고 부와 관련하여 (사적이거나 공공적인) 생활의 한 측면으로서, 아담 스미스가 자신의 저작에서 행복에 관해 드러내놓고 논의하고 있다는 것도 놀랄 일은 아니다.[3)]

고전학파 경제학자들이 선택했던 물질적 부와 소득분배에 집중한 근거를 적어도 세 가지로 요약할 수 있다.

첫째, 고전학파 경제학자들은 산업혁명의 여명기에 인구증가에 따른 인류의 생존이라는 난제에 직면했던 시기에 활동했다. 그러한 역사적 맥락에서, 이들에게는 사람들의 웰빙을 결정하는 주된 요소로서 재화의 생산량과 시장에서의 거래량에만 집중하는 것이 합리적으로 보였다.

둘째, 고전학파 경제학자들은 새로운 학문영역의 기초를 세우는 엄청난 과제에 직면해 있었다. 새로이 등장하는 산업경제 시스템에 대한 기본적이고 영구적이며 부문별 특징 및 거시경제적 특징들에 대해 탐구하는 것이 "정치경제학"이라는 신흥 학문의 틀을 잡기 위한 가장 생산적이고 논리적인 방법으로 보였을 것이다. 객관적으로 파악할 수 있는 연구대상에 집중하지 않고서는 이러한 과제가 해결될 수 없었을 것이다.

셋째, 분석대상을 물질적인 부에 국한시켰지만 그와 관련될 수 있는 다양한 요소들을 배제하는 실수를 범하지는 않았다. 피상적으로만 보더라도, 초기 산업시대의 역동적인 측면의 중요성을 파악하고 물적 재화 생산의 확대 방향과 속도에 영향을 미칠 수 있는 다양한 요소들에 대해 폭넓게(때로는 지나치게 낙관적일지라도) 논의했음을 알 수 있을 것이다.

3. 정치경제학에서 (신고전학파) 경제학으로

초기에는 상당히 많은 성공을 거두었던 정치경제학이 19세기 후반에 들어 이론적인 도전에 직면하였다. 경제분석의 초점이 부에 대한 객관적인 개념에 집중하던 방법론으로부터 인간의 즐거움에 관한 심리적인 요소를 강조하는 방법론으로 이동하면서 결정적인 변화가 생겼다. 이는 실로 흥미로우면서도 여전히 충분히 연구되지 않은 것이었다. 경제적 재화의 가치가 더 이상 그것을 생산하는데 들어가는 노력에 의해서가 아니라 소비자들이 그것으로부터 얻을 수 있는 "효용"에 의해 평가되기 시작하였다. 이러한 맥락에서 한편으로는 개인들의 선호와 다른 한편으로는 희소성의 역할이 경제재에 가치를 부여하는 요인으로 지목되었다. 놀랍게도 이것이 한계 경제학(Marginal economics)의 출발점이었다. 이러한 주관적인 접근법-이에 대한 많은 논의가 있었고 성공하지는 못했음에도 불구하고-이 오늘날 소위 신고전학파 경제학의 핵심으로 남아 있다. 한계분석의 출현이 경제학의 파라다임에 심대한 변화를 가져왔다는 것은 의심의 여지가 없다. 그것은 경제학 연구의 주제뿐 아니라 그 연구방법에도 영향을 주었다.

고전학파 경제학자들이 거시경제 현상(국부, 소득분배, 국제무역)에 집중한 반면, 신고전학파 경제학자들은 이러한 방식을 모두 접고 미시경제 현상에 집중하였다. 특히 경제주체의 행동의 주관적인 측면을 주로 다루었다. 이러한 변화로 인해 신고전학파의 관점은 분석적으로 가설적인 세계를 구축하도록 강요하였다. 즉, 경제주체가 완전히 합리적이고, 효용을 극대화하며, 엄격한 개인주의자이고 과거와 현재는 물론 심지어 미래까지도 완전히 알고 있는 전형적인 정학적 분석틀 속에 있는 매우 특수한 행동을 하는 것으로 가정하고 있다.

결국 모든 경제관계는 각 개인들이 자신의 효용을 극대화하는 원자적인 사회에 살고 있다고 가정하는 미시적인 토대에 대한 초기 연구에 의존하게 되었다. 이러한 가정 덕분에 보기에 좋은 분석(일반균형이론의 세련됨을 부정할 사람이 누가 있겠는가?)이 가능했겠지만, 안타깝게도 일반성과 현실성을 잃게 되었다. 한계분석은 특수한 행동을 가정함으로써 경제 "주체"(결과적으로 경제 시스템 전체)가 로봇처럼 엄격하게 공식에 따라 행동한다고 하는 제약을 가하고 있다. 호모이코노미쿠스라는 말에서 인간 행동의 자유와 미와 풍부성의 의미들이 빠져버리게 되었다. 이처럼 인위적으로 조작된 경제주체의 특이성을 논의하던 아마티야 센(Amartya Sen)은 호모이코노미쿠스를 "합리적인 바보"라고 불렀다(Sen, 1977).

행복에 대한 합리적인 개념을 이처럼 구속적인 분석틀 속에서 다루는 것은 불가능하다는 것을 지적하는 것은 중요하다. 이러한 분석틀은 행복의 다차원적인 측면과 그 의미들을 수학적인 것으로 축소시켜서 수학공식으로 정의된 효용함수가 제약조건하에서 극대화되도록 할 것이다. 인간의 자유와 다양성을 단 하나의 행동

(전형적으로 이기적이고 개인적이며 쾌락주의적인)으로 축소시킨 것이야말로 그동안 수많은 실증적인 조사연구에 의해 밝혀진 많은 "행복의 역설들"의 기초라고 생각된다. 고전학파 경제학자들의 분석방법이 사뭇 다른 결론과 가능성으로 인도한다는 것을 오늘날 확인하는 것은 재발견이라 할 수 있을 것이다. 물질적 부에 대해 거시적인 수준의 분석에 집중함으로써, 그들의 분석은 어떤 종류의 인간 행동이든 미시적인 수준에서 탐구할 수 있는 가능성을 전적으로 남겨두었다. 물론 인간의 행복의 개념에 내재하는 다차원적인 측면도 포함되어 있다.

이로부터 경제학 이론과 인간의 행복간의 관계에 대한 관심을 다시금 불러일으키는 것이 두 가지 예상치 못했던 효과를 가져올 것이라는 확신을 가지게 되었다. 한편으로는 현재의 경제학 이론이 가지는 한계-보다 구체적으로 말해서 환원주의적 특성-를 확실하게 드러내는 데 도움이 될 것이다. 다른 한편으로는 그것이 정치경제학에 고전적인 방법론을 부활시키는 데 기여할 것이라는 점이다. 우리에게 계속해서 많은 지식을 제공하고 어떤 경우에서든 인간행동의 자유와 풍부함을 다루기에 훨씬 더 적합해 보이는 방법 말이다.

4. 인간의 행복 탐구에 열려 있는 경제 분석

이러한 주장들을 좀 더 강변하기 위해 행복에 관한 것을 비롯한 인간행동의 많은 주제들에 대한 연구의 이론적 틀을 더 확대할 수 있게 한 고전학파 경제학의 네 가지 측면을 살펴보자.

첫째, 부로 행복을 살 수는 없지만, 최소한의 부가 없이는 행복에 대해 합리적인 논의를 하기가 어렵다. 이것은 경제학 이론이, 적어도 출발점에서는, 객관적인 부의 개념에 초점을 유지할 수 있도록 하는 좋은 이유로 보인다. 경제성장은 우리 모두가 잘 알고 있듯이 자연의 선물이 아니라 시간과 노력과 변화에 적응한 인간 행동의 결실이다. 이들 현상의 배후에 놓인 메커니즘과 그것이 사회에 가져다 줄 효과를 이해하는 것은 보다 나은 의미의 웰빙을 추구하기 위해서는 필수불가결이다.

둘째, 고전학파 경제학은 경제분석에 거시적 토대를 제공하는 주제들을 제기함으로써 인간의 행동에 의해 결정되지 않는 경제 시스템의 특성에서부터 분석을 시작할 수 있게 하였다. 다시 이것은 초기 단계에 다져놓은 경제학의 토대를 무너뜨릴 우려 없이 때로는 서로 상충되기까지도 하는 인간의 다양한 많은 행동들을 탐구–분석의 두 번째 단계에서는 더 이상 경제학에 국한되지 않고 다른 사회과학 영역에로 확장된–할 수 있도록 하였다.

셋째, 고전학파의 분석틀은 동적인 환경에서 시작된 이론을 채택하는데 우호적이다. 이러한 이론들은 참신함과 창의성과 사람들의 학습효과를 (정학적인 의미에서의) 균형을 깨뜨리는 요인으로서가 아니라 연속적인 적응이라는 과제를 안고 있는 근대 경제학의 기본적인 움직임의 핵심 자체로 본다.

넷째, 경제학이 목적이 아니라 수단이라는 신고전학파의 일반적인 입장을 고수할 필요는 전혀 없다. (케인즈의 핵심 작업인) 완전고용에 관해서뿐 아니라 소득과 부의 공평한 분배와 임금, 가격, 이자율 결정의 사회정의에 관해서, 그 목적과 사회적 목표를 단도직입적으로—실제로 케인즈(1936)가 그랬듯이— 논의하는 것을 두려워해서는 안 된다. 이러한 분석선상에서 "공유재"와 "공공의 행복"과 같은 적절한 개념들에 대해서는 고전학파적 분석이 효용분석에 의한 경제학 이론보다 더 잘 합치한다고 생각된다.

이 장은 2003년 1월 밀라노에서 개최된 “행복의 역설” 컨퍼런스에서 행한 본인의 기조연설에 기초한 것이다. Cattolica S. C. 대학의 재정지원(D. 3.2, 2002)과 GianPaolo Mariutti의 연구보조에 감사한다.

1) 경제학의 분석 단계(아담 스미스로부터 시작)와 분석 이전 단계(18세기의 대부분의 전형적인 경제학 저서)에 대한 차이에 관해서는 Pasinetti(1986)를 권한다. 여기에서 필자는 Galiani의 *Della Monta*에 따른 가치 이론의 출현을 다루었다.

2) 이것이 부와 행복을 연결하는 다리를 놓는 일을 배제하지는 않았다. 특히 Thompson(1824)과 맬더스의 『인구론』(*Essay on Population*)을 보라. 맬더스의 저서 2판의 전체 제목은 *An Essay on the Principle of Population; or, a View of its Past and Present Effects on Human Happiness; with an Inquiry into our Prospects respecting the Future Removal of Mitigation of Evils which it occasions*(1803)이다. 캠브리지 대학 출판부에서 발간한 Patricia James(1989)의 역주판을 보라.

3) 특히 『국부론』의 제5권 제1장을 보라.

찾아보기

ㄱ

ㄴ

ㄷ

ㄹ

ㅁ

ㅂ

ㅅ

ㅇ

ㅈ

ㅊ

ㅋ

ㅌ

ㅍ

참고문헌

01 경제학과 행복

Argyle, M. (2001), *The Psychology of Happiness,* New York: Taylor & Francis.

Aristotle (1980) *Nicomachean Ethics,* Oxford: Oxford University Press.

Becker, G. (1973), "A Theory of Marriage: Part I", *The Journal of Political Economy,* 81: 813-46.

Bradburn, N. M. (1969), *The Structure of the Psychological Well-Being,* Chicago: Aldine.

Brickman, P., and Campbell, D. T. (1971), "Hedonic Relativism and Planning the Good Society", in M. H. Apley (ed.), *Adaptation-Level Theory: A Symposium,* New York: Academic Press, 287-302.

Bruni, L. (2002), *Vilfredo Pareto and the Birth of Modern Microeconomics,* Cheltenham:Edward Elgar.

_____ and Porta, P. L. (2003), "Pubblica felicita and Economia civile in the Italian Enlightenment", *History of Political Economy,* suppl. no. 35: 361-85.

_____ and Sugden, R. (2005), "The Road not Taken: How Psychology was removed from Economics, and how it might be brought back", forthcoming in *The Economic Journal.*

Campbell, A., Converse, P. E., and Rodgers, W. L. (1976), *The Quality of American Life: Perceptions, Evolutions, and Satisfactions,* New York: Russell Sage Foundation.

Cantril, H. (1965), *The Pattern of Human Concerns,* New Brunswick, NJ:

Rutgers University Press.

Deci, R. M., and Ryan, E. L. (2001), "On Happiness and Human Potentials: A Review of Research on Hedonic and Eudaimonic Well-Being", *Annual Review of Psychology,* 52: 141-66.

Diener, E. (1984), "Subjective Well-Being", *Psychological Bulletin* 95: 542-75.

_____ and Lucas, R. E. (1999), "Personality and Subjective Well-Being", in Kahneman *et al.* (1999), 213-29.

_____ and Seligman, Martin, E. P. (2003), "Beyond Money: Toward an Economy of Well-Being", *Psychological Science in the Public Interest,* 51: 1-31.

Duesenberry, J. (1949), *Income, Saving and the Theory of Consumer Behavior,* Cambridge, Mass.: Harvard University Press.

Easterlin, R. (1974), "Does Economic Growth Improve Human Lot? Some Empirical Evidence", in P. A. Davis and M. W. Reder (eds.), *Nation and Households in Economic Growth: Essays in Honor of Moses Abromowitz,* New York and London: Academic Press.

_____ (2001), "Income and Happiness: Towards a Unified Theory", *The Economic Journal,* 111: 465-84.

Easterlin, R. (ed.) (2002), *Happiness in Economics,* The International Library of Critical Writings in Economics, Cheltenham: Edward Elgar.

_____ (2004), "Feeding the Illusion of Growth and Happiness: A Reply to Hagerty and Veenhoven", mimeo.

Edgeworth, F. Y. (1881), *Mathematical Psychics, London;* reprinted New York: Kelly, 1967.

Elster, J. (1983), *Sour Grapes,* Cambridge: Cambridge University Press.

Frank, R. (1985), *Choosing the Right Pond,* New York: Oxford University Press.

Frey, B. (1997), *Not Just for the Money,* Cheltenham and Brookfield, Vt.: Edward Elgar.

_____ and Stutzer, A. (2001), "Happiness, Economy and Institutions", *The Economic Journal,* 111: 918-38.

Galbraith, J. K. (1959), *The Affluent Society,* Boston: Houghton Mifflin Company.

Genovesi, A. (1765-7), *Lezioni di commercio o sia di economia civile*, 2 vols., Naples: Stamperia Simoniana.

Hagerty, M. R. and Veenhoven, R. (2003), "Wealth and Happiness Revisited—Growing National Income Does Go with Greater Happiness", *Social Indicators Research*, 64: 1-27.

Hargreaves-Heap, S., Hollis, Martin, Lyons, Bruce, Sugden, Robert, and Weale, Albert (1994), *Rational Choice: A Critical Guide*, Oxford: Blackwell.

Hausman, D. M., and McPherson, M. S. (1996), *Economic Analysis and Moral Philosophy*, Cambridge: Cambridge University Press.

Herrnstein, R. J., and Murray, C. (1994), *The Bell Curve: Intelligence and Class Structure in American Life*, New York: Free Press.

Hirsch, F. (1977), *Social Limits to Growth*, London: Routledge.

Hirschman, A. O. (1996), "Melding the Public and Private Spheres: Taking Commensality Seriously", *Critical Review*, 104: 533-50.

Holländer, H. (2001), "On the Validity of Utility Statements: Standard Theory versus Duesenberry's", *Journal of Economic Behaviour and Organization*, 45: 227-49.

Hollis, M. (1998), *Trust within Reason*, Cambridge: Cambridge University Press.

Lane, R. (2000), *The Loss of Happiness in Market Economies*, New Haven and London: Yale University Press.

Layard, R. (1980), "Human Satisfactions and Public Policy", *The Economic Journal*, 90: 737-50.

Lucas, R. E., Clark, A. E., Georgellis, Y., and Diener, E. (2002), *Unemployment Alters the Set-Point for Life Satisfaction*, Working Paper 2002/17, Paris: Delta.

Lykken, D., and Tellegen, A. (1996), "Happiness is a Stochastic Phenomenon", *Psychological Science*, 7: 186-9.

Kahneman, D. (1999), "Objective Happiness", in Kahneman *et al.* (1999).

_____ Diener, E., and Schwartz, N. (eds.) (1999), *Well-Being: The Foundations of Hedonic Psychology*, New York: Russell Sage Foundation.

_____ Krueger, A. B., Schkade, D. A., Schwarz, N. and Stone, A. A. (2003), "A Survey Method for Characterizing Daily Life Experience: The Day Reconstruction Method (DRM)", mimeo, Princeton.

Kahneman, D., Wakker, P.P., and Sarin, R. (1997), "Back to Bentham? Explorations of Experienced Utility", *Quarterly Journal of Economics,* 112: 375-405.

Keyes, C. L. M., Shmotkin, D., and Ryff, C. D. (2002), "Optimizing Well-Being: The Empirical Encounter of Two Traditions", *Journal of Personality and Social Psychology,* 826: 1007-22.

Malthus, T. R. (1798/1966), *An Essay on the Principle of Population, reprinted,* London: Macmillan, 1966.

Marshall, A. (1945/1890), *Principles of Economics,* London: Macmillan.

Ng, Yk (1978), "Economic Growth and Social Welfare: The Need for a Complete Study of Happiness", *Kyklos,* 314: 575-87.

Nickerson, C., Schwarz, N., Diener, E., and Kahneman, D. (2003), "Zeroing the Dark Side of the American Dream: A Closer Look at the Negative Consequences of the Goal for Financial Success", *Psychological Science,* 14: 531-6.

Nussbaum, M. (1986/2001), *The Fragility of Goodness: Luck and Ethics in Greek Tragedy and Philosophy,* Cambridge: Cambridge University Press.

Offer, A. (2003), "Economic Welfare Measurements and Human Well-Being", in Paul A. David and Mark Thomas (eds.), *The Economic Future in Historical Perspective,* Oxford: Oxford University Press.

Ogburn, W. F. (1935), "Indexes of Social Trends and their Fluctuations", *American Journal of Sociology,* 40: 822-8.

Oswald, A. J. (1997), "Happiness and Economic Performance", *The Economic Journal,* 107 (November): 1815-31.

Pantaleoni, M. (1998), *Pure Economics,* London: Macmillan.

Pareto, V. (1906), *Manuale di economia politica, con una introduzione alla scienza sociale,* Milan: Societa editrice libraria.

Porta, P. L., and Scazzieri, R. (2002), "Pietro Verri's Political Economy", *History of Political Economy,* 34: 83-110.

Ryff, C. D. (1995), "Psychological Well-Being in Adult Life", *Current Directory of Psychological Science* 4: 99-104.

_____ and Singer, B. (1998), "The Contours of Positive Human Health", *Psychological Inquiry* 9: 1-28.

_____ (2000), "Interpersonal Flourishing: A Positive Health Agenda for the New Millennium", *Personal and Social Psychological Review* 4: 30-4.

Scitovsky, T. (1976), *The Joyless Economy: An Inquiry into Human Satisfaction and Consumer Dissatisfaction,* Oxford: Oxford University Press.

_____ (1996), "My Own Criticism of the Joyless economy", *Critical Review,* 10: 595-605.

Sen, A. K. (1993), *Capability and Well-Being, in M. Nussbaum and A. Sen (eds.), The Quality of Life,* Oxford: Clarendon Press, 1993.

_____ (1996), "Rationality, Joy and Freedom", *Critical Review,* 10: 481-94.

Sen, A. K. (2000), *Development as Freedom,* New York: A. Alfred Knopp.

_____ (2002), *Rationality and Freedom,* Cambridge, Mass: Belknap Press of Harward University.

Smith, A. (1984/1759), *The Theory of Moral Sentiments,* ed. D. D. Raphael and A. L. Macfie, Indianapolis: Liberty Fund.

_____ (1904/1776), *An Inquiry into the Nature and Causes of the Wealth of Nations,* 2 vols., London: Methuen.

Sugden, R. (1993), "Welfare, Resources and Capabilities: A Review of Inequality Reexamined by Amartya Sen", *Journal of Economic Literature,* 31: 1947-62.

Tversky, A., and Kahneman, D. (1991), "Loss Aversion in Riskless Choice: A Reference Dependent Model", *Quarterly Journal of Economics,* 1064: 1039-61.

van Praag, B. M. S. (1968), *Individual Welfare Functions and Consumer Behavior: A Theory of Rational Irrationality,* Ph.D. thesis, Amsterdam: North Holland Publishing Company.

_____ (1971), "The Welfare Function of Income in Belgium: An Empirical Investigation", *European Economic Review,* 2: 337-69.

_____ (2004), *Happiness Quantified— Satisfaction Calculus Approach,* Oxford: Oxford University Press.

_____ and Kapteyn, A. (1973), "Further Evidence on the Individual Welfare Function of Income: An Empirical Investigation in the Netherlands", *European Economic Review,* 4: 33-62.

Veblen, T. (1899), *The Theory of the Leisure Class,* New York: Prometheus Books.

Veenhoven, R. (1991), "Is Happiness Relative?", *Social Indicators Research,* 24: 1-34.

_______ (1994), "Is Happiness a Trait? Tests of the Theory that a Better Society Does Not Make People any Happier", *Social Indicators Research,* 32: 101-0.

Vico, G. B. (1725), *The New Science,* English translation by Thomas Goddard Bergin and Max Harold Fisch, Ithaca, NY: Cornell University Press, 1948.

02 더 나은 웰빙이론 만들기

Argyle, M. (1999), "Causes and Correlates of Happiness", in Kahneman *et al.* (1999), 353-73.

Berkman, Lisa F., and Glass, Thomas (2000), "Social Integration, Social Networks, Social Support, and Health", in Lisa F. Berkman and Ichiro Kawachi (eds.), *Social Epidemiology,* Oxford: Oxford University Press, 137-73.

Blanchflower, D. G., and Oswald, A. J. (2004), "Wellbeing over Time in Britain and the USA", *Journal of Public Economics,* 88/7-: 1359-86.

Brickman, Philip, Coates, Dan, and Janoff-Bulman, Ronnie (1978), "Lottery Winners and Accident Victims: Is Happiness Relative?" *Journal of Personality and Social Psychology,* 36/8: 917-27.

Buss, D. M. (1996), "The Evolutionary Psychology of Human Strategies", in E. T. Higgins and A. W. Kruglanski (eds.), *Social Psychology: Handbook of Basic Principles,* New York: Guilford Press, 3-38.

Cantril, H. (1965), *The Pattern of Human Concerns,* New Brunswick, NJ: Rutgers University Press.

Clark, A. E., and Oswald, A. J. (1994), "Unhappiness and Unemployment", *Economic Journal,* 104: 648-89.

Costa, Paul T. Jr., Zonderman, Alan B., McCrae, Robert R., Cornoni-Huntley, Joan, Locke, Ben Z., and Barbano, Helen E. (1987), "Longitudinal Analyses of Psychological Well-Being in a National Sample: Stability of Mean Levels", Journal of Gerontology, 42/1: 50-5.

Crimmins, Eileen M., and Easterlin, Richard A. (2000), "What Goals Motivate Individual Behavior?" in K. Warner Schaie and John Hendricks (eds.), *The Evolution of the Aging Self,* New York: Springer Publishing Company, 159-68.

_____Easterlin, Richard A., and Saito, Yasuhiko (1991), "Preference Changes among American Youth: Family, Work, and Goods Aspirations, 1976-86", *Population and Development Review,* 17/1 (March): 115-33.

Cummins, Robert A., Eckersley, Richard, Pallant, Julie, van Vugt, Jackie, and Misajon, Rose Anne (2003), "Developing a National Index of Subjective Wellbeing: The Australian Unity Wellbeing Index", *Social Indicators Research,* 64: 159-90.

Diener, Ed, and Lucas, Richard E. (1999), "Personality and Subjective Well-Being", in Kahneman *et al.* (1999), 213-29.

Easterlin, Richard A. (2001a), "Income and Happiness: Towards a Unified Theory", *The Economic Journal,* 111/473 (July): 465-84.

_____(2001b), "Life Cycle Welfare: Trends and Differences", *Journal of Happiness Studies,* 2: 1-12.

_____(2002), "Is Reported Happiness Five Years Ago Comparable to Present Happiness? A Cautionary Note", *Journal of Happiness Studies,* 3: 193-8.

_____(2003), "Happiness of Women and Men in Later Life: Nature, Determinants, and Prospects", in M. Joseph Sirgy, Don Rahtz, and A. Coskin Samli (eds.), *Advances in Quality-of-Life Theory and Research,* Dordrecht, The Netherlands: Kluwer Academic Publishers, 13-26.

Frank, Robert H. (1985), "The Demand for Unobservable and Other Nonpositional Goods", *American Economic Review,* 75 (March): 279-301.

Frank, Robert H. (1997), "The Frame of Reference as a Public Good", *The*

Economic Journal, 107 (November): 1832-47.

Frederick, Shane, and Loewenstein, George (1999), "Hedonic Adaptation", in Kahneman *et al.* (1999), 302-29.

Frey, Bruno S., and Stutzer, Alois (2002a), *Happiness and Economics: How the Economy and Institutions Affect Well-Being,* Princeton: Princeton University Press.

_____(2002b), "What Can Economists Learn from Happiness Research?" *Journal of Economic Literature,* 40 (2 June): 402-35.

Gallie, D., and Russell, H. (1998), "Unemployment and Life Satisfaction: A Cross-Cultural Comparison", *Archives Européennes de Sociologie,* 39/2: 248-80.

Graham, Carol, and Pettinato, Stefano (2002), *Happiness and Hardship: Opportunity and Insecurity in New Market Economies,* Washington: Brookings Institution Press.

Hirsch, F. (1976), *Social Limits to Growth,* Cambridge, Mass.: Harvard University Press.

Holländer, Heinz (2001), "On the Validity of Utility Statements: Standard Theory versus Duesenberry's", *Journal of Economic Behavior and Organization,* 45 (3 July): 227-49.

Idler, Ellen L., and Banyamini, Yael (1997), "Self-Rated Health and Mortality: A Review of Twenty-Seven Community Studies", *Journal of Health and Social Behavior,* 38/1 (March): 21-37.

Johnson, D. R., and Wu, J. (2002), "An Empirical Test of Crisis, Social Selection, and Role Explanations of the Relationship between Marital Disruption and Psychological Distress", *Journal of Marriage and the Family,* 64 (February): 211-24.

Kahneman, Daniel, Diener, Ed, and Schwarz, Norbert (eds.) (1999), *Well-Being: The Foundations of Hedonic Psychology,* New York: Russell Sage Foundation.

Kammann, R. (1983), "Objective Circumstances, Life Satisfactions, and Sense of Well-Being: Circumstances across Time and Place", *New Zealand Journal of Psychology,* 12: 14-22.

Kapteyn, Arie (2002), "Relative Utility and Income Growth: An Example", in

Richard A. Easterlin (ed), *Happiness in Economics,* Northampton, Mass.: Edward Elgar, 143-5.

Kasser, Tim (2002), *The High Price of Materialism,* Cambridge, Mass.: MIT Press.

Kilpatrick, Robert W. (1973), "The Income Elasticity of the Poverty Line", *Review of Economics and Statistics,* 55/3 (August), 327-32.

Layard, R. (1980), "Human Satisfactions and Public Policy", *Economic Journal,* 90(December): 737-50.

Lucas, Richard E., Clark, Andrew E., Georgellis, Yannis, and Diener, Ed (2003), "Reexamining Adaptation and the Set Point Model of Happiness: Reactions to Changes in Marital Status", *Journal of Personality and Social Psychology,* 84/3: 527-39.

Lykken, David, and Tellegen, Auke (1996), "Happiness is a Stochastic Phenomenon", *Psychological Science,* 7/3 (May): 180-9.

McCrae, Robert R., and Costa, Jr., Paul T. (1990), *Personality in Adulthood,* New York: Guilford Press.

Mehnert, Thomas, Kraus, Herbert H., Nadler, Rosemary, and Boyd, Mary (1990), "Correlates of Life Satisfaction in Those with Disabling Conditions", *Rehabilitation Psychology,* 35/1: 3-17.

Michalos, A. C., Zumbo, B. D., and Hubley, A. (2000), "Health and the Quality of Life", *Social Indicators Research,* 51: 245-86.

Myers, David G. (1992), *The Pursuit of Happiness,* New York: Avon.

_____(1999), "Close Relationships and Quality of Life", in Kahneman *et al.* (1999).

National Opinion Research Center (1999), *General Social Surveys, 1972-1998: Cumulative Codebook,* Chicago: National Opinion Research Center.

Ng, Yew-Kwang (1978), "Economic Growth and Social Welfare: The Need for a Complete Study of Happiness", *Kyklos,* 31/4: 575-87.

Oswald, Andrew J. (1997), "Happiness and Economic Performance", *Economic Journal,* 107/445 (November): 1815-31.

Pigou, A. C. (1932), *The Economics of Welfare,* London: Macmillan.

Rainwater, Lee (1994), "Family Equivalence as a Social Construction", in D. Ekert-Jaffe (ed.), *Standards of Living and Families: Observation and*

Analysis, Montrouge, France: John Libbey Eurotext, 25-39.

Roper-Starch Organization (1979), *Roper Reports 79-1,* Storrs, Conn.: University of Connecticut, The Roper Center.

_____(1995), *Roper Reports 95-1,* Storrs: Conn.: University of Connecticut, The Roper Center.

Scitovsky, Tibor (1976), *Thc Joylcss Economy,* Oxford: Oxford University Press.

Seeman, Teresa E., and Crimmins, Eileen (2001), "Social Environment Effects on Health and Aging: Integrating Epidemiologic and Demographic Approaches and Perspectives", in Maxine Weinstein, Albert I. Hermalin, and Michael A. Stoto (eds.), *Population Health and Aging: Strengthening the Dialogue between Epidemiology and Demography,* Annals of the New York Academy of Sciences, Vol. 954, New York: The New York Academy of Sciences, 88-117.

Smith, V. Kerry, Taylor, Jr., Donald H., and Sloan, Frank A. (2001), "Longevity Expectations and Death: Can People Predict their Own Demise?" *American Economic Review* 91/4 (September), 1126-34.

van de Stadt, Huib, Kapteyn, Arie, and van de Geer, Sara (1985), "The Relativity of Utility: Evidence from Panel Data", *Review of Economics and Statistics,* 67/2 (May): 179-87.

van Praag, Bernard (1968), *Welfare Functions and Consumer Behavior: A Theory of Rational Irrationality,* Amsterdam: North Holland.

van Praag, Bernard, M. S., and Frijters, Paul (1999), "The Measurement of Welfare and Well-Being: The Leyden Approach", in Kahneman *et al.* (1999), 413-33.

Veenhoven, Ruut (1993), *Happiness in Nations, Subjective Appreciation of Life in 56 Nations 1946-1992,* Rotterdam, the Netherlands: Erasmus University.

Waite, Linda J., Browning, Don, Doherty, William J., Gallagher, Maggie, Luo, Ye, and Stanley, Scott M. (2002), *Does Divorce Make People Happy? Findings from a Study of Unhappy Marriages,* New York: Institute for American Values.

Winkelman, L., and Winkelman, R. (1998), "Why are the Unemployed So Unhappy? Evidence from Panel Data", *Economica,* 65: 1-15.

Wortman, C. B., Silver, R. C., and Kessler, R. C. (1993), "The Meaning of Loss and Adjustment to Bereavement", in M. S. Stroebe, W. Stroebe, and R. O. Hansson(eds.), *Handbook of Bereavement: Theory, Research, and Intervention,* New York: Cambridge University Press, 349-66.

03 절대소득은 중요한가

Agho, Augustine O., Mueller, Charles W., and Price, James L. (1993), "Determinants of Employee Job Satisfaction", *Human Relations* (August): 1011-19.

Argyle, Michael (1996), *The Social Psychology of Leisure,* New York: Penguin.

_____(1999), "Causes and Correlates of Happiness", in Kahneman *et al.* (1999).

Berkman, L. and Syme, S. (1979), "Social Networks, Host Resistance, and Mortality: A Nine-Year Follow-up Study of Alameda County Residents", *American Journal of Epidemiology,* 109: 186-204.

Blair, S. N. (1989), "Physical Fitness and All-Cause Mortality: A Prospective Study of Healthy Men and Women", *Journal of the American Medical Association,* 262: 2396-401.

Brickman, P., Coates, D., and Janoff-Bulman, R. (1978), "Lottery Winners and Accident Victims: Is Happiness Relative?" *Journal of Personality and Social Psychology,* 36 (August): 917-27.

Bulman, R. J., and Wortman, C. B. (1977), "Attributes of Blame and 'Coping' in the 'Real World': Severe Accident Victims React to their Lot", *Journal of Personality and Social Psychology,* 35 (May): 351-63.

Burt, R. S. (1986), *Strangers, Friends, and Happiness,* GSS Technical Report No. 72, Chicago: National Opinion Research Center, University of Chicago.

Cameron, P. (1972), "Stereotypes about Generational Fun and Happiness vs. Self-Appraised Fun and Happiness", *The Gerontologist,* 12 (Summer): 120-3.

_____ Titus, D., Kostin, J., and Kostin, M. (1976), *The Quality of American Life,* New York: Russell Sage, 1976.

Campion, M., and McClelland, C. (1993), "Follow-up and Extension of the Interdisciplinary Costs and Benefits of Enlarged Jobs", *Journal of Applied Psychology,* 78: 339-51.

Clark, Andrew, and Oswald, Andrew (1996), "Satisfaction and Comparison Income", *Journal of Public Economics,* 61, 359-81.

Clark, Charles S. (1994), "Traffic Congestion", *The CQ Researcher* (6 May): 387-404.

Colon, E., Callies, A., Popkin, M., and McGlave, P. (1991), "Depressed Mood and Other Variables Related to Bone Marrow Transplantation Survival in Acute Leukemia", *Psychosomatics,* 32: 420-5.

Davidson, Richard J. (1992), "Anterior Cerebral Asymmetry and the Nature of Emotion", *Brain and Cognition,* 6: 245-68.

Deci, Edward L. (1971), "Effects of Externally Mediated Rewards on Intrinsic Motivation", *Journal of Personality and Social Psychology,* 18: 105-15.

DeLongis, Anita, Folkman, Susan, and Lazarus, Richard S. (1988), "The Impact of Daily Stress on Health and Mood: Psychological and Social Resources as Mediators", *Journal of Personality and Social Psychology,* 54: 486-95.

Diener, Ed, and Lucas, Richard E. (1999), "Personality and Subjective Well-Being", in Kahneman *et al.* (1999).

_____ Sandvik, Ed, Seidlitz, Larry, and Diener, Marissa (1993), "The Relationship between Income and Subjective Well-Being: Relative or Absolute?" *Social Indicators Research,* 28: 195-223.

Easterlin, Richard (1974), "Does Economic Growth Improve the Human Lot?" in Paul David and Melvin Reder (eds.), *Nations and Households in Economic Growth: Essays in Honor of Moses Abramovitz,* New York: Academic Press.

_____(1995), "Will Raising the Incomes of All Increase the Happiness of All", *Journal of Economic Behavior and Organization,* 27: 35-47.

European Foundation for the Improvement of Living and Working Conditions, (1984), "The Journey from Home to the Workplace: The Impact on the Safety and Health of the Community/Workers", Dublin: European Foundation for the Improvement of Living and Working Conditions.

Evans, Gary W. (1994), "Working on the Hot Seat: Urban Bus Drivers", *Accident Analysis and Prevention,* 26: 181-93.

_____ and Carrere, S. (1991), "Traffic Congestion, Perceived Control, and

Psychophysiological Stress among Urban Bus Drivers", *Journal of Applied Psychology,* 76:658-63.

_____ Palsane, M., and Carrere, S. (1987), "Type A Behavior and Occupational Stress: A Cross-Cultural Study of Blue-Collar Workers", *Journal of Personality and Social Psychology,* 52: 1002-7.

Fontane, Patrick E. (1996), "Exercise, Fitness, and Feeling Well", *American Behavioral Scientist,* 39 (January): 288-305.

Frank, Robert H. (1985), *Choosing the Right Pond,* New York: Oxford University Press.

_____(1999), *Luxury Fever,* New York: The Free Press.

Fried, Y. (1991), "Meta-analytic Comparison of the Job Diagnostic Survey and Job Characteristics Inventory as Correlates of Work Satisfaction and Performance", *Journal of Applied Psychology,* 76: 690-7.

Glass, D. C., and Singer, J. (1972), *Urban Stressors: Experiments on Noise and Social Stressors,* New York: Academic Press.

_____ and Pennegaker, James (1977), "Behavioral and Physiological Effects of Uncontrollable Environmental Events", in Daniel Stokols (ed.), *Perspectives on Environment and Behavior,* New York: Plenum, 1977.

Goleman, Daniel (1996), "Forget Money; Nothing Can Buy Happiness, Some Researchers Say", *New York Times* (16 July): C1, C3.

Greist, J. H., Klein, M., Eischens, R., Faris, J.,Gurman, J.,Gurman, A., andMorgan,W.(1979), "Running as a Treatment for Depression", *Comparative Psychology,* 20: 41-54.

House, James S., Robbins, C., and Metzner, H. M. (1982), "The Association of Social Relationships and Activities with Mortality: Prospective Evidence from the Tecumsah Community Health Study", *American Journal of Epidemiology,* 116: 123-40.

Kahneman, Daniel (1999), "Assessments of Individual Well-Being: A Bottom-Up Approach", in Kahneman *et al.* (1999).

_____ Diener, Ed, and Schwartz, Norbert (eds.) (1998), *Well-Being: The Foundations of Hedonic Psychology,* New York: Russell Sage.

Kelloway, E., and Barling, J. (1991), "Job Characteristics, Role Stress, and Mental Health", *Journal of Occupational Psychology,* 1: 291-304.

Koslowsky, Meni, Kluger, Avraham N., and Reich, Mordechai (1995), Commuting Stress, New York: Plenum.

_____ and Krausz, Moshe (1993),"On the Relationship between Commuting, Stress Symptoms, and Attitudinal Measures", *Journal of Applied Behavioral Sciences* (December): 485-92.

Lichtman, Sharla, and Poser, Ernest G. (1983), "The Effects of Exercise an Mood and Cognitive Functioning", *Journal of Psychosomatic Research,* 27: 43-52.

Loewenstein, George, and Frederick, Shane (1999), "Hedonic Adaptation: From the Bright Side to the Dark Side", in Kahneman *et al.* (1999).

Long, L., and Perry, J. (1985), "Economic and Occupational Causes of Transit Operator Absenteeism: A Review of Reserch", Transport Reviews, 5: 247-7.

Manning, F. J., and Fullerton, T. D., (1988), "Health and Well-Being in Highly Cohesive Units of the US Army", *Journal of Applied Social Psychology,* 18: 503-19.

Myers, David G. (1993), *The Pursuit of Happiness: Who is Happy and Why?* New York: Avon.

_____ 1999), "Close Relationships and Quality of Life", in Kahneman et al. (1999).

Palmer, Linda K. (1995), "Effects of a Walking Program on Attributional Style, Depression, and Self-Esteem in Women", *Perceptual and Motor Skills,* 81: 891-8.

Perkins, H. W. (1991), "Religious Commitment, Yuppie Values, and Well-Being in Post-Collegiate Life", *Review of Religious Research,* 32: 244-51.

Pikus, W., and Tarranikova, W. (1975), "The Frequency of Hypertensive Diseases in Public Transportation", *Terapevischeskii Archives,* 47: 135-7.

Plante, Thomas G., and Rodin, Judith (1990), "Physical Fitness and Enhanced Psychological Health", *Current Psychology: Research and Reviews,* 9 (Spring): 3-24.

Ragland, D., Winkleby, M., Schwalbe, J., Holman, B., Morse, L., Syme, L., and Fisher, J. (1987), "Prevalence of Hypertension in Bus Drivers", International

Journal of Epidemiology, 16: 208-14.

Rubenstein, Carin (1980), "Vacations", *Psychology Today* (May): 62-76.

Schrank, David, and Lomax, Tim (2002), *The 2002 Urban Mobility Report,* Texas Transportation Institute (June): http://mobility.tamu.edu/.

Sharp, David (1996), "Stress!" *The Buffalo News* (14 July): p. 4M.

Sherrod, D. R. (1974), "Crowding, Perceived Control, and Behavioral Aftereffects", *Journal of Applied Social Psychology,* 4: 171-86.

Spector, P., Dwyer, D., and Jex, S. (1988), "Relation of Job Stressors to Affective, Health, and Performance Outcomes: A Comparison of Multiple Data Sources", *Journal of Applied Psychology,* 73: 11-19.

_____ and O'Connell, B. (1994), "The Contribution of Personality Traits, Negative Affectivity, Locus of Control and Type A to the Subsequent Reports of Job Stressors and Job Strains", *Journal of Occupational and Organizational Psychology,* 67: 1-11.

Stokols, Daniel, Novaco, Raymond W., Stokols, Jeannette, and Campbell, Joan (1978), "Traffic Congestion, Type A Behavior, and Stress", *Journal of Applied Psychology,* 63: 467-80.

Taylor, P. and Pocock, C. (1972), "Commuter Travel and Sickness: Absence of London Office Workers", *British Journal of Preventive and Social Medicine,* 26: 165-72.

Townsend, Peter (1979), "The Development of Research on Poverty", in *Social Security Research: The Definition and Measurement of Poverty,* Department of Health and Social Research, London: HMSO.

Veenhoven, Ruut (1993), *Happiness in Nations: Subjective Appreciation of Life in 56 Nations,* Rotterdam: Erasmus University.

Wall, T., Jackson, P., Mullarkey, S., and Parker, S. (1996), "The Demands-Control Model of Job Strain: A More Specific Test", *Journal of Occupational and Organizational Psychology,* 69: 153-66.

Warr, Peter (1990), "Decision Latitude, Job Demands, and Employee Well-Being", *Work and Stress,* 4: 285-94.

_____ (1999), "Well-Being and the Workplace", in Kahneman *et al.* (1999).

Weinstein, N. D. (1982), "Community Noise Problems: Evidence against Adaptation", *Journal of Environmental Psychology,* 2: 82-97.

Weiss, Manfred (1991), "Legislation in the Federal Republic of Germany", in R. Blanpain (ed.), *International Encyclopedia for Labor Law and Industrial Relations,* Boston: Kluwer.

Xie, J., and Johns, G. (1995), "Job Scope and Stress: Can Job Scope Be Too High?" *Academy of Management Journal,* 38: 1288-309.

04 교감: 사회적 상호작용의 즐거움

Bernheim, R. Douglas, and Stark, Oded (1988), "Altruism within the Family Reconsidered: DoNice Guys Finish Last?", *American Economic Review,* 78: 1034-45.

Bruni, Luigino, and Sugden, Robert (2004), "The Road Not Taken: Two Debates about the Role of Psychology in Economics", Unpublished paper, University of East Anglia.

Chaminade, T., and Decety, Jean (2003), "Neural Correlates of Feeling Sympathy", *Neuropsychologia,* 41: 127-38.

de Waal, Frans (1996), *Good Natured: The Origins of Right and Wrong in Humans and Other Animals,* Cambridge, Mass.: Harvard University Press.

Durlauf, Steven N. (2002), "Bowling Alone: A Review Essay", *Journal of Economic Behavior and Organization,* 47: 259-73.

Edgeworth, Francis (1881/1967), *Mathematical Psychics,* New York: Kelley.

Fehr, Ernst, and Schmidt, Klaus (1999), "A Theory of Fairness, Competition and Cooperation", *Quarterly Journal of Economics,* 114: 817-68.

Frederick, Shane, and Loewenstein, George (1999), "Hedonic Adaptation", in Daniel Kahneman, Edward Diener, and Norbert Schwarz (eds.), *Well-Being: The Foundations of Hedonic Psychology,* New York: Russell Sage Foundation.

Gui, Benedetto (2000), "Beyond Transactions: On the Interpersonal Dimension of Economic Reality", *Annals of Public and Cooperative Economics,* 71: 139-69.

_____ and Sugden, Robert (2005), "Why Interpersonal Relations Matter for Economics", Forthcoming in Gui and Sugden (eds.), *Economics and Social Interaction,* Cambridge: Cambridge University Press.

Hargreaves Heap, Shaun (2002), "'Everybody is Talking About It': Intersubjectivity and the Television Industry", in Edward Fullbrook (ed.), *Intersubjectivity in Economics,* London: Routledge.

Kahneman, Daniel (2000), "Experienced Utility and Objective Happiness: A Moment-Based Approach", in Amos Tversky and Daniel Kahneman (eds.), *Choices, Values, and Frames,* Cambridge: Cambridge University Press.

_____ Kreuger, Alan, Schkade, David, Schwarz, Norbert, and Stone, Arthur (2003), "A Survey Method for Characterizing Daily Life Experience: The Day Reconstruction Method (DRM)", Unpublished Paper.

_____ and Varey, Carol (1991), "Notes on the Psychology of Utility", in Jon Elster and John Roemer (eds.), *Interpersonal Comparisons of Well-Being,* Cambridge: Cambridge University Press, 127-63.

_____ Wakker, Peter, and Sarin, Rakesh (1997), "Back to Bentham? Explorations of experienced utility", *Quarterly Journal of Economics,* 112: 375-405.

Lykken, David, and Tellegen, Auke (1996), "Happiness is a Stochastic Phenomenon", *Psychological Science,* 7: 246-53.

Pareto, Vilfredo (1909), *Manual d'economie politique,* Geneva: Librairie Droz. English translation published as *Manual of Political Economy,* New York: Kelley, 1971.

Preston, Stephanie D., and de Waal, Frans B.M. (2002), "Empathy: Its Ultimate and Proximate Bases", *Behavioral and Brain Sciences,* 25: 1-71.

Putnam, Robert (2000), *Bowling Alone: The Collapse and Revival of American Community,* New York: Simon & Schuster.

Rabin, Matthew (1993), "Incorporating Fairness into Game Theory and Economics", *American Economic Review,* 83: 1281-302.

Rizzolatti, Giacomo, Fogassi, Leonardo, and Gallese, Vittorio (2001), "Neurophysiological Mechanisms underlying Action Understanding and Imitation", *Nature Reviews*: Neuroscience, 2: 661-70.

Smith, Adam (1759/1976), *The Theory of Moral Sentiments,* Oxford: Oxford University Press.

Sugden, Robert (1982), "On the Economics of Philanthropy", *Economic Journal,* 92: 341-50.

_____ (1984), "Reciprocity: The Supply of Public Goods through Voluntary Contributions", *Economic Journal,* 94: 772-87.

_____ (1985), "Consistent Conjectures and the Voluntary Provision of Public Goods: Why the Conventional Theory does Not Work", *Journal of Public Economics,* 27: 117-24.

_____ (1993), "Thinking as a Team: Towards an Explanation of Non-selfish Behavior", *Social Philosophy and Policy,* 10: 69-89.

_____ (2002), "Beyond Sympathy and Empathy: Adam Smith's Concept of Fellow-Feeling", *Economics and Philosophy,* 18: 63-87.

_____ (2004), "Fellow Feeling", Forthcoming in Robert Sugden and Benedetto Gui (eds.), *Economics and Social Interaction,* Cambridge: Cambridge University Press.

Zahn-Waxler, C., Radke-Yarrow, M., Wagner, E., and Chapman, M. (1992), " Development of Concern for Others", *Developmental Psychology,* 28: 126-36.

05 행복이론의 검정

Alesina, Alberto, Di Tella, Rafael, and MacCulloch, Robert (2004), "Inequality and Happiness: Are Europeans and Americans Different?" *Journal of Public Economics,* 88/9-0: 2009-42.

Andrews, Frank M., and Withey, Stephen B. (1976), Social Indicators of Well-Being: *Americans' Perceptions of Life Quality,* New York: Plenum Press.

Becker, Gary S. (1973), "A Theory of Marriage: Part I", *Journal of Political Economy,* 81/4: 8134-6.

_____ (1974a), "A Theory of Marriage: Part II", *Journal of Political Economy,* 82/2: S11-S26.

_____ (1974b), "A Theory of Social Interactions", *Journal of Political Economy,* 82/6: 1063-93.

_____ (1981), *A Treatise on the Family.* Cambridge, Mass: Harvard University Press.

Brickman, Philip, and Campbell, Donald T. (1971), "Hedonic Relativism and Planning the Good Society", in Mortimer H. Appley (ed.), *Adaptation Level Theory: A Symposium,* New York: Academic Press.

Brien, Michael, and Sheran, Michelle (2003), "The Economics of Marriage and Household Formation", in Shoshana Grossbard-Shechtman (ed.), *Marriage and the Economy: Theory and Evidence from Advanced Industrial Societies,* New York and Cambridge: Cambridge University Press.

Burkhauser, Richard V., Butrica, Barbara A., Daly, Mary C., and Lillard, Dean R.(2001), "The Cross-National Equivalent File: A Product of Cross-National Research", in Irene Becker, Notburga Ott, and Gabriele Rolf (eds.), *Soziale Sicherung in einer dynamischen Gesellschaft: Festschrift für Richard Hauser zum 65. Geburtstag,* Frankfurt and New York: Campus 354-76.

Burman, Bonnie, and Margolin, Gayla (1992), "Analysis of the Association between Marital Relationships and Health Problems: An Interactional Perspective", *Psychological Bulletin* 112/1: 39-63.

Campbell, Angus, Converse, Philip E., and Rodgers, Willard L. (1976), *The Quality of American Life: Perceptions, Evaluations, and Satisfactions,* New York: Russell Sage Foundation.

Carroll, Christopher D., Overland, Jody, and Weil, David N. (2000), "Saving and Growth with Habit Formation", *American Economic Review,* 90/3: 341-55.

Chun, Hyunbae, and Lee, Injae (2001), "Why Do Married Men Earn More: Productivity or Marriage Selection?" *Economic Inquiry,* 39/2: 307-19.

Clark, Andrew E. (1997), "Job Satisfaction and Gender: Why Are Women So Happy at Work?" *Labour Economics* 4/4: 341-72.

_____ and Oswald, Andrew J. (1994), "Unhappiness and Unemployment", *Economic Journal,* 104/424: 648-59.

_____ (1996), "Satisfaction and Comparison Income", *Journal of Public Economics,* 61/3: 359-81.

_____ (1998), "Comparison-Concave Utility and Following Behaviour in Social and Economic Settings", *Journal of Public Economics,* 70/1: 133-55.

Coombs, Robert H. (1991), "Marital Status and Personal Well-Being: A Literature Review", *Family Relations,* 40/1: 97-102.

Csikszentmihalyi, Mihaly (1997), *Finding Flow: The Psychology of Engagement with Everyday Life,* New York: Basic Books.

Diener, Ed, Gohm, Carol L., Suh, Eunkook M., and Oishi, Shigehiro (2000), "Similarity of the Relations between Marital Status and Subjective Well-Being across Cultures", *Journal of Cross Cultural Psychology,* 31/4: 419-36.

_____ and Oishi, Shigehiro (2000), "Money and Happiness: Income and Subjective Well-Being across Nations", in Ed Diener and Eunkook M. Suh (eds.), *Culture and Subjective Well-Being,* Cambridge, Mass.: MIT Press, 185-218.

Duesenberry, James S. (1949), *Income, Savings and the Theory of Consumer Behavior,* Cambridge, Mass.: Harvard University Press.

Easterlin, Richard A. (1974), "Does Economic Growth Improve the Human Lot? Some Empirical Evidence", in Paul A. David and Melvin W. Reder (eds.), *Nations and Households in Economic Growth: Essays in Honour of Moses Abramowitz,* New York and London: Academic Press, 89-125.

_____ (1995), "Will Raising the Incomes of All Increase the Happiness of All?" *Journal of Economic Behaviour and Organization,* 27/1: 35-48.

_____ (2001), "Income and Happiness: Towards a Unified Theory", *Economic Journal,* 111/473: 465-84.

_____ (ed.) (2002), *Happiness in Economics,* Cheltenham: Edward Elgar.

Falk, Armin, and Knell, Markus (2000), "Choosing the Joneses: On the Endogeneity of Reference Groups", Working Paper No. 59, Institute for Empirical Research in Economics, University of Zurich.

Fehr, Ernst, and Gächter, Simon (2000), "Fairness and Retaliation: The Economics of Reciprocity", *Journal of Economic Perspectives,* 14/3: 159-81.

Ferrer-i-Carbonell, Ada (2002), "Income and Well-being: An Empirical Analysis of the Comparison Income Effect", Tinbergen Institute Discussion Paper No. 19/3, Amsterdam.

Frank, Robert H. (1985a), *Choosing the Right Pond,* NewYork: Oxford University Press.

Frank, Robert H. (1985b), "The Demand for Unobservable and Other Nonpositional Goods", *American Economic Review,* 75/1: 101-16.

_____ (1999), *Luxury Fever: Why Money Fails to Satisfy in an Era of Excess,* New York: Free Press.

Frederick, Shane, and Loewenstein, George (1999), "Hedonic Adaptation", in Daniel Kahneman, Ed Diener, and Norbert Schwarz (eds.), *Well-Being: The Foundations of Hedonic Psychology,* New York: Russell Sage Foundation, 302-29.

Frey, Bruno S., Benz, Matthias, and Stutzer, Alois (2004), "Introducing Procedural Utility: Not Only What but also How Matters", *Journal of Institutional and Theoretical Economics,* 160/3: 377-401.

_____ and Stutzer, Alois (1999), "Measuring Preferences by Subjective Well-Being", *Journal of Institutional and Theoretical Economics,* 155/4: 755-88.

_____ (2000), "Happiness, Economy and Institutions", *Economic Journal,* 110/446: 918-38.

_____ (2002a), H*appiness and Economics: How the Economy and Institutions Affect Human Well-Being,* Princeton: Princeton University Press.

_____ (2002b), "What Can Economists Learn from Happiness Research?" *Journal of Economic Literature,* 40/2: 402-35.

_____ (2003), "Economic Consequences of Mispredicting Utility", Mimeo, University of Zurich.

Galbraith, John Kenneth (1958), *The Affluent Society,* Harmondsworth: Penguin Books.

Gruber, Jonathan, and Mullainathan, Sendhil (2002), "Do Cigarette Taxes Make Smokers Happier?" NBER Working Paper No. 8872, Cambridge, Mass.: National Bureau of Economic Research.

Hagerty, Michael R. (2000), "Social Comparisons of Income in One's Community: Evidence from National Surveys of Income and Happiness", *Journal of*

Personality and Social Psychology, 78/4: 764-71.

Haisken-DeNew, John P., and Joachim R. Frick (eds.) (2001), DTC—esktop Companion to the German Socio-Economic Panel Study (GSOEP), Version 5.0. Berlin: DIW.

Helliwell, John F. (2003), "How's Life? Combining Individual and National Variables to Explain Subjective Well-Being", *Economic Modelling,* 20/2: 331-60.

Helson, Harry (1964), *Adaptation-Level Theory: An Experimental and Systematic Approach to Behavior,* New York: Harper and Row.

Hermalin, Benjamin E., and Isen, Alice M. (1999), "The Effect of Affect on Economic and Strategic Decision-Making", Mimeo, University of California, Berkeley.

Hirsch, Fred (1976), *The Social Limits to Growth,* Cambridge, Mass.: Harvard University Press.

Holländer, Heinz (2001), "On the Validity of Utility Statements: Standard Theory versus Duesenberry's", *Journal of Economic Behavior and Organization,* 45/3: 227-49.

Hughes, Michael D., Kroehler, Carolyn J., and Vander Zanden, James W. (1999), *Sociology: The Core,* New York: McGraw-Hill College.

Irwin, Francis W. (1944), "The Realism of Expectations", *Psychological Review,* 51: 120-6.

James, William (1890), *Principles of Psychology,* II, New York: Henry Holt.

Johnson, David R., and Wu, Jian (2002), "An Empirical Test of Crisis, Social Selection, and Role Explanations of the Relationship between Marital Disruption and Psychological Distress: A Pooled Time-Series Analysis of Four-Wave Panel Data", *Journal of Marriage and the Family,* 64/1: 211-24.

Kahneman, Daniel (2000), "Experienced Utility and Objective Happiness: A Moment-Based Approach", in Daniel Kahneman and Amos Tversky (eds.), *Choices, Values, and Frames,* New York: Cambridge University Press and Russell Sage Foundation.

——nd Varey, Carol (1991), "Notes on the Psychology of Utility", in Jon Elster and John E. Roemer (eds.), *Interpersonal Comparisons of Well-Being:*

Studies in Rationality and Social Change, Cambridge: Cambridge University Press, 127–63.

—3—akker, Peter P., and Sarin, Rakesh (1997), "Back to Bentham? Explorations of Experienced Utility", *Quarterly Journal of Economics*, 112/2: 375–405.

—0—rueger, Alan B., Schkade, David A., and Stone, Arthur A. (2004), "A Survey Method for Characterizing Daily Life Experience: The Day Reconstruction Method", *Science*, 306/5702: 1776–80.

Kasser, Tim, and Ryan, Richard M. (1993), "A Dark Side of the American Dream: Correlates of Financial Success as a Central Life Aspiration", *Journal of Personality and Social Psychology*, 65/2: 410–22.

Kitayama, Shinobu, and Markus, Hazel R. (2000), "The Pursuit of Happiness and the Realization of Sympathy: Cultural Patterns of Self, Social Relations, and Well–Being", in Ed Diener and Eunkook M. Suh (eds.), *Culture and Subjective Well–Being*, Cambridge, Mass.: MIT Press.

Lewin, Kurt, Dembo, Tamara, Festinger, Leon, and Sears, Pauline (1944), "Level of Aspiration", in J. McV. Hunt (ed.), *Personality and the Behavior Disorders*, i, New York: Ronald Press, 333–78.

Lewin, Shira B. (1996), "Economics and Psychology: Lessons for Our Own Day from the Early Twentieth Century", *Journal of Economic Literature*, 34/3: 1293–323.

Loewenstein, George, and Schkade, David (1999), "Wouldn't It Be Nice? Predicting Future Feelings", in Daniel Kahneman, Ed Diener, and Norbert Schwarz (eds.), *Well–Being: The Foundation of Hedonic Psychology*, New York: Russell Sage Foundation, 85–105.

Lucas, Richard E., Clark, Andrew E., Georgellis, Yannis, and Diener, Ed (2003), "Reexamining Adaptation and the Set Point Model of Happiness: Reactions to Changes inMarital Status", *Journal of Personality and Social Psychology*, 84/3: 527–39.

Lyubomirsky, Sonja, and Lepper, Heidi S. (1999), "A Measure of Subjective Happiness: Preliminary Reliability and Construct Validation", *Social Indicators Research*, 46/2: 137–55.

Marshall, Alfred (1890), *The Principles of Economics*, 8th edn. (1920), London:

Macmillan.

Marx, Karl (1849), "Wage-Labour and Capital", http://eserver.org/marx/1849-wage.labor.capital/6-labor.and.capital.txt, May 2002.

Mastekaasa, Arne (1992), "Marriage and Psychological Well-Being: Some Evidence on Selection into Marriage", *Journal of Marriage and the Family*, 54/4: 901-11.

Mellers, Barbara A. (2000), "Choice and the Relative Pleasure of Consequences", *Psychological Bulletin*, 126/6: 910-24.

Michalos, A. C. (1985), "Multiple Discrepancies Theory (MDT)", *Social Indicators Research*, 16: 347-413.

_____ and Zumbo, Bruno D. (2000), "Criminal Victimization and the Quality of Life", *Social Indicators Research*, 50/3: 245-95.

Modigliani, Franco (1949), "Fluctuations in the Saving-Income Ratio: A Problem in Economic Forecasting", *Studies in Income and Wealth*, 11: 371-443.

Myers, David G. (1999), "Close Relationship and Quality of Life", in Daniel

Kahneman, Ed Diener, and Norbert Schwarz (eds.), *Well-Being: The Foundations of Hedonic Psychology*, New York: Russell Sage Foundation, 374-91.

Nannestad, Peter, and Paldam, Martin (1994), "The VP-function: A Survey of the Literature on Vote and Popularity Functions after 25 Years", *Public Choice*, 79/3-: 213-45.

Neumark, David, and Postlewaite, Andrew (1998), "Relative Income Concerns and the Rise in Married Women's Employment", *Journal of Public Economics*, 70/1: 157-83.

Oswald, Andrew J. (1997), "Happiness and Economic Performance", *Economic Journal*, 107/445: 1815-31.

Parducci, Allen (1995), *Happiness, Pleasure, and Judgment: The Contextual Theory and its Applications*, Hillsdale, NJ: Erlbaum.

Pollak, Robert A. (1970), "Habit Formation and Dynamic Demand Functions", *Journal of Political Economy*, 78/4: 745-63.

_____ (1976), "Interdependent Preferences", *American Economic Review*, 66/3:

309–20.

_____ (2002), "Gary Becker's Contributions to Family and Household Economics", NBER Working Paper No. 9232, Cambridge, Mass.: National Bureau of Economic Research.

Ross, Catherine E., Mirowsky, John, and Goldsteen, Karen (1990), "The Impact of the Family on Health: The Decade in Review", *Journal of Marriage and the Family*, 52/4: 1059–78.

Samuelson, Paul A. (1973), *Economics*, 9th edn. New York: McGraw–Hill.

Schooler, Jonathan W., Ariely, Dan, and Loewenstein, George (2003), "The Pursuit and Assessment of Happiness can be Self–Defeating", in Isabelle Brocas and Juan D. Carrillo (eds.), *The Psychology of Economic Decisions*, Volume 1: Rationality and Well–Being, Oxford: Oxford University Press, 41–70.

Schor, Juliet B. (1998), *The Overspent American: Why We Want What We Don't Need*, New York: Basic Books.

Schwarze, Johannes, and Härpfer, Marco (2002), "Are People Inequality Averse, and Do They Prefer Redistribution by the State? Evidence From German Longitudinal Data on Life Satisfaction", IZA Discussion Papers No. 430, IZA Bonn.

Scitovsky, Tibor (1976), *The Joyless Economy: An Inquiry into Human Satisfaction and Dissatisfaction*, Oxford: Oxford University Press.

Smith, Richard H., Diener, Ed, and Wedell, Douglas H. (1989), "Intrapersonal and Social Comparison Determinants of Happiness: A Range–Frequency Analysis", *Journal of Personality and Social Psychology*, 56/3: 317–25.

Stack, Steven, and Eshleman, J. Ross (1998), "Marital Status and Happiness: A 17–Nation Study", *Journal of Marriage and the Family*, 60/2: 527–36.

Stouffer, Samuel A., Suchman, Edward A., DeVinney, Leland C., Star, Shirley A., and Williams, Jr., Robin M. (1949), *The American Soldier: Adjustment during Army Life*, Princeton: Princeton University Press.

Stutzer, Alois (2004), "The Role of Income Aspirations in Individual Happiness", *Journal of Economic Behavior and Organization*, 54/1: 89–109.

_____ and Frey, Bruno S. (2003), "Stress that Doesn't Pay: The Commuting

Paradox", IEW Working Paper No. 151, University of Zurich.

_____ (Forthcoming), "Does Marriage Make People Happy, or do Happy People get Married", *Journal of Socio-Economics.*

_____ and Lalive, Rafael (2004), "The Role of Social Work Norms in Job Searching and Subjective Well-Being", *Journal of the European Economic* Association, 2/4: 696-719.

Tomes, Nigel (1986), "Income Distribution, Happiness and Satisfaction: A Direct Test of the Interdependent Preferences Model", *Journal of Economic Psychology*, 7/4: 425-46.

Tversky, Amos, and Griffin, Dale (1991), "Endowment and Contrast in Judgments of Well-Being", in Richard J. Zeckhauser (ed.), *Strategy and Choice*, Cambridge, Mass. and London: MIT Press: 297-318.

van Herwaarden, Floor, Kapteyn, Arie, and van Praag, Bernard M. S. (1977), "Twelve Thousand Individual Welfare Functions: A Comparison of Six Samples in Belgium and The Netherlands", *European Economic Review*, 9/3: 283-300.

van Praag, Bernard M. S. (1971), "The Welfare Function of Income in Belgium: An Empirical Investigation", *European Economic Review*, 2: 337-69.

_____ (1993), "The Relativity of the Welfare Concept", in Martha. Nussbaum and Amartya Sen (eds.), *The Quality of Life*, Oxford: Clarendon Press, 362-416.

_____ and Frijters, Paul (1999), "The Measurement of Welfare and Well-Being: The Leyden Approach", in Daniel Kahneman, Ed Diener, and Norbert Schwarz (eds.), *Well-Being: The Foundations of Hedonic Psychology*, New York: Russell Sage Foundation, 413-33.

_____ and van der Sar, Nico L. (1988), "Household Cost Functions and Equivalence Scales", *Journal of Human Resources*, 23/2: 193-210.

Veblen, Thorstein (1899), *The Theory of Leisure Class*, New York: Modern Library.

Waite, Linda J., and Gallagher, Maggie (2000), *The Case for Marriage: Why Married People are Happier, Healthier, and Better Off Financially*, New York: Doubleday.

Weiss, Yoram (1997), "The Formation and Dissolution of Families: Why Marry?

Who Marries Whom? And What Happens Upon Marriage and Divorce", in Mark K. Rosenzweig and Oded Stark (eds.), *Handbook of Population Economics,* vols. 1A and 1B, Amsterdam, New York, and Oxford: Elsevier.

Wilson, Chris M., and Oswald, Andrew J. (2002), "How Does Marriage Affect Physical and Psychological Health? A Survey of the Longitudinal Evidence", Mimeo, Warwick University.

Winkelmann, Liliana, and Winkelmann, Rainer (1998), "Why are the Unemployed So Unhappy? Evidence from Panel Data", *Economica,* 65/257: 1-15.

Winkelmann, Rainer (2002), "Subjective Well-Being and the Family", Working Paper No. 0204, Socioeconomic Institute, University of Zurich.

06 공공경제학을 다시 생각한다: 경쟁심과 습관의 의미

Becker, G., and Murphy, K. (1988), "A Theory of Rational Addiction", *Journal of Political Economy,* 96/4: 675-700.

_____rossman, M., and Murphy, K. (1994), "An Empirical Analysis of Cigarette Addiction", *The American Economic Review,* 84/3: 396-418.

Blanchflower, D., and Oswald, A. (2000), "Well-Being over Time in Britain and the USA", NBER Working Papers, No. 7487.

Brammer, G., Raleigh, M., and McGuire, M. (1994), "Neurotransmitters and Social Status", in L. Ellis (ed.), *Social Stratification and Socioeconomic Inequality,* ii, Westport, Conn.: Greenwood.

Clark, A. (1996), "L'utilitéest-elle relative? Analyse a l'aide de données sur les ménages", *Economie et Precision,* 121: 151-64.

_____(1999), "Are Wages Habit-Forming? Evidence from Micro Data", *Journal of Economic Behaviour and Organisation,* 39 (June): 179-200.

Clark, A. (2001), "What Really Matters in a Job? Hedonic Measurement using Quit Data", *Labour Economics,* 8 (May): 223-42.

_____and Oswald, A. (1996), "Satisfaction and Comparison Income", *Journal of Public Economics,* 61: 359-81.

Di Tella, R., Layard, R., and MacCulloch, R. (2002), "Accounting for Happiness", mimeo, London School of Economics.

Diener, E., and Biswas-Diener, R. (2002), "Will Money Increase Subjective Well-Being?", *Social Indicators Research,* 57: 119-69.

_____ and Oishi, S. (2000), "Money and Happiness: Income and Subjective Well-Being across Nations", in Diener and Suh (2000).

_____ Sandvik, E., and Seidlitz, L., (1993), "The Relationship between Income and Subjective Well-Being: Relative or Absolute?", *Social Indicators Research,* 28: 195-223.

_____ and Suh, E. (eds.) (2000), *Subjective Well-being across Cultures,* Cambridge, Mass.: MIT Press.

Easterlin, R. (1973), "Does Economic Growth Improve the Human Lot? Some Empirical Evidence", in P. David and M. Reder (eds.), *Nations and Households in Economic Growth: Essays in Honor of Moses Abramovitz,* Palo Alto, Calif.: Stanford University Press.

_____ (2001), 'Income and Happiness: Towards a Unified Theory', *Economic Journal,* 111: 465-4.

Frank, R. H. (1982), "Envy and the Optimal Purchase of Unobservable Commodities: The Case of Safety", in M. W. Jones-Lee (ed.), *The Value of Life and Safety,* Amsterdam: North-Holland.

_____ (1985), *Choosing the Right Pond,* Oxford: Oxford University Press.

_____ (1999), *Luxury Fever: Money and Happiness in an Era of Excess.* Princeton and Oxford: Princeton University Press.

Freeman, R. (1978) "Job Satisfaction as an Economic Variable", *American Economic Review,* 74: 549-71.

Frey, B., and Stutzer, A. (2002), *Happiness and Economics,* New Jersey: Princeton University Press.

Gardner, J., and Oswald, A. (2001), "Does Money buy Happiness? A Longitudinal Study using Data on Windfalls", Mimeo, University of Warwick.

Hirsch, F. (1976), *The Social Limits to Growth,* Cambridge, Mass.: Harvard University Press.

Inglehart, R., and Klingemann, H.-D. (2000), "Genes, Culture, Democracy and Happiness", in Diener and Suh (2000).

Kahneman, D., Diener, E., and Schwartz, N. (1999), *Well-Being: The Foundations of Hedonic Psychology*, New York: Russell Sage Foundation.

Layard, R. (1980), "Human Satisfactions and Public Policy", *The Economic Journal*, 90: 737-50.

_____ (2005), *Happiness: Lessons from a New Science*, New York and London: Penguin Books.

Loewenstein, G., and Adler, D. (1995), "A Bias in the Prediction of Tastes", *Economic Journal*, 105/431: 929-37.

_____ and Schkade, D. (1999), "Wouldn't it be Nice? Predicting Future Feelings", in Kahneman *et al.* (1999).

_____ O'Donoghue, T., and Rabin, M. (2000), "Projection Bias in Predicting Future Utility", BDR Working Papers Series, 258.

Mirrlees, J. A. (1971), "An Exploration in the Theory of Optimum Income Taxation", *Review of Economic Studies*, 38 (April): 175-208.

Postlethwaite, A., Cole, H. L., and Mailath, G. J. (1998), "Class Systems and the Enforcement of Social Norms", *Journal of Public Economics*, 70/1: 5-35.

Shao, L. (1993), "Multilanguage Comparability of Life Satisfaction and Happiness Measures in Mainland Chinese and American Students", Mimeo, University of Illinois.

Scitovsky, T. (1976), *The Joyless Economy*, New York: Oxford University Press.

Solnick, S. J., and Hemenway, D. (1998), "Is More Always Better? A Survey on Positional Concerns", *Journal of Economic Behaviour and Organisation*, 37: 373-83.

van Praag, B., and Frijters, P. (1999), "The Measurement of Welfare and Well-Being: The Leyden Approach", in Kahneman *et al.* (1999).

Veenhoven, R. (2000), "Freedom and happiness: A Comparative Study in 44 Nations in the early 1990s", in Diener and Suh (2000).

Winkelmann, L., and Winkelmann, R. (1998), "Why Are the Unemployed So Unhappy? Evidence from Panel Data", *Economica*, 65: 1-15.

07 아리스토텔레스와 벤담 그리고 밀

Allardt, Erik (1975), *Att ha, alska, att vara: Om valfard i Norden (Having, Loving, Being: On Welfare in the Nordic Countries)*, Borgholm: Argos.

_____ (1993), "Having, Loving, Being: An Alternative to the Swedish Model of Welfare Research", in M. Nussbaum and A. Scn (cds.), *Thc Quality of Lifc*, Oxford: Clarendon Press, 1993, 88-94.

Aristotle, Ethica Nicomachea, ed. I. Bywatel, Oxford: Clarendon Press, 1894.

Austin, J. L. (1979), "*Agathon and Eudaimonia* in the Ethics of Aristotle", in Austin, *Philosophical Papers*, ed. J. O. Urmson and G. J. Warnock, Oxford and New York: Oxford University Press, 1-31.

Bentham, J. (1789), An Introduction to the Principles of Morals and Legislation, J. H. Burns and H. L. A. Hart edrs., Athlone P., London.

Marmontel, Jean Franc , ois, *Mémoires*, Paris: Mercule de France, 1999.

Mill, J. S. (1981) [1874], Autobiography and Literary Essays, Collected works. Vol I. John M. Robson and Jack Stillinger. ed. By, Toronto and London: University of Toronto Press. Routledge & Kegan.

Mill, J. S. (1998) [1863], Utilitarianism, in "Collected Works". Vol X. John M. Robson and Jack Stillinger. ed. By, Toronto and London, University of Toronto Press, Routledge & Kegan.

Nozick, *Anarchy State and Utopia*, New York: Basic Books, 1974. Plato, Republic.

Prichard, H. A. (1935), "The Meaning of Agathon in the Ethics of Aristotle", *Philosophy*, 10: 27-39.

08 행복과 정치철학: 낸시 미트포드와 에벌린 보그

Gauthier, David (1986), *Morals by Agreement*, Oxford: Clarendon Press.

Matravers, M. (2000), *Justice and Punishment: The Rationale of Coercion*, Oxford: Oxford University Press.

Mill, J. S. (1987), *Utilitarianism and Other Essays*, ed. Alan Ryan, Harmondsworth, Middlesex: Penguin Books.

Mosley, C. (1996), *The Letters of Nancy Mitford and Evelyn Waugh,* London: Hodder& Stoughton.

Nagel, T. (1991), *Equality and Partiality,* New York: Oxford University Press.

_____ (1995), *Other Minds: Critical Essays 1969-1994,* Oxford: Oxford University Press.

Plato (1960), Gorgias, trans. W. Hamilton, Harmondsworth, Middlesex: Penguin Books.

Rawls, J. (1971), *A Theory of Justice,* Cambridge, Mass.: Harvard University Press.

_____ (1993), *Political Liberalism,* New York: Columbia University Press.

_____ (1998), "*Commonweal* Interview with John Rawls", in S. Freeman (ed.), *John Rawls: Collected Papers,* Cambridge, Mass.: Harvard University Press.

Scanlon, T. (1982), "Contractualism and Utilitarianism", in A. Sen and B. Williams(eds.), *Utilitarianism and Beyond,* Cambridge: Cambridge University Press.

_____ (1998), *What We Owe to Each Other,* Cambridge, Mass.: Harvard University Press.

Singer, P. (1972), "Famine, Affluence and Morality", *Philosophy and Public Affairs,* 1/3: 229-43.

_____ (1997), *How are We to Live?,* Oxford: Oxford University Press.

09 역경 속의 행복

Alesina, A., DiTella, R., and MacCulloch, R. J. (2001), *Inequality and Happiness: Are Europeans and Americans Different?* Working Paper 8198, Cambridge, Mass.: National Bureau of Economic Research.

Andrews, F. M., and Withey, S. (1976), *Social Indicators of Well–Being: American Perceptions of Life–Quality,* New York: Plenum Press.

Bradburn, N. M. (1969), *The Structure of Psychological Well–Being,* Chicago: Aldine Publishing.

Brickman, P., Coates, D., and Janoff–Bulman, R. (1978), "Lottery Winners and

Accident Victims. Is Happiness Relative?", *Journal of Personality and Social Psychology*, 36: 917-27.

Campbell, A. (1981), *The Sense of Well-Being in America*, New York: McGraw Hill.

Cantril, H. (1965), *The Pattern of Human Concern*, New Brunswick, NJ: Rutgers University Press.

Csikszentmihalyi, M. (1997), *Finding Flow: The Psychology of Engagement with Everyday Life*, New York: Basic Books.

Danner, D. D., Friessen, W. V., and Snowdon, D. A. (2001), "Positive Emotions in Early Life and Longevity: Findings from the Nun Study", *Journal of Personality and Social Psychology*, 80: 804-13.

Easterlin, R. A. (1974), "Does Economic Growth Improve the Human Lot? Some Empirical Evidence", in P. A. David and W. R. Melvin (eds.), *Nations and Households in economic growth*, New York: Academic Press, 89-125.

Ehrhardt, J. J., Saris, W. E., and Veenhoven, R. (2000), "Life-Satisfaction over Time: Analysis of Change in Ranks in a National Population", *Journal of Happiness Studies*, 1: 177-205.

Frank, R. H. (1999), *Luxury Fever: Why Money Fails to Satisfy in an Era of Excess*. New York: The Free Press.

Frey, B. S., and Stutzer, A. (2002), "What can Economists Learn from Happiness Research?", *Journal of Economic Literature*, 40: 402-35.

Gallup (2002), "American's Mood: Has September 11th Made a Difference?", www.gallup.com/poll/releases/pr011217.asp

Garhammer, M. (2002), "Pace of Life and Enjoyment of Life", *Journal of Happiness Studies*, 3: 217-56.

Gurin, G., Veroff, J., and Feld, S. (1960), *Americans View their Mental Health: A Nation Wide Interview Survey*, New York: Basic Books.

Harris, L. (1997), *The Myth and Reality of Aging in America*, Washington: National Council on the Aging.

Inglehart, R. (1990), *Culture Shift in Advanced Industrial Society*. Princeton: Princeton University Press.

Jahoda, M. (1958), *Current Concepts of Positive Mental,* New York: Basic Books.

Lucas, R. E., and Diener, E. (2000), "Explaining Differences in Societal Levels of Happiness: Relative Standards, Need Fulfillment, Culture and Evaluation Theory", *Journal of Happiness Studies,* 1: 41-78.

Maslow, A. H. (1970), *Motivation and Personality,* New York: Harper & Row.

Neugarten, B. L., Havighurst, R. J., and Tobin, S. S. (1961), "The Measurement of Life Satisfaction", *Journal of Gerontology,* 16: 134-43.

Oswald, A. J. (1997), "Happiness and Economic Performance", *The Economic Journal,* 1815-31.

_____ and Blanchflower, D. (2004), "Well-Being over Time in Britain and the USA", *Journal of Public Economics,* 88: 1359-86.

Poot, G. (2005), "Happiness in the Garden of Epicure", paper under review.

Ritakallio, V.-M. (2001), *Trends of Poverty and Income Inequality in Cross National Comparison,* Luxembourg Income Study Working Paper 272, Differdange, Luxembourg: INSTEAD.

Saris, W. E. (2001), "The Relationship between Income and Satisfaction: The Effect of Measurement Error and Suppressor Variables", *Social Indicators Research,* 53: 117-36.

Schalkxs, R. (2005), "Arthur's Advice", paper under review.

Schimmack, U., and Diener, E. (eds.) (2003), "Experience Sampling Methodology in Happiness Research", *Journal of Happiness Studies,* special issue, 4-1.

Schorr, J. (1991), *The Overworked American,* New York: Basic Books.

Schulz, R., and Decker, S. (1985), "Long-Term Adjustment to Physical Disability", *Journal of Personality and Social Psychology,* 48: 1162-72.

Schwarz, N., and Strack, N. (1991), "Evaluating One's Life: A Judgment Model of Subjective Well-Being", in F. Strack, M. Argyle, and N. Schwarz (eds.), *Subjective Well-Being: An Inter-Disciplinary Perspective,* Oxford: Pergamon Press, 27-48.

Schyns, P. (2000), "The Relationship between Income, Changes in Income and Life-Satisfaction in West Germany and the Russian Federation. Relative, Absolute or a Combination of Both?" in E. Diener, and D. R. Rathz (eds.),

Advances in Quality of Life Theory and Research, Dordrecht: Kluwer, 83-110.

Skinner, B. F. (1948), Walden Two, New York: Macmillan.(UN-DY), United *Nations Demographic Yearbook*, New York: United Nations.

van Praag, B. M. (1993), "The Relativity of Welfare", in M. Nussbaum and A. Sen (eds.), *The Quality of Life*, Oxford: Clarendon Press. 362-85.

Veenhoven, R. (1984), *Conditions of Happiness*, Dordrecht: Kluwer Academic.

_____ (ed.) (1989), *Did the Crisis Really Hurt? Effects of the 1980-82 Economic Recession on Satisfaction, Mental Health and Mortality*, Rotterdam: Universitaire Pers.

_____ (1991), "Is Happiness Relative?", *Social Indicators Research*, 24: 1-34.

_____ (1994), "Is Happiness a Trait? Tests of the Theory that a Better Society Does Not Make People any Happier", *Social Indicators Research*, 32: 101-60.

_____ (1995), "The Cross-National Pattern of Happiness", *Social Indicators Research*, 43: 33-86.

_____ (1996), "Happy Life-Expectancy. A New Comprehensive Measure of Qualityof-Life in Nations", *Social Indicators Research*, 69: 1-57.

_____ (1997), "Progrés dans la compréhension du bonheur" (Progress in the Understanding of Happiness), *Revue Québécoise de psychologie*, 18: 29-74.

_____ (1998), "Vergelijken van geluk in landen" (Comparing Happiness across Nations), *Sociale Wetenschappen*, 42: 58-84.

_____ (2000), "The Four Qualities of Life: Ordering Concepts and Measures of the Good Life", *Journal of Happiness Studies*, 1: 1-39.

_____ (2001), "Are the Russians as Unhappy as They Say They Are? Comparability of Self-reports across Nations", *Journal of Happiness Studies*, 2: 111-36

_____ (2003), "*Average Happiness in Nations: Trend 1946-2001*". World Database of Happiness, Distributional Findings in Nations, Trend Report 2002/1, www.worlddatabaseofhappiness.eur.ul

_____ and Okma, P. (1999), "Is langer leven nog wel leuk? Levensvoldoening van hoogbejaarden in 8 EU landen", *Sociale wetenschappen*, 42: 38-62.

Ware, Jr., J. E. (1996), "The SF-36 Health Survey", in B. Spilker (ed.), *Quality of Life and Pharmaco-economics in Clinical Trials,* Philadelphia: Leppincott-Raven Publishers, 337-45.

WDH (2003), "World Database of Happiness: Continuous Register of Research on Subjective Appreciation of Life", Erasmus University Rotterdam, The Netherlands, www.eur.nl/fsw/research/happiness

Wessman, A. E., and Ricks, D. F. (1966), *Mood and Personality,* New York: Holt, Rhinehart & Winston.

World Health Report (WHR) (2003), Geneva: World Health Organization.

Zajonc, R. B. (1980), "Feeling and Thinking: Preference Needs no Inference", *American Psychologist,* 35: 151-75.

10 아동 양육의 진화

Ainsworth, M. D. S., Blehar, M. C., Waters, E., and Wall, S. (1978), *Patterns of Attachment: A Psychological Study of the Strange Situation,* Hillsdale, NJ: Erlbaum.

Ambady, N., and Rosenthal, R. (1992), "Thin Slices of Expressive Behavior as Predictors of Interpersonal Consequences: A Meta-analysis", *Psychological Bulletin,* 111: 256-74.

Atkinson, J. W. (1957), "Motivational Determinants of Risk-Taking Behavior", *Psychological Review,* 64: 359-72.

Barro, R. J., and Becker, G. S. (1989), "Fertility Choice in a Model of Economic Growth", *Econometrica,* 572: 481-501.

Becker, G. S. (1993), *A Treatise on the Family,* 1st paperback edn., Cambridge Mass.: Harvard University Press; 1st published 1988.

Bergmann, B. R. (1986), *The Economic Emergence of Women,* New York: Basic Books.

_____ (1999), *Saving Our Children from Poverty: What the United States Can Learn from France,* New York: Russell Sage.

Bowlby, J. (1969, 1973, 1980), *Attachment and Loss: Vols. 1, 2, and 3,* New York: Basic Books. 2nd edn. Revised and enlarged 1963, New York: W. W. Norton.

Bowlby, J. (1988), *A Secure Base: Parent–Child Attachment and Healthy Human Development*, New York: Basic Books.

Campos, J. J., Barrett, K., Lamb, M. E., Goldsmith, H. H., and Stenberg, C. (1983), *Socio–emotional Development*, in M. M. H and J. J. Campose (eds.) Handbook of Child Psychology: vol. 2. Infancy and Psychobiology, New York: Wiley, 783-916.

Caspi, A., and Roberts, B. W. (2001), "Personality Development across the Life Course: The Argument for Change and Continuity", *Psychological Inquiry*, 122: 49-66.

Coombs, A. W. (1947), "A Comparative Study of Motivations as Revealed in Theenatic Apperception Stories and Autobiography", *Journal of Clinical Psychology*, 3: 65-75.

Costa, Jr., P. T., and McCrae, R. R. (1985), *The NEO Personality Inventory Manual*, Odessa, Fla.: Psychological Assessment Resources.

DeNeve, K. M., and Cooper, H. (1998), "The Happy Personality: A Meta–Analysis of 137 Personality Traits and Subjective Well–being", *Psychological Bulletin*, 1242: 197-229.

Diener, E., and Lucas, R. E. (1999), "Personality and Subjective Well–Being", in D. Kahneman, E. Diener, and N. Schwarz (eds.), *Well–Being: The Foundations of Hedonic Psychology*, New York: Russell Sage Foundation.

Dynarski, Mark *et al.* (2003), "When Schools Stay Open Late: The National Evaluation of the 21st Century Community Learning Centers", Mathematica Policy Research, Inc. and Decisions Information Resources, Inc., prepared for the US Department of Education.

Duncan, G. J., Magnuson, K. A., and Ludwig, J. (1999), "The Endogeneity Problem in Developmental Studies", Working paper, Joint Center for Poverty Research, Northwestern University, Evanston, Ill.

Easterlin, R. A. (1987), *Birth and Fortune: the Impact of Numbers on Personal Welfare*, Chicago and London: The University of Chicago Press; 1st published 1980.

Erikson, E. H. (1950), *Childhood and Society*, 2nd edn. Revised and enlarged 1963, New York: W.W. Norton.

Folbre, Nancy (2001), *The Invisible Heart: Economics and Family Values*, New York: The New Press.

Franz, C. E., McClelland, D. C., and Weinberger, J. (1991), "Childhood Antecedents of Conventional Social Accomplishment in Midlife Adults: A 36 Year Prospective Study", *Journal of Personality and Social Psychology*, 604: 586-95.

Gurin, G., Veroff, J., and Feld, S. (1975), *Americans View their Mental Health*, 1957, SSA Study no. 3503, Ann Arbor: Survey Research Center, Institute for Social Research.

Hazan, C., and Shaver, P. R. (1990), "Love and Work: An Attachment-Theoretical Perspective", *Journal of Personality and Social Psychology*, 592: 270-80.

_____ (1994), "Attachment as an Organizational Framework for Research on Close Relationships", Psychological Inquiry, 51: 1-2.

Headey, B., and Wearing, A. (1989), "Personality, Life Events, and Subjective Well-Being: Toward a Dynamic Equilibrium Model", *Journal of Personality and Social Psychology*, 574: 731-9.

Heyns, R. W., Veroff, J., and Atkinson, J. W. (1958), "A Scoring Manual for the Affiliation Motive", in J. W. Atkinson (ed.), *Motives in Fantasy*, Action and Society, Princeton: Van Nostrand, 205-18.

Kahneman, D., Krueger, A. B., Schkade, D., Schwarz, N., and Stone, A. (2004), "Toward National Well-Being Accounts", *American Economic Review*, 942: 429-34.

Liggon, C., Weston, J., Ambady, N., Colloton, M., Rosenthal, R., and Reite, M. (1992), "Content-Free Voice Analysis of Mothers Talking about their Failure-to- Thrive Children", *Infant Behavior and Development*, 15: 507-11.

Lilienfeld, S. O., Wood, J. M., and Garb, H. N. (2000), "The Scientific Status of Projective Techniques", *Psychological Science in the Public Interest*, 11: 27-59.

McAdams, D. P. (1980), "A Thematic Coding System for the Intimacy Motive", *Journal of Research in Personality*, 14: 413-32.

McClelland, D. C. (1985), Human Motivation, Glenview, Ill.: Scott, Foresman.

_____ Atkinson, J. W., Clark, R. A., and E. L. Lowell, (1953), *The Achievement Motive,* New York: Appleton–Century–Crofts.

_____ and Franz, C. E. (1992), "Motivational and Other Sources of Work Accomplishments in Mid–Life: A Longitudinal Study", *Journal of Personality,* 604: 679-707.

_____ and Pilon, D. A. (1983), "Sources of Adult Motives in Patterns of Parent Behavior in Early Childhood", *Journal of Personality and Social Psychology,* 443: 564-74.

Mahoney, J. L., and Zigler, E. F. (2003), "The National Evaluation of the 21st Century Community Learning Centers: A Critical Analysis of the First–Year Findings", Yale University.

Maslow, A. (1954), *Motivation and Personality,* New York: Harper & Row.

Morgan, C. D., and Murray, H. A. (1935), "A Method for Investigating Fantasies: The Thematic Apperception Test", *Archives of Neurological Psychiatry,* 34: 289-306.

Newcombe, N. (1996), *Child Development: Change over Time,* 8th edn., New York: HarperCollins College Publishers.

Phelps, C. D. (1991), "The Disappearance of Polarized Altruism", *Journal of Economic Behavior and Organization,* 15: 91-113.

_____ (1995), "Wives' Motives and Fertility" *Journal of Economic Behavior and Organization,* 27: 49-67.

_____ (2001), "A Clue to the Paradox of Happiness", *Journal of Economic Behavior and Organization,* 45: 293-300.

Robblee, S., Berkowitz, S., and Sawhill, I. (2004), "Education Proposal in the 2004 Presidential Campaign: A Preliminary Assessment", Brookings Working Paper, Washington: The Brookings Institution.

Rogers, C. R. (1961), On Becoming a Person, Boston: Houghton Mifflin.

Rosenthal, R., and Rosnow, R. L (1991), *Essentials of Behavioral Research: Methods and Data Analysis,* New York: McGraw Hill.

Sears, R. R., Maccoby, E. E., and Levin, H. (1957), *Patterns of Child Rearing,* Evanston, Ill: Row, Peterson.

Singer, D. G., and Singer, J. L. (1990), *The House of Make-Believe: Children's Play and the Developing Imagination*, Cambridge, Mass: Harvard University Press.

Smith, C. P. (ed.) (1992), *Motivation and Personality: Handbook of Thematic Content Analysis*, New York: Cambridge University Press.

Sternberg, R. J. (1988), *The Triangle of Love: Intimacy, Passion, and Commitment*, New York: Basic Books.

Stewart, A. J., and Chester, N. L. (1982), "Sex Differences in Human Social Motives: Achievement, Affiliation, and Power", in *Motivation and Society: A Volume in Honor of David C. McClelland*, San Francisco, Washington, London: Jossey-Bass, 72-18.

Terhune, K. W. (1969), "A Note on Thematic Apperception Scoring of Needs for Achievement, Affiliation, and Power", *Journal of Projective Techniques and Personality Assessment*, 334: 364-70.

Veroff, J. (1958), "A Scoring Manual for Power", in J. W. Atkinson (ed.), *Motives in Action, Fantasy, and Society*, Princeton: Van Nostrand.

_____ Douvan, E., and Kulka, R. (1982), *Americans View their Mental Health*, 1976, 1st ICPSR edn., ICPSR 7948, Ann Arbor: Inter-University Consortium for Political and Social Research.

Winter, D. G. (1973), *The Power Motive*, New York: the Free Press.

_____ John, O. P., Stewart, A. J., Klohnen, E. C., and Duncan, L. E. (1998), "Traits and Motives: Toward an Integration of Two Traditions in Personality Research", *Psychological Review*, 1052: 230-50.

11 행복과 개인주의: 어려운 결합

Abell, P. (1992), "Is Rational Choice a Rational Choice of Theory", in J. Coleman and T. Fararo (eds.), *Rational Choice Theory*, London: Sage.

Akerlof, G. (1997), "Social Distance and Social Decisions", *Econometrica*, 65: 1005-27.

_____ and Kranton, R. (2000), "Economics and Identity", *Quarterly Journal of Economics*, 65: 715-53.

Andreoni, J. (1990), "Impure Altruism and Donations to Public Goods: A Theory of Warm–Glow Giving", *Economic Journal,* 100: 464–77.

Bardsley, N., and Sudgen, R. (2002), "Human Nature and Socialty in Economics", University of East Anglia, January.

Becker, G. (1974), "A Theory of Social Interaction", *Journal of Political Economy,* 82: 1063–93.

_____ (1996), *Accounting for Tastes,* Cambridge Mass.: Harvard University Press.

Ben–Ner, A., and Putterman, L. (eds.), (1997), *Economics, Values and Organizations,* Cambridge: Cambridge University Press.

Benn, S. (1978), *Political Participation,* Canberra: Australian National University Press.

Bergstrom, T. C. (1999), "Systems of Benevolent Utility Functions", *Journal of Public Economic Theory,* 1: 71–100.

Bernheim, B. D., and Stark, O. (1988), "Altruism within the Family Reconsidered: Do Nice Guys Finish Last?" in Zamagni (1995).

Bowles, S. (1998), "Endogenous Preferences: The Cultural Consequences of Markets and other Economic Institutions", Journal of Economic Literature, 36: 75–111.

Coricelli, G., McCobe, K., and Smith, V. (2000), "Theory of Mind Mechanism in Personal Exchange", in G. Hotano, N. Okada, and H. Tanabe (eds.), Affective Minds, Amsterdam: Elsevier.

Deci, E., Koestner, R., and Ryan, R. (1999), "A Meta–analytic Review of Experiments examining the Effects of Extrinsic Rewards on Intrinsic Motivation", *Psychological Bulletin,* 125: 627–68.

Demeulamere, P. (2000), "Individualism and Holism: New Controversies in the Philosophy of Social Sciences", *Mind and Society,* 2: 3–16.

Douglas, M. (1990), "No Free Gifts" in M. Mauss, *The Gift,* New York: Norton.

Durlauf, S., and Young, H. P. (eds.) (2001), *Social Dynamics,* Cambridge, Mass.: MIT Press.

Edgeworth, F. Y. (1881), *Mathematical Psychics,* London: Kegan Paul.

Elias, N. (1991), *The Symbol Theory*, London: Sage.

Ellison, G. (1993), "Learning, Local Interaction and Coordination", *Econometrica*, 61: 1047-71.

Etzioni, A. (1986), "The case for a Multiple–Utility Conception", *Economics and Philosophy*, 2: 159-83.

Falk, A., and Fischbacher, U. (2001), "A Theory of Reciprocity", CEPR, 3014, October.

Fehr, E., and Gachter, S. (2001), "Do Incentive Contracts Crowd Out Voluntary Cooperation?" University of Southern California, Research Paper, C01.3.

_____ nd Kirchsteiger, G. (1997), "Reciprocity as a Contract Enforcement Device: Experimental Evidence", *Econometrica*, 65: 833-60.

Frank, R. H. (1988), *Passions within reasons: The Strategic Role of Emotions*, New York: W. W. Norton.

_____ (1997), "Non–verbal Communication and the Emergence of Moral Sentiments", in U. Segerstrale and P. Molner (eds.), *Non–verbal Communication: Where Nature meets Culture*, Mahwah, NJ: Erlbaum Associates Pu.

Frey, B. (1997), *Not Just for the Money an Economic Theory of Personal Motivation*, Cheltenham: Edward Elgar.

_____ and Bohnet, I. (1995), "Institutions affect Fairness: Experimental Investigations", *Journal of Institutions and Theoretical Economics*, 151/2: 286-303.

Gachter, S., and Falk, A. (2002), "Reputation or Reciprocity? An Experimental Investigation", *Scandinavian Journal of Econometrics*, 24.

Godbout, J. (2000), "Homo Donator versus Homo Oeconomicus", in A. Vandevelde (ed.), *Gifts and Interests*, Leuven: Peeters.

_____ Latouche, S., and Caillé, A. (1998), *Il Terzo paradigma: Antropologia filosofica del dono*, Turin; Bollati Boringhieri.

Gossen, H. H. (1983), *The laws of Human Relations*, 1st Pub. in German, 1859; English edn. by N. Georgescu Roegen, Cambridge, Mass.: MIT Press, 1983.

Guardini, R. (1964), *Scritti filosofici*, vol. II, Milan: Vita e Pensiero.

Gui, B. (1994), "Interpersonal Relations: A Disregarded Theme in the Debate on Ethics and Economics", in A. Lewis and K. E. Warneryd (eds.), *Ethics and Economic Affairs*, London: Routledge.

_____ (2000), "Beyond Transactions: On the Interpersonal Dimension of Economic Reality", *Annals of Public and Cooperative Economics*, 71: 139-69.

_____ (2002), "Piu che scambi, incontri. La teoria economica alle prese con i fenomeni interpersonali", in Sacco and Zamagni (2002).

_____ (2003) "Piu che scambi, incontri. La teoria economica alle prese con i fenomeni interpersonali", in P. Sacco and S. Zamagni (eds.), *Complessita relazione ecomportament. economico*, Bologna: Il Mulino.

Guth, W., and Yaari, M. (1992), "Explaining Reciprocal Behaviour in Simple Strategic Games: An Evolutionary Approach", in U. Witt (ed.), *Explaining Forces and Change*, Ann Arbor: University of Michigan Press.

Hargreaves Heap, S. (1989), *Rationality in Economics*, Oxford: Blackwell.

Khalil, E. L. (2001), "Adam Smith and Three Theories of Altruism", *Louvain Economic Review*, 67: 421-35.

Kirzner, I. (1990), "Self-Interest and the New Bashing of Economics: A Fresh Opportunity in the Perennial Debate", *Critical Review*, 4: 27-40.

Kolm, S. (1994), "The Theory of Reciprocity and the Choice of Economic Systems", *Investigaciones economicas*, 18: 67-95.

Jensen, M. C., and Meckling, W. H. (2001), "The Nature of Man", in D. H. Chew (ed.), *The New Corporate Finance: Where Theory meets Practice*, 3rd edn., Irwin, Calif.: McGraw Hill.

Lindbeck, A., and Weibull, J. W. (1988), "Altruism and Time Consistency: The Economics of Fait Accompli", in Zamagni (1995).

Lutz, M. (1999) *Economics for the Common Good*, London: Routledge.

McFadden, D. (1999), "Rationality for Economists", *Journal of Risk and Uncertainty*, 3.

Macy, M. (1996), "Natural Selection and Social Learning in Prisoner's Dilemma", in W. B. Liebrand and D. M. Messik (eds.), *Frontiers in Social Dilemmas Research*, Berlin: Springer Verlag.

Margolis, H. (1982), *Selfishness, Altruism and Rationality: A Theory of Social*

Choice, Cambridge: Cambridge University Press.

Meeks, J. G. (ed.) (1991), *Thoughtful Economic Man: Essays on Rationality, Moral Rules and Benevolence*, Cambridge: Cambridge University Press.

Morris, S. (1997), "Interaction Games: A Unified Analysis of Incomplete Information, Local Interaction and Random Matching", University of Pennsylvania, CARESS, WP 2.

Mueller, D. (1986), "Rational Egoism vs. Adaptive Egoism", *Public Choice*, 51.

Nagel, T. (1970), *The Possibility of Altruism*, Princeton: Princeton University Press.

Nussbaum, M. (2002), *Diventare persona*, Bologna: Il Mulino.

Ok, E., and Vega Redondo, F. (2001), "On the Evolution of Individualistic Preferences", *Journal of Economic Theory*, 97: 273-97.

Pareto, V. (1906), *Manuale di economia politica*, Milan: Societa Editrice Libraria.

Pareyson, L. (1995), *Ontologia della libertaà*, Turin: Einaudi.

Prendergast, C. (1999), "The Provision of Incentives in Firms", *Journal of Economic Literature*, 37: 7-63.

Putnam, R. (2000), *Bowling Alone: The Collapse and Revival of American Community*, New York: Simon and Schuster.

Rabin, M. (2002), "A Perspective on Psychology and Economics", *European Economic Review*, 46: 257-85.

Robbins, L. (1932/1935), *An Essay on the Scope and Nature of Economic Science*, 2nd edn. London: Macmillan; 1935; 1st pub. 1932.

Rothschild, E. (2001), *Economic Sentiments: Adam Smith, Condorcet and the Enlightenment*, Cambridge, Mass.: Harvard University Press.

Sacco, P., and Zamagni, S. (1997), "An Evolutionary Dynamic Approach to Altruism", in F. Farina, F. Hahn, and S. Vannucci (eds.), *Ethics and Economics*, Oxford: Clarendon Press.

_____ (2001), "Civil Economy, Cultural Evolution and Participatory Development", in G. Mwabu and C. Ugaz (eds.), *Social Provision in Low-Income Countries*, Oxford: Clarendon Press.

_____ (eds.) (2002), *Complessita relazionale e comportamento economico*,

Bologna: Il Mulino.

_____ Vanin, P., and Zamagni, S. (2003), "The Economics of Human Relationships", Department of Economics, Bologna, November.

Sally, D. (1995), "Conversation and Cooperation in Social Dilemmas", *Rationality and Society*, 7: 58-92.

_____ (2001), "On Sympathy and Games", *Journal of Economic Behaviour and Organization*, 44: 1-30.

Sen, A. (1967), "Isolation, Assurance and the Social Rate of Discount", *Quarterly Journal of Economics*, 80: 112-24.

_____ (1993), "Internal Consistency of Choice", *Econometrica*, 61: 495-521.

Sethi, R., and Somanathan, E. (2001), "Preference Evolution and Reciprocity", *Journal of Economic Theory*, 97: 273-97.

Simon, H. A. (1990), "A Mechanism for social selection and successful Altruism", *Science*, 250: 1165-8.

Smith, A. (1759/1976), *Theory of Moral Sentiments*, ed. D. D. Raphael and A. L. Macfie, Oxford: Clarendon Press, 1976.

_____ (1776/1904), *An Inquiry into the Nature and Causes of the Wealth of Nations*, 1st published 1776; London: Methuen, 1904.

Stahl, D. (2001), "A Survey of Rule Learning in Normal Form Games", University of Texas Working Paper May.

Stigler, G. and Becker, G. (1977), "De Gustibus Non Est Disputandum", *American Economic Review*, 67/1: 76-90.

Sugden, R. (2000), "Team Preferences", *Economics and Philosophy*, 16: 175-205.

_____ (2002), "Beyond Sympathy and Empathy: Adam Smith's Concept of Fellow Feeling", *Economics and Philosophy*, 18: 63-8.

Tullock, G. (1978), "Altruism, Malice and Public Goods", *Journal of Social and Biological Structures*, 1: 3-9.

Wicksteed; P. H. (1933), *The Common Sense of Political Economy*, ed. L. Robbins, London: Macmillan; 1910.

Wilson, E. O. (1975), *Sociobiology: The New Synthesis*, Cambridge, Mass.:

Harvard University Press.

Zamagni, S. (ed.) (1995), *The Economics of Altruism*, Aldershot: Edward Elgar.

_____ (2000), "Economic Reductionism as a Hindrance to the Analysis of Structural Change", *Structural Change and Economic Dynamics*, 11: 197-208.

_____ (2002), "L'economia delle relazioni uman: verso il superamento dell' individualismo assiologico", in Sacco, P. and Zamagni S. (eds.).

Zinkin, L. (2000), *The Psyche in the Social World*, London: Macmillan.

12 경제학에서의 행복의 역설

Easterlin, Richard A. (1973), "Does Money Buy Happiness?", *The Public Interest*, 30 (Winter): 3-10.

_____ (1974), "Does Economic Growth Improve the Human Lot? Some Empirical Evidence", in Paul A. David and Melvin W. Reder (eds.), *Nations and Households in Economic Growth: Essays in Honour of Moses Abramowitz*, New York and London: Academic Press, 89-125.

Galiani, Ferdinando (1751), *Della Moneta*, Napoli: Raimondi.

Keynes, John Maynard (1936), *The General Theory of Employment Interest and Money*, London: Macmillan.

Malthus, Thomas R. (1989/1803), "An Essay on the Principle of Population; or, a View of its Past and Present Effects on Human Happiness; with an Inquiry into our Prospects respecting the Future Removal or Mitigation of Evils which it occasions", 2nd edn. 1803, republished in the variorum edition, ed. Patricia James for the Royal Economic Society, Cambridge: Cambridge University Press, 1989.

Pasinetti, Luigi L. (1986), "Theory of Value: A Source of Alternative Paradigms in Economic Analysis", in Mauro Baranzini and Roberto Scazzieri (eds.), *Foundations of Economics—tructures of Inquiry and Economic Theory*, Oxford: Basil Blackwell, 409-31.

Ricardo, David (1951/1817), *Principles of Political Economy and Taxation, in Piero Sraffa (ed.), Works and correspondence of David Ricardo*, vol. 1, Cambridge: Cambridge University Press.

Sen, Amartya K. (1977), "Rational Fools", *Philosophy and Public Affairs,* 6: 317-44.

Smith, Adam (1904/1776), *An Inquiry into the Nature and Causes of the Wealth of Nations,* 2 vols., ed. by Edwin Cannan, London: Methuen.

Thompson, William (1824), *An Inquiry into the Principles of the Distribution of Wealth Most Conducive to Human Happiness, applied to the Newly Proposed System of Voluntary Equality of Wealth,* London: Longman.

역자 소개

▌강태훈

서울대학교와 동대학원에서 경제학사와 석사학위를, 오클라호마 주립대학에서 박사학위를 받았다. 시카고 소재 선물회사인 Sakura Dellsher, Inc에서 Economic Research Fellow, LG 증권과 SK텔레콤의 파생상품 및 국제금융부서에서 일했고, 현재는 계명대학교 경제금융학과 교수로 재직중이다. University of Minnesota 교환교수, 한국선물협회 연수원, 한국증권업협회 연수원, 금융감독원 연수원 등에서 파생상품과 금융공학에 대해 강의했고, 국가고시(7급, 5급) 출제 및 심사, 투자상담사, 금융위험관리사(FRM) 출제위원, 웰시아닷컴 금융교육부문 자문위원으로 활동했다. Journal of Futures Markets, Journal of Economics and Business, American Journal of Agricultural Economics, Korean Economic Journal, 『경제학연구』, 『선물연구』 등 국내외 저명 학술지에 다수의 논문을 발표했다. 저서 및 역서로는 『경제학의 기본원리』(시그마프레스, 2007), 『금융선물옵션 이론과 실무』(경문사, 2003), 『금융선물옵션과 장외파생상품』(시그마프레스, 2008), 『금융경제학』(경문사, 2009) 『보이스 · 멜빈의 경제학』(대영, 2013), 『금융세계화와 글로벌 금융위기』(K-books, 2012), 『미시경제학』(맥그로힐 코리아, 2014) 등이 있다.

행복의 역설

저 자	Luigino Bruni and Pier Luigi Porta 외
역 자	강태훈
펴 낸 이	한헌주
펴 낸 곳	도서출판 **경문사**
등 록	1995년 11월 9일 제300−1995−138호
주 소	서울특별시 서대문구 독립문로 21-9
전 화	738−7035(대표)
FAX	722−4678
e−mail	kmsp@korea.com
홈페이지	http://www.kmsp.co.kr

초판 인쇄 2015년 5월 13일
초판 발행 2015년 5월 20일

값 21,000원
ISBN 978-89-420-0830-8 93320